Enzyklopädie des Wissens

Die Fragen der Psychologie sind alte Fragen und haben in ihrem Ursprung philosophischen Charakter. »Eine zutreffende Vorstellung vom Wesen der Seele zu erlangen, gehört zu den allerschwierigsten Aufgaben«, schrieb Aristoteles. Augustinus, Leibniz, Pascal, Kierkegaard und Nietzsche verdanken wir tiefe Einblicke in die Psyche der Menschen, Dichter wie Dostojewski und Proust haben uns bis heute unüberholte Selbstdeutungen gegeben. Der Schwierigkeit, wissenschaftlich haltbare Aussagen zu machen, hat sich die Psychologie jedoch erst spät angenommen. Insofern ist sie eine junge Wissenschaft, die seit den epochalen Taten von W. Wundt und S. Freud dem Tagesstreit der Meinungen ausgesetzt ist und noch um die methodisch exakte Grundlegung ihrer Prinzipien ringt. Geschichte und neueste Forschung wissenschaftlicher Psychologie sind in gleicher Weise erregende Kapitel, über die der vorliegende Band Auskunft gibt.

Die enzyklopädischen Sachwortartikel sind alphabetisch geordnet, Stichwörter im Text durch Kursivdruck hervorgehoben. Die Stichwörter lassen sich mit Hilfe des Registers am Schluß des Bandes mühelos aufsuchen. Mit dem neuartigen Aufbau des Fischer Lexikons in einer Taschenbuchreihe verbindet sich eine alte Aufgabe, die schon d'Alembert 1751 in der Einleitung zur französischen Enzyklopädie formulierte:

»Das Werk, das wir begonnen haben und zu Ende zu führen wünschen, hat einen doppelten Zweck: als Enzyklopädie soll es, soweit möglich, die Ordnung und Verkettung der menschlichen Kenntnisse erklären; und als methodisches Sachwörterbuch der Wissenschaften, Künste und Gewerbe soll es von jeder Wissenschaft und Kunst – gehöre sie zu den freien oder zu den mechanischen – die allgemeinen Grundsätze enthalten, auf denen sie beruhen, und die wesentlichsten Besonderheiten, die ihren Umfang und Inhalt bedingen.«

DAS FISCHER LEXIKON

PSYCHOLOGIE

Verfaßt und herausgegeben von

Professor Dr. Peter R. Hofstätter

FISCHER BÜCHEREI

Umschlagentwurf: Fischer Bücherei
nach einem Entwurfsschema von Wolf D. Zimmermann
(wdz-studio, Feldafing)

Veröffentlicht im Dezember 1957
76.–100. Tausend: September 1958
101.–125. Tausend: Mai 1959
126.–150. Tausend: April 1960
151.–175. Tausend: Dezember 1960
176.–200. Tausend: März 1962
201.–225. Tausend: Juli 1963
226.–250. Tausend: März 1964
251.–272. Tausend: Januar 1965
273.–306. Tausend: November 1965
307.–331. Tausend: November 1966
332.–356. Tausend: Oktober 1967
357.–376. Tausend: Juli 1968
377.–406. Tausend: April 1969
407.–431. Tausend: März 1970
432.–461. Tausend: Dezember 1970

Fischer Bücherei GmbH, Frankfurt am Main und Hamburg
Gesamtherstellung: Hanseatische Druckanstalt GmbH, Hamburg
Printed in Germany
ISBN 3 436 01159 2

EINLEITUNG

»Wenn wir das Wissen im allgemeinen als etwas betrachten, das Wert und Würde hat, so unterscheidet sich doch eine Art des Wissens von anderen einerseits durch den Grad seiner Gewißheit und andererseits dadurch, daß es Wertvolleres und Interessanteres zum Gegenstand hat. Um beider Vorzüge willen müssen wir die Seelenforschung mit an erste Stelle setzen. Es macht den Eindruck, als ob die Seelenlehre zum Fortschritt jeglicher Forschung, besonders aber zum Verständnis der Natur, sehr viel beitrüge. Ist doch die Seele so etwas wie das Prinzip allen Lebens ... Eine zutreffende Vorstellung vom Wesen der Seele zu erlangen, gehört aber zu den allerschwierigsten Aufgaben.« Mit diesen Worten beginnt das erste und zugleich wichtigste Lehrbuch der Psychologie, die Schrift περὶ ψυχῆς (›de anima‹) des etwa fünfundfünfzigjährigen *Aristoteles* (384—322 v. Chr.). Diese Bemerkung ist nicht weniger richtig als die beiden Worte aus dem Epilog der spekulativen Periode unseres Faches, die beide von Männern geprägt wurden, welche den Blick der Psychologie in bedeutungsvoller Weise schärften; das eine findet sich in *F. Nietzsches* ›Götzendämmerung‹ (1888): »Müßiggang ist aller Psychologie Anfang. Wie? Wäre Psychologie ein Laster?« Das andere stammt aus dem Briefe, mit dem *W. James* (1890) nach zwölfjähriger Arbeit das Manuskript der ›Principles of Psychology‹ an seinen Verleger sandte: »Nasty little subject — all one cares to know lies outside.« Die verkürzte Fassung seines Lehrbuches (1892) klang mit den Worten aus: »Das ist noch keine Wissenschaft, sondern nur die Hoffnung auf eine Wissenschaft ... Im Augenblick befindet sich die Psychologie in dem Zustand der Physik vor Galilei ... und der Chemie vor Lavoisier ... In der Zwischenzeit bis zum Auftreten solcher Männer können wir dieses am ehesten dadurch erleichtern, daß wir des Dunkels eingedenk bleiben, in dem wir tappen, und daß wir niemals den vorläufigen und revisionsfähigen Charakter der naturwissenschaftlichen Hypothesen, mit denen wir arbeiten, aus dem Auge verlieren.«

In den seither vergangenen 65 Jahren sind so nüchterne Beschreibungen des Entwicklungsstandes der Psychologie selten geworden; es unterliegt jedoch keinem Zweifel, daß unsere Wissenschaft noch auf ihren Newton wartet — oder sich mit mäßigem Geschick über diese Tatsache hinwegzutäuschen sucht. Auch dafür gibt es durchaus ernst zu nehmende Gründe, die

Nietzsche in unerbittlicher Weise und sehr grell beleuchtete, als er von einem ›Laster‹ sprach. Die Belege dafür dürfte er selbst kaum alle gekannt haben; es läßt sich jedoch nicht übersehen, daß der Weg, auf dem die Gestalter der Psychologie zu dieser Wissenschaft gelangten, durch schwere Lebenskrisen führt. Das galt vor 4000 Jahren schon von dem altägyptischen ›Zwiegespräch des Lebensmüden mit seiner Seele‹ nicht weniger als von *Platon* (428—348 v. Chr.; vgl. den Dialog ›Phaedon‹), *Lucretius* (99—55 v. Chr.; ›De natura rerum‹) und von *Boethius* (480—524 n. Chr.; ›De consolatione philosophiae‹), die von der Todesangst bedrängt wurden, als sie über die Seele sprachen und darin einen Trost zu finden hofften. *G. Th. Fechner* (1801—1887) war fünfunddreißig, als er mit dem ›Büchlein vom Leben und vom Tode‹ von der Medizin und Physik zur Psychologie hinüberwechselte. Das unbekannte autobiographische Fragment *S. Freuds* (1856—1939), das *S. Bernfeld* entdeckt hat, spricht von einem Mann im 38. Lebensjahr, und wir wissen, daß um die gleiche Zeit (1895) die Psychoneurose Freuds einen Höhepunkt erreicht hatte *(E. Jones, T. Reik)*. Erst mit der Entschleierung seines eigenen, durchaus unvermuteten Vaterhasses (in der ›Traumdeutung‹, 1900) sollte sie zur Ruhe kommen. Etwa im gleichen Alter begab sich *W. James* (1842—1910) in die psychotherapeutische Behandlung eines weiblichen ›mind-curer‹ *(A. A. Roback)*. Max *Weber* (1864 bis 1920) stand im 33. Lebensjahr, als er im Gefolge eines ›Nervenzusammenbruches‹ den Übergang von der Nationalökonomie zur ›verstehenden‹ Soziologie vollzog, die zum Prototyp der geisteswissenschaftlichen Psychologie wurde. Der einunddreißigjährige Mathematiker und Physiker *B. Pascal* (1623 bis 1662) durchlitt im Jahre 1654 jene Schreckensnacht, der wir die tiefen psychologischen Einsichten der ›Pensées‹ verdanken und von der das ›Mémorial‹ kündet: ». . . Vergessen von der Welt und von allem, außer Gott . . . Größe der menschlichen Seele.«

Die Beispiele ließen sich mehren. Sie berechtigen gewiß nicht zur Geringschätzung dieser Männer und ihres Werkes; wohl aber machen sie uns darauf aufmerksam, daß in der Psychologie häufig mehr zur Debatte steht als die Richtigkeit dieser oder jener Forschungshypothese. Wir tun zwar geflissentlich so, als gehörten unsere persönlichen Ungewißheiten nicht in den Rahmen unserer Amtspflichten bzw. unserer Wissenschaft; diesem Gehaben widerspricht aber das Maß der Besorgnis, die uns immer dann überkommt, wenn eine ›andere‹ Psychologie unser Menschenbild erneut in Frage stellt. Ohne dies jeweils wahrhaben zu wollen oder auch nur zu merken, investieren wir in unsere Disziplin mehr, als in dieser oder überhaupt in einer

Wissenschaft Platz hat. Und damit ist nicht bloß der Mann vom Fach gemeint, sondern auch der gebildete Laie, der sich von seiner Begegnung mit der Psychologie nicht in erster Linie die Kenntnis von Theoremen und deren Beweisen verspricht, sondern Klarheit hinsichtlich seines Lebens. Ihn guten Mutes zu enttäuschen, da »alles, was man wirklich wissen möchte, außerhalb liegt«, fällt schwer. Es scheint mir dies aber trotzdem geboten zu sein, wenn wir jemals über die Allzu-Menschlichkeiten des Betriebes der Psychologie hinauskommen wollen. Kaum eine andere Disziplin neigt in so hohem Maße zur Ausbildung einander heftig befehdender ›Schulen‹ und ›Richtungen‹, zur Aufstellung dogmatischer ›Grundsätze‹ und auch dazu, ihre eigene Vergangenheit als ein Sammelsurium von nicht mehr als nun endlich überwundenen Fehlern abzutun (und darum auch gar nicht erst wirklich zu studieren). Diese Erscheinungen sind unerfreulich, aber nicht zufällig; das wird noch auszuführen sein.

Sieht man näher zu, so ergibt sich ein sehr komisches Bild: Die streitenden Schulen beschäftigen sich meist mit verschiedenen Teilbereichen des Faches (und das ist ihr gutes Recht!), und sie werfen ihren Konkurrenten sodann geflissentlich vor, daß diese für das ›Eigentliche‹ blind sind (und das ist durchaus falsch!), weil sie einem anderen Teilbereich ihre Mühe widmen. Wie Ratten, Hunde und Menschen sich bei Lernversuchen betragen, läßt sich aus dem Studium der geometrisch-optischen Täuschungen und der Scheinbewegungen nicht erfahren, trotzdem beschuldigen die Spezialisten der Untersuchung dieser Phänomene (die Gestalt- und Ganzheitspsychologen) die Behavioristen aber der Barbarei und der Primitivität. Die liebevolle Beschreibung des eigenen Selbstbewußtseins hat mit der Entwicklung von Tests nahezu gar nichts gemein, trotzdem bezeichnen ihre Adepten ein solches Unternehmen aber gern als ›seelenlos‹. Schon *W. James* erschien das Schrifttum der Psychophysik so trostlos (›dreadful‹), daß er es nicht einmal in einer Fußnote zu erwähnen beschloß; das war um so eher möglich, als die in ihm behandelten Probleme ihn nicht beschäftigten. Das probate Rezept, was sich auf anderen Sektoren des eigenen Faches zuträgt, gar nicht zu erwähnen, hat vielfach Nachahmung gefunden. Noch in den zwanziger Jahren, nachdem die Hauptwerke *Freuds* schon sämtlich vorlagen, gehörte es beinahe zum guten Ton, deren Existenz entweder ganz zu verschweigen oder mit einer kurzen, aber kraftvollen Widerlegung zu quittieren. Das war so ungerecht nicht, da Freud selbst die sog. ›akademische Psychologie‹ ohne jedes Verlangen ehrte. Wir besitzen sogar ein äußerst handliches Motto für die Mißachtung der Arbeit des Nachbarn; es stammt von *E. Spranger* und lautet ›Psychologia psycho-

logice!‹ und exemplifiziert sich dahin, daß man von der unpsychologisch betriebenen Psychologie anderer Schulen auch nichts zu wissen braucht. Die These leuchtet unmittelbar ein und erspart zudem viel Mühe; leider gibt es aber keine ebenso einleuchtende Begriffsbestimmung des Adverbiums ›psychologice‹, das in der Regel nur durch Negationen (z. B.: ›ergo non mathematice‹) ergänzt wird. Selbst der große *Wundt* (1832 bis 1920) war nur allzu schnell dazu bereit, *H. Münsterbergs* Plan einer angewandten Psychologie aus seinem ›psychologice‹ mit Entrüstung auszuklammern.
Die recht kleinliche Weise, in der sich die Psychologie – vor allem in Deutschland – dem Problem der unvermeidlichen Spezialisierung ihrer Teilgebiete entzieht, erinnert an den sprichwörtlichen ›Skandal der Philosophie‹; er wird dadurch nicht geringer, daß es dieses Fach – anders als die Philosophie – bisher auch noch zu keinem Bewußtsein seiner eigenen Kontinuität gebracht hat. Immer wieder werden dagegen ›neue‹ Psychologien verkündet, die alles bisher Dagewesene mit einemmal restlos entwerten. Die würdige Gelassenheit, mit der sich etwa der Physiker gewisser Denkmodelle und Gleichungen bedient, die aus der Zeit vor dem Jahre 1800 stammen, fehlt uns völlig; dabei braucht man bloß bei *Leibniz* (1646–1716) und bei Christian *Wolff* (1679–1754), bei *Tetens* (1736–1807) und bei *Th. Brown* (1778–1820) nachzuschlagen, um auf durchaus ›moderne‹ Gedanken zu stoßen.
Wie sie heute vor uns steht, datiert die Psychologie aus den letzten beiden Jahrzehnten des 19. Jh., in denen nahezu alle Themen anklangen, mit denen wir uns heute noch beschäftigen. Zwischen der Gründung des *Wundt*schen Laboratoriums in Leipzig (1879) und dem Erscheinen des ersten Bandes seiner ›Völkerpsychologie‹ bzw. dem von *Freuds* ›Traumdeutung‹ (1900) liegen *W. Preyers* Buch über ›Die Seele des Kindes‹ (1881), *Fechners* ›Revision der Hauptpunkte der Psychophysik‹ (1882), *F. Galtons* Ansätze zur Testpsychologie (1883), die Gedächtnisexperimente von *H. Ebbinghaus* (1885), *J. Crepieux-Jamins* ›L'écriture et le caractère‹ und der erste internationale Psychologenkongreß in Paris (1889), die *Ehrenfels*sche Kennzeichnung von ›Gestaltqualitäten‹ und die Gründung der ›Zeitschrift für Psychologie‹ durch *H. Ebbinghaus* und *A. König* (1890), die Duplizitäts-Theorie des Gesichtsinns von *J. v. Kries* und *W. Diltheys* Plädoyer zugunsten der verstehenden Psychologie (1894), *Le Bons* ›Psychologie der Massen‹ und die ›Studien über Hysterie‹ von *S. Freud* und *J. Breuer* (1895) sowie die ersten Rattenversuche *W. S. Smalls* (1899). Der unvoreingenommene Beobachter vom Mars hätte somit im Jahre 1900 bei einer gerech-

ten Würdigung der vorliegenden Leistungen zu dem Urteil gelangen können, daß sich die Psychologie auf dem besten Wege befand, eine richtige Wissenschaft zu werden. Daß sie dagegen auf deutschem Boden kurz nach dem Ende des ersten Weltkrieges in den schlimmsten Provinzialismus zurückfallen sollte, würde er kaum vorauszusehen gewagt haben. Dennoch setzte damals die babylonische Sprachverwirrung ein, deren Überwindung erst die Jahre seit dem Ende des zweiten Weltkrieges angebahnt haben.

In der Zwischenzeit hat allerdings die deutsche Psychologie ihren Glorienschein ziemlich gründlich eingebüßt. Noch in den zwanziger Jahren kamen die Jünger unserer Wissenschaft aus aller Herren Ländern nach Deutschland, um dort ihre ersten oder letzten Weihen zu empfangen. Wer sich hingegen heute über den letzten Stand der Forschung auf irgendeinem Teilgebiet unseres Faches orientieren will, wird wahrscheinlich ein amerikanisches Lehr- oder Handbuch zu Rate ziehen, und das läßt sich ihm keineswegs verargen, auch wenn uns dieses offene Geheimnis im tiefsten Herzen schmerzt. Der Vergleich mit dem Ergebnis der Hegemoniekämpfe zwischen den griechischen Städten ist vielleicht nicht ganz unangebracht.

Natürlich leben auch anderen Orts die Psychologen nicht in einem paradiesischen Zustand des gegenseitigen Einvernehmens; aber es gibt dort jeweils eine hinreichend große Anzahl von Fachleuten, die ungenial genug sind, um auch die Existenz von Problemen anzuerkennen, zu denen sie keine eigene Meinung haben. Man kann sie geringschätzig als Handwerker bezeichnen, aber — gebe Gott, wir hätten mehr von ihnen! Vielleicht segnet er uns eines Tages auch mit der Einsicht in die Widerruflichkeit unserer eigenen Lehrmeinungen und mit dem beruhigenden Gefühl, daß sich im Gang der Forschung mindestens 50 Prozent der aufgestellten Hypothesen als unrichtig erweisen müssen. Wäre dem anders, dann ginge es gar nicht um Fragen, die in den Kompetenzbereich einer empirischen Wissenschaft fallen.

Woher stammt nun die lähmende Angst davor, daß man selbst oder der Nachbar einen Irrtum in den eigenen Annahmen entdecken könnte? Vielleicht enthalten diese mehr, als sich aus ihrem Wortlaut ersehen läßt. Vielleicht kennzeichnet dieser Umstand die Lage der Psychologie in ganz grundsätzlicher Weise. Daß unsere Bemühungen um die Gegenstände der Psychologie noch kaum das Niveau der Physik *Newtons* und seiner Zeitgenossen erreicht haben, scheint mir im wesentlichen an der dreifachen Bezogenheit fast jeder psychologischen Erkenntnis zu liegen. Diesen Sachverhalt mag ein Schema verdeutlichen, dessen Grundzüge ich meinem Lehrer Karl *Bühler* (1879—1963)

Kommunikationsschema der Psychologie

verdanke, obwohl er es in dieser Weise nicht gebraucht hat, und mich daher die volle Verantwortung dafür trifft. Wir wollen im Innern des Dreiecks beginnen: Dieses enthält die drei Aspekte, unter denen Bühler (›Die Krise der Psychologie‹, 1927) den Gegenstand unserer Wissenschaft sieht; sie hat es mit Erlebnissen zu tun, mit dem Verhalten und mit den von Menschen geschaffenen Gebilden (z. B. Sprache, Kunstwerke und soziale Institutionen). Indem sie diese immer als in einem Verhältnis der Interdependenz stehend betrachtet – und nur so! –, vermag die Psychologie als empirische Wissenschaft ihren Gegenstand darzustellen. Ich erlebe nach Maßgabe der mir von meiner Kultur zur Verfügung gestellten Gebilde und der in ihr entwickelten symbolischen Ausdrucksformen, und ich verhalte mich weitgehend diesem Erleben gemäß; indem ich dies aber tue (und z. B. eine Rechtsnorm respektiere oder verletze), leiste ich einen Beitrag zur Gültigkeit dieser Gebilde, der seinerseits auch mein Erleben in Mitleidenschaft zieht. Jede Aussage über das Erleben und das Verhalten und über die diese bestimmenden geistigen Gebilde muß also im Prinzip jeweils die beiden anderen Aspekte mitumfassen, wenn sie ihren Gegenstand überhaupt erreichen soll.

Das Schema ordnet gleichzeitig die Psychologie – den Inhalt des inneren Dreiecks – in das System der drei großen Wissenschaftsgruppen ein. Wo wir die Wechselwirkungen zwischen Erleben und Verhalten aufzuklären trachten, treiben wir Naturwissenschaft (z. B. Physiologie und Neurologie); das Verhalten im Spielraum der Gebilde ist Gegenstand der Sozialwissenschaften (z. B. Jurisprudenz, Nationalökonomie und Soziologie); wie Erleben und Gebilde einander bedingen, untersuchen die Geisteswissenschaften (z. B. Geschichte und Sprachwissenschaften). Die besondere, manchmal zur Verzweiflung Anlaß gebende Schwierigkeit der Psychologie ist darin zu erblicken, daß ihre Fragestellungen in die Bereiche sämtlicher Disziplinen hineinführen. Daraus ergibt sich die Notwendigkeit einer äußerst delikaten Balance zwischen engem Spezialistentum und uferlosem Dilettantismus.

Der dritte in unserem Schema abgebildete Sachverhalt entstammt der *Bühler*schen »Sprachtheorie« (1934). Wo Aussagen gemacht werden — das gilt auch für wissenschaftliche Vorlesungen — spricht jemand (der Sender) zu jemandem (dem Empfänger) über etwas (den Gegenstand). Was gesagt wird, läßt sich daher stets in dreifacher Weise interpretieren: als Kundgabe der Beschaffenheit bzw. der momentanen Befindlichkeit des Senders (Ausdruck), als Verhaltensanweisung für den Empfänger (Appell) und als Schilderung eines Sachverhalts (Darstellung). Diese dreifache Bezogenheit ist für die Aussagen der Psychologie vielleicht bedeutungsvoller als für die anderer Disziplinen, denn wir haben es immer wieder mit der Art und Weise zu tun, wie Sender und Empfänger sich selbst verstehen. Bin ich zum Beispiel wirklich bereit, mich selbst nach Analogie der Ratte in einem Labyrinth zu denken, das heißt den Begriffsapparat des Behaviorismus zur Darstellung meiner intimsten Regungen zu verwenden? Sollte ich selbst diese Frage mit Ja beantworten, wird mein Partner darin wahrscheinlich den Ausdruck eines recht eigenartigen Selbstbildes erblicken, das er vermutlich für pervers hält; außerdem wird er sich nach dem pädagogischen Effekt meiner Anschauungen fragen und vielleicht zu dem Eindruck gelangen, daß diese für die Bildung junger Menschen nicht sonderlich förderlich sind. Man kann ihm seinen Groll nachfühlen, und da nicht sein kann, was nicht sein darf, wird er schließlich die von mir gegebene Darstellung wegen der Dürftigkeit des mit ihr verknüpften Appells zur Selbstdeutung ablehnen. Ich möchte dem noch hinzufügen, daß mich die Entwicklung eines rattenhaften Selbstbildes auch nicht sehr lockt. Dazu gesellt sich aber die bange Frage, ob die für mich akzeptablen Aussagen über mein Innenleben nicht vielleicht zu schön sein könnten, um auch als wahr gelten zu dürfen. Vielleicht wäre uns der bußetuende Vergleich mit den Ratten in der Tat angemessener, — heißt es doch nach den Worten eines Kirchenvaters: »Inter urinas et faeces nascimur.« Auch diese These verletzt mein Selbstgefühl, aber sie war als ein ethischer Appell gemeint und läßt sich außerdem als Tatsachenschilderung nicht gut entkräften.

Hier kommen wir aber zu der eigentlichen Besonderheit des gegenwärtigen Zustandes der Psychologie, d. h. zu der Tatsache, daß man über viele ihrer Themen nicht ohne innere Anteilnahme sprechen kann. In der Tat ist es auch anderen Disziplinen in früheren Jahrhunderten kaum viel anders ergangen. Von Sonne, Mond und Sternen wie von großen Ansammlungen der unbelebten Materie zu sprechen, galt einmal als Gotteslästerung; Leichen sezierte man noch im 16. Jh. ganz im verborgenen und mit dem Bewußtsein eines Tabubruches; das kopernikanische Weltsystem figurierte unter den Häresien, und die Lehre *Darwins* wurde als die sträfliche Verirrung einer perversen Phantasie aufgefaßt. Während sich aber die darzustellenden Gegenstände anderer Disziplinen aus dem Sachzusammenhang von Ausdruck und Appell allmählich herauslösten und damit für die Selbstdeutung des Menschen neutralisierten, ist dies bei der Psychologie bisher nur wenig der Fall gewesen. Ihre Fragen haben, sofern sie uns menschlich bewegen, ausnahmslos Antworten, die im Dienste dreier Herren stehen. Wo wir uns zur Kritik gedrängt fühlen, sind wir auch sehr schnell bereit, uns des angedeuteten Schemas zu bedienen. So hat man z. B. recht hemmungslos aus *Freuds* Libidolehre auf dessen Persönlichkeit, die in ihr zum Ausdruck komme, zurückgeschlossen oder eben dieser Lehre einen schlechten Einfluß auf die Jugend nachgesagt. Ihr dreifaches Dienstverhältnis macht aber jeder psychologischen Theorie das Leben schwer, sofern sie nicht so abstrakt konstruiert ist, daß sich niemand von ihr persönlich angesprochen fühlt. In diesem Falle schrumpft sie aber zu dem ›nasty little subject‹, außerhalb dessen alles Wissenswerte liegt. Ich fürchte, wir haben gar keine andere Wahl als die zwischen dem ›Laster‹ *Nietzsches*, das unser selbstdeutendes Verlangen stillt, und der Enttäuschung unserer Freunde durch die ›verdrießliche kleine Disziplin‹ der ausschließlich unter dem Darstellungsaspekt konzipierten Psychologie. Letztlich rächt sich damit jener Vorzug unseres Faches, auf den schon Aristoteles hinwies, daß dieses nämlich einen so überaus interessanten Gegenstand besitzt. Es hätte keinen Sinn, den Leser darüber im unklaren zu lassen, daß ich mich für die zweite Alternative entschieden habe; ihm steht daher im folgenden eine Psychologie bevor, die ich so herb und trocken zu gestalten versucht habe, als nur irgend möglich. Dabei hat mich nicht so sehr *Strawinskijs* Bewunderung für den nüchternen Klang der Nähmaschine geleitet (die ich übrigens nicht nachzuempfinden vermag), sondern vor allem ein höchst beherzigenswerter Ratschlag *Goethes* (aus ›Über Kunst und Altertum‹, 1826): »Die Deutschen sollten in einem Zeitraum von 30 Jahren das Wort Gemüt nicht aussprechen, dann würde nach und nach Gemüt sich wieder erzeugen; jetzt heißt es nur Nachsicht mit Schwächen, eigenen und fremden.«

Was den Gebrauch des Lexikons anlangt, so ist den eben angestellten Überlegungen noch dreierlei hinzuzufügen; einmal, daß ich dem üblen, aber bequemen Brauch folge, von Menschen als ›Versuchspersonen‹ (Vp im Singular und Vpn im Plural) zu sprechen; zweitens, daß sich die alphabetische Reihenfolge im Sinne der nachstehenden Übersicht zu einer einigermaßen systematischen Darstellung des Gebietes entflechten läßt; und drittens, daß in den Literaturhinweisen jeweils, soweit mir diese bekannt wurden, die letzten Auflagen und von fremdsprachlichen Werken deren deutsche Übersetzungen zitiert wurden. Schließlich muß der Verfasser noch zu seinem nicht geringen Leidwesen eingestehen, daß er nur die in deutscher und englischer Sprache erscheinende Literatur hinlänglich genau kennt, um ihre Ergebnisse verwerten zu können. Er glaubt den sehr großen Umfang des einschlägigen Schrifttums dafür als Entschuldigung in Anspruch nehmen zu können.

Hamburg, im August 1964 Peter R. Hofstätter

SYSTEMATISCHE ÜBERSICHT

Die 66 enzyklopädischen Sachwortartikel dieses Bandes sind um der lexikalischen Brauchbarkeit willen alphabetisch geordnet. Das Buch läßt sich aber auch sehr wohl als zusammenhängende systematische Darstellung der Psychologie lesen. Hierfür gibt die nachstehende Gliederung einen Anhalt. Das Gesamtgebiet ist nach Hauptabschnitten unterteilt, denen jeweils die entsprechenden Sachwortartikel zugeordnet sind. Dabei ergab es sich aus der Sache selbst, daß einige Artikel unter mehrere Abschnitte aufgenommen wurden.

	Sachwortartikel
A) Richtungen der Psychologie	Assoziation, Behaviorismus, Gestalt- und Ganzheitspsychologie, Informationstheorie, Lerntheorie, Schichtenlehre, Tiefenpsychologie, Typenlehre, Verstehende Psychologie, Wahrnehmungstheorie.
B) Methoden der Psychologie	Assoziation, Ausdruckskunde, Beobachtung, Experiment, Exploration, Meinungsforschung, Psychophysik, Statistik, Tests.
C) Allgemeine Grundlagen der Psychologie	Anlage u. Umwelt, Aufmerksamkeit, Bedarf u. Bedürfnis, Bewußtsein, Entwicklung, Gehirn, Informationstheorie, Leib-Seele-Problem, Reiz u. Reaktion, Sprache, Wille.

	Sachwortartikel
D) Wahrnehmungspsychologie	Aufmerksamkeit, Außersinnliche Wahrnehmung, Chemische Sinne, Gehörsinn, Gesichtsinn, Gestalt- und Ganzheitspsychologie, Gleichgewichtsinn, Hautsinne, Psychophysik, Wahrnehmungstheorie.
E) Lernpsychologie	Bedingter Reflex, Gedächtnis, Lernen am Erfolg, Lerntheorie, Prägung.
F) Denkpsychologie	Assoziation, Aufmerksamkeit, Denken, Intelligenz, Phantasie, Sprache, Traum.
G) Motivation	Bedarf und Bedürfnis, Gefühle, Interesse, Konflikt, Wille.
H) Psychologische Diagnostik	Ausdruckskunde, Erster Eindruck, Exploration, Meinungsforschung, Tests.
I) Charakterologie	Anlage und Umwelt, Entwicklung, Geschlechtsunterschiede, Normalitätsbegriff, Persönlichkeit, Schichtenlehre, Typenlehre.
J) Sozialpsychologie	Geschlechtsunterschiede, Gruppendynamik, Massenpsychologie, Meinungsforschung, Minoritätsprobleme, Normalitätsbegriff, Sozialisierungsprozeß, Völkerpsychologie.
K) Medizinische Psychologie	Bewußtsein, Gehirn, Hypnose und Suggestion, Neurose, Normalitätsbegriff, Psychische Hygiene, Psychopathie, Psychose, Psychosomatische Störungen, Psychotherapie, Reiz und Reaktion, Schichtenlehre, Traum, Typenlehre.
L) Angewandte Psychologie	Betriebspsychologie, Forensische Psychologie, Pädagog. Psychologie, Psychische Hygiene, Wehrpsychologie, Werbepsychologie.

Anlage und Umwelt. Die Unterschiede zwischen Individuen lassen sich auf zwei Ursachen-Komplexe zurückführen, auf Unterschiede der ererbten Anlage und auf umweltsbedingte Unterschiede. Die Abschätzung der relativen Bedeutsamkeit dieser beiden Komplexe ist von großem praktischen Interesse, da z. B. die erzieherische, heilpädagogische und psychotherapeutische Arbeit in erster Linie dann Erfolg verspricht, wenn sie sich auf nicht in starrer Weise durch *Erbfaktoren* festgelegte Eigenheiten des Verhaltens richtet. Leider spielen allerdings hinsichtlich dieser Abschätzung vorgefaßte Meinungen noch immer eine sehr viel größere Rolle als in exakter Weise ermittelte Sachverhalte. Der milieutheoretische Optimismus läßt die Erbdetermination nur für anatomische und physiologische Merkmale gelten und faßt daher das Verhalten selbst als im wesentlichen umweltsabhängig (als Resultat von Lernvorgängen) auf; diese Position wird vor allem von den Anhängern des → Behaviorismus *(J. B. Watson)* vertreten. Der milieutheoretische Pessimismus schreibt dem Umwelts- und Erfahrungs-Komplex nur geringe Wirksamkeit zu, da er die vererbten Anlagen für ausschlaggebend hält; er fand seinen extremen Ausdruck in den Rassedoktrinen. *N. Pastore* (1949) hat auf eine sehr starke Affinität zwischen der politischen Grundhaltung von Forschern und deren Eintreten zugunsten eines der beiden geschilderten Standpunkte hingewiesen; der milieutheoretische Pessimismus findet sich danach häufig in Vergesellschaftung mit einer extrem konservativen Einstellung zu politischen Fragen. Der hohe Wert, den die liberal-demokratische Tradition dem Individuum beimißt, legt ihr den milieutheoretischen Optimismus nahe, da sich die Erbanlagen des Einzelwesens rückwirkend ja nicht mehr verändern lassen, wohl aber durch die Gestaltung der Umweltbedingungen Schädigungen eintreten können.

Daß durch die *Paarung* von Trägern bestimmter Erbmerkmale für einzelne menschliche Zwecke besonders geeignete Tiere gezüchtet werden können, stellt eine der ältesten Kulturerfahrungen des Menschen dar. Im Hinblick auf ihr Verhalten in Laboratoriumsversuchen gelang es *E. E. Rundquist* (1933), aktive und inaktive Rattenstämme dadurch rein zu züchten, daß er in jeder Generation die (in der Lauftrommel) aktivsten und andererseits die am wenigsten aktiven Tiere unter sich paarte. Nach 12 Generationen lag die tägliche Durchschnittsanzahl der Umdrehungen der aktiven Männchen bei 8200 (11 500 für Weibchen) und die der am wenigsten aktiven bei 400 (1340 für Weibchen). Die Erblichkeit der zur Erlernung eines Labyrinths (→ Lernen am Erfolg) erforderlichen Begabung hat *R. C. Tryon* (1940) mit der gleichen Methode nachgewiesen.

Der Züchtungsmethode verdankt die Erbforschung *(Genetik)*

ihre wesentlichsten Einsichten; aus naheliegenden Gründen läßt sich diese Methode aber nicht in systematischer Weise verwenden, wenn es um Menschen geht. Hier stammen die ersten Hinweise auf die Bedeutung des Erbkomplexes aus Untersuchungen, die in einzelnen Familien eine starke Konzentration an sich seltener Leistungen (auf künstlerischem oder wissenschaftlichem Gebiet) bzw. von Verhaltensstörungen (Kriminalität, Schwachsinn, Geisteskrankheiten) nachwiesen. In der Familie Johann Sebastian Bachs finden sich z. B. in 5 Generationen 13 produktive Musiker, in der Familie Bernoulli in 3 Generationen unter 18 männlichen Verwandten nicht weniger als 8 bedeutende Mathematiker.
Die statistische Untersuchung der Verteilung außerordentlicher Begabungen in der Durchschnittsbevölkerung und im Familienkreis Hochbegabter beginnt bald nach (aber unabhängig von) *G. Mendels* Entdeckung der *Vererbungsgesetze* (1865) mit *F. Galton* (›Hereditary Genius‹, 1869). Ausgehend von 415 ›berühmten‹ Engländern fand er unter deren Vätern ebenfalls 129 Berühmte (= 31 Prozent der Väter). In diesem Sinne ist die nachfolgende Tabelle, die neben Galtons Daten auch die von *A. Juda* (1940–1953) ermittelten enthält, zu lesen.

	Anteil der › Berühmten ‹ in der nächsten Verwandtschaft › Berühmter ‹ Galton (415 Fälle)	Juda (294 Fälle)
Väter	31 %	31 %
Brüder	41 %	17 % (Geschwister)
Söhne	48 %	24 % (Kinder)
Enkel	14 %	–
Großväter	17 %	–

Tab. 1

Der von Galton angenommene Vergleichswert in der Durchschnittsbevölkerung beläuft sich auf 0,025 Prozent (= ein Berühmter auf 4000). Eine Familie, in der sozial-negative Eigenschaften (Verbrechertum, Alkoholismus usw.) gehäuft auftraten, wurde von *Dugdale* (1877) beschrieben (die sog. Jukes-Familie). *F. J. Kallmann* konnte an Hand eines sehr großen Materials von 5776 Fällen zeigen (1938, 1946), daß die als Schizophrenie bekannte Geisteskrankheit (→ Psychose) und ihr nahestehende Grenzzustände der Normalität (›schizoide Persönlichkeit‹) eine sehr starke familiäre Konzentration aufweisen (Tab. 2).

Personen	Krankheitswahrscheinlichkeit in %	
	Schizophrenie	Manisch-depressives Irresein
Durchschnittsbevölkerung	0,9	0,4
Verwandte von Patienten:		
Eltern	9,3	23,4
Geschwister	14,2	23,0
Zwillinge (ZZ)	14,5	26,3
Zwillinge (EZ)	86,2	95,7
Stiefgeschwister	7,1	16,7

Tab. 2

Die Prozentwerte in der ersten Spalte sind mit einer Schizophreniebelastung der Durchschnittsbevölkerung im Ausmaß von 0,5—1,5 Prozent zu vergleichen. Ähnliche Verhältnisse zeigen sich im Falle des manisch-depressiven Irreseins, der Epilepsie und mancher Formen des Schwachsinns. Auf die gesteigerte Häufigkeit von *Kriminalität* bei den Zwillingsgeschwistern von Verbrechern ist mehrfach hingewiesen worden (*J. Lange:* ›Verbrechen als Schicksal‹, 1929; *A. M. Legras*, 1932; *H. Kranz*, 1935; *A. J. Rosanoff*, 1934; *F. Stumpfl*, 1939); unter 103 eineiigen Zwillingspaaren fanden diese Autoren im Durchschnitt 70 Prozent konkordates Verhalten (d. h. beide Zwillingsgeschwister wurden straffällig), unter 112 zweieiigen Paaren immerhin noch 33 Prozent Konkordanz. *H. J. Eysenck* glaubt auch für das neurotische Verhalten eine Erbanlage nachweisen zu können (1952).

Die prinzipielle Schwierigkeit aller einschlägigen Untersuchungen liegt darin, daß Erbe und Umwelt nur sehr selten unabhängig voneinander zur Wirkung kommen. Eltern geben an ihre Kinder einerseits Erbfaktoren weiter, andererseits gestalten sie aber auch die *Umwelt*, in der diese heranwachsen und sich bilden. Das trifft sowohl im positiven Sinne (geistige Anregung, kultureller Stil des Elternhauses) als auch in negativer Hinsicht (Verwahrlosung, nervöse Überempfindlichkeit usw.) zu. Ganz allgemein gilt daher der von *R. B. Cattell* entwickelte Ansatz, der die in einer unausgelesenen Population auftretenden interindividuellen Unterschiede (gemessen mit Hilfe des Quadrats der Streuung, der sog. Varianz: σ_T^2, → Statistik) durch einen dreigliedrigen Ausdruck darstellt: $\sigma_T^2 = \sigma_E^2 + \sigma_U^2 + 2r_{EU}\,\sigma_E\,\sigma_U$, der außer der erbbedingten Varianz (σ_E^2) und der milieubedingten (σ_U^2) auch die Korrelation zwischen Erbe und Umwelt (r_{EU}) in Rechnung stellt. Cattell hat versucht (1955), diese drei unbekannten Größen durch ein System mehrerer simultaner Gleichungen für eine Reihe von Persönlichkeitsmerkmalen zu bestimmen; der von ihm eingeschlagene Weg ist aber einstweilen nur von theoretischem Interesse.

Sehr große Hoffnung setzt man seit *F. Galton* (1875) und *E. L. Thorndike* (1905) auf die *Zwillingsforschung*, namentlich auf den Vergleich eineiiger (EZ) mit zweieiigen (ZZ) Zwillingen, da erstere zur Gänze die gleiche Erbmasse besitzen, letztere einander aber nicht ähnlicher zu sein pflegen als Geschwister im allgemeinen. Sofern sich zwischen eineiigen Zwillingen überhaupt Unterschiede finden, gehen diese also auf das Konto der Umweltswirkung. Am günstigsten wären für die Forschung somit die Fälle eineiiger Zwillinge, die in maximal verschiedenen Milieus (z. B. als Adoptivkinder in verschiedenen Familien) heranwachsen. Fälle dieser Art sind aber begreiflicherweise selten, außerdem läßt sich der tatsächliche Unterschied zwischen den beiden wirksamen Umwelten kaum abschätzen. Zwei Berechnungsarten der Mächtigkeit des Erbeinflusses (E) im Verhältnis zu der des Umwelteinflusses (U), die aber nicht zu einem gleichen Ergebnis führen, zeigt Tab. 3 an Hand der von *Newman*, *Freeman* und *Holzinger* (1937) gewonnenen Daten:

1. Nach *Gottschaldt* $E : U = \Delta_z : \Delta_e$, z. B. für die Körpergröße $\frac{4{,}4}{1{,}7} = 2{,}6$;
2. nach *Holzinger* $H' = \frac{r_e - r_z}{1 - r_z}$, z. B. für die Körpergröße $\frac{0{,}93-0{,}64}{1{,}00-0{,}64} = 0{,}8$, d. h. die Unterschiede in der Körpergröße

gehen zu 80 Prozent auf den Erbeinfluß zurück, dieser ist daher mindestens viermal so mächtig wie der Umwelteinfluß (der entsprechende E : U-Wert müßte demnach 4 : 1 lauten).

Merkmal	Durchschnittlicher Unterschied zwischen den Partnern			Korrelation zwischen den Partnern		
	ZZ	EZ	E : U	ZZ	EZ	H′
Körperhöhe (cm)	4,4	1,7	2,6	0,64	0,93	0,8
Körpergewicht (Pfund)	10,0	4,1	2,4	0,63	0,92	0,8
Intelligenzquotient	9,9	5,9	1,7	0,63	0,88	0,7

Tab. 3

Eysenck hat (1952) an 25 EZ- und 25 ZZ-Paaren 17 psychologische Tests durchgeführt; die von ihm erhaltenen Werte für H′ liegen zwischen 0,70 (Suggestibilität und Intelligenz) und 0,14 (Ergebnisse eines Persönlichkeitsfragebogens); für den Anlagefaktor ›Neurotizismus‹ erhielt er einen Wert von H' = 0,81. *Gottschaldt* berichtet (1954) auf Grund von 90 Zwillingspaaren, die erstmalig im Jahre 1937 diagnostiziert wurden und von denen 70 nach dem Kriege noch einmal untersucht werden konnten, daß die *›endothymen Persönlichkeitszüge‹* (Grundstimmung, Affektivität, vitaler Antrieb, → Schichtenlehre) sehr viel stärker erbbedingt sind als die *›kortikalen Züge‹* (Kapazität des Denkens, Abstraktionsfähigkeit usw.). Sofern Zwillinge (namentlich eineiige) gemeinsam aufwachsen, zeigen sich in ihrem Verhalten sowohl Tendenzen zur absichtlichen Angleichung als auch solche zu einer gewollten Differenzierung des Erscheinungsbildes *(v. Bracken);* in welchem Ausmaß diese auf die früheste Umweltsituation (innerhalb des Mutterleibes) zurückgehen, ist noch ungeklärt; mit *H. Bouterwek* (1934, 1943) ist jedoch bezüglich einzelner Merkmale (Händigkeit, Schriftbild) an die Möglichkeit einer ›spiegelbildlichen Entwicklung‹ zu denken.

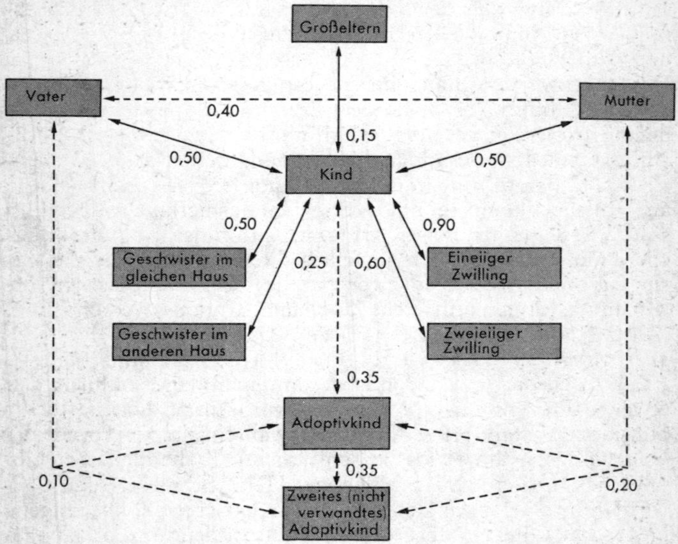

Abb. 1: Ähnlichkeits-Korrelationen innerhalb der Familie

Das Netzwerk familiärer Ähnlichkeitsbeziehungen läßt sich zur Zeit auf psychologischem Gebiet nur für das Merkmal der → Intelligenz, soweit dies durch → Tests erfaßt wird, rekonstruieren. Abb. 1 basiert auf einer Anzahl verschiedener Untersuchungen (vgl. *Anastasi* und *Foley*, 1949), die aber in wesentlichen

Momenten zu übereinstimmenden Ergebnissen führten; die eingetragenen Zahlenwerte sind Korrelationskoeffizienten (→ Statistik). Relationen, für die der Erbkomplex kaum in Frage kommen dürfte, sind durch gestrichelte Linien angedeutet. Von besonderem Interesse ist dabei die Ähnlichkeitsbeziehung zwischen den Ehepartnern (Vater und Mutter), die sich auch außerhalb der Intelligenzdomäne bei vielen Charaktereigenschaften findet. Die *Ähnlichkeitswahl (›Homogamie‹)* scheint von größerer Bedeutung zu sein als die *Ergänzungswahl;* auch die Freundschaftsbeziehungen während der Reifejahre folgen vorwiegend dem Ähnlichkeitsmodus. Auffallend gering ist die Korrelation zwischen Geschwistern, von denen eines als Adoptivkind in einer anderen Familie aufwuchs. *Freeman* und seine Mitarbeiter untersuchten (1928) 125 derartige Geschwisterpaare, die in einem Durchschnittsalter von $5^1/_2$ Jahren getrennt worden waren und die zur Zeit der Untersuchung in einem Alter von 9 bis 18 Jahren standen. Die Korrelation von 0,25 ist wesentlich geringer als der sonst zwischen Geschwistern anzutreffende Wert von 0,50; sie zeigt das Ausmaß, in dem Umweltsunterschiede die Begabung beeinflussen können.
Der gegenwärtige Stand der psychologischen Meßtechnik (→ Tests) ermöglicht es uns zwar, Erb- und Umwelteinflüsse zu demonstrieren, er gestattet jedoch noch keine gesicherten Rückschlüsse auf die physiologischen Besonderheiten des *Erbganges,* z. B. darauf, ob ein einziges Genpaar oder deren mehrere am Zustandekommen eines Erscheinungsmerkmales beteiligt sind. Überlegungen dieser Art lassen sich hinsichtlich des Menschen nur bei Merkmalen anstellen, die nicht kontinuierlich variieren, sondern bloß in zwei ziemlich scharf umrissenen Erscheinungsformen auftreten. Zu Demonstrationszwecken eignet sich das von *A. L. Fox* (1932) entdeckte Phänomen der *›Geschmacksblindheit‹* für Phenyl-Thio-Carbamid (abgek.: PTC). In Europa und in den USA kann man damit rechnen, daß etwa 70 Prozent der Vpn eine 0,001prozentige Lösung dieser Substanz als stark bitter schmecken, während sie 30 Prozent der Vpn völlig geschmacklos zu sein scheint. Es handelt sich hier um eine durch ein einziges Genpaar (T für Schmecker und t für Nichtschmecker) nach den Mendelschen Gesetzen übertragene Eigenschaft, die für unser Leben völlig bedeutungslos zu sein scheint und der wir uns daher in der Regel auch nicht bewußt sind. Der mischerbige *(heterozygote) Genotypus* (Tt) unterscheidet sich dabei erscheinungsmäßig (*›phänotypisch‹*, d. h. hinsichtlich seiner Schmeckfähigkeit) nicht vom reinerbigen *(homozygoten)* Genotypus (TT). Die Nichtschmecker gehören sämtlich dem homozygoten Genotypus (tt) an. Die t-Mutante des Gens ist somit rezessiv, die T-Mutante hingegen do-

minant. Die Häufigkeit der drei Genotypen ergibt sich gemäß der Entwicklung des Binoms $(p_T + q_t)^2 = p_T^2 + 2p_Tq_t + q_t^2$

$$\begin{matrix} TT & Tt & tt \\ 20\,\% & 50\,\% & 30\,\% \end{matrix}$$

Die beiden Gen-Mutanten besitzen daher die Häufigkeiten von $p_T = 0{,}45$ und $q_t = 0{,}55$. Erbliche Unterschiede zwischen Schmeckern und Nichtschmeckern (hinsichtlich PTC) finden sich auch bei Säugetieren, z. B. bei anthropoiden Affen und bei Ratten. Nach den neuesten Schätzungen (*Vogel*, 1964) ist damit zu rechnen, daß in den 46 Chromosomen der menschlichen Zellen mehrere Millionen Genpaare angelegt sind. Von recht zweifelhaftem Wert dürften daher die Versuche sein, die ungeheure Mannigfaltigkeit möglicher Erbbilder durch eine relativ kleine Anzahl von Typen (*Rassetypen* oder ›*Erbgrundcharaktere*‹ nach *Pfahler*) zu repräsentieren. Es kann sich dabei nur um eine mehr oder minder willkürliche Auswahl erblicher Einzelmerkmale (z. B. Hautfarbe, Körperproportion, Temperamentslage usw.) handeln, auf Grund deren sich aber das Vorhandensein anderer erblicher Merkmale kaum voraussagen läßt. Nach einer Schätzung von *B. Glass* (1943) unterscheidet sich die ›weiße Rasse‹ von der ›schwarzen‹ in kaum mehr als einem halben Dutzend spezifischer Genpaare. Dieser Wert mag, wie *W. C. Boyd* ausführt (1950), etwas zu niedrig gegriffen sein; selbst wenn man ihn aber verdoppelt, bleibt er äußerst geringfügig, verglichen mit den mehr als 1000 Genpaaren, hinsichtlich deren sich zwei der gleichen ›Rasse‹ zugerechnete Individuen voneinander unterscheiden können. Mit anderen Worten: die Variabilität der Erbmerkmale innerhalb der einzelnen ›Rassen‹ ist größer als die zwischen diesen; es handelt sich somit um eine für diagnostische Zwecke unbrauchbare Gruppengliederung (→ Typenlehre).

Tatsächlich sind die Rassenbegriffe beim Menschen soziologischen und nicht biologischen Ursprungs; sie differenzieren zwischen fremdartigen und vertrauten Erscheinungsbildern. Bei ihrem Zustandekommen spielt ein unkontrollierter Objektivationsschluß die Hauptrolle, demzufolge der Eindruck des Betrachters einer Lebensform deren innerem Gehalt entsprechen soll (→ Ausdruckskunde). Auf diese Weise hält man sich für berechtigt, aus der dunklen Hautfarbe auf ein ›dunkles‹ (triebhaftes, irrationales) Wesen zu schließen. Zu tragischen Resultaten führt diese Denkbewegung auf dem Wege über die nachteiligen Umweltsbedingungen, unter denen zu leben die jeweilige Majorität mißliebige ›rassische‹ → Minoritäten zwingen kann (z. B. verringerte Bildungs-, berufliche Aufstiegs- und hygienische Betreuungs-Chancen). Es handelt sich dabei um eine kulturspezifische Einstellung des Wertes der Erb-Umwelt-Korrelation (r_{EU}).

Bestrebungen zur Veränderung des Erbbestandes innerhalb einer sozialen Gemeinschaft, z. B. eines Volkes, die sich auf die Reduktion der Häufigkeit negativ bewerteter bzw. krankheitsverursachender Gene richten, werden als ›eugenische Maßnahmen‹ bezeichnet. Unter positiver *Eugenik* versteht man die (meist wirtschaftliche) Unterstützung der Träger hoch bewerteter Erbmerkmale. Die negative Eugenik versucht die Träger ungünstig bewerteter Erbmerkmale von der Fortpflanzung (durch Beratung, Verbot oder Sterilisation) auszuschließen.
Die Tatsache, daß eine Anomalie des Körperbaues oder des Verhaltens in ihrem Zustandekommen vorwiegend erblich bedingt ist, schließt die Möglichkeit korrigierender oder auch therapeutischer Umwelteinflüsse noch nicht aus. Die sog. Zuckerkrankheit (diabetes mellitus) geht z. B. auf eine erbliche Unterfunktion der Bauchspeicheldrüse zurück, durch die dem Organismus das Hormon Insulin in ungenügendem Maße zur Verfügung gestellt wird. Dieser Fehlbestand läßt sich aber durch medikamentöse Insulin-Gaben sehr weitgehend ausgleichen. Außerdem ist zu bedenken, daß sowohl die Manifestationswahrscheinlichkeit einer Anlage *(›Penetranz‹)* als auch der Grad der durch sie bedingten Merkmalsausprägung *(›Expressivität‹)* variieren können; beide hängen von der ›Umwelt‹ des Gens im weitesten Sinne ab, d. h. vom Vorhandensein bestimmter anderer Gene *(›Modifikationsgene‹)*, vom inneren physiologischen Milieu des Körpers und von seiner äußeren Umwelt. Nach einem Ausdruck *Luxenburgers* ist die Vererbung nicht »Schicksal, sondern drohendes Schicksal« bzw. – bei hochwertigen Anlagen – eine Verheißung, deren Erfüllung an außerhalb ihrer selbst liegende Voraussetzungen geknüpft ist. Zwischen den Behauptungen, daß manche Krankheitsbilder (z. B. Diabetes) erbbedingt seien, und daß in ihnen Lebenskrisen ihren Ausdruck finden (→ psychosomatische Störungen), besteht somit nur ein scheinbarer Widerspruch. Das gilt auch von den Erbanlagen der Hochbegabten, deren Penetranz und Expressivität als weitgehend umweltabhängig zu betrachten sind. Eben darum gibt es für eine Gesellschaft die Aufgabe der Entdeckung und der Förderung von Begabungen.
Während die vom Standpunkt des Beobachters formulierte (objektivistische) Theorie des Erb-Umwelt-Zusammenhanges die Korrelation zwischen diesen beiden Wirkungskomplexen (r_{EU}) erst verhältnismäßig spät berücksichtigte, stellte sich die Notwendigkeit dieser Annahme in der vor allem von *J. v. Uexküll* (1864–1944) ausgehenden (subjektivistischen) *›Umweltforschung‹* schon in den Jahren vor dem ersten Weltkrieg ein. Angeregt durch *Kants* Auffassung der Zeit und des Raumes als »subjektiver Anschauungsformen« (1781) un-

terscheiden Uexküll (seit 1909) und seine Schüler (*F. Brock, H. Petersen*) zwischen den physiko-chemischen Gegebenheiten in der Außenwelt eines Wesens und dessen ›*Eigenwelt*‹, die in Gestalt von ›*Merk*- und *Wirkmalen*‹ dessen Verhalten bedingt (bzw. dem Betrachter verständlich macht). Auch wenn sie in der gleichen Außenwelt leben, haben die einzelnen Tierarten ihrem Bauplan entsprechend verschiedene Eigenwelten. Ihre besondere Ausstattung mit ›*Merkorganen*‹ (absolute und relative Schwellen für Reizgrößen, vielleicht auch Sinnesorgane, die dem Menschen fehlen, wie z. B. der Fernorientierungssinn der Zugvögel) erlaubt den verschiedenen Arten, der gemeinsamen Außenwelt in spezifischer Weise Information zu entnehmen (→ Informationstheorie) und nach Maßgabe ihrer besonderen ›*Wirkorgane*‹ (z. B. Schwimm-, Fliege- und Klettereinrichtungen) verhaltensrelevant werden zu lassen. Auf diese Weise entsteht das subjekteigene ›Da-draußen‹ (*F. Brock*) als das den Möglichkeiten und Bedürfnissen eines Wesens angepaßte Abbild der objektiven Umwelt und als deren Erlebniskorrelat. Ein Vorläufer dieser Konzeption ist der Biologe *K. E. v. Baer* (1792—1876), der schon 1864 die artspezifische Besonderheit zeitlicher Abläufe untersuchte; der ›*Moment*‹ des Menschen dauert etwa 1/18 Sekunde, der von Kampffischen ungefähr 1/40 Sekunde (›Zeitlupen-Effekt‹), während die Schnecke mit einem Wert von 1/3 Sekunde wie ein ›Zeitraffer‹ aufnimmt.

Auf dem Boden der → Gestaltpsychologie hat *K. Lewin* (1926, 1935, 1936) ähnliche Vorstellungen entwickelt; er spricht vom *Umfeld* des Individuums, das nach dessen Art, Persönlichkeit, Erfahrungsbestand und jeweiliger Bedürfnislage spezifisch strukturiert ist. Hier ist allerdings von Unterschieden zwischen Individuen die Rede, die derselben Art angehören (Menschen), während die biologische Umweltforschung fast ausschließlich von den Unterschieden zwischen Arten handelt. Bezogen auf den Menschen macht *Uexkülls* Betrachtungsweise daher das tierische Verhalten verständlich, während Lewins Relativierung letzten Endes jeden einzelnen Menschen in eine schlechthin unvergleichbare Eigenwelt hineinstellt.

Die Bestimmung der Wirkungsmächtigkeit von Anlage und Umwelt richtet sich nur auf die Verhältnisse innerhalb einer Spezies; sie ist darum so schwierig, weil wir es auf seiten der Umwelt einmal mit der physiko-chemischen Außenwelt, zum anderen aber mit der in individueller Weise bedeutungserfüllten Eigenwelt und schließlich mit den durch andere Erbfaktoren konstituierten inneren Bedingungen eines Organismus zu tun haben. Wie ein bestimmtes *Milieu* (z. B. auch das affektive ›Klima‹ einer Familie) mit einem bestimmten Erbfaktor zusammenwirkt, ob es dessen Entfaltung fördert oder hemmt, hängt einesteils von dem Bestand an modifizierenden Erbfaktoren ab und andererseits davon, in welchem Sinne dieses Milieu zur Eigenwelt verarbeitet wurde.

Assoziation. In der kurzen aber bedeutungsvollen Schrift über ›Gedächtnis und Erinnerung‹ diskutiert *Aristoteles* die Phänomene der unwillkürlichen *Erinnerung* und des absichtlichen Sich-Erinnerns. Die Suche (im Original heißt es ›Jagd‹) nach einem im *Gedächtnis* aufbewahrten Eindruck wird dadurch begünstigt, daß man entweder den zeitlichen Ablauf der Geschehnisse rekonstruiert oder daß man sich Eindrücke ins Gedächtnis ruft, die zu dem Gesuchten im Verhältnis der *Ähnlichkeit*, des *Gegensatzes* oder der räumlichen und zeitlichen Nähe stehen. Diese Beobachtung hat wie kaum eine andere den systematischen Ausbau der Psychologie beeinflußt. Ihre sorgfältige Ausgestaltung empfing sie in der sog. englischen ›Assoziations-Psychologie‹ durch *J. Locke* (1632–1704), *D. Hartley* (1705–1757), *D. Hume* (1711–1776), *J. Priestley* (1733–1804), *J. Mill* (1773–1836), *Th. Brown* (1778 bis 1820), *J. St. Mill* (1806–1873); auf deutscher Seite setzte sich diese Tradition in *J. F. Herbart* (1776–1841), *H. Ebbinghaus* (1850–1909), *G. E. Müller* (1850–1934) und *Th. Ziehen* (1862–1950) fort. Von Schuldifferenzen abgesehen, verwendet jede → Lerntheorie und jede Lehre vom → Gedächtnis den Begriff der Assoziation in entscheidender Funktion, wobei allerdings verschiedene Deutungen der ihm zugrunde liegenden Vorgänge möglich sind: Assoziationen von Ideen, Herstellung von Verbindungen zwischen erregten Nervenzellen, *Resonanz, Feldwirkungen* usw. Wesentlich beteiligt ist die Assoziationspsychologie an der Entwicklung des → Behaviorismus und der → Tiefenpsychologie; eine entschiedene Gegnerschaft zu ihr hat die → Gestaltpsychologie angemeldet.
Die drei schon von *Aristoteles* erwähnten Sachverhältnisse der Ähnlichkeit, des Kontrasts und der räumlichen und zeitlichen Kontiguität bezeichnet der schottische Philosoph *Th. Brown* als ›primäre *Assoziationsgesetze*‹, denen er die folgenden ›sekundären Assoziationsgesetze‹ nachordnet: 1. Die Dauer des ursprünglichen Eindrucks, 2. seine Lebhaftigkeit, 3. die Häufigkeit seiner Wiederholung, 4. seine Frische, 5. das Fehlen konkurrierender Eindrücke, 6. konstitutionelle Unterschiede der Eindrucksempfänger, 7. deren jeweilige Gemütslage, 8. deren körperlichen Zustand und 9. deren Lebensgewohnheiten.
Die experimentelle Untersuchung von Assoziationen beginnt im letzten Viertel des 19. Jh. mit *F. Galton* (Aufzeichnung der durch Reizworte hervorgerufenen Einfälle), *H. Ebbinghaus*

(Lernen sinnloser Silben) und im *Wundt*schen Laboratorium (Messung der für die Hervorbringung einer Assoziation erforderlichen Zeit). Aus den gleichen Jahren stammt *Freuds* diagnostisches Interesse an den freien und den durch Reizworte provozierten Einfällen seiner Patienten; eine weitere Ausgestaltung fand sein Verfahren in den Studien von *C. G. Jung* (1911) und von *Kent* und *Rosanoff* (1910).
Das klassische *Assoziationsexperiment* besteht darin, daß der Vp der Auftrag erteilt wird, zu einem Reizwort das erstbeste ihr in den Sinn kommende Reaktionswort auszusprechen. Beim kontinuierlichen Assoziieren hat die Vp nach dem ersten auch alle weiteren Einfälle (›*Assoziationsketten*‹) zu melden. Bisweilen werden den zu produzierenden Reaktionen auch gewisse Bestimmungen auferlegt (›kontrollierte Assoziationen‹), etwa, daß diese sich in einem angegebenen Sachgebiet halten (z. B.: Namen von Säugetieren), daß sie mit einem bestimmten Buchstaben beginnen oder daß sie zu dem Reizwort in einem logischen Verhältnis (›Überordnung‹, ›Teil — Ganzes‹ usw.) stehen.
Die experimentelle Forschung konzentriert sich im wesentlichen auf sechs Hauptprobleme:
1. Die Häufigkeit, mit der ein Reaktionswort auf ein bestimmtes Reizwort folgt. Es gibt in der Regel bevorzugte (geläufige, populäre) Assoziationen (z. B. Tag — Nacht), die von einem großen Teil der Vpn gegeben werden. Auf die von *Kent* und *Rosanoff* (im Englischen) zusammengestellten 100 Reizworte geben normale Erwachsene mit Volksschulbildung im Durchschnitt nicht mehr als 5 Prozent individuelle Assoziationen, d. h. solche, die in der Standardisierungspopulation eine Frequenz von weniger als 1 Promille besitzen. Abiturienten geben etwa 9 Prozent individuelle Assoziationen; bei manchen Geisteskrankheiten aus der Gruppe der Schizophrenien (→ Psychose) werden 25—50 Prozent individuelle Assoziationen gefunden. Die Tabelle von Kent und Rosanoff gestattet die Berechnung der durchschnittlichen *Geläufigkeit* der von einer Vp produzierten Assoziationen und gibt damit ein Maß für den Grad der *Konformität* ihres Denkens.
2. Die Kategorisierung der Reizworte. Die oberflächlichste Assoziation ist die nach dem Klang (z. B. Leben — neben); sie ist vor allem im Kindesalter sowie in Zuständen der Ermüdung oder auch der Alkoholisierung häufig und stammt hier wohl aus der gleichen Quelle wie die Vorliebe für homophonische *Schüttelreime* (z. B. bei W. Busch: »Im Ameishaufen wimmelt es — der Aff' frißt nichts Verschimmeltes«). Für die inhaltlich bestimmte Assoziation haben *Karwoski* und *Schachter* (1948) ein sehr brauchbares Kategoriensystem gegeben (Tab. 4).

Kategorie	Anzahl im ganzen	Verschiedene	Diversifikation	Reaktionszeit
1. Gegensatz (z. B. schwarz – weiß)	1133	125	0,11	1,10
2. Identifikation	822	240	0,29	1,34
a) Ähnlichkeit (z. B. gut – schön)				
b) Funktionaler Bezug (z. B. Huhn – Ei)				
c) Überordnung (z. B. Kohl – Gemüse)				
3. Kontiguität (z. B. Straße – Auto)	624	391	0,63	1,44
4. Spezifische Identifikation (z. B. Meer – adriatisches)	77	52	0,68	1,52

Tab. 4

Die Anzahlen beziehen sich auf die von 50 Studenten auf 70 Reizworte gegebenen Assoziationen, unter ›*Diversifikation*‹ ist das Verhältnis der Anzahl verschiedener Assoziationen zur Gesamtanzahl (im Sinne des ›type – token – ratio‹ der Sprachpsychologie) verstanden. Mit zunehmender Diversifikation steigt die *Reaktionszeit* an, da die Konzentration vieler Reizworte auf wenige verschiedene Typen ein Anzeichen für die Geläufigkeit und Popularität dieser Assoziationen ist. Beim Übergang von der Kindheit zum Erwachsenenalter, namentlich von der Pubertät an, nimmt die Geläufigkeit von Gegensatz-Assoziationen (auf adjektivische Reizworte) wesentlich zu, deren Frequenz steigt von 4 Prozent auf 30 Prozent; eine Gruppe von 1000 Industriearbeitern produzierte sogar 47 Prozent. Diese Tendenz wird auch durch die sich einer anderen Methode bedienenden Studien von *Riess* (1946) bestätigt; sie legt die Vermutung nahe, daß im erwachsenen Denken *Begriffe* sehr stark durch ihre Abhebung von ihren Gegenteilen, also wohl in dialektischer Weise, präzisiert werden.

3. Die zur Hervorbringung einer Assoziation erforderliche Reaktionszeit (RT) nimmt bei freien Assoziationen mit deren Popularität (Konformität) ab: *Geläufigkeitsgesetz* nach *Thumb* und *Marbe* (1901). Dieser Sachverhalt (Abb. 2) gehört zu den am besten bestätigten Gesetzen der Psychologie (*Wreschner*, 1907; *Menzerath*, 1908; *Crane*, 1915; *Schlosberg* und *Heineman*, 1950). Assoziationen, die von allen Vpn in der gleichen Weise gegeben werden (Konformität = 100 Prozent), lassen sehr viel weniger lange auf sich warten als ›individuelle‹ Assoziationen (Konformität = 0 Prozent). Dies hängt wahrscheinlich mit der Weite der den Vpn zur

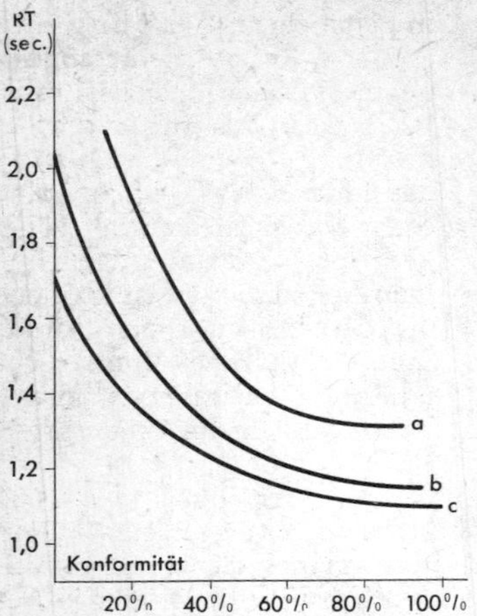

Abb. 2:
Geläufigkeitsgesetz der Assoziation
a) Thumb – Marbe, b) Wreschner,
c) Schlosberg – Heineman

Verfügung stehenden *Wahl*möglichkeiten zusammen (→ Informationstheorie); im Falle maximaler Konformität ist diese sehr gering. Die gleiche Erklärung erfordert die merkwürdige Tatsache, daß kontrollierte Assoziationen fast immer schneller erfolgen als freie Assoziationen (weniger als 1,0 Sekunden gegenüber 1,5–1,8 Sekunden im Durchschnitt); in ihnen ist die Reaktion durch die gestellte Bedingung auf wenige oder evtl. auch nur auf eine einzige Alternative beschränkt. Interessante Einblicke in den Vorgang der kontinuierlichen Produktion kontrollierter Assoziationen vermitteln die Untersuchungen von *Bousfield* und seinen Schülern (1944, 1950). Die Vpn hatten die Aufgabe, innerhalb eines festgelegten Rahmens (z.B. ›Säugetiere‹, ›Städtenamen‹) möglichst viele Assoziationen zu produzieren; die Anzahl der in aufeinanderfolgenden Intervallen von je 2 Minuten niedergeschriebenen Einfälle läßt einen sehr typischen Verlauf erkennen. Es handelt sich um eine negativ beschleunigte Funktion, die einem maximalen Grenzwert (C) zustrebt; ihre Form wird durch die Gleichung $N = C\,(1 - e^{-mt})$ beschrieben, in der e die Basis der natürlichen Logarithmen, m die Zuwachsrate, t die verstrichene Zeit und N die Anzahl der bis zum Zeitpunkt t produzierten Assoziationen ist. Abb. 3 zeigt, daß den Vpn (Studenten) im Durchschnitt ein ›*Reservoir*‹ von C = 51,4 Namen für vierbeinige Säugetiere zur Verfügung stand, das sie in den ersten Minuten sehr schnell entleerten (steiler Anstieg), später jedoch nur recht langsam (Verflachung der Kurve). Dabei fällt auf, wie die Größe des Reservoirs den Vorgang schon von allem Anfang an steuert. Neuere Untersuchungen haben ergeben, daß zwischen den Konstanten C und m eine hohe negative Korrelation besteht: größere Reservoire werden in einem vergleichsweise langsameren Tempo entleert. Abermals scheint die Menge der zur Auswahl stehenden Alternativen den Wahlvorgang zu verzögern. Bei der Aufgabe, angenehme bzw. unangenehme Assoziationen zu produzieren, fand Bousfield (1950), daß Vpn

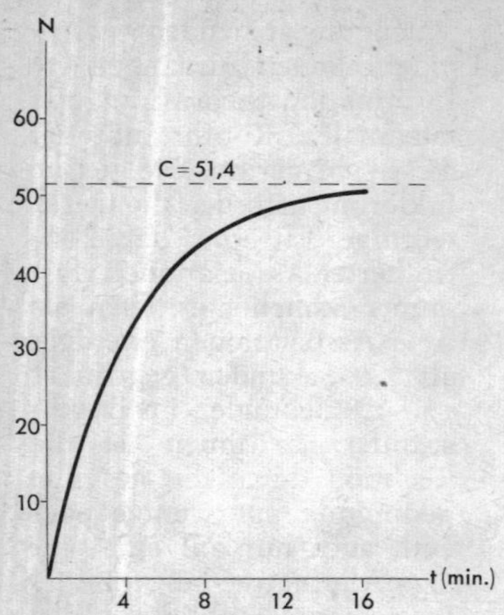

Abb. 3: Entleerung des Assoziations-Reservoirs

in gehobener *Stimmung* ein größeres Reservoir für angenehme Assoziationen besitzen (C_a = 81,6) als für unangenehme (C_u = 55,9), während deprimierte Vpn einen solchen Unterschied nicht zeigen; ihr Vorrat an angenehmen Assoziationen ist kleiner als der in gehobener Stimmung befindlicher Vpn (C_a = 65,8), der an unangenehmen Assoziationen hingegen größer (C_u = 66,6).

4. Der *diagnostische Assoziationsversuch*. Bereits in den gemeinsam mit *Breuer* veröffentlichten ›Studien über Hysterie‹ (1895) bediente sich *Freud* der freien Assoziationen zur Auffindung verdrängter Früherlebnisse (→ Psychotherapie). Sehr ausgiebigen Gebrauch machte Freud von freien Assoziationen bei der Deutung der *Träume* seiner Patienten (1900); die Methode gehört auch heute noch zum eisernen Bestand einer psychoanalytischen Behandlung (→ Traum, → Psychotherapie). Aus der Phase der Zusammenarbeit der beiden Forscher stammt C. G. *Jungs* Beschäftigung mit den freien Assoziationen (1911), die zur Entwicklung einer Standard-Prozedur führte, bei der den Patienten eine Liste von 100 Reizworten zweimal vorgelesen wird; sie haben diese (einzeln) mit ihren Einfällen zu beantworten. Bei einigen Assoziationen treten Störungen auf, die als ›*Komplex-Indikatoren*‹, d. h. als Hinweise auf mit den Worten zusammenhängende Gefährdungen des seelischen Gleichgewichts, gedeutet werden. Als diagnostische Anzeichen gelten: Verlängerte Reaktionszeit, Ausbleiben der Reaktion, ungewöhnlich kurze Reaktionszeit, Wiederholung des Reizwortes, dessen Mißverstehen, sinnlose Klangassoziationen usw.

Einblick in die Dynamik verzögerter Assoziationen bietet eine von dem russischen Psychologen *Luria* (1932) entwickelte Technik, bei der die Vp gleichzeitig mit dem Aussprechen des Reaktionswortes einen pneumatischen Taster niederzudrücken hat (rechte Hand), während ihre linke Hand auf einer Vorrichtung ruht, die Zitterbewegungen (Tremor) registriert. Im Falle überlanger Reaktionszeiten lassen die Hand-Kurven oft erkennen, daß die

Vp eigentlich schon früher zu reagieren bereit war, aber den verbalen Akt mehrmals unterdrückte, bzw. den Einfall verwarf, bis sie eine harmlose Assoziation gefunden zu haben glaubte. Das Verfahren wird für die gerichtliche *Tatbestandsdiagnose* herangezogen (→ Forensische Psychologie). Es hängt mit den Bemühungen um die Schaffung von ›*Lügen-Tests*‹ zusammen (→ Gefühle).
Bedeutsamer als Assoziationen auf Reizworte sind für die psychologische Diagnostik Reaktionen auf mehrdeutige Bildvorlagen, z. B. Rorschachs Klecksfiguren. Der Weg führt hier in das Gebiet der sog. *projektiven* → *Tests*. Als Beispiel diene

Abb. 4: Ausschnitt aus dem M-F-Test von Terman und Miles
links: Bürste (m), Tausendfüßler (m), Kamm (f), Gebiß (f)
mitte: Axt (m), Boot (m), Wiege (f), Mond (m)
rechts: Teller (f), Ring (o), Zielscheibe (m), Autoreifen (o)

der von *Terman* und *Miles* (1936) entwickelte Test zur Ermittlung der *Männlichkeit* bzw. *Weiblichkeit* der *Einstellung*. Er enthält sowohl Wörter als Bilder (Abb. 4), für die jeweils mehrere mögliche Assoziationen zur Auswahl gestellt werden, z. B.

Reizwort	Reaktion			
›Regen‹	Wolken (m)	Schirm (f)	Wetter (m)	naß (o)
›Haushalt‹	Kosten (f)	Glück (f)	Wohnung (m)	Schlaf (m)
›Mond‹	Licht (m)	Monat (o)	Nacht (f)	rund (f)

Die im Test selbst natürlich nicht mitgegebenen Bezeichnungen (m, f und o) richten sich auf den mehr männlichen, weiblichen oder neutralen Charakter der betreffenden Assoziation. Ähnlicher Methoden bedient sich auch die sog. ›indirekte‹ Erforschung der Einstellung zu politischen Fragen (→ Meinungsforschung).

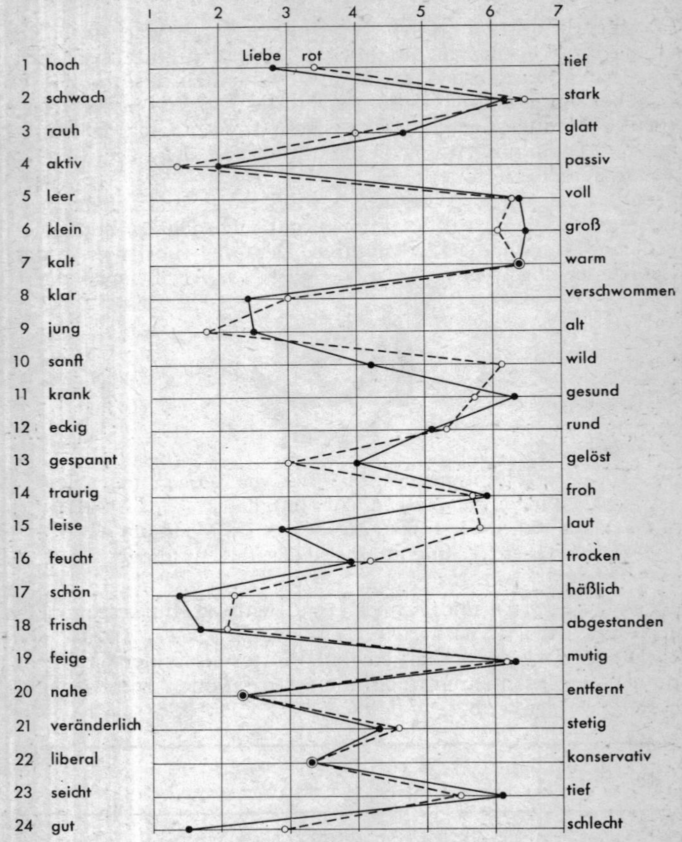

Abb. 5: Das Polaritätsprofil

5. Die Bedeutungsanalyse von Vorstellungen. Die von *Osgood* (1952) und *Hofstätter* (1955) entwickelte Methode des *Polaritäts-Profiles* (›semantic differential‹) verlangt von den Vpn die Einstufung eines Begriffes oder auch eines Gegenstandes der Anschauung (z. B. Bilder und Farben) auf einer Reihe von Polaritäten, die zu diesem Gegenstand meist in keinem sachlichen, wohl aber in einem möglichen assoziativen Bezug stehen. Der quantitative Vergleich von Profilen mit Hilfe der Korrelationsrechnung (→ Statistik) gestattet Angaben über die (subjektive) *Ähnlichkeit* zwischen Gegenständen. Abb. 5 gibt die Profile der Gegenstände ›Liebe‹ und ›Rot‹, die bis auf

wenige Ausnahmen einen nahezu parallelen Verlauf zeigen. Die Korrelation zwischen den beiden Profilen ist positiv und sehr hoch ($Q_{RL} = +0{,}89$); tatsächlich dient ›Rot‹ ja als Symbolfarbe für die Liebe. Die Methode ermöglicht unter anderem eine Überprüfung der von *Goethe* aufgestellten Behauptungen über die »sinnlich-sittliche Wirkung der *Farbe*«. Eine Gegenüberstellung der farbsymbolischen Affinitäten von Rot und

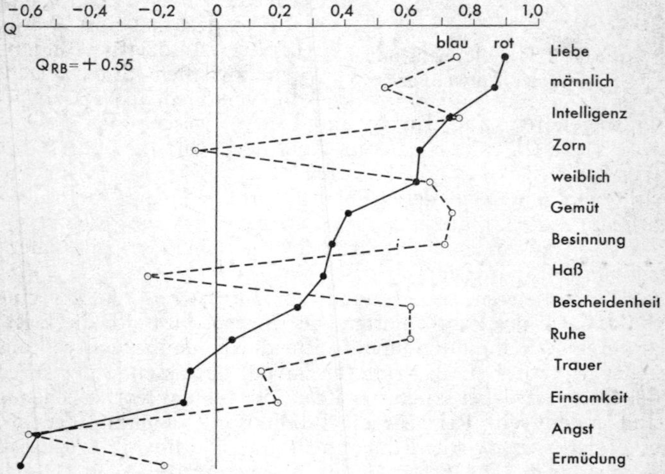

Abb. 6: Farbensymbolik

Blau zeigt Abb. 6; zwischen den Profilen der beiden Farben besteht eine Ähnlichkeitskorrelation von $Q_{RB} = +0{,}55$. Das Polaritätsprofil läßt sich auch zur Bestimmung dessen verwenden, was z. B. ein Grünblinder sieht, wenn ihm ein grüner Farbreiz dargeboten wird (*Hofstätter*, 1957); es wurde auch zu kulturvergleichenden Untersuchungen herangezogen (→ Geschlechtsunterschiede).

Die Matrix der Ähnlichkeits-Korrelationen zwischen mehreren Beurteilungsgegenständen läßt sich faktorenanalytisch untersuchen (→ Statistik). Man gelangt dabei zu einem dreidimensionalen System (Abb. 7), dessen Hauptachsen die folgenden Deutungen nahelegen:

F_1 = Positive Zuwendung nach außen
F_2 = Negative Zuwendung nach außen
F_3 = Wendung nach innen.

Interessanterweise erscheint die negative Zuwendung dabei nicht als das Gegenteil der positiven Zuwendung, z. B. also auch

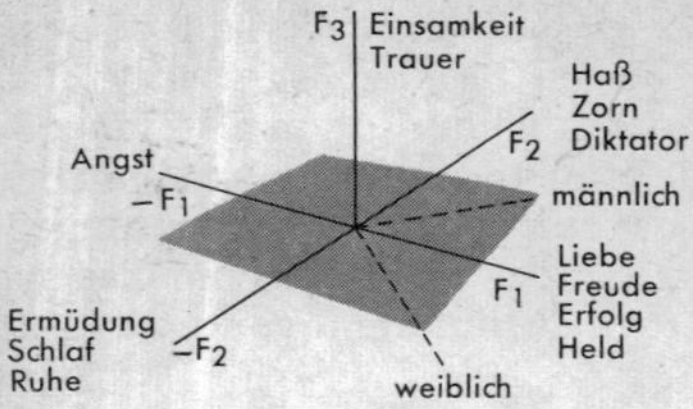

Abb. 7: Das dreidimensionale System der Umweltbezüge

Liebe nicht als das Gegenteil von Haß; dieses Ergebnis entspricht dem von *Bleuler* in der → Tiefenpsychologie eingeführten Begriff der *›Ambivalenz‹*, d. h. der Möglichkeit von Gefühlsbeziehungen, die zugleich positiv und negativ gerichtet sind *(›Haß-Liebe‹)*. Assoziative Bindungen zwischen Sinnesreizen, die verschiedenen Modalitäten angehören (z. B. Farben und Tönen), werden als *Synästhesien* (*›Farbenhören‹*, audition colorée) bezeichnet (*Argelander*, 1927; *Anschütz*, 1927, 1953). Es handelt sich dabei um Reize, deren Polaritätsprofile einander sehr ähnlich sind, die also durch eine große Anzahl gemeinsamer Assoziationen zu anderen Empfindungen miteinander zusammenhängen (→ Phantasie).

6. Die Rolle von Assoziationen im *Lernprozeß*. Als eine Sonderform des kontrollierten Assoziierens läßt sich die Erlernung einer Reihe miteinander nicht durch Sinnbezüge verbundener Elemente (z. B. sinnloser Silben) auffassen. Jedes Glied der Kette ist dabei einerseits Reaktion auf das vorhergehende und andererseits Reiz für die Produktion des nachfolgenden; es bilden sich zwischen ihm und seinen Nachbarn assoziative Koppelungen. Die Erforschung der hier auftretenden Gesetzmäßigkeiten beginnt mit den äußerst entsagungsvollen Selbstversuchen von *H. Ebbinghaus* (1885) und führt über das Monumentalwerk von *G. E. Müller* (1911–1917) bis zu der in ihrer Abstraktheit kaum überbietbaren Theorie von *C. L. Hull* (1940). Innerhalb einer Reihe (A-B-C-D . . .) werden einerseits direkte (A : B, B : C . . .) und überspringende Assoziationen (A : C, A : D . . .) gebildet, andererseits vorwärtsge-

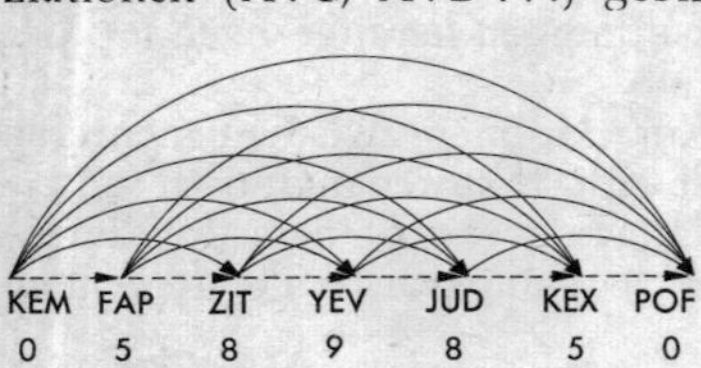

Abb. 8: Assoziationskonflikte zwischen den Gliedern einer Reihe von sinnlosen Silben (nach C. L. Hull, 1935)

richtete und rückläufige (D : C, D : B) Assoziationen unterschieden, die jeweils miteinander in Konkurrenz stehen. Überspringende und rückläufige Assoziationen sind in der Regel schwächer als direkte und vorwärtsgerichtete; sie verursachen Reproduktionsfehler, durch die der Lernvorgang erschwert wird. Dies ist vor allem im Mittelbereich einer Reihe der Fall, da hier die Anzahl der einander überschneidenden assoziativen Bindungen am größten ist (Abb. 8). Der Effekt tritt besonders stark in Erscheinung, wenn die Reihe in einem schnellen Tempo (›*massierte Übung*‹), d. h. mit kurzen Intervallen zwischen den einzelnen Gliedern, gelernt werden muß. Verteilte Übung ist im allgemeinen ökonomischer (Abb. 9).

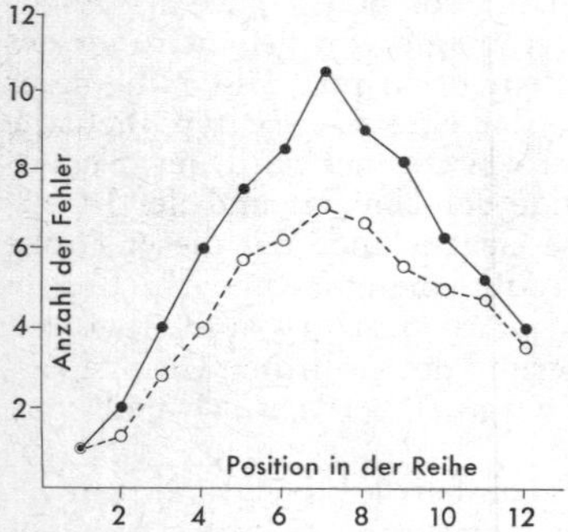

Abb. 9: Die schwierige ›Mitte‹ beim Erlernen einer Reihe (nach C. I. Hovland, 1938).
Obere Linie: massierte Übung
Untere Linie: verteilte Übung

Sinnlose Silben (z. B.: FAP, KIX, POM) werden seit *Ebbinghaus* bei Untersuchungen dieser Art bevorzugt, weil an ihnen nur relativ wenige außerhalb der experimentellen Situation erworbene Assoziationen haften. Jedoch zeigen sich bei ihnen sowohl wie – in noch stärkerem Maße – bei sinnvollen Worten bisweilen assoziative Mischwirkungen, wie sie *Meringer* und *Mayer* (1895) und *Freud* (1904) beim *Versprechen* (→ Tiefenpsychologie) beobachteten. Da kann es z. B. geschehen, daß ein Redner in der einstweilen noch nicht eingestandenen Absicht, später um einen Vorschuß zu bitten, das Direktorium einer Gesellschaft als ›Meine Herren Vor-schuß-Mitglieder . . .‹ anspricht (*Kontamination* von ›Vor-stand‹ und ›Aus-schuß‹). Sinnvolle Reihen, z. B. die Wörter eines Satzes, sind leichter zu lernen und zu behalten als sinnlose, da in ihnen die Auswahl der möglichen Alternativen für das jeweils folgende Glied äußerst gering ist. Dem Lernenden kommt hier sein Vor-Lernen, d. h. die Vertrautheit mit den Folgeregeln der → Sprache, zustatten.

Aufmerksamkeit. »Wir sind fortwährend von Gegenständen umgeben, die auf unsere Augen und Ohren einwirken und die somit auch unsere Seele beeinflussen; wir geben jedoch, weil unsere Aufmerksamkeit von den anderen Gegenständen in Anspruch genommen ist, auf sie nicht früher acht, als bis der Ge-

genstand durch eine Steigerung seiner Wirksamkeit oder durch irgendeine andere Ursache stark genug wird, die Aufmerksamkeit auf sich zu ziehen. In diesem Falle verhalten wir uns dem bestimmten Gegenstand gegenüber wie schlafend; dieser Schlaf wird allgemein, wenn unsere Aufmerksamkeit für alle Gegenstände in ihrer Gesamtheit aufhört« (*Leibniz*, Neue Versuche über den menschlichen Verstand, 1704). Von der Welt, in der wir leben, sind uns von Augenblick zu Augenblick nur einzelne Ausschnitte wirklich gegenwärtig; sie heben sich als ›Figuren‹ im Sinne der → Gestaltpsychologie von dem ›Grund‹ der sonstigen Gegebenheiten ab. Rein deskriptiv läßt sich dieser Sachverhalt auch so formulieren, daß eine gewisse hypothetische Größe, die als ›Aufmerksamkeit‹ bezeichnet wird, jeweils ungleichmäßig auf die Gegenstände der Umwelt und der Innenwelt verteilt ist, bzw. daß diese Gegenstände mit dieser Größe in geringerem oder höherem Maße ›besetzt‹ sind. In diesem Sinne sprechen wir von der *Konzentration* auf etwas, von innerer Zuwendung, Zentralisierung des seelischen Geschehens, *›apperzeptiver Auffassung‹ (W. Wundt)* und vom Gerichtetsein auf etwas.
Allgemein wird zwischen ›willkürlicher‹ (aktiver) und ›unwillkürlicher‹ (passiver) Aufmerksamkeit unterschieden; wir können uns entweder willentlich auf gewisse Dinge richten, diese fixieren und uns um deren möglichst klare und deutliche Auffassung (›clara et distincta perceptio‹, nach *Descartes*) bemühen, oder es kann auch sein, daß sich uns Dinge, Vorstellungen und Gedanken ungewollt aufdrängen und damit unsere Aufmerksamkeit manchmal auch gegen unseren Willen *(›Störungen‹)* auf sich ziehen. Der *Reklame* (→ Werbepsychologie) geht es vorwiegend um die Bindung der unwillkürlichen Aufmerksamkeit, der *Tarnung* (→ Wehrpsychologie) hingegen um deren Ablenkung. *Reizfaktoren,* die einen Gegenstand auffällig machen, sind Größe und Intensität, Bewegung, die Kontrastrelation zur Umgebung (z. B. hell auf dunkel oder umgekehrt), Farbigkeit, die Position in einer ausgezeichneten Stelle des Gesichtsfeldes (am besten in dem Quadranten links oben), Symmetrie, scharfe und regelmäßige Begrenzung (›gute Gestalt‹ → Gestaltpsychologie) sowie Neuartigkeit. Es handelt sich hier offenbar um die Attribute, auf Grund deren wir in vorrationaler und zum Teil wohl sogar in angeborener Weise einzelne *Reizfigurationen (›Schemata‹)* als ›wichtig‹ empfinden. Im Gegensatz dazu richtet sich die willkürliche Aufmerksamkeit auf Gegenstände, die von sich aus nicht besonders auffallen, deren genauere Wahrnehmung aber beabsichtigt wird; sie hat dabei jeweils die von den Anziehungspunkten der unwillkürlichen Aufmerksamkeit ausgehende Konkurrenz zu

überwinden (vgl. die Ablenkungsmanöver der Taschenspieler und Zauberer).

Der Unterschied zwischen willkürlicher und unwillkürlicher Aufmerksamkeit ist jedoch nicht völlig scharf, da *Berufsgewohnheiten,* aber auch *Vorsätze* dazu führen können, daß im allgemeinen kaum beachtete Gegenstandsmerkmale (für einen Arzt z. B. gewisse diagnostische Anzeichen) besonders auffällig werden. Wer sich beim Verlassen des Hauses vornimmt, einen Brief aufzugeben, kann in der Regel sicher sein, daß ihm der nächste Briefkasten ›in die Augen springen‹ wird, auch wenn er sich in diesem Moment gar nicht eigentlich auf der Suche nach einem solchen befindet, sondern an etwas ganz anderes denkt. Ausnahmen von dieser Regel lassen sich nicht selten (→ Tiefenpsychologie) als unbewußte *Widerstände* gegen den Brief (seinen Inhalt oder seinen Empfänger) deuten. Nahezu unmöglich wird die Unterscheidung zwischen willkürlicher und unwillkürlicher Aufmerksamkeit bei *posthypnotischen Aufträgen,* die das Auffälligwerden eines leicht zu übersehenden Signals zu einem gewissen Zeitpunkt und eine bizarre Reaktion auf dieses beinhalten können (→ Hypnose).

Von ihren Gegenständen her betrachtet läßt sich die Aufmerksamkeit als die Wahrscheinlichkeit einer beachtenden und eventuell auch einer handelnden Stellungnahme zu diesen definieren. Die Gründe für ein solches Verhalten liegen teils in der angeborenen und artspezifischen Organisation der Sinnesrezeption (unmittelbare Aufmerksamkeit, angeborene Schemata, Instinkte, → Bedarf und Bedürfnis), teils in Dauereinstellungen (Beachtungsgewohnheiten, → Interessen) und teils in der momentanen Verfassung des Organismus (Vorsätze, Erwartungen, posthypnotische Aufträge usw.). Bis zu einem gewissen Grade gestattet daher die Verteilung der Aufmerksamkeit einen Rückschluß auf Eigenart und Befindlichkeit eines Individuums, bzw. auf dessen *Eigenwelt* (→ Persönlichkeit). Darüber hinaus gibt es allerdings auch *soziale Normen* hinsichtlich dessen, was die Aufmerksamkeit eines ›anständigen Menschen‹ auf sich ziehen darf und was übersehen werden soll (→ Völkerpsychologie).

Wie schon *E. Meumann* (1913) und später *E. Kretschmer, G. Pfahler* und *W. Ehrenstein* zeigen konnten, lassen sich Vpn nach der Besonderheit ihrer Aufmerksamkeitsverteilung unterscheiden; diese kann starr, fixierend, detailgerichtet und analytisch sein oder auch gleitend, fluktuierend, ganzheitlich und synthetisch (→ Typenlehre). Hinsichtlich der Bevorzugung gewisser Sinnesgebiete spricht man *(E. Meumann)* von visuellen, auditiven, motorischen *Typen* usw., bei denen auch die entsprechenden Vorstellungen stärker in den Vordergrund zu treten pflegen.

Eine der am frühesten von der experimentellen Psychologie untersuchten Variablen (*W. Hamilton*, 1859; *W. S. Jevons*, 1871) ist der Aufmerksamkeitsumfang. Damit wird die Anzahl der Gegenstände gleicher Art bezeichnet, die auf einen Blick erkannt und für eine Weile eingeprägt werden können; sie liegt im Durchschnitt für Erwachsene bei 8 und variiert zwischen 6 und 12; Kinder erreichen niedrigere Werte. Die Weite des Aufmerksamkeitsumfanges hängt von der zur Verfügung stehenden Beobachtungszeit ab (diese wird daher durch einen kurzfristige Expositionen erlaubenden Apparat, das sog. *Tachistoskop*, auf sehr kleine Werte von 0,05—0,20 Sek. eingeengt); weiterhin ist der Aufmerksamkeitsumfang von der Beleuchtungsintensität (›*Hunter-Sigler-Effekt*‹, 1940) und vom Bekanntheitsgrad der dargebotenen Gegenstände (z. B. gebräuchliche Wörter oder Folgen sinnloser Buchstaben) abhängig. *G. Anschütz* weist (1953) mit Recht auf die zahlreichen Ordnungsschemata hin, deren Kategorienzahl sich innerhalb des Aufmerksamkeitsumfanges hält: 4 Grundfarben und Jahreszeiten, 5 Vokale, 7 ganze Stufen der Tonleiter und Wochentage, 10 Zahlzeichen bis hinauf zu den 12 Monaten. Durch geeignete Gruppierung können auch noch sehr viel größere Anzahlen auf einmal erfaßt und bei einiger Übung erstaunlich richtig geschätzt werden, ohne daß es dazu des Zählens durch Blickänderung von einem Gegenstand zum anderen bedürfte. Wo eine solche erforderlich ist, wie etwa beim Lesen oder bei der Betrachtung eines detailreichen Bildes, läßt sich durch eigens konstruierte Filmkameras (*R. Dodge*, 1901) die Dauer eines Blikkes (die zwischen zwei ruckhaften Augenbewegungen liegende *Fixationszeit*) recht genau bestimmen; sie beträgt im Mittel etwa 1/5 Sek.. Zieht man davon die für den Impulstransport in den zentripetalen und zentrifugalen Bahnen benötigte Zeit von etwa 1/10 Sek. ab, so bleibt für die tatsächliche *Apperzeption* der Reizgegebenheit ungefähr die Länge eines ›*Moments*‹, das ist etwa 1/10 Sek.

Die Bestimmung der Momentlänge gestattet die Präzisierung der alten Frage, ob es möglich sei, zwei Dinge ›zur gleichen Zeit‹ zu tun; sie hat offenbar nur dann einen Sinn, wenn das Zeitintervall auf nicht mehr als 1/5 Sek. eingeengt wird. In seinen klassischen Versuchen ließ *R. Pauli* (1924) zwei in der Tat gleichzeitige Reize (einen optischen und einen taktilen Reiz) beurteilen; die Simultanlösung mißlang in 90 Prozent der Fälle. In diesem Sinne läßt sich somit die Behauptung vertreten, daß jeweils im → Bewußtsein nur für einen einzigen Inhalt Platz ist (›*Enge des Bewußtseins*‹). Die Mehrfachleistungen des

Alltagslebens stellen sich damit als schnelle Aufmerksamkeitswanderungen von einer Aufgabe (z. B. Durchführung einfacher Additionen) zur anderen (z. B. Einprägung des Inhalts einer vorgelesenen Geschichte) und wieder zurück dar. Als Maß für die Leistung von Vpn bei Doppelaufgaben dieser Art schlug *O. Sterzinger* (1928) das geometrische Mittel der prozentualen Richtigkeit jeder der beiden Leistungen vor. Die von ihm erhaltenen Werte liegen zwischen 30 und 90 Prozent, im Durchschnitt bei 60 Prozent. Man braucht also nicht Julius Cäsar zu sein, um — im weiteren Sinne — zwei Dinge zur gleichen Zeit tun zu können; allerdings sind solche Leistungen sowohl subjektiv als auch objektiv (Messung der Muskelspannung) ziemlich anstrengend.

Bei der Darbietung sehr schwacher Reize aus allen Sinnesgebieten kommt es zu den erstmalig von *V. Urbantschitsch* (1875) beschriebenen Aufmerksamkeitsschwankungen. Die wahrgenommene Reizintensität (z. B. das Ticken einer entfernt gehaltenen Uhr) oszilliert, d. h. sie nimmt zu und dann wieder ab, bzw. der Reiz wird zeitweilig überhaupt unmerkbar. Die durchschnittliche Phasenlänge liegt bei 5—8 Sek. Ähnliche, aber wahrscheinlich nicht identische Phänomene stellen sich bei der Betrachtung mehrdeutiger perspektivischer Figuren (Abb. 54, → Gestaltpsychologie) ein und auch dann, wenn den beiden Augen im Stereoskop stark verschiedene Bilder (z. B. ein grünes und ein rotes Quadrat) dargeboten werden *(›Wettstreit der Netzhäute‹)*. Im ersten Fall wechseln die beiden Sichtmöglichkeiten der angedeuteten dreidimensionalen Figur einander ab *(›optische Inversion‹)*, im zweiten nimmt das Quadrat nacheinander einmal die eine und dann wieder die andere Farbe an. Beide Erscheinungen dürften ihren Ursprung im nervösen Zentralorgan (→ Gehirn) haben, sie erfolgen im Durchschnitt mit einer Geschwindigkeit von 15 Umschlägen pro Minute. Ihre Ursachen sind noch nicht völlig geklärt, jedoch dürfte es sich um *Sättigungsvorgänge* in der zentralen Sehsphäre handeln.

Das Wesen der Aufmerksamkeit versucht eine Reihe von Theorien näher zu bestimmen, die entweder von physiologischen Modellen ausgehen (spezifische Reizbarkeitssteigerung von Gehirnteilen nach *G. E. Müller*, 1924; *H. Henning*, 1925; *H. Rohracher*, 1953; Bahnungseffekte im Nervensystem, nach *H. Ebbinghaus*, 1905, und *E. Dürr*, 1914) oder sich auf die Tätigkeit des → Willens berufen (*W. Wundt*, 1873, und *E. Mach*, 1906). *B. Erdmann* bezeichnet (1920) die Aufmerksamkeit schlechthin als ›die psychische Energie‹. Sämtliche dieser Hypothesen betrachten das Hervortreten (ins Auge springen) gewisser Einzelheiten des Umweltbildes als das zu erklärende positive Phänomen. Neurologische Entdeckungen jüngeren Datums (*W. S. McCulloch*, 1944) legen hingegen die Vermutung nahe, daß primär die Herabsetzung der Reizwirksamkeit des Umfeldes und erst sekundär die Auszeichnung der Figur für die ungleichmäßige Verteilung der Aufmerksamkeit maßgeblich sein könnte. In der Hirnrinde finden sich nämlich Gebiete, die sog. *Suppressor-Felder* (→ Gehirn), deren Reizung die Aktivität anderer Felder unterdrückt (Abb. 10). Zu

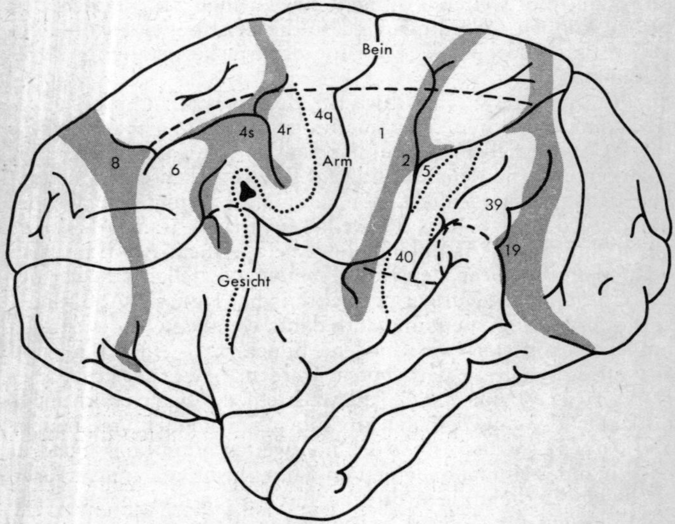

Abb. 10: Die Lage der Suppressor-Felder (graue Flächen) in der Gehirnrinde des Schimpansen (nach P. C. Bucy, 1949)

ihnen gehört u. a. das Feld Nr. 19 (nach *Brodmanns* Klassifikation), in dem die bedeutungverleihende Verarbeitung visueller Eindrücke erfolgt. Wird dieses Gebiet auf dem Wege über die Felder Nr. 17 und 18 (Abb. 36) erregt, so wirkt es von sich aus auf diese im Sinne einer Blockierung ihrer Aktivität und Reizbarkeit zurück. Es wäre daher denkbar, daß die Aufmerksamkeitsbesetzung bedeutungshaltiger Sinneseindrücke durch die Herabminderung der Empfänglichkeit für andere Eindrücke zustandekommt. Eine ähnliche Interpretation läßt sich auf die Wirksamkeit der übrigen Suppressor-Felder gründen (*T. C. Ruch*, 1951). Die Lage dieser Felder an den Grenzen der Einstrahlungsbereiche der hauptsächlichen Verbindungen des Zwischenhirns mit der Hirnrinde vereinbart sich leicht mit der Tatsache, daß die Aufmerksamkeitsverteilung von den Bedürfnissen und Intentionen des Organismus abhängt.

Ausdruckskunde. Die Erfahrung lehrt, daß uns andere Menschen bisweilen Stimmungen und Regungen ›ansehen‹, deren Mitteilung nicht in unserer Absicht lag, ja, die wir uns nicht zu zeigen vorgenommen hatten. Der Betrachter mag z. B. den Eindruck gewinnen, daß wir verlegen sind, obwohl wir sehr sicher zu erscheinen versuchen. Er unterscheidet dabei den *Eindruck*, den wir zu machen wünschen, von dem, den wir tatsächlich erwecken. Zwischen Betrachter und betrachteter Person findet in diesem Falle eine zweifache *Kommunikation* statt. Die eine wird von der betrachteten Person intendiert, sie möchte in überzeugender Weise sicher wirken; die andere erfolgt unwillkürlich, man merkt ihr die Verlegenheit an. In formaler Hinsicht entspricht dem Eindruck des Betrachters auf seiten der betrachteten Person der Ausdruck ihrer innerlichen Befindlichkeit. Weitaus der überwiegende Teil der im täglichen Leben zur Anwendung gelangenden *praktischen Menschenkenntnis* geht auf die *Eindrucks-Ausdrucks-Verschränkung* zurück, da Eindrücken sehr oft das Erlebnisattribut der unabweislichen Gewißheit anhaftet. Selbst der kritische Psychologe entschließt sich nur sehr schwer dazu, dem Ergebnis eines ansonsten gut bewährten → Tests Glauben zu schenken, wenn dieses seinem unmittelbaren Eindruck von dem Probanden widerspricht.
Die Tendenz zur Annahme eines stimmungshaften und strebigen Innenlebens hinter der sinnlichen Erscheinung von Menschen, Tieren und auch leblosen Dingen begleitet jede unreflektierte Wahrnehmung in eben dem Maße, als diese einen *Gefühlston* besitzt (→ Gefühl). Erst im Zuge eines auf begriffliche Distinktion hin ausgerichteten Erziehungsprozesses lernen wir zwischen den mit ihnen verhafteten Merkmalen von Gegenständen und unseren affektiven Reaktionen auf diese Gegenstände zu unterscheiden. Kindern und sog. Primitiven erscheint der schattenspendende Baum noch als ›freundlich‹, d. h. so, als veranlaßte ihn eine innere Regung zu einem für den Beschauer angenehmen Verhalten; er ›spendet‹ Schatten im Sinne eines eigenen Tätigseins (*Animismus*, bei Kindern vor allem von *J. Piaget*, 1923, 1926, untersucht). Wenn die *intellektuelle Kontrolle* nachläßt, beklagt sich auch der Erwachsene noch über die ›Tücke des Objekts‹; er vermag sich auch nur schwer dem unmittelbaren Eindruck zu entziehen, daß auf einem Projektionsschirm sich bewegende farbige Rechtecke einander nachlaufen, suchen oder auch voreinander flüchten (*A. E. Michotte*, 1950). Er versteht auch, wenn in Morgensterns Ge-

dicht der Glockenton Bam die Glockentönin Bim »voll Schmerzen ... erwartet«, obwohl diese sich »dem Bum ergeben« hat. Das ist die Welt des *Märchens*, deren Bewohner einander mühelos verstehen; zugleich ist das aber auch die Welt der *physiognomischen Wesensschau*, deren Gegenstände ihr Wesen in ihrer Erscheinung zum Ausdruck bringen, so daß es zur Erfassung dieses Wesens nur des Sichaufschließens für den unreflektierten Eindruck bedarf.

Zweifellos leben wir nicht im Märchen, trotzdem gilt, daß unsere *Wahrnehmung* mehr an Eindrücken vermittelt als bloß die Reize, die wir in analytischer Haltung zu identifizieren vermögen. In erster Linie ist nämlich die Wahrnehmung gar nicht auf Reize gerichtet, sondern auf Gegenstände, auf den gesehenen ›Apfel‹ z. B. und nicht auf bestimmte Farb- und Formwerte. In ähnlicher Weise kann ein Mensch ›verschlagen‹ wirken, ohne daß der Betrachter im einzelnen anzugeben wüßte, worauf dieses Urteil basiert; er muß sich meist damit begnügen, seinen Eindruck als das Korrelat eines ganzheitlichen Komplexes aufzufassen, der im Vertrauen auf die Treffsicherheit des Eindrucks als Ausdruck bezeichnet wird. Was der Beschauer seinem Gegenüber ›ansieht‹, ist dessen Wesen, das sich in der Erscheinung ausdrückt. Als Ausdruck definiert *Rohracher* daher »dasjenige an den Wahrnehmungsinhalten, was durch unmittelbare Wirkung gefühlsmäßige Stellungnahmen und Beurteilungen auslöst und dadurch den wahrgenommenen Dingen Eigenschaften zuschreibt, die reizmäßig nicht gegeben sind«. *Intelligenz* läßt sich nicht sehen, wohl aber gibt es Menschen, denen man ihre größere oder geringere Intelligenz ansehen zu können vermeint. In diesem Falle wissen wir allerdings, daß — etwa bei der Beurteilung von Photographien — das *Eindrucks-Urteil* nur sehr geringfügig mit dem Ergebnis von Leistungsproben (→ Tests) korreliert ($r = 0{,}10$). Der Eindruck läßt sich dabei nämlich zum Teil von sachlich irrelevanten Merkmalen leiten, so daß z. B. Brillenträger hinsichtlich Intelligenz, Fleiß und Ehrlichkeit unverhältnismäßig gut beurteilt zu werden pflegen (*R. Pinter*, 1918; *G. R. Thornton*, 1944).

In seiner engsten Bedeutung bezieht sich das Wort Ausdruck auf die *körperlichen Begleiterscheinungen von → Gefühlen* (Erröten, Änderung der Atemfrequenz, Schwitzen, ungewollte Kontraktionen der Gesichts- und Körpermuskulatur usw.), den sog. *Spontan-Ausdruck*, der uns allerdings ohne die Kenntnis der situativen Bedingungen seines Zustandekommens ziemlich wenig von einem Menschen verrät. Daß jemand erschrickt, ist weniger bedeutungsvoll als der Anlaß seines Erschreckens. In einem weiteren Sinne bezieht sich das Wort Ausdruck auf Momente am zweckhaften Verhalten

(Tun), bezüglich deren sich mehrere in gleicher Weise ihr Ziel erreichende oder nicht erreichende Personen voneinander unterscheiden (*G. W. Allport*, 1937).

Als Hauptgebiete des *Momentanausdrucks* gelten *Mimik* (Mienenspiel), *Pantomimik* (Bewegungen der Extremitäten und Veränderungen der Körperhaltung) und *Sprechweise* (›*Phonik*‹, → Sprache). In jedem dieser Fälle überlagert sich der Steuerung des Verhaltens durch eine Absicht oder ein ›Leitbild‹ *(Darstellungsprinzip* nach *Klages)* eine solche durch die den Handelnden beherrschende Stimmung (*Ausdrucksprinzip* nach Klages). Der Empfänger merkt z. B. recht deutlich, ob ihm eine Unterstützung freudigen oder mißmutigen Herzens gewährt wird, sein Eindruck differenziert dabei u. a. auch zwischen willentlich intendierter (dargestellter) Geberfreude und deren echtem Ausdruck. Als Spur eines motorischen Vollzuges läßt sich das *Schriftbild* auffassen, das zunächst als Kommunikationsmittel einem sachlichen Zweck dient, dessen individuelle Variationsmöglichkeiten aber, wie die soziale Verwendung der Unterschrift zeigt, nahezu unbegrenzt sind.

Auch der Laie spricht auf Mimik, Pantomimik, Stimmführung und Schriftbild affektiv an, sie wirken auf ihn z. B. als ›sympathisch‹, ›offen‹ oder ›bedächtig‹. Darüber hinaus drängt ihn aber sein Eindruck dazu, dem Urheber der beobachteten Erscheinung ein entsprechendes (sympathisches, offenes oder bedächtiges) Wesen zuzuschreiben. Er verhält sich dabei gemäß der scholastischen Finderegel des »agere sequitur esse«, d. h. der Abhängigkeit des Tuns von der Beschaffenheit, die den Rückschluß von jenem auf dieses sanktioniert. Sehr viel problematischer ist die unbestreitbare Tatsache, daß auch unbewegte Formen (z. B. die statische Leibeserscheinung) und sogar leblose Gebilde (Felsformationen, Wolken, Bauwerke, Ornamente und Kritzelfiguren) ausdruckshaltig sind, d. h. daß sie den Beschauer dazu veranlassen, hinter ihnen die wesensmäßige Eigenart eines gestaltenden Prinzips zu vermuten, etwa im Sinne *Schillers* an den Geist zu denken, »der sich den Körper baut«. Die Ausdrucksdeutung statischer Formen wird als ›*Physiognomik*‹ bezeichnet und von der Deutung bewegter Formen *(Pathognomik)* unterschieden.

Obwohl uns heute ein Analogieschluß von der Art »Im Zorn errötet man — eine rötliche Hautfarbe verrät daher den Zornmütigen« nur wenig befriedigt, ist die nach Parallelen fahndende Physiognomik (z. B. noch bei *Kretschmer*, der gelegentlich und am Rande dem ›schwerwüchsigen Körperbau‹ einen ›Geist der Schwere‹ zuordnet) bis zum Ende des 18. Jh. (*J. K. Lavater*, 1774) das bevorzugte Gebiet der Ausdrucksfor-

schung. Auf ihm tummelt sich auch heute noch eine populäre und manchmal ausgesprochen pseudo-wissenschaftliche Literatur, deren Thesen sich kaum von den naivsten Formulierungen rassischer Vorurteile (z. B.: »Die Neger haben eine schwarze Haut und folglich eine schwarze Seele«) unterscheiden lassen. Die Berechtigung für derartige Analogieschlüsse liefert z. B. *I. G. Sulzer* (1720–1779) mit dem Worte, daß der unserer Wahrnehmung zugängliche Körper »nichts anderes sei als die sichtbar gemachte Seele«. Beinahe als ›Axiom‹ will *Lavater* die Regel verstanden wissen: »Alle Geradheit als solche verhält sich zur Gebogenheit als solcher wie Kraft und Schwäche, wie Steifsinn und Biegsamkeit, wie Verstand und sinnliche Empfindung.«
In der Geschichte der Ausdruckskunde wird der Zwiespalt zwischen der unmittelbar zwingenden Natur des Eindrucks und dem Unbehagen gegenüber einem ›Wissen‹, dessen Herkunft und Vertrauenswürdigkeit man nicht kennt, seit zweieinhalb Jahrtausenden immer wieder sichtbar. Das rationale Bemühen richtet sich auf die begriffliche Fassung der *Reizkonstellationen*, die einerseits bestimmte Eindrücke auslösen und die andererseits gewisse innere Zuständlichkeiten anzeigen. Der Weg führt zu einer *Symptomenlehre*; er wird aber immer wieder abgebrochen, weil sich die analysierende Heraushebung des Zeichenhaft-Wesentlichen nur schlecht mit der ganzheitlichen Schau verträgt, deren es zum Zustandekommen von *Weseneindrücken* bedarf. Auf jedem der als ausdruckshaltig empfundenen Erscheinungsgebiete besitzen wir heute daher Anweisungen zur Beachtung signifikanter Details, doch folgt auf diese stets die Ermahnung, sich vom Gesamtbild in unreflektierter Weise beeindrucken zu lassen.
Am Beginn der Literaturgeschichte der Ausdruckstheorie stehen die *Aristoteles* zugeschriebenen ›Physiognomika‹, sie stammen in ihrer jetzigen Form aus dem 2. nachchristlichen Jahrhundert, gehen jedoch auf peripatetische Schulschriften zurück. Die Tradition führt über hellenistische und arabische Schriftsteller bis ins 16. Jh., in dem die Deutungsansätze der Antike eine sehr kraftvolle Renaissance erleben (*J. B. Porta*, ›de humana physiognomia‹, 1593). Im 18. Jh. wird die Physiognomik mit *J. J. Engel* (1741–1802) und *J. K. Lavater* (1741–1801) für eine Weile zur großen Mode; sie sei, so heißt es, eine ›Kunst des Genies‹; *C. G. Carus* (1789–1869) reicht sie ins 19. Jh. weiter. Während andere Teilgebiete der Psychologie nur mit Mühe ihre historische Kontinuität erkennen lassen, besteht diese auf dem Gebiet der Ausdruckskunde bzw. der Physiognomik in geradezu verblüffender Weise. Selbst der aristotelische *Tiervergleich*, der seinerseits totemistischen Ursprungs sein dürfte, erhält sich mit erstaunlicher Zähigkeit (Abb. 11).

Abb. 11: Schaf und Schafmensch (nach J. B. Porta)

Eine völlig auf Detailanalyse eingestellte Gegenbewegung zum Hauptstrom der Physiognomik stellt die ›*Organologie*‹ von *F. J. Gall* (1758 bis 1828) dar, die durch seinen Schüler *Spurzheim* (1776–1832) den Namen ›*Phrenologie*‹ erhielt. Ihr liegen die, wie wir heute wissen, falschen Annahmen zugrunde, daß die einzelnen Seelenvermögen (z. B. Frohsinn, Farbensinn, Zerstörungstrieb usw.) an bestimmten Stellen der Hirnrinde lokalisiert sind (→ Gehirn), daß die Stärke der Ausbildung eines ›Sinnes‹ mit dem Größenwachstum der entsprechenden Hirnpartien korreliert, und daß schließlich der knöcherne Schädel sich dem Gehirn anschmiegt, so daß dessen Unebenheiten Rückschlüsse auf den Charakter gestatten.

Parallel zur Physiognomik entwickelte sich die Kunst der Handschriftdeutung von *C. Baldi* (1622) über *Lavater* zu *J. H. Michon* (1875), der den Namen ›*Graphologie*‹ einführte, *Crepieux-Jamin* (1889), *W. Preyer* (1841–1897) und *L. Klages* (1872–1956), dessen Gedanken nahezu die gesamte neuere Ausdruckskunde beherrschen. An die Stelle der isolierenden Deutung einzelner Zeichen ist auf diesem Gebiet die Einsicht getreten, daß jedes Merkmal im Prinzip doppel- und sogar mehrdeutig ist, und daß es vom Gesamtbild – namentlich von dessen ›*Formniveau*‹ – abhängt, in welchem Sinne die Einzelmerkmale zu deuten sind. Wie stark auch auf diesem Gebiet uralte Traditionsbestände nachwirken, zeigt die von *M. Pulver* (1930) entwickelte Lehre von der *Raumsymbolik* der Schrift (Ober-, Mittel- und Unterlängen der Schrift entsprechen danach Geist, Gemüt und Trieb, nach links hin liegt die Vergangenheit, rechts die Zukunft).

Die Abschätzung der Leistungsfähigkeit von *Ausdrucksdiagnosen* bereitet die größten Schwierigkeiten, da gutachtlich formulierte Eindrücke sich meist einer ganz anderen Terminologie bedienen als Persönlichkeitstests und Fragebogen. Am aufschlußreichsten sind daher *Zuordnungsexperimente,* in denen z. B. 10 Handschriften und 10 Charakterschilderungen vorgelegt werden; die Aufgabe des Charakterologen besteht dann in der Auswahl der zusammengehörigen Paare. Die Erfolge geschulter Fachleute liegen in den meisten einschlägigen Untersuchungen erheblich über dem Zufallsniveau der wahrscheinlichen Trefferanzahl. Aus diesem Grunde schlägt

A. Wellek (1953) eine ähnliche Aufgabe (Tripel-Zuordnungen von Photo, Schrift und Charakterschilderung) zur Prüfung der diagnostischen Begabung von Diplom-Psychologen vor. Als wünschenswert erscheint in der *Persönlichkeitsdiagnostik* eine Kombination von Testergebnissen und ausdrucksanalytischen Befunden; für sich betrachtet dürfte die diagnostische Valenz jeder der beiden Verfahrensweisen einen Wert von r = 0,50 kaum übersteigen (→ Tests). Völlig uneingeschränkt gilt daher *H. Rohrachers* Warnung (1956): »Methoden, mit denen man den Charakter eines Menschen rasch und sicher feststellen kann, gibt es nicht.«

Darüber, wie die diagnostisch verwertbare Verschränkung von Ausdruck und Eindruck zustandekommt, gibt es nur mehr oder minder plausible Vermutungen. Die einfachste Hypothese, daß von jedem Menschen eine unbekannte Strahlung ausgehe, durch die auf dem Wege der ›*Schwingungsresonanz*‹ Wesenseindrücke vermittelt werden (*F. Buttersack*, 1937; *H. Berger*, 1940), verdient wohl nicht ernst genommen zu werden, da auch leblose Gebilde (z. B. Gipsabdrücke von Totenmasken) ausdruckshaltig sind. Kaum mehr befriedigt die klassische *Assoziations-* bzw. *Analogieschluß-Theorie*, derzufolge beim Anblick einer fremden Gebärde der eigene früher einmal gelegentlich dieser Gebärde erlebte Seelenzustand vorstellungsmäßig reproduziert wird. Woran sollte z. B. der durch das ruhige Kreisen eines Adlers ausgelöste Eindruck der ›Würde‹ anknüpfen? Als wertvoller erscheint die von *W. B. Carpenter* (1873) aufgestellte *Rudimenten-Theorie*, nach der jede Wahrnehmung oder Vorstellung eines Bewegungszustandes im Wahrnehmenden oder Vorstellenden den Antrieb zu gleichen Bewegungen erregt (›*Ideorealgesetz*‹ nach *W. Hellpach*, 1951; ›*Einfühlung*‹ nach *Th. Lipps*, 1903; ›*Empathy*‹ nach *G. W. Allport*, 1937). Diese experimentell gut bestätigte Lehrmeinung führt zu einer durchaus empfehlenswerten Methode der *Ausdrucksdeutung*, die im bewußten Nachahmen von Gebärden und Gesten sowie im Nachtaktieren eines Schriftbildes besteht. Sicherlich bedarf dieser theoretische Ansatz aber einer Ergänzung durch das sprachhafte Kommunikationsprinzip der als Auslöser funktionierenden Anzeichen. Daß es mimische und pantomimische Darstellungsmittel gibt, und daß diese sowie ihr Verständnis in kulturspezifischer Weise gelernt werden (→ Völkerpsychologie), um dann allerdings einen hohen Grad von Selbstverständlichkeit zu erreichen, ist nicht zu bezweifeln. Damit erhebt sich aber — wie im Falle der Lautsymbolik in der Wortsprache — sogleich die Frage nach den nicht-konventionellen, naturgegebenen Voraussetzungen dieses Zeichensystems.

Im Hinblick auf die Verhältnisse im Tierreich *(K. Lorenz, N. Tinbergen)* ist die Möglichkeit nicht auszuschließen, daß auch beim Menschen gewisse Reizkonfigurationen als ›*angeborene Auslöser-Schemata*‹ funktionieren könnten. In Situationen der Balz, des Kampfes und der Brutpflege werden tierische *Instinkthandlungen* durch Zeichen und Bewegungsformen ausgelöst, auf welche die Angehörigen einer Spezies erbmäßig eingestellt sind (→ Bedarf und Bedürfnis). *K. Lorenz* (1943) glaubt annehmen zu dürfen, daß etwas Ähnliches auch vom ›*Kindchen-Schema*‹ des Menschen gilt, d. h. von der Anregung zu Sympathieverhalten und Liebkosungen, die von einem pausbäckigen Kindergesicht ausgeht (Abb. 12). Die außerordentlich langdauernde Abhängigkeit des Menschenkindes (→ Entwicklung) macht eine solche instinktive Sicherung der elterlichen Pflegebereitschaft — vielleicht eine Komponente des ›Familiensinnes‹ *(Hofstätter)* — sogar recht wahrscheinlich. Andere auch den Menschen unmittelbar beeindruckende Auslöserschemata kennen wir von den höheren Affen, die beim Anblick des isolierten Kopfes eines Artgenossen (*D. O. Hebb*, 1946), bzw. einer Schlange (*J. H. Masserman* und *C. Pechtel*, 1953) selbst dann in einen Zustand panischer Aufregung und Angst geraten, wenn diese Gegenstände erstmalig im Lebensbereich der Versuchstiere auftauchen; in beiden Fällen genügen auch ziemlich grobe Attrappen zur Auslösung der Reaktion. Die Eindrücke, deren wir uns oft kaum erwehren können, wären somit als abgeschwächte Äquivalente von Instinktreaktionen aufzufassen. Tatsächlich formulieren wir diese ja des öfteren im Sinne sich anzeigender *Verhaltensneigungen*, z. B.: Beim Anblick des Herrn X überkommt einen das Frösteln; es ist einem so zumute, als müßte man erbrechen; oder auch, man atmet in der Gegenwart eines Menschen leichter.

Abb. 12: Das ›Kindchen-Schema‹ links: Kleinkind und drei Ersatzobjekte mit Schlüsselreizen, die unseren Pflegetrieb auslösen; rechts: Erwachsener und drei Tiere, auf die unser Pflegetrieb weniger anspricht (nach K. Lorenz, 1943)

Außersinnliche Wahrnehmung. Als *Parapsychologie* bezeichnet man die psychologische Beschäftigung mit den sog. *okkulten Phänomenen,* wie etwa *Telepathie* und *Hellsehen* (zusammengefaßt als ›Extra-Sensory Perception‹, ESP, oder ›Außersinnliche Wahrnehmung‹) sowie *Psychokinese* (die Bewegung von Gegenständen ohne physikalische Ursache). Gelegenheitsbeobachtungen liegen auf diesem Gebiet aus allen Zeiten und Ländern vor (*Prophetie, Wahrträume, Gedankenübertragung,* das sog. *zweite Gesicht, Kristallschau, Tischrücken, Poltergeister* usw.). Die kritische experimentelle Arbeit setzte jedoch erst in der zweiten Hälfte des 19. Jh. ein; sie fand in der ›Society for psychical research‹ (London, 1882) eine Heimstätte. Unter *W. McDougalls* (1871—1938) Leitung begannen um 1930 an der Duke University in North Carolina (USA) die Untersuchungen zum Problem der außersinnlichen Wahrnehmung, deren Gestaltung vor allem in den Händen von *J. B. Rhine* (geb. 1895) lag. Eine ›Gesellschaft für Parapsychologie und Grenzgebiete der Psychologie‹ wurde 1950 in Freiburg i. Br. gegründet; sie wird durch *H. Bender* (geb. 1907) betreut.
Berichte über vereinzelte Vorkommnisse von Hellsehen und Telekinese sind stets dem Einwand ausgesetzt, daß es sich dabei um glückliche Zufälle handeln könnte. Diesem Mangel suchen die beiden von *Rhine* entwickelten Versuchsanordnungen abzuhelfen. Zur Prüfung der außersinnlichen Wahrnehmung (ESP) bedient er sich eines Satzes von 25 Karten, auf denen fünf geometrische Figuren (Kreis, Quadrat, Kreuz, Pentagramm und drei parallele Wellenlinien) je fünfmal vorkommen. Aufgabe der Vp ist es, die ihrer Sicht entzogenen Zeichen zu identifizieren. Psychokinetische Phänomene (PK) studiert man am Fallen von Würfeln, bezüglich dessen sich die Vp auf eine bestimmte Augenzahl wünschend zu konzentrieren hat. Beide Aufgaben gestatten die Abschätzung der Wahrscheinlichkeit, mit der Treffer (richtige Identifikation oder das richtige Fallen der Würfel) zufallsmäßig auftreten können. Bei jeder der 25 Karten der ESP-Aufgabe hat die Vp eine Chance von $p = 1/5$, richtig zu raten, und eine solche von $q = 4/5$, sich zu irren. Die Verteilung der Trefferwahrscheinlichkeit in einem Satz von 25 Karten läßt sich nach dem Modell der Binomialverteilung (→ Statistik) entwikkeln: $(p + q)^n = (1/5 + 4/5)^{25}$; ihr Mittelwert ist $M = n \cdot p = 5{,}00$, und ihre Streuung beträgt $\sigma = \sqrt{n \cdot p \cdot q} = 2{,}00$. Wird der gründlich durchmischte Kartensatz mehrmals (k-mal) durchlaufen, so gilt $\sigma = \sqrt{k \cdot n \cdot p \cdot q}$. Die Güte einer aus T Treffern bestehenden Leistung bemißt sich nach dem kritischen Bruch:

$$t = \frac{T - M}{\sigma}.$$

Die Behauptung der Möglichkeit von außersinnlichen Wahrnehmungen bzw. der psychokinetischen Beeinflußbarkeit von Ereignissen basiert heute durchweg auf Versuchsergebnissen, deren Wahrscheinlichkeit entsprechend gering ist. Dieser Sachverhalt reicht aus, um das Phänomen zu einem echten Problem für die wissenschaftliche Analyse zu machen; es darf jedoch nicht übersehen werden, daß für die unstatistische Betrachtung die Resultate der Versuche nicht sonderlich eindrucksvoll sind. Auch für den Laien verblüffend sind jedoch die Leistungen des in den letzten Jahren u. a. von *H. Bender* überprüften Holländers Gerard *Croiset,* der sich auf die voraussagende Beschreibung der Person spezialisiert hat, die bei einer späteren Gelegenheit einen bestimmten Platz in einem Hörsaal einnehmen wird. Dabei erfolgt sowohl die Wahl des Platzes (eines von etwa 49) als auch die der ihn einnehmenden Person nach dem Los (*A. Neuhäusler,* 1957). Bei all diesen Experimenten lassen sich schwindelhafte Arrangements sowie auch eine direkte Beeinflussung der Vpn durch minimale Anzeichen (von ihm selbst nicht bemerktes Flüstern des Versuchsleiters, geringfügige Ausdrucksgesten und Muskelkontraktionen) mit ziemlicher Sicherheit ausschließen bzw. dadurch wertlos machen, daß der Versuchsleiter selbst die richtige Lösung gar nicht kennt.

Gänzlich unbefriedigend ist zur Zeit noch die theoretische Erklärung der Phänomene, deren Tatsächlichkeit kaum noch bestritten werden kann. *Rhine* glaubt sie auf eine völlig unbewußt funktionierende, äußerst leicht störbare Fähigkeit *(›PSI‹)* zurückführen zu sollen. Diese Fähigkeit, so meint er, operiere außerhalb des physikalischen Ordnungsgefüges von Raum, Zeit und Materie. Die Richtung dieser Kraft könne willentlich kaum kontrolliert werden; es sei daher auch möglich, daß sie plötzlich ins Negative umschlage, d. h. zu unwahrscheinlich niedrigen Trefferzahlen führe. Die Vpn hätten auch kein nur einigermaßen verläßliches Gefühl ihres Erfolges und seien darum auch nicht in der Lage, an diesem zu lernen. Bisher seien auch noch keine Persönlichkeitskorrelate dieser Fähigkeit aufgefunden worden; einmal als erfolgreich ausgewiesene Vpn böten keine Gewähr hinsichtlich ihrer Leistungen bei späteren Experimenten. Diese Thesen lassen die Berechtigung als höchst zweifelhaft erscheinen, mit der Rhine von einer ›Fähigkeit‹ (ability) spricht. Der Satz »Es gibt eine sich grundsätzlich von allen bekannten Fähigkeiten unterscheidende Fähigkeit PSI« erhellt deren Wesen in keiner Weise; er ist zudem im Sinne der operationalistischen Forschungslogik (→ Behaviorismus) ›sinnleer‹, da er die Bedingungen nicht aufweist, unter denen er als bestätigt bzw. als widerlegt (verifiziert oder falsifiziert) anzusehen wäre. Jedes

mögliche Ergebnis eines ESP- oder eines PK-Versuches läßt sich nämlich mit der Annahme einer *PSI-Fähigkeit* vereinbaren, da diese in der betreffenden Versuchsreihe ja sowohl positiv als negativ zu funktionieren vermag und sich ohne Vorwarnung auf ein anderes Ziel, z. B. auf die Identifikation nicht der vorgelegten, sondern der nächstfolgenden Karte, richten kann. Es ist daher kaum anzunehmen, daß diese Theorie die Psychologie, wie *Rhine* glaubt und hofft, »aus den Banden des Physikalismus erlösen« wird.
Noch schlechter ist es allerdings um die ›physikalistische‹ Gegenthese bestellt, die eine Übertragung von einem menschlichen Gehirn zum anderen durch elektromagnetische Wellen behauptet (*W. Crooke*, 1898; *H. Berger*, 1940) oder ganz allgemein die *Mesmer*sche These (→ Hypnose) eines die Welt durchziehenden psychischen *Magnetismus* wieder aufnimmt. Sie scheitert nicht nur an der Unmöglichkeit, diese Strahlung mit physikalischen Meßapparaten festzustellen, sondern auch an dem Experimentalbefund *Rhines*, daß ESP-Leistungen nicht von der Distanz (diese variierte zwischen 2 und 250 m) zwischen der Reizquelle (Identifikationskarte) und der Vp abhängig sind, während Strahlungsintensitäten mit dem Quadrat der Entfernung abnehmen. Als Pendant zu der allen bekannten Fähigkeiten unähnlichen PSI-Begabung hätte man somit eine allen bekannten Strahlungen unähnliche Strahlung anzunehmen; damit ist aber nichts gewonnen. *H. Bender* sieht daher eine wesentliche Aufgabe der parapsychologischen Forschung in einer ›positiven Kritik‹ des *Aberglaubens*, d. h. in einer Leistung der → Psychohygiene, die in einem Zeitalter besonders notwendig sein mag, in dem sich Lebensängste durch eine Gier nach magischen Sicherungen (Voraussagen des Geschicks durch Astrologen, Kartenaufschläger, Handleser, Hellseher usw.) bekunden.

Bedarf und Bedürfnis. Menschen und höhere Tiere sind darauf angewiesen, daß der physikalisch-chemische Zustand innerhalb ihres Körpers hinsichtlich mehrerer Variabler gewisse Grenzwerte weder über- noch unterschreitet. Das gilt z. B. (bei Warmblütern) von der Körpertemperatur und von der chemischen Zusammensetzung der Körpersäfte, namentlich des Blutes (H-Ionen-Konzentration, Zuckerspiegel usw.). Claude *Bernard* spricht deshalb (1859) von der ›Konstanthaltung des inneren Milieus‹: »Alle Lebensvorgänge, wie verschieden sie auch immer sein mögen, haben nur ein einziges Ziel, das ist, die Bedingungen des Lebens im inneren Milieu konstant zu halten.« *W. B. Cannon* hat dafür den heute allgemein verwendeten Ausdruck *Homeostase* geprägt (1932). Das Studium der

Organsysteme, die diesem Zweck dienen, indem sie z. B. die Wärmeproduktion steigern und die Wärmeabgabe verringern oder durch Speicheranlagen den Ausgleich vorübergehender Mangelzustände ermöglichen, ist eine der Aufgaben der Physiologie. Ihre Ergebnisse besitzen für die Psychologie insofern Bedeutung, als beim Versagen oder Nichtausreichen der internen homeostatischen Einrichtungen Modifikationen des Verhaltens und des Erlebens auftreten, die in mehr oder minder spezifischer Weise nach der Wiederherstellung der gestörten Gleichgewichtslage tendieren.

Im einfachsten Fall entspricht dem organischen Bedarf erlebnismäßig ein auf bestimmte Ziele gerichtetes Bedürfnis, das bei zunehmender Intensität als *Verlangen* und schließlich als *Drang* empfunden wird. Bei Menschen, die uns über ihr inneres Zumutesein nichts mitteilen wollen oder können (z. B. Kleinkinder), läßt sich das Vorhandensein von Bedürfnissen vielfach aus dem Verhalten erschließen. Auf diesem Wege schreibt man auch Tieren Bedürfnisse zu, obwohl wir natürlich keine Ahnung haben, ob und wie diese erlebt werden. So können wir etwa feststellen, daß Ratten, deren Nahrung das Vitamin B_1 entzogen wurde, in Wahlsituationen ein Futter bevorzugen, das besonders reich an diesem Vitamin ist. Analoge Experimente zeigen jedoch, daß das Fehlen anderer Nahrungskomponenten (z. B. der Vitamine A, D, G) nicht zu einer kompensatorischen Futterwahl führt. Nicht jedem organischen Bedarf entspricht somit ein Bedürfnis, das klar genug umrissen wäre, um das Verhalten auf eine an sich mögliche Bedarfsdeckung einzustellen. Es gibt neben den bestimmt ausgerichteten offenbar auch zielblinde Bedürfnisse. Nicht selten weiß auch der erwachsene Mensch zwar, daß ihm etwas ›fehlt‹ (im ursprünglichen Sinn des Wortes), nicht aber, was.

Das menschliche Leben wäre im Grunde recht einfach, wenn Bedarf und Bedürfnis in einem festen Koppelungsverhältnis zueinander stünden. Das ist aber nicht der Fall. Es gibt sicher Bedarfslagen ohne ihnen zugeordnete spezifische Bedürfnisse und wahrscheinlich auch durchaus bestimmte Bedürfnisse, deren Befriedigung aber keinen organischen Bedarf deckt. Der zweite Teil dieser Behauptung steht allerdings unter dem Vorbehalt, daß wir vom Organischen her noch keineswegs alle Komponenten kennen, bezüglich deren das innere Milieu im Gleichgewicht gehalten werden muß. Diese Einschränkung wird z. B. im Zusammenhang mit der Frage nach der Genese von Süchten, namentlich des Alkoholismus, aber auch des manchmal bizarren Speiseverlangens schwangerer Frauen wesentlich.

Ohne entsprechenden organischen Bedarf entstehen gerichtete Bedürfnisse vielfach in Situationen der Deckung eines organischen Bedarfs als assoziative Beiprodukte von Lernvorgängen (→ Assoziation). Wer seinen Schlafbedarf regelmäßig in derselben Umgebung stillt, erwirbt fast zwangsläufig ein sekundäres Bedürfnis nach dieser Umgebung, dem eigenen Bett; ähnlich steht es um das Verlangen nach der gewohnten Kost, die so schmeckt ›wie zu Hause‹. Phänomene dieser Art werden in der von *C. L. Hull* entwickelten → Lerntheorie als *sekundäre Motivation* bezeichnet. Daß es dabei nicht bloß um relativ unbedeutende Bedürfnisse geht, beweist das bisweilen höchst intensive *Heimweh*, das auf die Begleitumstände der in der Jugend erlebten Befriedigungen primärer Bedürfnisse abzielt. Vor allem *N. E. Miller* (1951), ein Schüler *Hulls*, hat diese Art der Entstehung sekundärer Bedürfnisse, die er als *›lernbare Antriebe‹* bezeichnet, sorgfältig untersucht. Auch wo wir im Alltag davon sprechen, daß Mittel zu Zwecken, ja Selbstzwecken werden und sich damit als Bedürfnisse verselbständigen, handelt es sich um dieses Phänomen. *G. W. Allport* gebraucht dafür (1937) den Ausdruck *›funktionale Autonomie‹*; ähnliche Vorstellungen veranlaßten schon *W. Wundt* (1896) zur Aufstellung des Entwicklungs-Prinzips der *Heterogenie der Zwecke*.

Als primäre Bedürfnisse werden allgemein die folgenden aufgefaßt: *Hunger* (oder richtiger: verschiedene Hunger, je nach der Art des zu deckenden Bedarfs), *Durst*, Verlangen nach *Schlaf*, der Anspruch auf *Sauerstoff* und die Bewahrung eines optimalen *Wärmezustands*. Nicht ganz so einheitlich ist die Meinung hinsichtlich des Verlangens nach *geschlechtlicher Aktivität*. Vielleicht handelt es sich dabei um eine Form aus der großen Gruppe primärer Bedürfnisse, die auf die Betätigung einmal ausgereifter Funktionen (Aktivitätsdrang, *›Funktionslust‹*, nach *K. Bühler*) abzielen; zu ihnen rechnen auch das *Bemutterungs-Bedürfnis*, der *Spieltrieb* und die *Neugier* (›exploratory drive‹ nach *K. C. Montgomery*, 1951; ›manipulation drive‹ nach *H. F. Harlow*, 1950). Die moderne Verhaltensforschung (*Ethologie* nach *K. Lorenz* und *N. Tinbergen*) hat zudem noch auf Bedürfnisse aufmerksam gemacht, die durch bestimmte Reizkonfigurationen (*›angeborene Schemata‹*) ausgelöst werden; menschliche Beispiele dafür sind das Kindchen-Schema (Abb. 12, → Ausdruckskunde) und wahrscheinlich die Schlangenfurcht, die auch im Laboratorium aufgezogene Affen zeigen. Das Bedürfnis, etwas Bestimmtes zu tun (z. B. das Kind zu streicheln oder vor der Schlange das Weite zu suchen), ist dabei in → Gefühle (z. B. der Zuneigung oder des Abscheus) eingebettet, die ihrerseits dem Gegenstand gewisse Eigenschaften beilegen; das rundliche Baby ist z. B. ›süß‹, die Schlange ›niederträchtig‹ oder

›listig‹. Recht unscharf beschreibt diesen Sachverhalt die Redewendung des Alltags, daß wir ein Baby in den Arm nehmen möchten, ›weil‹ es so herzig ist, oder daß wir die Schlange zertreten wollen, ›weil‹ sie so ekelhaft ist. Wir befinden uns vielmehr in einer Welt, deren Gegenstände für uns einen *Aufforderungscharakter (K. Lewin)* besitzen, der sich sowohl im Gefühl als auch im Verhalten ausdrücken kann und der teils auf primäre, teils auf sekundäre Bedürfnisse zurückgeht.

Den Komplex der primären Bedürfnisse und der mit ihnen gekoppelten Tätigkeiten bezeichnet man als *Instinkte.* Der Begriff ist durch eine Reihe empirisch nicht genau faßbarer Vorstellungen belastet, wie etwa der, daß Tiere von Instinkten geleitet würden, Menschen hingegen von Verstand und → Willen. Diese Gegenüberstellung besagt aber zunächst nicht mehr, als daß wir von unserem eigenen und per analogiam vom menschlichen Verhalten schlechthin ein Innen-Erlebnis (z. B. gelegentlich das der Entscheidungsfreiheit) besitzen, während wir das tierische Verhalten nur von außen beobachten. Eben darum läßt sich auch die Frage nicht beantworten, ob der Mensch eine größere oder geringere Anzahl von Instinkten hat als Tiere; *W. James* (1890) vertritt die erstere Anschauung, *W. Preyer* (1882) und *A. Gehlen* (1940) sowie viele andere Forscher neigen der letzteren zu.

Als *Instinkt* selbst definiert man am besten mit *N. Tinbergen* (1956) »einen hierarchisch organisierten nervösen Mechanismus, der auf bestimmte vorwarnende, auslösende und richtende Impulse, sowohl innere wie äußere, anspricht und sie mit wohlkoordinierten lebens- und arterhaltenden Bewegungen beantwortet«. Die finale Orientierung auf die Erhaltung des Individuums und der Art, die diese Begriffsbestimmung mit nahezu sämtlichen älteren teilt, erklärt sich aus der *Erblichkeit von Instinkten;* sofern nämlich – etwa durch Mutation – lebens- und artbedrohende Instinkte auftreten sollten, würden sich diese Erbmerkmale im Zuge der Generationen bald von selbst ausmerzen. In romantisierender Weise wird dieser Sachverhalt häufig so formuliert, als wirke in den Instinkten eine geheimnisvolle, artspezifische und kollektive Lebensvernunft.

Wie *N. Tinbergen* mehrfach nachgewiesen hat, besitzt jeder Instinkt eine äußerst komplizierte Struktur; ihre untersten Glieder sind die durch *Erbkoordinationen* fixierten *Instinkthandlungen* (*K. Lorenz,* 1937), deren verhaltensbiologische Identifikation in ziemlich sauberer Weise möglich ist. Sehr viel schwieriger gestaltet sich die Untersuchung der ihnen übergeordneten zentralen Vorgänge, die als ›*Stimmungen*‹ bezeichnet werden (*O. Heinroth*, 1911; *G. P. Baerends*, 1941; *E. v. Holst*, 1950). Man denkt dabei an *Handlungsbereitschaften* (z. B. ›Flugstimmung‹, ›Fortpflanzungsstimmung‹ usw.), die ihrerseits die Auslösung der entsprechenden Instinkthandlungen begünstigen. Dies kann etwa durch die ›Erweiterung des *Auslöserschemas*‹ (*K. Lorenz*) geschehen, d. h. dadurch, daß man bezüglich des Objekts einer Tätigkeit weniger wählerisch wird. Der schwere Hunger als eine wesentlich gesteigerte ›Freßstimmung‹ akzeptiert z. B. auch Nahrungsmittel, die bei geringerem Bedarf nicht angerührt werden (*D. Katz*, 1948). Dieses Phänomen findet sich auch bei gelernten Handlungen, es wird dort als *Generalisation* bzw. als Aufwärtsverschiebung des Generalisationsgradienten bezeichnet (→ bedingter Reflex, Konflikt). Von einer *Leerlauf-Reaktion* spricht man, wenn bei noch weiterer Intensivierung der Stimmung die Instinkthandlung gänzlich von dem auslösenden Schema unabhängig wird; sie stößt dann blind ins Leere und verkörpert damit das, was auf der Erlebnisseite als ein unbeherrschbarer Drang oder *Trieb* erscheint.

Von altersher bemüht sich die Psychologie um die *Kategorisierung der menschlichen Triebe*; sie schwankt dabei zwischen den beiden Polen der maximalen Vereinfachung (d. h. der Annahme von höchstens ein bis zwei Grundtrieben, z. B. *Selbsterhaltung* und *Fortpflanzung*, *Libido* und *Todestrieb* bei *Freud*, *Machtstreben* bei *A. Adler*) und der extremen Differenzierung, d. h. der Erstellung umfangreicher Listen von ein bis fünf Dutzend Trieben. Es erscheint jedoch höchst zweifelhaft, ob sich dieses Problem von der Erlebnisseite her überhaupt einer Lösung zuführen läßt, da auch sekundäre Bedürfnisse, ja selbst willentliche Vornahmen (*Quasi-Bedürfnisse* nach *K. Lewin*, 1926, 1935), denen die Erreichung ihres Zieles versagt bleibt (›*Frustration*‹), zu triebhaftem Verhalten führen können (Drang zur Wiederaufnahme bei Unterbrechung einer Tätigkeit, deren übernormales Haften im Gedächtnis, allgemeine Unruhe, Entladung auf Ersatzobjekte usw.). Auch die Erscheinung der *Sättigung* (*A. Karsten*, 1928) tritt bei ihnen auf; man kann z. B. von einer Beschäftigung einfach ›genug haben‹, ohne doch so ermüdet zu sein, daß man sie nicht noch ziemlich lange fortsetzen könnte. Andererseits kennen wir aus dem Bereich des instinktiven Verhaltens die sog. *Übersprunghandlungen* (*A. Kortlandt*, 1940; *N. Tinbergen*, 1940), bei denen eine starke Erregung, die sich in Konfliktsituationen oder wegen des Fehlens von Auslösern auf dem üblichen Wege nicht zu entladen vermag, zu inadäquaten Instinkthandlungen führt. So können z. B. kämpfende Haushähne plötzlich auf dem Boden picken, als ob sie hungrig wären; manche nervösen *Verlegenheitsbewegungen* des Menschen (Gähnen, Sich-hinter-dem-Ohr-Kratzen, Nägelbeißen) dürften sich in ähnlicher Weise verstehen lassen.

Die Schwierigkeit des uns überkommenen Triebbegriffs liegt somit darin, daß er sich sowohl auf Stimmungen als auf Instinkthandlungen bezieht. Die Koppelung zwischen den peripheren und den zentralen Phänomenen ist aber nicht völlig eindeutig; außerdem dürfte die Mannigfaltigkeit der Instinkthandlungen erheblich größer sein als die der Stimmungen. Schließlich können sich auch gelernte Verhaltensweisen über ihren zweckmäßigen Rahmen hinaus ins Triebhafte übersteigern, bzw. sekundäre Bedürfnisse einen dranghaften Charakter annehmen. Die Bestimmtheit, mit der manche spekulativen Trieblehren auftreten, steht bisweilen in gar keinem Verhältnis zu dem Ausmaß des im Augenblick vorhandenen Wissens; *L. Szondis* ungemein phantasievolles System der *Schicksals-* und *Triebkreise* (1948, 1952) belegt diese bedauerliche Erscheinung zur Zeit wohl am besten.

Was den Menschen anlangt, empfiehlt es sich, den Triebbegriff möglichst zu vermeiden und dafür im weiteren Sinne von *Motiven* oder *Antrieben* des Handelns zu sprechen. Ziemlich lose und erweiterungsfähige Aufzählungen der erlebbaren Motive können für sich immerhin in Anspruch nehmen, daß sie dem Verständniszweck dienen, ohne dabei unserem tatsächlichen Wissen vorauszugreifen; eine solche Aufzählung empfiehlt *H. A. Murray* (1938) für die *Persönlichkeitsdiagnostik*: Angriffslust, Autonomie, Distanzierungsstreben, Gesellung, Herrschaftsstreben, Hilfsbereitschaft, Leistungsstreben, Nachgiebigkeit, Rechthaberei, Schaustellung, Schutzsuche, Selbsterniedrigung, Sexualität, Sinnesfreudigkeit, Spielfreude, Streben nach Anerkennung, Streben nach Ordnung sowie Vorsicht. Dabei wird allerdings deutlich, daß sich zahlreiche Charaktereigenschaften auch als Motive des Verhaltens ansprechen lassen. Interessanterweise bezeichnen wir diese aber in der Regel erst dann als ›triebhaft‹, wenn sie in ihrer Übersteigerung — wie etwa das Gerechtigkeitsbedürfnis des Michael Kohlhaas — zu Komplikationen des Lebens führen, bzw. das normative System der selbstverständlichen Verhaltenserwartungen verletzen. Dieser stark an Werturteilen orientierte *soziale Triebbegriff* kann nicht ohne Verwirrung zu stiften mit dem der biologischen Verhaltensforschung gleichgesetzt werden.

Von großer praktischer Bedeutung ist die Ermittlung des Ausmaßes, in dem Verhaltensweisen mit Bedürfnissen und zielgerichteten Stimmungen gekoppelt sind. Erfahrungen an Menschen sowie an Tieren zeigen, daß Lernleistungen und die Überwindung von Hindernissen innerhalb gewisser Grenzen vom Grad des vorherrschenden Bedürfnisses abhängig sind. Die *pädagogische Praxis* operiert daher z. B. mit der Erwekkung sowohl direkter Bedürfnisse, des Interesses an der Sache, als indirekter, des Interesses an guten Noten. Das gleiche gilt von der Verhaltenssteuerung durch *Propaganda* und *Reklame* (→ Werbepsychologie), wenn z. B. einerseits Wendungen gebraucht werden wie »Die Sorte X gibt Ihnen einen volleren Genuß« und andererseits das Plakat verkündet, »der feine Mann« wähle nur die Sorte X. *E. L. Thorndikes* Meinung, daß unsere Ausgaben für Nahrung, Kleidung und Wohnung zu mehr als 50 Prozent der Befriedigung indirekter Bedürfnisse dienen, wird durch die *motivanalytische Marktforschung* vollauf bestätigt. Die Ergebnisse einschlägiger Untersuchungen sind auch für die Psychologie als Wissenschaft von großem Interesse, da wir die Struktur der sog. *Luxusbedürfnisse* (z. B. des Rauchens), die gelegentlich außerordentlich intensiv sein können, einstweilen noch kaum kennen. Eines der im letzten Jahrzehnt am intensivsten bearbeiteten Themen ist der Nachweis des Einflusses von Bedürfnissen auf die *Wahrnehmung*, bzw. der motivationsgerechten Akzentuierung des Bildes der Welt (→ Wahrnehmungstheorie, vgl. das Sammelreferat von *C. F. Graumann*, 1956). An die Tatsachen eines solchen Einflusses knüpfen die als *projektive* → *Tests* bezeichneten diagnostischen Methoden an.

Bedingter Reflex. Die Vorstellung, daß eine von den Sinnesorganen zum Zentrum weitergeleitete Erregung von dort — ›wie durch einen Spiegel‹ — in das motorische System reflektiert werde, geht auf *Descartes* zurück (›Traité de l'homme‹, 1662). Das Wort *Reflex* taucht in substantivischer Form erstmalig bei dem englischen Mediziner *Th. Willis* (1621—1675) auf. Die weitere Ausbildung der Reflex-Lehre erfolgte durch *R. Whytt* (1751), *A. v. Haller* (1757), *G. Prochaska* (1784), *M. Hall* (1832) und *J. Müller* (›Handbuch der Physiologie des Menschen‹, 1833—1840). Mit *I. M. Sechenow* (1829—1905) und J. Hughlings *Jackson* (1835—1911) setzte sich gegen Ende des vorigen Jahrhunderts die Auffassung durch, daß die kleinste Einheit des menschlichen und tierischen Verhaltens der *Reflex-Bogen* sei, der aus drei nervösen Apparaten besteht: der zentripetal leitenden (sensorischen) Nervenfaser, der zentrifugal leitenden (motorischen) Nervenbahn und dem Reflex-Zentrum, in dem die Übertragung der ankommenden Erregungen auf die motorische Bahn stattfindet. Eine schematische Darstellung des sog. *Patellarsehnen-Reflexes* gibt Abb. 13.

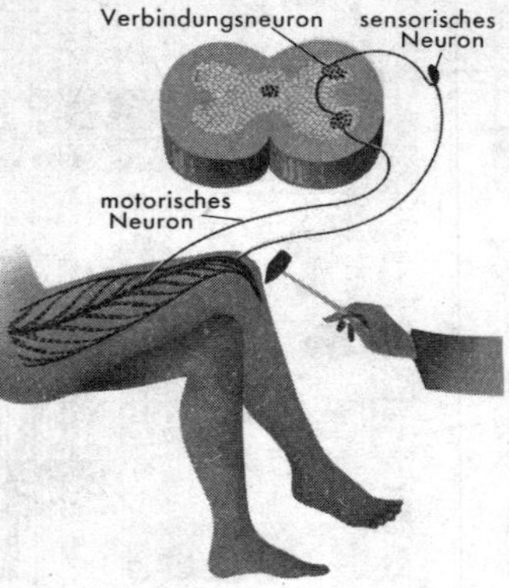

Abb. 13: Der Patellarsehnen-Reflex (nach W. J. S. Krieg, 1942)

Etwa um die gleiche Zeit (1853), als *R. H. Lotze* die *Pflüger*sche Behauptung bestritt, daß nämlich die Reflexe eines ›Rückenmark-Tieres‹ (z. B. eines geköpften Frosches) von Bewußtsein begleitet seien, berichteten *F. Bidder* und *C. Schmidt* (1852), wie schon der bloße Anblick von Futter bei hungrigen Hunden die Sekretion von Magensaft zur Folge hat. Das Verdauungssystem reagiert somit auf einen Reiz, den es noch gar nicht erhalten hat, den die Tiere aber erwarten. Diese Möglichkeit ist schon bei *Aristoteles* kurz angedeutet: »Auch außerhalb der Sinneswahrnehmung auf bloße Vorstellungen hin tritt das Bewegungsvermögen in Tätigkeit« (de anima III, 431 b). Der englische Arzt *W. B. Carpenter* hat diese Beobachtungstatsache als *›Ideomotorisches Gesetz‹* formuliert (1874); danach löst die Vorstellung einer Bewegung diese in stark verkleinertem Ausmaße bereits aus *(›Carpenter-Effekt‹)*.

Diese Ansätze auf Grund eigener, sehr umfangreicher Experimente zu einer systematischen Theorie des Verhaltens ausgebaut zu haben, ist das Verdienst des russischen Physiologen *I. P. Pawlow* (1849–1936), der 1904 mit dem Nobelpreis ausgezeichnet wurde.

Durch die Anlage von Magenfisteln konnte sich Pawlow (1897) davon überzeugen, daß die Menge des produzierten Magensaftes etwa zu gleichen Teilen durch zwei Faktoren bestimmt wird, einmal durch die direkte Einbringung von Futter in den Magen und zum anderen durch die Einbringung von Futter in das Maul, wobei dieses Futter aber den Magen gar nicht erreicht, sondern durch eine Schlundfistel wieder ausgeschieden wird *(›Scheinfütterung‹)*. In seinen späteren Experimenten benutzte er vorwiegend die *Speichelsekretion* von Hunden, die durch eine Fistel in Meßvorrichtungen abgeleitet wurde (Abb. 14); es handelt sich dabei um eine vom *autonomen Nervensystem* gesteuerte Reaktion (→ Gefühle), die als Reflex durch den Geschmack von Futter sowie durch dessen Geruch ausgelöst wird. Bekanntlich läuft einem aber auch beim Anblick verlockender Speisen, ja selbst eines guten Bildes

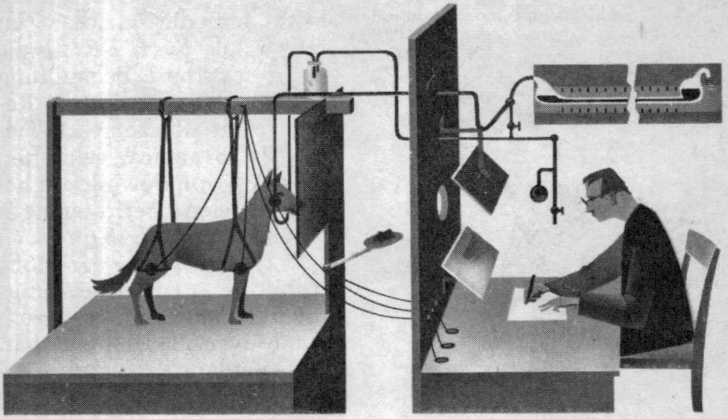

Abb. 14: Die Versuchsanordnung Pawlows

solcher Leckerbissen, das Wasser im Munde zusammen. Das ist bereits ein bedingter Reflex, der daher rührt, daß im normalen Lebensvollzug der Anblick einer Speise deren Genuß vorauszugehen pflegt. Zwischen dem Seheindruck im Zeitpunkt T_1 und der Geschmacksempfindung im kurz darauf folgenden Zeitpunkt T_2 bildet sich daher im Zuge der oft wiederholten Erfahrung einer regelmäßigen Folge von zwei Reizen eine → *Assoziation* aus. Pawlows Hauptarbeit galt dem Nachweis, daß Reflexe durch ursprünglich neutrale, d. h. an sich wirkungslose Reize ausgelöst werden können, sofern diese nur oft genug mit den für den Reflex charakteristischen Auslösern gekoppelt werden. Ein durch einen solchen erfahrungsabhängigen Auslöser (›*konditionaler Stimulus*‹: CS) in Gang gebrachter Reflex wird als bedingter Reflex (›konditionierter‹ oder besser ›konditionaler Reflex‹, CR) bezeichnet; seinen natürlichen Auslöser nennt man den *unkonditionierten Reiz* (US).
Während Pawlow sich fast ausschließlich mit der Speichelsekretion beschäftigte, verwendete *V. M. Bechterew* (1857–1927) motorische Reaktionen, z. B. die Flexion der Finger-, Hand- und Fußmuskeln in Beantwortung eines elektrischen Schlages. Die Forschung der letzten fünfzig Jahre hat gezeigt, daß nahezu jeder natürliche Reflex der Konditionierung fähig ist. Eine kleine Übersicht gibt Tab. 5.
Eine Erweiterung des ›klassischen‹ Begriffs des bedingten Reflexes hat *B. F. Skinner* (1938) vorgenommen; als ›*instrumentale Konditionierung*‹ bezeichnet man seither alle die Fälle, in denen die Ausführung einer Tätigkeit (z. B. das

Reflex	Unbedingter Auslöser
Speichelsekretion	Nahrung, Säuren
Sekretion von Magensaft	Nahrung
Senkung des elektrischen Körperwiderstandes (PGR, → Gefühle)	elektrischer Schlag
Erweiterung bzw. Verengung der Pupillen	Beleuchtungswechsel
Erweiterung bzw. Verengung der Blutgefäße	Temperaturänderungen
Erbrechen	Morphium
Immunitätsreaktionen	Injektion v. Toxinen u. Serum
Harndrang	Wasseraufnahme
Patellarsehnenreflex	Schlag unterhalb d. Kniescheibe
Schließen des Augenlides	Luftstoß gegen das Auge; lautes Geräusch
Augenbewegungen	Rotation auf einem Drehstuhl
Veränderungen d. Atemkurve	elektrischer Schlag
Wegziehen von Finger, Hand, Fuß	elektrischer Schlag
Bewegungen des Embryo im Mutterleib	laute Geräusche
Veränderungen der elektrischen Aktivität des Gehirns (EEG, → Gehirn)	Lichtreize

Tab. 5

Niederdrücken eines Hebels, das den Versuchstieren Futter einbringt) an das Vorhandensein bestimmter Reizbedingungen (z. B. das Angehen einer Signallampe) gebunden wird. Die Domäne der natürlichen Reflexe wird damit verlassen; es handelt sich vielmehr um Verrichtungen, die an ihrem Erfolg erlernt wurden (→ Lernen am Erfolg), und die dadurch konditioniert werden, daß ihr Erfolg nur unter bestimmten Voraussetzungen eintritt.

In ähnlicher Weise unterscheiden *S. Miller* und *J. Konorski* (1928, 1948) zwischen bedingten Reflexen der ersten Art (nach *Pawlow*) und der zweiten Art (instrumentale Konditionierung). Beide Arten zeigen viele übereinstimmende Eigenheiten,

so daß sich die Subsumtion unter einen gemeinsamen Oberbegriff rechtfertigen läßt.
In der Wahl des bedingten Auslösers ist der Experimentator ziemlich frei; es muß nur sichergestellt werden, daß dieser von der Vp oder auch vom Versuchstier wirklich beachtet wird (→ Aufmerksamkeit). Die Ausarbeitung bedingter Reflexe beider Typen findet daher meist in einem ungemein reizarmen Versuchsraum statt, der den monotonen Hintergrund für die untersuchten Reize (CS und US) abgibt. *Pawlow* verwendete als bedingte Auslöser Töne und Geräusche, Lichtreize und taktile Reize (Körperberührung, Vibration).
Das große Interesse, das der bedingte Reflex namentlich in der angelsächsischen und in der russischen Psychologie fand, geht nicht zuletzt darauf zurück, daß er eine experimentelle Bestätigung für die Theorie der *Assoziationspsychologie* zu versprechen schien. Das trifft aber nicht genau zu, da bei der Konditionierung die zeitliche Folge – erst CS und dann nach einem optimalen Intervall von 0,5 Sek. US – eine wesentliche Rolle spielt, während die Bildung von → Assoziationen davon unabhängig ist. Richtiger erscheint daher die Beschreibung, daß der bedingte Auslöser (CS) die Funktion eines ›*Signals*‹ *(Pawlow)* erwirbt, das den unbedingten Auslöser (US) ›erwarten‹ *(Tolman)* läßt, bzw. das eine auf diesen vorbereitende Aktion in Gang bringt. In Beantwortung des Signals wird der unbedingte Auslöser sozusagen vorweggenommen und z. B. eine Schutzmaßnahme ergriffen, die diesen relativ unwirksam werden läßt.
Zur Veranschaulichung diene eine schematische Darstellung (Abb. 15) der Konditionierung des *Augenlid-Schlusses* (nach *E. R. Hilgard;* CS = Beleuchtungswechsel, US = Luftstoß gegen das Auge). Der bedingte Reflex ist in den meisten Fällen zweckgesteuert; er läuft aber nahezu unbewußt ab und läßt sich in der Regel willentlich nur wenig beeinflussen. Die Möglichkeit einer solchen Beeinflussung haben jedoch beim Lidschlußreflex *E. R. Hilgard* und *L. G. Humphreys* (1938) sowie *E. B. Norris* und *D. A. Grant* (1948) nachgewiesen. In die Nachbarschaft willkürlicher Reaktionen gerät der bedingte Reflex auch hinsichtlich seiner Anlaufszeit (*Latenz,* RT); sie beträgt für bedingte sowohl wie für willkürliche Reaktionen beim Lidschluß und beim Vorschnellen des Unterschenkels (Patellarsehnenreflex) etwa 0,17 Sek., während der unbedingte Reflex bereits nach 0,04 Sek. auftritt (eine ausführliche Zusammenstellung gibt *C. L. Hull,* 1934). Es ist damit zu rechnen, daß der bedingte Reflex höhere Nervenzentren in Anspruch nimmt als der unbedingte; zu seiner Ausarbeitung bedarf es jedoch bei Ratten, Hunden, Katzen und Affen der intakten

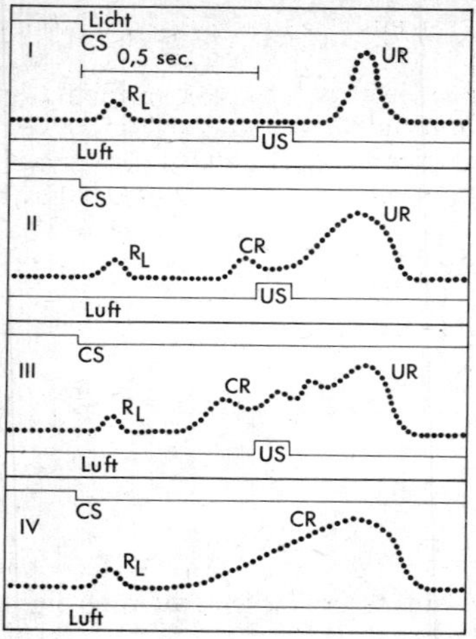

Abb. 15:
Vier Stadien der Entwicklung eines bedingten Augenlid-Reflexes

Großhirnrinde nicht. Ungewiß ist noch, ob nach Abtrennung vom Gehirn das *Rückenmark* allein als nervöses Zentrum für die Etablierung bedingter Reflexe ausreicht; der Hauptsache nach scheint diese in den *subkortikalen Teilen* des → Gehirns stattzufinden. CS wird zu einem Signal für US, wenn die kurzfristige Folge der beiden Ereignisse oft genug eingetreten ist, um als regelmäßig zu erscheinen. Bedingte Reflexe entwickeln sich daher allmählich (nach etwa 20–100 Wiederholungen, ›Verstärkungen‹, *›reinforcements‹*); sie erlöschen auch allmählich *(›Extinktion‹)*, wenn von einem bestimmten Zeitpunkt an US nicht mehr auf CS folgt. Ist ein bedingter Reflex einmal experimentell zum Erlöschen gebracht worden, so tritt er doch nach einer längeren Ruhepause in der Regel wieder spontan auf *(›Spontanerholung‹)*. Den Ablauf zeigt in schematischer Darstellung Abb. 16. Die mit X bezeichnete Stelle veranschaulicht die Wirksamkeit eines die Monotonie der Konditionierungssituation unterbrechenden Störreizes; durch ihn wird die Konditionierung sowohl wie die Extinktion zeitweilig aufgehoben *(›externe Hemmung‹* bzw. *›externe Enthemmung‹)*. Die Extinktion wird verzögert (*L. G. Humphreys*, 1939, 1940), wenn schon während der Konditionierung bisweilen US nicht auf CS folgte *(›partiale Verstärkung‹)*; die Ausbildung des Reflexes wird dadurch jedoch kaum beeinträchtigt (Sammelreferat von *W. O. Jenkins* und *J. C. Stanley*, 1950). Gelegentliche Ausnahmen ›bestätigen die Regel‹ vermutlich dadurch, daß sie eine flexiblere *Erwartungsstruktur* entstehen lassen. Im allgemeinen gilt, daß die Extinktion um so später eintritt, je schneller sich der bedingte Reflex ausbildete. Mit *C. L. Hull* (1943, 1951) bezeichnet man den Widerstand einer erworbenen Reaktion gegen Extinktion, deren Ausmaß und Häufigkeit sowie die Kürze der Anlaufszeit zusammen als das *›Reaktionspotential‹*. Ob sich diese vier Parameter wirklich auf einen gemeinsamen Nenner bringen bzw. als In-

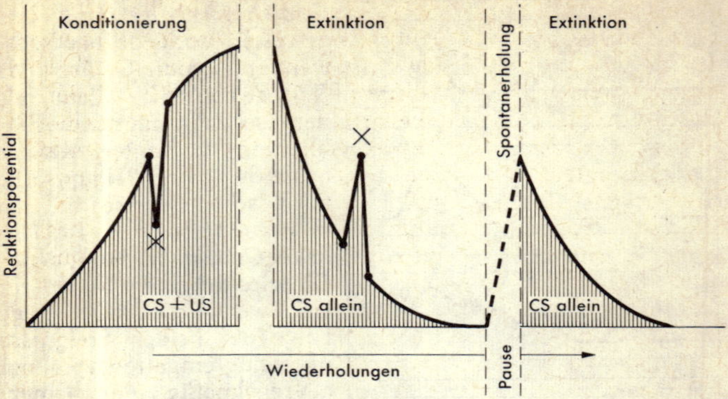

Abb. 16: Konditionierung und Extinktion

dikatoren der gleichen Größe auffassen lassen, ist allerdings zweifelhaft (*L. G. Humphreys*, 1943).

Indem ein bestimmter Reiz (z. B. ein Stimmgabelton von 1937 Hz) zum bedingten Auslöser (z. B. des psychogalvanischen Phänomens) wird, erwerben auch andere Töne diese Funktion, obwohl sie während der Konditionierung nicht verwendet wurden. Dieses Prinzip hat *Pawlow* als das der ›*Irradiation*‹ bezeichnet; er dachte dabei an die Ausbreitung von Erregungszuständen in der Großhirnrinde. Diese Interpretation ist heute so gut wie aufgegeben, da die Erscheinung auch bei Sinnesqualitäten beobachtet wird, die nicht an verschiedenen kortikalen Stellen repräsentiert sind, z. B. bei dem Kontinuum der Lautstärken. Das Phänomen selbst wird als *Reiz-Generalisation* bezeichnet. Das Reaktionspotential ist in der Regel um so größer, je ähnlicher ein Reiz dem im Training verwendeten CS ist, d. h. um so eher er mit diesem verwechselt werden kann; man spricht daher von einem sich über ein Reizkontinuum erstreckenden ›*Generalisationsgradienten*‹ (→ Konflikt). Auch im täglichen Leben kann es vorkommen, daß uns ein Mensch, den wir noch gar nicht näher kennen, sehr sympathisch ist, weil er uns an jemanden anderen erinnert, mit dem wir angenehme Stunden verbracht haben; diese Ähnlichkeit braucht uns sogar nicht einmal deutlich zum → Bewußtsein zu kommen.

Die Beschränkung der Auslöserfunktion auf einen bestimmten Reiz heißt ›*Differenzierung*‹; sie wirkt der Generalisationstendenz entgegen und wird dadurch herbeigeführt, daß man andere (benachbarte) Reize einem Extinktionsprozeß unterwirft, d. h. als CS gibt, ohne ihnen US folgen zu lassen. Sprichwörtlich lernen wir so z. B., daß nicht alles Gold ist, was glänzt. Die Methode läßt sich zur Ermittlung der *Unterschiedsschwellen* (→ Psychophysik) von Tieren verwenden, da die Differenzierung nur gelingt, wenn die Verschiedenheit der beiden Reize wahrgenommen werden kann. Bei der Durchführung solcher Untersuchungen kann es zu sehr tiefgreifenden → *Konflikten* zwischen Verhaltenstendenzen kommen, die unter dem Namen ›*experimentelle Neurosen*‹ beschrieben wurden.

Die Extinktion eines bedingten Reflexes hinsichtlich eines bestimmten Auslösers zeitigt ebenfalls einen Generalisationsgradienten, d. h. die Hemmung greift auf benachbarte Reize über, deren Reaktionspotential herabgesetzt wird. Ein Reizkontinuum, in dem eine Differenzierung zwischen zwei Reizen durchgeführt wurde, läßt sich daher durch zwei Generalisationsgradienten darstellen, entlang dem einen breitet sich das positive Reaktionspotential (die Tendenz zu reagieren) aus, entlang dem anderen ein negatives Potential (die Tendenz nicht zu reagieren). Diese Hypothese gestattet die Ableitung der als ›*Transposition*‹ bekannten Erscheinung (*K. W. Spence,* 1937; *C. L. Hull,* 1943). Abb. 17 beschreibt die Situation eines Versuchstieres (Schimpansen), in dessen Reichweite sich zwei Kästchen befinden; das eine ist mit einem 160 cm² großen Quadrat gekennzeichnet, das andere trägt ein 100 cm² großes Quadrat; beide Kästchen enthalten Futter, jedoch ist das letztere versperrt. Das Training (instrumentale Konditionierung) wird so lange fortgesetzt, bis der Schimpanse ganz regelmäßig den 160-cm²-Kasten wählt. Dem positiven Reiz entspricht nunmehr ein positiver Generalisationsgradient, dem negativen Reiz ein

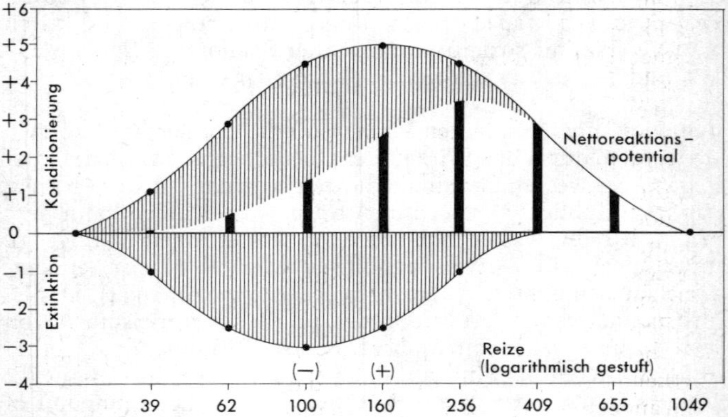

Abb. 17: Modell des Transpositions-Verhaltens

negativer Gradient. Werden dem Tier nach Abschluß des Trainings zwei Kästen mit den Quadraten 160 cm^2 und 256 cm^2, bzw. 62 cm^2 und 100 cm^2 dargeboten, so wählt es mit großer Wahrscheinlichkeit (93 Prozent) den größeren von den beiden. Es transponiert somit die Relation zwischen den beiden im Training verwendeten Reizen auf andere Reizpaare, ohne etwa an den absoluten Reizgrößen hängen zu bleiben. Von seiten der → Gestaltpsychologie (*W. Köhler*, 1918) wurde daher behauptet, daß die Relation des Größerseins unmittelbar als eine Gestaltqualität wahrgenommen werde. Dieser Schluß ist aber nicht zwingend, da sich am *Spence*schen Modell ablesen läßt, daß in beiden Fällen eine größere Differenz zwischen positivem und negativem Potential zugunsten des bevorzugten Reizes spricht. Insofern handelt es sich um zwei theoretische Modelle, die beide den beobachteten Sachverhalten gerecht werden. Das assoziationspsychologische Modell von Spence erweist sich aber dem gestaltpsychologischen als überlegen, da es für weiter von den Trainingsreizen abliegende Reizpaare (z. B. 256 : 409, 409 : 655) das Aufhören des Transponierungsverhaltens richtig voraussagt; nunmehr entspricht nämlich das größere Reaktionspotential dem jeweils kleineren der beiden Reize.
Das Studium der bedingten Reflexe klassischer und instrumentaler Art stellt eines der hauptsächlichen Anliegen des → Behaviorismus dar; aus ihm haben sich die Verhaltenstheorien von *C. L. Hull* (1943, 1952), *B. F. Skinner* (1938, 1953) und *K. W. Spence* (1956) entwickelt, ferner die Ansätze zu einer Neuformulierung des Systems der Psychoanalyse (*N. E. Ischlondsky*, 1930, *J. H. Masserman*, 1946, *E. J. Shoben*, 1948, *J. Dollard* und *N. E. Miller*, 1950, *O. H. Mowrer*, 1950, *Hofstätter*, 1953) und bedeutsame Möglichkeiten zum Verständnis sozialpsychologischer Phänomene (*N. E. Miller* und *J. Dollard*, 1941, *F. A. Logan* u. a., 1955).

Behaviorismus. »Sprechen können Menschen, geschaut können sie werden, durch das Wirken der Glieder, gehört werden in der Rede: Aber wessen Gedanken durchdringt man, in wessen Herz hat man Einblick? Was er innen trägt, was er innen kann, was er innen treibt, was er innen bereitet, was er innen will, was er innen nicht will, — wer begreift's?« (*Augustinus*, ennerationes in psalmos 41,13; zit. nach *E. Przywara*, 1934). Das ist im Grunde schon die Position des als ›Behavio(u)rismus‹ (von ›behaviour‹ = Verhalten) bezeichneten Richtung der Psychologie, als deren Begründer *J. B. Watson* (1878—1950) gilt. Er schreibt in der Vorrede zu ›Psychology from the Standpoint of a Behaviorist‹ (1919): »Der Leser wird keine Diskussion des Bewußtseins finden und auch nicht Termini wie Empfindung,

Wahrnehmung, Aufmerksamkeit, Wille usw. Diese Worte besitzen ihren guten Klang, aber ich habe bemerkt, daß ich ohne sie auskommen kann ...; offengestanden weiß ich nicht, was sie bedeuten; auch glaube ich nicht, daß sie irgend jemand in systematisch sauberer Weise zu gebrauchen vermag.« Das Leitbild des Behaviorismus ist eine Psychologie, die nur von den durch einen außenstehenden Beobachter feststellbaren Verhaltensweisen von Lebewesen handelt und die dabei auf die innere Erfahrung bzw. auf die Selbstbeobachtung sowie auf Analogieschlüsse hinsichtlich des Erlebens anderer Organismen verzichtet. Sie macht sich dabei den Zweifel an der Verläßlichkeit der *Introspektion* zu eigen, der in der skeptischen Philosophie schon früh auftritt und im Kritizismus tradiert wird. Der Anspruch richtet sich auf eine nach dem Vorbild der Naturwissenschaften betriebene Psychologie, deren Grundkategorien Reize, Reaktionen und die zwischen diesen zu ermittelnden Abhängigkeitsgesetze sind. Das Verhalten des Organismus ist eine Funktion sowohl der im Augenblick wirkenden Reize wie der in seiner Vorgeschichte wirksam gewesenen (Lernen); es besteht aus *motorischen Reaktionen* der quergestreiften Muskulatur und aus solchen des Gefäß-, Eingeweide- und Drüsensystems (*›viszerale Reaktionen‹*). Als motorische Reaktionen werden auch Sprechakte aufgefaßt.

Bei sämtlichen Reaktionen besteht infolge von Übung oder auch Hemmung die Möglichkeit einer Reduktion ihres Ausmaßes, so daß etwa das → Denken als ein entlautetes Sprechen oder auch als ein bloß andeutungsweises Handeln (*›implizite Bewegungen‹*, *›Probehandlungen‹* nach *Freud*, *›virtuelle Bewegungen‹* nach *M. Palagyi*) angesehen werden kann. In der neueren Entwicklung des Behaviorismus wird mit Minimal-Reaktionen gearbeitet, die selbst wieder als minimale Reize funktionieren und auf diese Weise *Verhaltensketten* bilden (›pure stimulus act‹ nach *C. L. Hull*, 1930; ›mediating responses‹ nach *C. E. Osgood*, 1953). Es handelt sich dabei bereits um hypothetische Konstruktionen (›hypothetical constructs‹ und ›intervening variables‹), die nach Maßgabe der im Augenblick verfügbaren experimentellen Methoden vielfach nicht mehr beobachtet werden können. Nur um diesen Preis scheint sich das *Reiz-Reaktions-Modell* konsequent durchhalten zu lassen.

Der Behaviorismus knüpft an die auf *Descartes* (1596–1650), *Lamettrie* (1709–1751), *Condillac* (1715–1780), *Helvetius* (1715–1771) und *Cabanis* (1757–1808) zurückgehenden Versuche an, den tierischen und später auch den menschlichen Organismus nach dem Vorbild eines mechanischen Apparates zu verstehen bzw. zu rekonstruieren. Seelische und gei-

stige Kräfte, Erlebnisse, Ideen und Intentionen sollen sich dabei in Reiz- und Reaktionszusammenhänge, im einfachsten Fall in *Reflexe*, auflösen lassen. Komplexe Zusammenhänge werden nach dem Modell des → *bedingten Reflexes* aufgefaßt.
Der Versuch, das tierische Verhalten ohne den Rückgriff auf anthropomorphisierende Erlebnisschilderungen zu erklären, findet sich auch in der deutschen Biologie des ausgehenden 19. Jh., so in der *Tropismenlehre* (Tropismen = Hinwendung zu oder Abwendung von bestimmten Reizen) von *J. Loeb* (1859 bis 1924) und bei *A. Bethe* (geb. 1872), der im Titel einer programmatischen Arbeit (1898) die Frage stellte: »Dürfen wir den Ameisen und Bienen psychische Qualitäten zuschreiben?« Gemeinsam mit *Th. Beer* und *J. v. Uexküll* (1864–1944) machte er (1899) ›Vorschläge zu einer objektivierenden Nomenklatur in der Physiologie des Nervensystems‹, die in wesentlichen Punkten bereits das Programm des Behaviorismus enthalten. Der Einfluß der *Evolutionstheorie* (*C. R. Darwin*, 1809–1882; *H. Spencer*, 1820–1903; *E. Haeckel*, 1834–1919; *M. Verworn*, 1863–1921) ist dabei deutlich spürbar. Auch der amerikanische Behaviorismus ist durchweg darwinistisch orientiert. Er schließt sich diesbezüglich an den *›Funktionalismus‹* (*W. James*, 1842–1910) an, der das Seelenleben unter dem Aspekt der in ihm zum Zweck der Lebenserhaltung entwickelten Funktionen betrachtet und der sich damit von der im *›Strukturalismus‹* (*E. B. Titchener*, 1867–1927) betriebenen Analyse der Erlebnisinhalte distanziert. *Watson* erhielt seine fachliche Ausbildung im Zentrum des amerikanischen Funktionalismus, an der University of Chicago unter *J. R. Angell* (1869–1949), der ein Schüler von James war.
Auf dem Boden der Human-Psychologie stellt der Behaviorismus eine Revolution gegen die *introspektiv* (→ Beobachtung) betriebene *Erlebnispsychologie* *W. Wundts* (1832–1920) in Deutschland und Titcheners in Amerika dar; er stammt damit aus einer ähnlichen Quelle wie die Hinweise auf die Bedeutsamkeit unbewußter Prozesse (→ Bewußtsein) bei dem Philosophen *E. v. Hartmann* (1842–1906) und bei den mit den Phänomenen der → Neurose und der → Hypnose beschäftigten Psychiatern.
Die von *W. James* und *C. G. Lange* entwickelte Theorie der → Gefühle erscheint insofern als ein Vorläufer des Behaviorismus, als in ihr viszerale und muskuläre Reaktionen als das Eigentliche des Gefühlszustandes angesehen werden. Den Hinweis darauf, daß es in der Psychologie letztlich auf das Tun und Verhalten von Organismen ankomme, enthielt der philosophische *›Pragmatismus‹* von W. James, der durch die Vermitt-

lung des Pädagogen und Sozialphilosophen *J. Dewey* (1859 bis 1952) das Denken Watsons prägte. Die Frage nach der realen Existenz des Bewußtseins taucht bereits im Titel einer Abhandlung von James aus dem Jahre 1904 auf. Im gleichen Jahre betonte *J. McK. Cattell* (1860–1944) die Möglichkeit einer nicht auf Introspektion angewiesenen Psychologie, während der Engländer *W. McDougall* (1871–1938) im darauffolgenden Jahre die Psychologie als ›die positive Wissenschaft vom Verhalten (conduct) lebender Wesen‹ definierte. In seiner »Introduction to social psychology« (1908) wird in die Begriffsbestimmung bereits das Wort ›behaviour‹ aufgenommen.

J. B. Watsons erste programmatische Ausführung (1908) war nicht schlechtweg neu, aber in ihrer Form bei weitem radikaler als die Thesen seiner Vorläufer. Die Autobiographie Watsons (1936) zeigt jedoch, daß auch dieser Autor unbeschadet seiner theoretischen Position sein eigenes Leben und Erleben nach der introspektiven Manier zu betrachten und zu schildern fortfuhr. Die wissenschaftliche Karriere Watsons ist ungemein kurz; sie führte von der Dissertation des Jahres 1903 (über die ›seelische Entwicklung‹ der Albinoratte) auf den Höhepunkt der Wahl zum Präsidenten der American Psychological Association (1915) und endete im Gefolge eines Gesellschaftsskandals plötzlich im Jahre 1920; danach war der Vater des Behaviorismus außerhalb des akademischen Bereichs mit sehr großem Erfolg als Reklameberater (→ Werbepsychologie) tätig. An der Wende dieses Lebenslaufs steht das gemeinsam mit der Gattin in zweiter Ehe durchgeführte, berühmte Experiment (1920) mit dem kaum einjährigen gesunden Knaben Albert, dem eine sehr intensive Furcht vor weißen Ratten nach dem Prinzip des bedingten Reflexes dadurch anerzogen wurde, daß die ursprünglich angstfreien und spielerischen Kontakte mit dem Versuchstier durch ein überlautes, schreckerregendes, metallisches Geräusch begleitet wurden. Die eindrucksvolle, wenn auch menschlich kaum zu verantwortende Demonstration weitete sich in Watsons Denken zu einer extremen *Milieútheorie* (→ Anlage und Umwelt) aus, die in dem ›Anerbieten‹ gipfelte, aus gesunden Kleinkindern ohne Rücksicht auf deren Anlagen und Neigungen durch eine geeignete Auswahl von Umwelteinflüssen je nach Wunsch Ärzte, Advokaten, Künstler, Kaufleute oder auch Landstreicher und Diebe zu machen (1925).

Es scheint, daß die ins Utopische vorstoßende Milieutheorie das amerikanische Denken der zwanziger Jahre zutiefst ansprach; der Behaviorismus erschien dem gebildeten Laien als eine Art von wissenschaftlich begründeter Wunderlehre, die den ›Ballast‹ überkommener Anschauungen abschüttelte, dafür aber eine neue Freizügigkeit der Menschenbildung und die Loslösung

vom anlagemäßig begründeten Schicksal versprach. Anders als in der hauptsächlich mit dem Namen *J. v. Uexkülls* verbundenen ›*Umweltforschung*‹ (→ Anlage und Umwelt) wird im Behaviorismus die Umwelt als vom Organismus unabhängig betrachtet; sie ist daher keine ›*Eigenwelt*‹. Dem evolutionistischen Ansatz entsprechend sieht man die Lebensaufgabe des Organismus in der Erreichung einer optimalen Anpassung (›*adjustment*‹) an die Bedingungen der Umwelt.
Die Führer des Behaviorismus nach Watson sind fast ausnahmslos auf dem Gebiet der *Lernpsychologie* bekannt geworden; so *E. B. Holt* (1873–1946), *C. L. Hull* (1884–1952), *E. C. Tolman* (geb. 1886), *K. S. Lashley* (geb. 1890), *B. F. Skinner* (geb. 1904) und *D. O. Hebb* (geb. 1904). Das Anliegen einer begrifflichen Rekonstruktion des Verhaltens von Organismen nach dem Reiz-Reaktion-Modell dürfte sich auf diesem Gebiet am ehesten realisieren lassen. Dem Modell und seinem programmatischen Verzicht auf erlebbare und verstehbare Zusammenhänge entspricht allerdings das Verhalten von Ratten, mit denen die meisten Menschen eine anthropomorphisierende Identifikation radikal ablehnen, besser als das menschliche Denken und Handeln. Die um 1900 durch *L. W. Kline* und *W. S. Small* in den psychologischen Laboratoriumsbetrieb der Clark University (unter *G. St. Hall*, 1844–1924) eingeführten Albinoratten sind in der Tat zum hauptsächlichen Studienobjekt der behavioristischen Psychologie geworden; eines ihrer wichtigsten Bücher (*Tolman*, 1932) ist daher auch ›M. N. A.‹ (Mus Norwegicus Albinus) gewidmet.
In der gegenwärtigen Psychologie hat die Schulbezeichnung Behaviorismus ihre scharfe Prägung weitgehend verloren. Geblieben ist allerdings – namentlich in der angelsächsischen Forschung – die Grundüberzeugung, daß die Psychologie als empirische Disziplin nicht aus privaten Einsichten und Erlebnissen aufgebaut werden kann, sondern nur aus Daten, bezüglich deren mehrere voneinander unabhängige Beobachter miteinander Übereinstimmung erzielen können. Was Einzelindividuen über ihr Erleben und Zumutesein berichten, muß in dieser Sicht als eine Äußerung des *Verbalverhaltens* aufgefaßt und einer Analyse unterzogen werden. Die Termini, mit denen wir im Zuge der klassischen Tradition des Abendlandes das Seelenleben beschreiben, Gemüt, Wille, Bewußtsein, Intuition usw., erscheinen daher als für die wissenschaftliche Forschung untaugliche (›mentalistische‹) Wortmarken, die nicht zur Erklärung von → Beobachtungen verwendet werden können.
Das von *W. James* stammende philosophische Erbe des Pragmatismus entwickelte der Behaviorismus in den Jahren vor und unmittelbar nach dem vorigen Weltkrieg konsequent in

Richtung auf den *logischen Positivismus* des sog. *Wiener Kreises* (*M. v. Schlick*, 1882–1936; *H. Hahn*, 1879 bis 1934; *E. Brunswik*, 1903–1955; *O. Neurath*, geb. 1882; *R. Carnap*, geb. 1891) und des *Operationismus* des Physikers *P. W. Bridgman* (geb. 1882) weiter. Als wissenschaftlich ›sinnvoll‹ gelten ihm nur solche Aussagen, die unter genau festgelegten Bedingungen von unabhängigen Beobachtern bestätigt (verifiziert) oder widerlegt (falsifiziert) werden können. Der Sinn einer Aussage wird als identisch mit den Operationen aufgefaßt, die zu ihrer Überprüfung vorgenommen werden müssen; lassen sich solche Operationen nicht angeben, dann ist diese Aussage als ›sinnlos‹ zu bezeichnen. Das gilt nach Bridgman z. B. von der Behauptung eines freien → Willens, da es nach der einmal vollzogenen Entscheidung keine Möglichkeit gibt zu beweisen, daß in diesem konkreten Fall auch eine andere Entscheidung hätte gefällt werden können. »Das Problem der Willensfreiheit besitzt keinen Sinn im Bereich objektiven Tuns, es bezieht sich bloß auf meine subjektiven Erlebnisse im Moment des Entscheidens« (1936). Im Pragmatismus, Operationismus und Behaviorismus findet sich als gemeinsames Strukturprinzip die reductio ad actionem.

Beobachtung. Jede Wissenschaft beginnt mit Erlebnissen, die ein gewisses Maß an Verwunderung auslösen und dadurch zu einer absichtlichen Ausweitung oder Intensivierung des Erwerbs von Erfahrungen, eben zur Beobachtung, führen. Werden zudem auch die Bedingungen variiert, unter denen die beobachteten Ereignisse auftreten, so spricht man von einem → *Experiment*. Den Weg zur Theorienbildung schildert *Goethe* im Vorwort der ›Farbenlehre‹ (1810): »Jedes Ansehen geht über in ein Betrachten, jedes Betrachten in ein Sinnen, jedes Sinnen in ein Verknüpfen, und so kann man sagen, daß wir schon bei jedem aufmerksamen Blick in die Welt theoretisieren.« In der Tat gibt die Hinwendung der → *Aufmerksamkeit* auf einzelne Gegenstände und Ereignisse dem Bild der erlebten Welt einen Schwerpunkt, innerhalb dessen auch minimale Unterschiede deutlicher erfaßt werden als außerhalb. Auf der Stufe der Anschauung werden daher im Vollzug der aufmerksamen Beobachtung bereits Abstraktionsleistungen vorgenommen. Die Wahl des zu beobachtenden Phänomens impliziert zum Teil auch schon eine Entscheidung darüber, von welchen anderen Phänomenen mehr oder minder weitgehend abgesehen werden soll.

Konzentration bedeutet u. a. auch die Einengung des Blicks auf das für wesentlich Erachtete. Gelegentlich kann es dann dem Außenseiter vorbehalten bleiben, einen Zusammenhang zu beobachten, an den der auf ein bestimmtes Blickfeld eingeengte Fachmann gar nicht dachte. Dieser Möglichkeit Rechnung tragend, empfahl *Freud* dem Psychotherapeuten, den Äußerungen seiner Patienten gegenüber einen Zustand der *›gleichschwebenden Aufmerksamkeit‹* zu bewahren und sein Interesse nicht auf diese oder jene Einzelheit, z. B. eines Traumberichts, zu fixieren, sondern sich einfach anmuten zu lassen. Dieser Rat scheint überall da beherzigenswert, wo die Zusammenhänge zwischen den einzelnen Beobachtungsgegenständen noch ungewiß sind, z. B. bei der Begegnung mit dem Leben einer fremden Kultur. Es bedarf erst einer gewissen Vertrautheit, bevor die Akzentuierung des Beobachtenswerten erfolgen kann; auch dann wird man sich darum bemühen, die Beobachtungsmomente auf die zeitlichen und räumlichen Merkmale des Gegenstandes so zu verteilen, daß sie in ihrer Gesamtheit eine repräsentative Stichprobe aus seinen Erscheinungsweisen darstellen. Es kann z. B. irreführend sein, wenn man einen Menschen immer nur in einer Situation, etwa bei der Ausübung seines Berufes, beobachtet bzw. kennenlernt. Der Ausschaltung dieses Fehlers gilt die von *W. C. Olson* (1929) in die Kinderpsychologie eingeführte *›Zeitproben-Technik‹* (time sampling), bei der die gesamte Beobachtungsdauer auf konstante Intervalle, z. B. von fünf Minuten, aufgeteilt und über die verschiedenen Tageszeiten gleichmäßig verstreut wird.

Bei hinlänglicher Vertrautheit mit den zu gewärtigenden Erscheinungen empfiehlt sich die Aufstellung eines Kategoriensystems, in das die Beobachtungen eingetragen werden können *(Protokoll)*. Auf diese Weise beschreibt man z. B. das Zusammenwirken mehrerer Partner (→ Gruppendynamik) an Hand eines von *R. F. Bales* (1950) entworfenen 12-gliedrigen Schemas. Ihrem Wesen nach sind solche Kategorien Fragen vom Typus »Hat sich in dieser Situation auch das ereignet?«; von ihnen führt daher ein direkter Übergang zu *Fragebogen* und *Enquêten* (Befragungen weiterer Kreise, z. B. hinsichtlich von *déjà-vu*-Erlebnissen, → Psychose, *G. Heymans*, 1904). Eine notwendige Vorstufe der Entwicklung eines Kategorien- oder Fragen-Systems zum Zweck der Beobachtung ist die Sammlung und möglichst sorgfältige Beschreibung spontaner Einzelbeobachtungen *(›Kasuistik‹, ›Fallstudien‹)*. Auf einigen ihrer Teilgebiete ist die Psychologie noch nicht wesentlich über dieses Verfahren hinausgekommen; das gilt z. B. von der Erforschung des menschlichen Lebenslaufes (→ Entwicklung) an Hand von *Biographien* (*Ch. Bühler*, 1933; *H. Thomae*, 1952).

Die Probleme der *Fremdbeobachtung* hat die Psychologie mit anderen Wissenschaften gemeinsam; besondere Aufgaben erwachsen ihr aber aus der Tatsache des menschlichen → *Bewußtseins*, d. h. daraus, daß wir im Verhältnis zu vielen in uns ablaufenden Vorgängen der Doppelrolle von Beobachter und Beobachtungsgegenstand gar nicht zu entgehen vermögen. »Klar bewußtes Erleben ist immer auch schon beobachtetes Erleben« (*H. Rohracher*, 1953). Wie ›Rot‹ aussieht, was es heißt, ›Angst‹ zu haben, können wir niemandem schildern, dem diese Erlebnisse nicht selbst zugänglich sind, bzw. der nicht gelernt hat, diese Wortmarken mit den entsprechenden Empfindungen zu verbinden. Auch wie anderen Menschen zumute ist, wissen wir nur nach Maßgabe der Analogie unserer eigenen inneren Erfahrung; wir könnten es ohne diese Vergleichsbasis weder aus der Beobachtung ihres Verhaltens erschließen noch uns auf Grund ihrer Aussagen vorstellen. Daß wir uns dabei relativ selten ganz grob täuschen, spricht zugunsten der a priori keineswegs selbstverständlichen Annahme einer allgemeinen *›Gleichförmigkeit des psychischen Geschehens‹* (*K. Marbe*, 1916), wobei allerdings noch zu fragen wäre, inwieweit diese das Produkt eines in seinen Grundzügen gleichförmigen → Sozialisierungsprozesses ist. Jedenfalls scheint es bedenklich, die Hypothese auch auf Tiere zu erstrecken, um sodann Behauptungen über deren Zumute-Sein aufzustellen. Mit der These, daß es eine unmittelbare *Einfühlung (›Intuition‹)* in das Innere anderer Wesen gäbe, wird nur die Natur des zu Urteilen über deren inneren Zustand führenden Vorganges verschleiert, d. h. aus sentimentalen Gründen der Analyse entzogen. Für das unmittelbare Verständnis des Fremdseelischen kommen hauptsächlich drei Verfahren in Frage:

1. die *›Resonanz‹* oder *›Empathie‹* (›inneres Mitmachen‹ nach *Th. Lipps*, 1907), bei der sich der Beobachter willenlos seinen Eindrücken und auch gewissen Tendenzen zur Mitbewegung überläßt;
2. die absichtliche *Nachahmung* gemäß einer u. a. von *Kant* (1798) formulierten Erfahrung, »daß das Gesicht eines Menschen, das man durch eine Grimasse für sich allein nachahmt, auch zugleich gewisse Gedanken und Empfindungen rege mache, die mit dem Charakter desselben übereinstimmen«;
3. die schlußfolgernde Auswertung diagnostischer Anzeichen.

Die Befunde *N. Bonaventuras* (1935) sprechen dafür, daß bei ausdruckshaltigen Gebilden das *Resonanzverfahren* dem *Indizienverfahren* (beides Ausdrücke *K. Bühlers*, 1933) überlegen ist. Die Grenze zwischen Resonanz- und Nachahmungsverfahren ist fließend.

Zweifel daran, ob sich auf dem Fundament der *Selbstbeobachtung (Introspektion)* eine Wissenschaft — eben die Psychologie — errichten läßt, deren Gegenstand ›die gesamte innere Erfahrung‹ (*W. Wundt*, 1887) sei, reichen bis in die skeptische Philosophie der Antike (Sophistik, *Pyrrhon* von Elis um 300 v. Chr., *Sextus Empiricus* um 200 n. Chr.) zurück. *Kant* sah sich dazu veranlaßt, die Wissenschaftsnatur der Psychologie überhaupt zu bestreiten, da »die Beobachtung an sich selbst schon den Zustand des beobachteten Gegenstandes alteriere« (Metaphysische Anfangsgründe der Naturwissenschaften, 1786); »will er (der Mensch) auch nur sich selbst erforschen, so kommt er, vornehmlich was seinen Zustand im Affekt betrifft ... in eine kritische Lage: nämlich daß, wenn die Triebfedern in Aktion treten, er sich nicht beobachtet und, wenn er sich beobachtet, die Triebfedern ruhen« (Anthropologie in pragmatischer Hinsicht, 1798). *A. Comte* (1842) schaltete daher die Psychologie aus dem System der positiven Wissenschaften aus; seine radikalen Nachfahren (→ Behaviorismus) endlich glaubten, sie nur dadurch retten zu können, daß sie von den Daten der Selbstbeobachtung in programmatischer Weise absahen. Das Resultat ist eine sehr saubere, aber für das menschliche Selbstverständnis recht belanglose Disziplin. Die moderne Lösung des Problems scheint darin zu liegen, daß man die Ergebnisse der Introspektion als äußerst interessante aber unter Umständen nur teilweise verläßliche Daten verwertet. In diesem Sinne unterscheiden sie sich aber nicht prinzipiell von den Ergebnissen der Fremdbeobachtung; wie die kritische Sichtung von *Zeugenaussagen* (→ Forensische Psychologie) erkennen läßt, treffen auch diese oft gerade dann am wenigsten zu, wenn der Beobachter (Zeuge) von den Ereignissen stark beeindruckt wurde. Genau besehen, liegt nämlich jeder Fremdbeobachtung eine Selbstbeobachtung zugrunde.

Als Ergänzung des Leistungsexperiments hat *O. Külpe* kurz nach 1900 die Selbstbeobachtung der Vpn zur Erforschung der Phänomene des → Willens (*N. Ach*, 1905) und des → Denkens (*K. Bühler*, 1907) herangezogen. Die gegen dieses Verfahren von *W. Wundt* (1907) erhobenen Einwände – er sprach geringschätzig von ›Ausfrageexperimenten‹ – wurden durch K. Bühler (1908) mit guten Gründen zurückgewiesen. Schilderungen des Weges, auf dem ein Proband zu seiner Antwort gekommen ist, werden auch im Zusammenhang mit einzelnen → Tests, z. B. beim Rorschachschen Deutungsversuch, gefordert.

Von dem mehr oder minder klaren Bewußtsein, das die in uns ablaufenden Vorgänge begleitet, ist die absichtliche Selbstbeobachtung zu unterscheiden, da es ihr um eine selektive Steigerung des Bewußtseinsgrades einiger dieser Prozesse geht. Bildlich gesprochen unterbricht hier das Bemühen um eine begriffliche Formulierung den Zustand des gewöhnlichen Inneseins. Auf Grund der durch experimentelle Befunde hinlänglich gesicherten

Tatsache der *Enge des Bewußtseins* (→ Aufmerksamkeit) ist zu vermuten, daß diese Akte nicht gleichzeitig, sondern nacheinander erfolgen. Bei der absichtlichen Selbstbeobachtung handelt es sich daher jeweils um eine kurzfristige Rückschau, die ihrerseits aber auf den weiteren Verlauf der beobachteten Vorgänge einwirken kann. Auf diese Weise gelingt es uns manchmal, einer aufsteigenden Gemütsregung Herr zu werden; bisweilen berauben wir uns dadurch allerdings auch eines echten und ursprünglichen → Gefühls. Die *Selbstgestaltung* durch Introspektion ist das Anliegen vieler meditativer Übungen, die sich auf die Gewinnung eines Zustandes der Gemütsruhe (›Apathie‹ der Stoiker, ›Ataraxie‹ der Epikuräer) richten (→ *Psychotherapie*). Anknüpfend an den sokratischen Imperativ des »Erkenne dich selbst!« beschäftigt sich auch ein Gutteil des nach-kantischen Idealismus mit den philosophischen Problemen der Selbstbeobachtung (*H. R. G. Günther*, 1934; *Th. Litt*, 1948) sowie in neuerer Zeit die *Phänomenologie E. Husserls* (1859–1938) und die verschiedenen Richtungen der sog. *Existenzphilosophie* (*M. Heidegger*, geb. 1889; *K. Jaspers*, geb. 1883; *J. P. Sartre*, geb. 1905, u. a.). Auf eine Umgestaltung des Selbstverständnisses und damit auf die Eröffnung neuer Aspekte der Selbstbeobachtung zielen die meisten der im Anschluß an *Freud* entwickelten Methoden der → Psychotherapie ab. Das Thema klingt bereits in der frühchristlichen Aufforderung zur ›Metanoia‹ (Änderung der Auffassung des eigenen Wesens) an. *P. Jordan* (1947) schlägt von hier aus eine Analogie-Brücke zu dem Satz der modernen Atomphysik, daß jede Beobachtung zugleich eine Einwirkung auf den beobachteten Gegenstand darstellt *(Komplementaritätsprinzip)*.

Betriebspsychologie. Die sog. *industrielle Revolution* setzt in der zweiten Hälfte des 18. Jh. mit drei Phänomenen ziemlich gleichzeitig ein: mit der Dampfmaschine (Entwertung der Körperkraft von Mensch und Tier durch die aus der Kohle gewonnene Energie), mit der Spinnmaschine (Entwertung gewerblicher Fähigkeiten) und mit der Umkonstruktion des Bildes vom Menschen *(›homo oeconomicus‹)* unter dem Gesichtspunkt der Zweckmäßigkeit *(Utilitarismus)* in Philosophie und Volkswirtschaftslehre (*A. Smith*, 1723–1790; *J. Mill*, 1773–1836; *J. Bentham*, 1748–1832). Jedes dieser Ereignisse hat seine eigene mindestens bis zum Beginn der Neuzeit zurückreichende Vorgeschichte; gemeinsam mit der politischen Auflösung der traditionellen Gesellschaftsordnung schufen sie aber einen Zustand, dessen Deutungsformel *Hegel* zu Anfang des 19. Jh. mit dem Worte *›Entfremdung‹* bereitstellte. Im

Zeitalter des Lautwerdens der Sorge um die Folgen der Industrialisierung und der Versuche, ihnen durch eine Neuordnung der Gesellschaft beizukommen (›utopischer Sozialismus‹, *H. de Saint-Simon, C. Fourier, R. Owen*), ist auch die empirische Psychologie entstanden. *E. H. Webers* für die Entwicklung der → Psychophysik grundlegende Schrift ›Der Tastsinn und das Gemeingefühl‹ stammt aus dem gleichen Jahre (1846) wie *P. J. Proudhons* Ausspruch: »Nach dem Elend die Entwürdigung; solcherart sind Übel, die die Maschinen den Arbeitern aufzwingen.« Im Todesjahr von *K. Marx* (1883) entwarf *F. Galton* in den ›Inquiries into human faculty‹ das Programm einer auf → Tests gegründeten differentiellen Psychologie. In den neunziger Jahren gab der im gleichen Jahr wie *Freud* geborene Ingenieur *F. W. Taylor* (1856—1915) der sog. *Psychotechnik* ihre ersten Impulse mit seinen Untersuchungen über die *Rationalisierung* der Arbeitsvorgänge bei der Verladung von Roheisen. Als *J. B. Watson* (1913) das Programm des → Behaviorismus verkündete, hatten *Taylor* und sein Schüler *F. B. Gilbreth* (1868—1924) bereits die im Grunde behavioristische Analyse des Arbeitsverfahrens mit Hilfe von *Zeit- und Bewegungsstudien* entwickelt. Der Mensch als ›*Versuchsperson*‹ des Forschers ist eine Konzeption des Industrialismus; der Widerstand gegen die mit Experimenten und Tests arbeitende Psychologie entspringt denselben Wurzeln wie der Protest gegen das ›seelenlose‹ Maschinenzeitalter; die utopische Geschichte des Triumphs der Antimaschinisten erzählte (1872) *S. Butlers* Roman ›Erewhon‹ (Anagramm von ›no where‹) sieben Jahre vor der Gründung des Wundtschen Laboratoriums, das den Maschinen Eingang in die Psychologie verschaffte.

Die ›Entfremdung‹ — eines der Lieblingsthemen von *K. Marx* — beschreibt als Erlebnis eine der Voraussetzungen für das Entstehen der Psychologie als einer empirischen Wissenschaft. Das schließt aber die Möglichkeit nicht aus, daß die Psychologie ihrerseits etwas zum Wieder-Heimisch-Werden des Menschen in der durch den Industrialismus zeitweilig verfremdeten Welt beitragen kann. Aus dieser dialektischen Wendung stammt das Wort *Psychotechnik*, das im Sinne seines Schöpfers (*H. Münsterberg*, 1863—1916) alle Anwendungen der Psychologie auf die Probleme des praktischen Lebens umfaßt. Der nicht sonderlich glückliche Terminus ist heute zugunsten des Ausdrucks ›*angewandte Psychologie*‹ aus der Fachsprache so gut wie verschwunden; neben der mit den Anliegen der industriellen Produktion befaßten Betriebspsychologie rechnen zu ihr → forensische Psychologie, → pädagogische Psychologie, → Werbepsychologie und → Wehrpsychologie.

Während das Interesse des ›*scientific management*‹ (1911) von *Taylor* und *Gilbreth* der Leistungssteigerung der in Betrieben anzutreffenden Apparate ›Mensch‹ galt und bald auch die Eignungsfrage (›der rechte Mann an der rechten Stelle‹) umfaßte, verschob sich die Problematik ganz grundsätzlich in den Untersuchungen, die *E. Mayo* und seine Mitarbeiter gegen Ende der zwanziger Jahre im Hawthorne-Werk der elektrischen Industrie Amerikas begannen. Die sog. ›*Hawthorne-Studien*‹ zeigten den Apparat ›Mensch‹, dessen Charakteristika (Arbeitsdauer, Arbeitsgeschwindigkeit und Kosten) man einigermaßen zu kennen glaubte, als ein soziales Wesen, das *Gruppen* bildet, sich in diesen wohl fühlt oder auch nicht, und dessen Leistung sich selbst bei der Akkordarbeit auf den Consensus der Gruppe (→ Gruppendynamik) einstellt. Damit wird deutlich, daß der Arbeitsprozeß sich gar nicht in der entfremdeten Welt quantitativer Beträge (Stückzahl, Lohn, Temperatur, Beleuchtungsmenge usw.) abspielt und daß der Umgang mit Maschinen den Menschen durchaus nicht notwendig in die ›Entwürdigung‹ zwingt. Im Gegenteil, allmählich lernten nicht nur die Betriebe, sich den menschlichen Ansprüchen der in ihnen Beschäftigten anzupassen, auch die Maschinen wurden im Hinblick auf die an ihnen schaffenden und sie nicht mehr bloß ›bedienenden‹ Menschen umkonstruiert.

Die auf dem Gebiete der industriellen Psychologie angestrebte Aufhebung des Zustandes der Entfremdung stellt der Forschung fünf Themengruppen: 1. die Anpassung der Geräte und der Arbeitsbedingungen an die sensorischen, motorischen und sozialen Eigenheiten des Menschen, 2. die Anpassung der geübten Arbeitsfunktionen an die Bedingungen der Geräte, 3. die zweckmäßige Gestaltung des Anlernprozesses, 4. die Begabungsauslese der Berufsanwärter, 5. die sozialpsychologische Strukturierung der Betriebsgemeinschaft.

Die unter Punkt 1 zusammengefaßten Probleme werden als ›*human engineering*‹ bezeichnet; es geht dabei z. B. um die Erleichterung der optischen, akustischen und taktilen Orientierung (Übersichtlichkeit und Lesbarkeit von Anzeigerapparaturen, gestaltliche Differenzierung der zu betätigenden Hebel- und Schalterknöpfe, ausreichende und nicht blendende Beleuchtung), die Berücksichtigung der Gesetzmäßigkeit motorischer Vollzüge (Körperhaltung, Erreichbarkeit der Gegenstände, richtige Weglänge im Verhältnis zur vorhandenen Zeit, Einsparungen an Körperkraft durch mechanische Vorrichtungen) sowie um die Frage der optimalen *Arbeitszeit* und ihrer Unterbrechung durch *Arbeitspausen*. Die in der Zeiteinheit bewältigte Arbeitsmenge zeigt einen typischen Tagesverlauf (Abb. 18), der sich aus dem Zusammenspiel mehrerer Faktoren

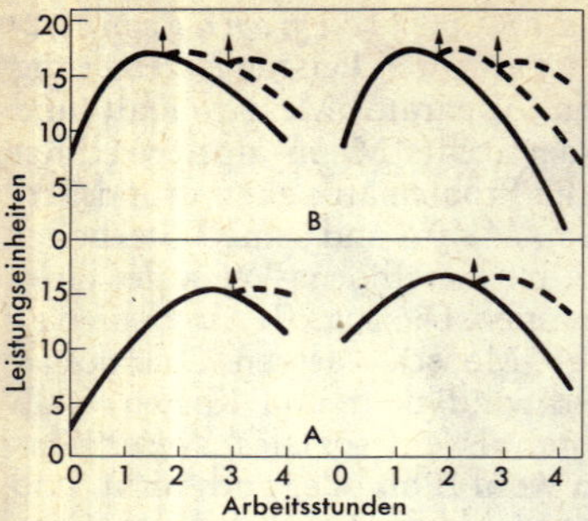

Abb. 18: Tagesverlauf der Arbeitsmenge bei Einschaltung von kurzen Pausen. Durch Pausen von 10 Minuten (durch Pfeile angedeutet) wird der Leistungsabfall durch Ermüdung weitgehend hinausgeschoben. Unten: Arbeit mit starkem Übungsgewinn (Geschicklichkeitsarbeiten). Oben: Schwere körperliche Arbeit mit geringerem Übungsgewinn im Beginn der Arbeit (nach O. F. Ranke, 1940)

(Anfangsadaptation bzw. In-Schwung-Kommen; Ermüdung bzw. psychische Sättigung → Bedarf und Bedürfnis, und gesteigerte Anstrengung sowohl zu Beginn wie am Ende der Arbeitsperiode) erklären läßt. Das Abfallen der Leistungskurve kann durch Erholungspausen zwar verzögert werden, es läßt sich aber kaum ganz vermeiden. Im allgemeinen stellt sich der Arbeitende auch auf die Dauer der von ihm geforderten Leistung ein. Aus diesem Grunde bedeutet eine Vermehrung der wöchentlichen Arbeitsstunden unter Umständen eine Verringerung nicht nur der Leistung pro Stunde, sondern auch der Gesamtleistung pro Woche. Industrielle Erfahrungen mit sehr langen Arbeitstagen, z. B. während der beiden Weltkriege (*H. M. Vernon*, 1934; *M. B. Kossoris* und *R. F. Kohler*, 1947), können unter Umständen das aus Tab. 6 ersichtliche Bild ergeben.

Stunden pro Woche	20	30	40	50	60	70
Relative Leistg. pro Std.	225	200	175	150	125	100
Leistung pro Woche	4500	6000	7000	7500	7500	7000

Tab. 6

Punkt 2 ist das Problem der Zeit- und Bewegungsstudien; Punkt 3 setzt die Ergebnisse der Lernpsychologie voraus. Die Notwendigkeit der *Begabungsauslese* (Punkt 4) ergibt sich aus den von *C. L. Hull* (1928) am prägnantesten gefaßten beiden Sachverhalten, daß die Leistungsmenge der besten Arbeitskräfte zwei- bis dreimal so groß zu sein pflegt als die der schlechtesten, und daß der Unterschied in der Höhe der einzelnen Begabungen eines Individuums (Binnenvariation: σ_B) kaum viel geringer ist als der Unterschied zwischen verschiedenen In-

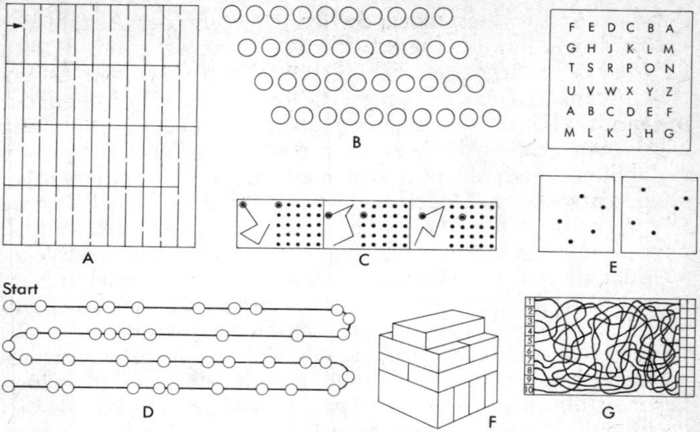

Abb. 19: Der Mac Quarrie-Test für mechanische Begabung

dividuen hinsichtlich ein und derselben Begabung (Zwischenvariation: σ_Z).

Für ihre Zwecke hat die industrielle Psychologie sehr zahlreiche Spezialtests entwickelt, auf die selbstverständlich die allgemeinen Grundsätze der Testkonstruktion Anwendung finden, d. h. sie müssen Verläßlichkeit und diagnostische Valenz besitzen (→ *Tests*). Das Beispiel einer vielfach verwendeten Prüfreihe (›*Mac Quarrie-Test* der mechanischen Begabung‹) gibt Abb. 19. Der Test besteht aus 7 Teilaufgaben: A Sorgfältige Führung einer Bleistiftlinie durch die Öffnungen des Schemas, B Geschwindigkeitspunktieren (drei Punkte pro Kreis), C Ziel-Punktieren, D Kopieren eines Linienzuges auf einem Punktraster, E Ortsfindung (Zuordnung der Buchstaben des oberen Schemas zu den Punkten der beiden Anordnungen unten), F räumliche Vorstellung (Angabe wie viele andere jeder der Blöcke berührt), G Verfolgung der einzelnen Linien von ihrem Anfang bis zum Ende. Wie die *faktorenanalytische* Untersuchung der zwischen diesen Teilaufgaben gefundenen Korrelationen (vgl. Tab. 17, → Statistik) zeigt, gehen in diesen Test zwei voneinander unabhängige Funktionen ein.

In der letzten Zeit ist man auf industriellem Gebiet eines Problems ansichtig geworden, dessen Lösung sehr diffizile Überlegungen erfordert. Hat man die Möglichkeit, aus einem sehr großen Reservoir von Arbeitskräften zu schöpfen, so wird man natürlich die vorhandenen Stellen mit den auf Grund ihrer Prüfleistungen am geeignetsten scheinenden Bewerbern besetzen. Das sog. Verfahren der ›*Auswahl*‹ versagt aber, wenn die

Anzahl der zu besetzenden Stellen ungefähr der Anzahl der vorhandenen Bewerber entspricht, d. h. im Falle der *Vollbeschäftigung* einer Bevölkerung. Nunmehr geht es um eine optimale ›*Placierung*‹, die auch den Fähigkeiten der in mancher Hinsicht weniger geeigneten Kandidaten Rechnung trägt; man gelangt dabei zu Fragen strategischer Natur, deren Behandlung nach dem in der mathematischen Nationalökonomie entwickelten Modell der Entscheidungs- und Spiel-Theorie (*J. v. Neumann* und *O. Morgenstern*, 1944; *A. Wald*, 1950) erfolgt. Ähnliche Probleme ergeben sich für die → Wehrpsychologie während eines Krieges. Im industriellen Sektor entstehen dabei besondere Schwierigkeiten aus der Tatsache, daß auch übermäßige Begabung für einzelne Arbeitsfunktionen abträglich sein kann, da diese oftmals den Ansprüchen nicht gerecht werden, die das Individuum an sich selbst und an seinen Lebenserfolg (Begriff des ›*Anspruchsniveaus*‹ von *K. Lewin*) stellt. Das Bestreben, auch für einfache Beschäftigungen möglichst hochqualifizierte Kräfte auszuwählen, kann deshalb unter Umständen zu einem ganz besonders regen *Arbeitsplatzwechsel* führen.

Ein noch keineswegs ganz durchschaubares Problem stellt die sog. *Unfällerpersönlichkeit* dar. In Fabriken sowohl wie im Straßenverkehr konzentriert sich ein Großteil der Unfälle (etwa 50 Prozent) auf einen relativ kleinen Prozentsatz der Arbeiter und Verkehrsteilnehmer (etwa 15 Prozent), während bei gleicher Gefährdung mehr als 50 Prozent ohne jeden Unfall bleiben können. Die Bemühung um die rechtzeitige Erkennung der prospektiven Unfäller ist daher verständlich; sie übersieht aber leicht, daß an sich seltene Ereignisse einem Gesetz der Wahrscheinlichkeitsverteilung unterliegen, das für den statistischen Laien sehr verblüffend ist, nämlich der sog. *Poisson-Verteilung*: $f = \frac{n \cdot M^x}{e^M \cdot x!}$. Zur Veranschaulichung diene der folgende hypothetische Fall (Tab. 7).

Zahl d. Unf. i. Jahr (x)	0	1	2	3	4	5 u. mehr	Summe
Beschäft. Pers. (f)	606	304	76	12	2	0	1000
Zahl der Unfälle	0	304	152	36	8	0	500

Tab. 7

Da 1000 Personen zusammen 500 Unfälle erlitten, besitzt jede von ihnen eine Unfalls-Chance von M = 0,5. Es handelt sich

hier aber um eine Zufallsverteilung, die nicht zu der Annahme berechtigt, daß z. B. die 14 Personen mit drei oder mehr Unfällen besonders geartet seien. Das Beispiel zeigt eine erhebliche Konzentration der Unfälle: 9 Prozent der Bevölkerung erleiden zusammen 39 Prozent der Unfälle, 61 Prozent der Bevölkerung bleiben dagegen unfallfrei. Bei dieser Lage der Dinge erscheinen tiefenpsychologische Theorien über die Persönlichkeit des Unfällers (→ psychosomatische Störungen), dem bisweilen ein unbewußtes *Strafbedürfnis* nachgesagt wird, reichlich verfrüht.
Die oben unter Punkt 5 aufgezählte *Sozialpsychologie des Betriebes* ist erst im Entstehen begriffen; in ihr finden die allgemeinen Sätze der → Gruppendynamik sowie der Organisationstheorie (*C. I. Barnard*, 1938; *H. A. Simon*, 1947) Anwendung. Sehr viel weiter noch muß die Psychologie des *industriellen Konflikts* (*R. Stagner*, 1956) ausgreifen, da sie es ja vielfach mit den organisatorischen Zusammenhängen zwischen mehreren Betrieben zu tun hat, die sowohl auf seiten der Arbeitnehmer (Gewerkschaften) wie der Arbeitgeber (Industriellenverbände) bestehen. Die Zusammenarbeit mit der empirischen Soziologie und mit der Wissenschaft von der Politik ist daher unentbehrlich.

Bewußtsein. Das lateinische Wort ›conscientia‹ bezeichnet ein Wissen, das sowohl Eindrücke (›scio me scire‹, *Augustinus*) wie Handlungen (›scio me agere‹) begleitet; es faßt somit Bewußtsein und *Gewissen* in eins zusammen. Während die romanischen Sprachen daran festhielten, haben die germanischen die beiden Sachverhalte (consciousness und conscience im Englischen) ziemlich weit auseinander gerückt. Die Vorstellung, daß das Bewußtsein den Menschen, nicht aber die Tiere, charakterisiere, drückt sich bereits in der wahrscheinlich unrichtigen, aber trotzdem aufschlußreichen Etymologie des Wortes ἄνθρωπος von ἀναθρῶν (›betrachtend‹) ἃ ὄπωπεν (›was er sah‹) aus, die *Platon* im Dialog ›Kratylos‹ gibt. Hier, wie in der gesamten späteren Diskussion des Problems, wird zwischen den vergleichsweise elementaren Sinnesfunktionen (Sehen, Hören usw.) und dem Wissen um diese Vorgänge (συνείδησις bei den Stoikern, συναίσθησις bei *Plotin*) unterschieden. In substantivischer Form gilt das Bewußtsein als die Fähigkeit oder auch die Instanz der Seele, durch die dieses ›*Begleitwissen*‹ erzeugt oder in der es aufgehoben wird. Man gelangt dabei leicht zur Vergegenständlichung (›Reifikation‹) und zu Scheinfragen, wie etwa der nach dem Sitz dieser Fähigkeit. Als zweckmäßiger erscheint daher die adverbiale bzw. partizipiale Formulierung, daß nämlich die Eigenschaft, bewußt zu sein, den einzelnen Vorgängen in uns

in höherem oder geringerem Maße zukommen kann (*Stufen* oder *Klarheitsgrade der Bewußtheit*).
Die empirische Forschung hat es auf diesem Gebiet zunächst mit zwei Problemen zu tun; sie fragt einmal nach den Eigenheiten des Zustandes, in dem wir ein Bewußtsein unser selbst und der uns umgebenden Welt besitzen, und zweitens nach der Art der Geschehnisse innerhalb eines Organismus, die diesem bewußt werden können. Der Gegensatz zu ›bewußt‹ lautet im ersten Fall *›bewußtlos‹*, im zweiten *›unbewußt‹*. Eine dritte Frage richtet sich auf das Bild, das wir von unserem eigenen Wesen haben, zum Unterschied von dem, das andere Personen sich von uns machen; es geht dabei um die Beschaffenheit des individuellen *Selbstbewußtseins*. Die drei Problemkreise überschneiden sich, wenn in den Systemen der → Tiefenpsychologie die Ausklammerung eines Ereignisses aus der Wahrnehmung bzw. aus der Erinnerung, oder auch eine plötzlich eintretende Bewußtlosigkeit, dadurch erklärt wird, daß gewisse Erlebnisse unserem *Selbstbild* in unerträglicher Weise zuwiderlaufen. Dieser Möglichkeit hat schon *J. F. Herbart* (1824) durch die quantitative Analyse der Bedingungen Rechnung getragen, unter denen eine Vorstellung völlig aus dem Bewußtsein ›verdrängt‹ (sic!) werden kann, so daß »ein von ihr ganz unabhängiger Gemütszustand herbeigeführt wird«. *Nietzsche* fand dafür den prägnanten Ausdruck: »›Das hab ich getan‹, sagt mein Gedächtnis. ›Das kann ich nicht getan haben‹, sagt mein Stolz – und bleibt unerbittlich. Endlich gibt das Gedächtnis nach« (Jenseits von Gut und Böse, 1885). Einsichten dieser Art überraschen eigentlich nur im Bereich einer Sprache, die conscientia in Bewußtsein und *Gewissen* oder, mit *Freud*, in ›Ich‹ und ›Überich‹ differenziert hat.
Die tiefenpsychologische Zusammenschau der drei sich an den Terminus ›Bewußtsein‹ knüpfenden Fragenkomplexe bedarf zu ihrer Ergänzung einer Reihe von Untersuchungen, die jedes der drei Themen für sich behandeln. Bewußtsein im Sinne von *Wachheit* und im Gegensatz zu Bewußtlosigkeit läßt sich an dem aktiven Bezug eines Lebewesens auf die Gegebenheiten seiner Umwelt erkennen. Die nervenphysiologischen Untersuchungen der letzten Jahrzehnte legen die Auffassung nahe, daß es sich dabei um die Zufuhr nervöser Impulse aus den Zentren des Zwischenhirns und des Hirnstammes zum Cortex handelt (→ Gehirn). Eine besondere Rolle spielt in den neueren Überlegungen (*H. W. Magoun, W. Penfield, W. G. Walter* u. a.) das diffuse (netzartige) System der *formatio reticularis*, das von der Medulla oblongata zum Thalamus (→ Gehirn) aufsteigt (vgl. die Diskussionen in dem von *J. F. Delafresnaye*, 1954, herausgegebenen Symposium). Von

dem in diesem System (Abb. 20) vorhandenen Erregungsniveau scheint die Aktivität der sensorischen und motorischen Zentren der Hirnrinde abzuhängen. Wie *W. Penfield* betont, gibt es keinen Teil der Hirnrinde, dessen Entfernung Bewußtlosigkeit zur Folge hätte, diese tritt jedoch bei Verletzungen des Hirnstammes ein. Bewußtheit im Sinne von Wachheit ist selbstverständlich kein Prärogativ des Menschen; ihre Erforschung kann sich daher auch des Tierexperiments bedienen.

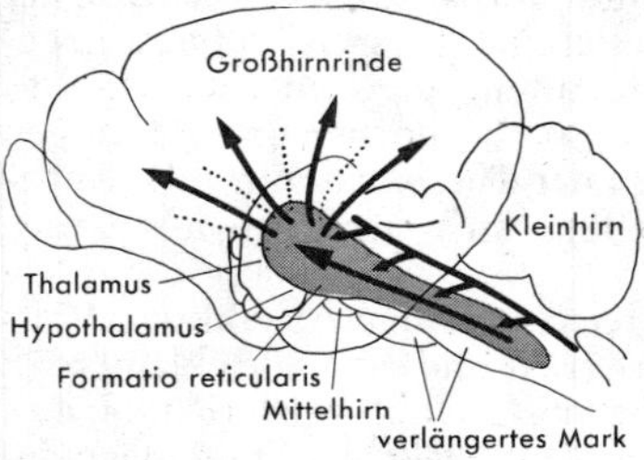

Abb. 20: Das Aktivierungssystem der formatio reticularis (Gehirn einer Katze)

Zum zweiten Problemkreis leitet die Entdeckung der *Sinnesschwellen* (→ Psychophysik) durch *Leibniz* (1646–1716) über. Er führt in den ›Neuen Studien‹ aus, »daß es in jedem Augenblick eine Unendlichkeit von Perzeptionen in uns gibt, aber ohne Apperzeption (Bewußtsein) und ohne Reflexion, d. h. es gibt in der Seele selbst Veränderungen, deren wir uns nicht bewußt werden, weil die Eindrücke entweder zu gering und zu zahlreich oder zu einförmig sind, so daß sie sich für sich nicht genügend abheben. In Verbindung mit anderen üben sie nichtsdestoweniger ihre Wirkung und machen sich wenigstens in der Menge verworren bemerkbar«. Die Bewegung eines einzigen Blattes hören wir nicht, wohl aber das Rauschen des Waldes; die Summe kann aber nicht aus lauter Nullwerten bestehen. Leibniz folgert daraus, daß die den Gesamteindruck zusammensetzenden Einzelreize unbewußt *(unterschwellig)* als ›petites perceptions‹ wahrgenommen werden. In diese Betrachtungsweise lassen sich auch die Reize einbeziehen, die innerhalb des eigenen Körpers entstehen und die wir nur im ganzen – etwa als einen Zustand des allgemeinen Wohlbefindens oder auch der Ermüdung – erleben; erst im Krankheitsfalle kommt uns die Tätigkeit mancher innerer Organe zum Bewußtsein. Auch die Vorgänge der Reizverarbeitung durch die Sinnesorgane, z. B. die chemischen Reaktionen in den photosensitiven Zellen der Netzhaut, die Veränderungen des Pupillendurchmessers und die Bewegungen der Knöchelchen im Mittelohr, begleitet kein Wissen; dasselbe gilt von den meisten Reflexen und den durch häufigen Gebrauch *automatisierten* Funktionen, wie dem Gehen, aber auch den Steuer- und Schaltbewegungen des geübten Autofahrers und den Fingerbewegungen des musikalischen Virtuosen. *G. Anschütz* schlägt vor (1953), sie als ›nachbewußt‹

zu bezeichnen, da sie während der Lernphase in einem hohen Maße wissentlich erfolgten. Schon *Plotin* hat darauf hingewiesen, daß in vielen Fällen die versuchte Hinlenkung des Begleitwissens auf motorische Vollzüge diese eher stört als fördert; der Volkswitz hat daraus die Verlegenheit des nach seiner Gehweise befragten Tausendfüßlers und dessen Stolpern abgeleitet. Bei den Romantikern und ihren Epigonen (*E. v. Hartmann*, 1869, und *L. Klages*, 1921) führten Beobachtungen und Überlegungen dieser Art zu der These, daß nur das ›Unbewußte‹ (eine bedenkliche Reifikation!) wirklich lebensecht, schöpferisch und genial sei.

Die Feststellung, daß nur eine relativ geringe Anzahl von Vollzügen im Bewußtsein repräsentiert ist und eine noch kleinere in jedem einzelnen Augenblick bewußt erfaßt wird (*Enge des Bewußtseins*, → Aufmerksamkeit), läßt die Frage nach der Entstehung des Bewußtseins (eines qualitativ gegliederten Erlebens) aus den physiologischen Vorgängen im nervösen Zentralorgan oder — nach *B. Rensch*, 1952 — sogar in den peripheren Organen noch völlig unberührt. Es liegt nahe, sie mit *E. Dubois-Reymond* (1872) durch ein schlichtes ›Ignorabimus‹ aus der Forschung zu verbannen. Eine Möglichkeit zu ihrer Lösung gibt aber vielleicht der Hinweis auf die kommunikative Natur des Bewußtseins, der an den trivialen Sachverhalt anknüpft, daß wir über den Inhalt des Bewußtseins eines anderen Menschen nur aus dessen absichtlichen und unabsichtlichen Mitteilungen etwas erfahren können. Bewußt ist, was im Prinzip mitgeteilt werden kann. Die Mitteilung braucht aber nicht tatsächlich zu erfolgen, sie kann auch für sich behalten bzw. zum ›*inneren Zwiegespräch*‹ (ἐντὸς τῆς ψυχῆς πρὸς αὐτὴν διάλογος, *Platon*, ›Sophistes‹ 263 e) werden. Nach *Augustinus* und *Pascal* (Pensées fr. 535: »Denn der Mensch hält ein inneres Zwiegespräch mit sich selbst«) hat in neuerer Zeit besonders *G. H. Mead* (1934) diese Hypothese weiter ausgebaut.

Im Stadium der diffusen Anmutung oder sogar unbewußt bleiben all die Vorgänge, für die uns keine *sprachliche Objektivationsmöglichkeit* zu Gebote steht; es mag sich dabei um solche handeln, von denen ›man‹ nicht spricht (*soziales Unbewußtes*, dem vor allem sexuelle und aggressive Regungen angehören), oder auch um Abläufe, die von den außenstehenden Vermittlern unseres Sprachschatzes (in der Regel den Eltern) nicht an anderen bemerkt und daher auch nicht benannt werden (→ Sprache). Die systematische Fortführung dieses Ansatzes benötigt die Zusatzannahme, daß im Medium der Worte (Namen) jedes bewußte (= benennbare) Erlebnis durch → *Assoziationen* mit anderen Erlebnissen dieser

Art verbunden ist. Das einem inneren Vorgang oder einem äußeren Gegenstand entsprechende Bewußtsein wäre dann der Gesamtheit der Sprach-Assoziationen gleichzusetzen, die diese Vorgänge und Gegenstände miteinander verbinden. Auf die *Sprachhaftigkeit des Bewußtseins* zielt wohl auch *H. Rohracher* (1953) ab, wenn er die sog. *Enge des Bewußtseins* aus der Tatsache erklärt, daß wir nicht »mehrere, voneinander getrennt arbeitende Sprachbegriffssysteme« besitzen.

Die erlebte Eigenheit eines Gegenstandes oder Vorganges wird durch die mit ihm verknüpften Assoziationen und — soweit sich diese auf die Zukunft richten — *Erwartungen* bestimmt. Dabei handelt es sich noch um *vorsprachliche* Leistungen, zu denen auch Tiere befähigt sind; das auf diese Weise gewonnene Bewußtsein ist aber individuell und privat. Nach Maßgabe der sprachlichen Möglichkeiten einer Art entwickeln deren Angehörige aber auch ein generelles (besser: kommunikatives) Bewußtsein. Diese Erwägung leitet zum dritten Problemkreis, dem des Selbstbewußtseins *(›Ich‹)*, über. In manchmal recht spannungsvoller Weise begegnen hier private Erfahrungen und Erwartungen den generellen, d. h. den Inhalten von Aussagen, die andere Personen über uns, und die wir über andere Personen machen. So lernt z. B. das Kleinkind, wie es sich von innen her anfühlt, wenn man ›schlimm‹ oder ›brav‹ ist, bzw. so bezeichnet und danach meist auch behandelt wird. Gleichzeitig lernt es bei der Auseinandersetzung mit den Gegebenheiten der Umwelt auch, was es von sich in der Regel erwarten kann, d. h. welche Fähigkeiten, Neigungen und Schwächen es besitzt. Wir bedürfen der doppelten Spiegelung im Urteil anderer und an den Erfolgen unseres Tuns, um in unser Selbstbewußtsein die Eigenschaftsbezeichnungen ›lebhaft‹, ›intelligent‹, ›treu‹ usw. aufnehmen zu können. Der amerikanische Soziologe *C. H. Cooley* (1902) sprach daher von einem *›looking-glass self‹*.

Wie unvollständig und ungenau unser Selbstbewußtsein unter Umständen sein kann, bemerken wir, wenn immer sich uns neue Spiegelungsmöglichkeiten darbieten, z. B. das Anhören der eigenen Sprechstimme in einer Tonbandaufnahme. Man hat in dieser relativ unproblematischen Situation Gelegenheit, sich den Übergang unbewußter Eigentümlichkeiten des eigenen Wesens ins Bewußtsein zu vergegenwärtigen. Dabei kann es auch zu einem Analogon der *›Verdrängung‹* kommen, d. h. zu dem Entschluß, von dem akustischen Spiegel keinen Gebrauch mehr zu machen, da er ein peinliches Bild zeigt. Ähnlich steht es um den Verzicht auf Bewährungsproben, die einem das begrenzte Ausmaß der eigenen Fähigkeiten und Tugenden zum Bewußtsein kommen lassen könnten.

Der jeweilige Zustand eines erwachsenen Menschen läßt sich nur in Abhebung von der Bewußtlosigkeit im ganzen als bewußt beschreiben; im einzelnen liegen aber, auch wenn wir wach sind, Bereiche sehr unterschiedlichen Bewußtseinsgrades nebeneinander. Dabei handelt es sich einmal im Sinne von *Leibniz* um *unterschwellige* Wahrnehmungen, zum zweiten um von der *Enge des Bewußtseins* momentan ausgeklammerte Sachverhalte, und drittens um sprachlich jetzt oder überhaupt nicht abbildbare Vorgänge. Dem ausgehenden 19. Jh. ist eine gründliche Bestandsaufnahme dieser Phänomene zu danken. Man stieß dabei einerseits auf den besonderen Erlebniszustand in der → Hypnose und beim posthypnotischen Auftrag *(J. M. Charcot, H. Bernheim, S. Freud)* sowie andererseits darauf, daß in den Ablauf der alltäglichsten Wahrnehmungen Operationen eingehen, die sich als *›unbewußte Schlüsse‹ (H. Helmholtz)* auffassen lassen. Die drei Hauptrichtungen der Psychologie, die sich kurz nach der Jahrhundertwende konstituierten (→ Behaviorismus, → Gestaltpsychologie und → Tiefenpsychologie), stellen zugleich drei Versuche dar, die außerhalb des generellen Bewußtseins gelegenen Vorgänge begrifflich zu fassen.

Chemische Sinne. Geruch und Geschmack werden unter dem gemeinsamen Oberbegriff der chemischen Sinne subsumiert, der außerdem noch den sog. *allgemeinen chemischen Sinn* enthält. Man versteht darunter freie Nervenendigungen des V. Hirnnerven (n. trigeminus) in Mund und Nase, die mit relativ geringer Sensitivität auf chemische Reize ansprechen und die qualitativ undifferenzierte Schmerzempfindungen vermitteln. Die Erregung wird in sehr dünnen Nervenfäden langsam nach dem Zentrum weitergeleitet; durch Summationswirkung können Reflexe, wie *Niesen, Husten* und *Weinen* (sprichwörtlich beim Zwiebelschneiden) ausgelöst werden. Das interessante Erlebnis, das dem eigentlichen Niesen vorausgeht und dieses ankündigt, demonstriert die Langsamkeit der Reaktion. Bei niedrigeren, im Wasser lebenden Tierarten pflegt die gesamte Körperoberfläche für chemische Reize in unspezifischer Weise empfindlich zu sein.

Feinere Differenzierungsmöglichkeiten besitzt der Geschmackssinn, dessen knospenartige Rezeptoren *(›Geschmacksknospen‹)* in der Mundschleimhaut und besonders auf den Papillen der Zunge liegen. Die Erregung wird von da über die Fasern des VII. (n. facialis) und des IX. (n. glossopharyngeus) Gehirnnerven über Umschaltstationen im Zwischenhirn (Thalamus) zum Geschmackszentrum geleitet, das am Fuße der vorderen Zentralwindung (vgl. Abb. 35, → Gehirn) den Repräsentationsstellen für taktile Gesichtsempfindungen (nicht aber denen für Geruchsempfindungen) benachbart liegt. Man unterscheidet vier reine Geschmacksempfindungen, deren dreidimensionale Anordnung der von *H. Henning* entworfene *Geschmackstetraeder* (Abb. 21) zeigt. ›Bitter‹ und ›süß‹ dürften die einander entgegengesetzten Pole eines Mechanismus sein, von dem einerseits der für die Sauer-Empfindung zuständige Mechanismus und andererseits der für die Salzig-Empfindung unabhängig ist. Die den vier Grundempfindungen entsprechenden Geschmacksknospen sind ihrer Lage nach auf der Zunge einigermaßen differenziert; der hintere Teil der Zunge spricht vor allem auf bitter an, die Spitze und der vordere Rand auf sauer und die vordere Oberfläche der Zunge auf salzig. Das Zentrum der Zungenoberfläche ist weitgehend unempfindlich für Geschmäcke.

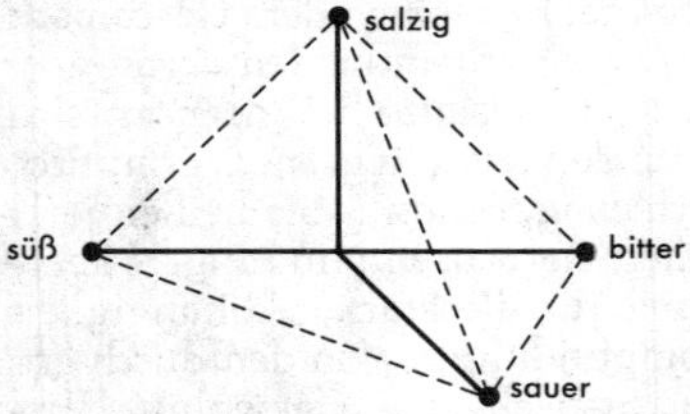

Abb. 21: Die vier Grundgeschmäcke

Das Bitter-Erlebnis, zu dem auch *Abscheu, Ekel* und *Widerwillen* gehören, hat den Charakter einer allgemeinen Warnung (ursprünglich wohl vor verdorbenen Nahrungsmitteln), während das Süß-Erlebnis selbst dann anziehend wirkt, wenn es von Süßstoffen ohne Nährwert (Sacharin z. B.) ausgelöst wird. Diese Grundtendenzen des ›Hin-zu‹ und ›Von-weg‹ finden sich auch im Tierreich; beim Menschen sind ihnen deutlich unterscheidbare mimische Reaktionen zugeordnet. Das gilt z. T. auch von der Sauerreaktion (Gesichtsausdruck beim Hineinbeißen in eine Zitrone), kaum jedoch von der Reaktion auf salzigen Geschmack. Für die → Psychophysik von Geschmacksempfindungen hat *J. G. Beebe-Center* (1949) vier Intensitätsskalen entwickelt, die jeweils von 1 bis 100 ›*Gust*‹ reichen. Tab. 8 gibt die Geschmacksäquivalente (in Einheiten von Gust) für einzelne Lebensmittel wieder; auffallend ist die relativ geringe Intensität der Komponenten.

Die komplexen Geschmäcke von Nahrungsmitteln entstehen

	süß	bitter	sauer	salzig
Honig	56,4	2,4	1,8	1,3
Kaffee (ungesüßt)	1,0	42,3	3,2	1,0
Pampelmusensaft (ungesüßt)	3,2	2,0	35,5	2,0
Matjeshering	1,3	23,8	5,6	10,0

Tab. 8

durch Mitbeteiligung des durch eine sehr viel größere Anzahl differenzierbarer Empfindungen ausgezeichneten Geruchssinns. Seine Ausschaltung durch die Blockierung der oberen Nasenwege beim Schnupfen beraubt die Speisen ihres Wohlgeschmacks. Ein Versuch *A. Höflers* zeigt, daß wir mit geschlossener Nase und geschlossenen Augen nicht einmal zwischen dem Geschmack einer Zwiebel und dem eines Apfels zu unterscheiden vermögen. Dieser Tatsachen bedienen sich Hypnotiseure bei ihren an sich unerwünschten öffentlichen Vorführungen sehr gerne; vermutlich kann in der → Hypnose die Verbalsuggestion (»Sie beißen jetzt in einen Apfel!«) die tatsächlichen Geruchsempfindungen überblenden. Dies ist nur ein Beispiel für die starke Abhängigkeit sämtlicher unserer Geschmacksempfindungen von den durch andere Sinne vermittelten Reizen; Speisen, deren gewohnte Farben durch besondere Beleuchtungseffekte verändert werden, schmecken schlecht und erweisen sich mitunter auch als für die Verdauung unbekömmlich; ein edler Wein verliert viel, wenn man ihn in Bierhumpen serviert. Mit der sehr großen Bedeutung des Gewohnheitsfaktors für die geschmackliche Beurteilung von Speisen und die ihr entsprechende Produktion von Speichel und Magensaft hängt die besondere Schwierigkeit der Umstellung auf eine neuartige Kost zusammen (→ bedingter Reflex).

Das bei Menschen sehr wenig umfangreiche Aufnahmeorgan für Gerüche liegt ziemlich versteckt in der oberen Nase (*regio olfactoria* mit den Riechspalten und Riechzellen); die Weiterleitung der Erregung erfolgt durch den I. Hirnnerven (n. olfactorius) ohne Zwischenstation im Thalamus zu der auf der Innenfläche des Cortex gelegenen Geruchssphäre. Menschen und Affen besitzen nur eine recht undifferenzierte Geruchswelt (›*Mikrosmatiker*‹) sowie periphere Rezeptoren und zentrale Verarbeitungsstellen von geringer Ausdehnung, während z. B. andere Säugetiere (Hunde, Bären und Rehe), aber auch Insekten ausgesprochene Vielriecher (›*Makrosmatiker*‹) sind. *H. Hennings* Unterscheidung von sechs Grundgerüchen und deren Anordnung in dem sog. *Geruchsprisma* (Abb. 22) wird weithin verwendet; sie ist jedoch nicht allgemein anerkannt und bedarf dringend einer Revision, die wahrscheinlich zu einem mehr als dreidimensionalen Modell führen würde.

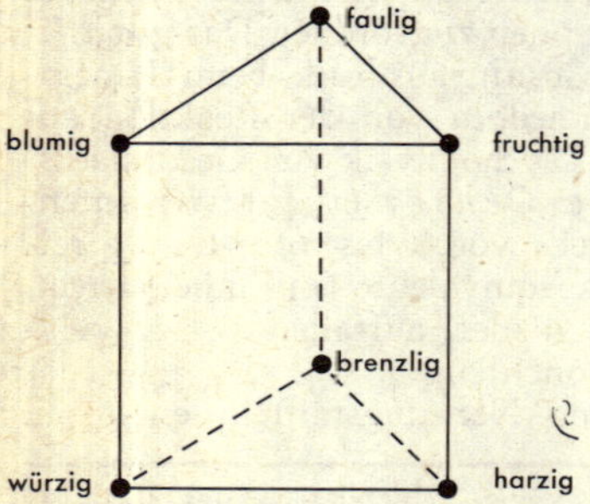

Abb. 22: Die sechs Grundgerüche

Geschmack und Geruch sind zwar chemische Analysatoren, jedoch läßt sich die Relation zwischen ihren Qualitäten (Empfindungen) und der chemischen Zusammensetzung der Reizstoffe nicht in einfacher Weise herstellen. Hinsichtlich des Geruches rechnen neuere Theorien sogar damit, daß der Zusammenhang über die Absorptionsspektren der Moleküle verlaufen könnte. *A. Heyninx* (1919) und *G. M. Dyson* (1938) denken dabei an das ultraviolette Gebiet (140—350 Millimikron), *I. H. Beck* und *W. R. Miles* (1947, 1950) an das infrarote (4000 bis 20 000 Millimikron) Spektrum. Es wird angenommen, daß gasförmige Geruchssubstanzen die Wärmestrahlung des Körpers, deren Maximum bei 9000 Millimikron liegt, in selektiver Weise absorbieren, wodurch sie im Sinnesepithel spezifische Kühlungseffekte hervorrufen. Diese ungemein interessante Theorie ist nicht allgemein akzeptiert, da gewisse optisch isomere Stoffe (z. B. die sog. Limonene und Carvone) zwar identische Spektren haben, aber dennoch mit dem Geruch zu unterscheiden sind.
Bei Geruchsuntersuchungen bedient man sich des von *H. Zwardemaaker* konstruierten *Olfaktometers* zur Einbringung quantitativ bestimmbarer Reizstoffe in die Nase. Auf diesem Wege wurden die absoluten und die relativen *Schwellen* vieler Substanzen ermittelt (→ Psychophysik). Sowohl der Geruchssinn wie der Geschmackssinn unterliegen sehr schnell der weitgehenden Anpassung *(Adaptation)* an Dauerreize, die dann gar nicht mehr wahrgenommen werden. Für die Kombination von Gerüchen gelten zwei allgemeine Regeln: 1. Unabhängig vom Gefühlston siegt jeweils der intensivere Geruch (Chlorkalk überwältigt jeden Verwesungsgeruch), 2. bei gleicher Intensität siegt jeweils der in stärkerer Weise gefühlsbetonte Geruch (Parfüm verdeckt Gestank).
Wenn auch die Orientierung in der Geruchswelt für den Menschen nur eine ziemlich geringe Bedeutung besitzt, läßt sich doch ein sehr starker Zusammenhang zwischen Gerüchen und → *Gefühlen* feststellen. Neurologisch betrachtet ist ein Großteil des entwicklungsgeschichtlich alten *Riechhirns* (Rhineencephalon) niedrigerer Säugetiere beim Menschen mit der Verarbeitung und Steuerung affektiver Impulse befaßt. Auch die Tatsache, daß der Geruchsnerv nicht über Zwischenstationen im Thalamus verläuft, könnte damit zusammenhängen. Die aus dem Tierreich bekannte Bindung von Geruch, Liebe und Hunger ist für uns noch keineswegs ganz aufgehoben; vielfach äußern sich auch Sympathie und Antipathie darin, daß wir jemanden ›gut riechen‹ oder überhaupt ›nicht riechen‹ können. Es handelt sich dabei zum Teil um ein echtes Ansprechen auf die von ihm ausgehenden Dünste, zum Teil aber auch um die projektive Zuschreibung

von Geruchseigenschaften auf Grund einer bereits bestehenden emotionalen Haltung; man wird sich dieser bisweilen erst dadurch deutlich bewußt, daß einem der Geruch eines Menschen oder auch der seiner Lieblingszigarre als unangenehm oder sogar widerlich auffällt. Innenwelt (die eigenen Einstellungen und Strebungen) und Außenwelt (die vom Objekt ausgehenden Reize) sind weder für den Geruch noch für das Gefühl scharf voneinander getrennt. Bei Verletzungen des *Temporallappens* (→ Gehirn) kommt es neben anderen halluzinatorischen Äquivalenten des epileptischen Anfalls (→ Psychose), wie z. B. dem *déjà-vu* und dem Gefühl traumhafter Unwirklichkeit, auch zu eigentümlichen, meist unangenehmen Geruchsempfindungen *(›Uncus-syndrom‹* nach *H. Cushing).* Mehrfach (z. B. von *W. Fließ*) wurde eine besonders enge Querverbindung zwischen Nasenfunktion, Geschmackssinn und Sexualität vermutet. Auf den beiden Gebieten des Geruchs und Geschmacks gibt es sowohl erbliche als auch durch zentrale Schädigungen bedingte Empfindungsausfälle bzw. Schwellenerhöhungen (*Geschmacksblindheit* z. B. gegenüber der mit *PTC* abgekürzten Substanz, → Anlage und Umwelt).

Denken. In Situationen, für deren Bewältigung wir weder ererbte *Instinkthandlungen* (→ Bedarf und Bedürfnis) noch auch mehr oder minder automatische, zur Gewohnheit gewordene, *erlernte Verhaltensweisen* (→ bedingter Reflex, Lernen am Erfolg) bereithalten, pflegen wir unser Tun für eine Weile zu unterbrechen, um uns das weitere Vorgehen zu überlegen. Was in dieser Pause geschieht, bezeichnet man als Denken. Aus der Innensicht des Menschen ergibt sich, daß dabei verschiedene Möglichkeiten und Wege des Agierens bezüglich ihrer Vor- und Nachteile gegeneinander abgewogen werden. Diesen Zustand hat *S. Freud* (1911) sehr anschaulich geschildert: »Die (unter dem Druck der Realität) notwendig gewordene Aufhaltung der motorischen Abfuhr (des Handelns) wurde durch den Denkprozeß besorgt, welcher sich aus dem Vorstellen herausbildete. Das Denken wurde mit Eigenschaften ausgestattet, welche dem seelischen Apparat das Ertragen der erhöhten Reizspannung während des Aufschubs der Abfuhr ermöglichten. Es ist im wesentlichen ein *Probehandeln* mit Verschiebung kleiner Besetzungsquantitäten unter geringer Verausgabung (Abfuhr) derselben.«
Auf welche Weise Tiere ähnliche *Aktionspausen,* die angesichts schwieriger Entscheidungsaufgaben *(→ Konflikt)* nicht selten zu beobachten sind, ausfüllen, wissen wir nicht. Der von *Aristoteles* über die Scholastik in unsere Zeit hineinreichenden philosophischen Tradition scheint es unangebracht, auch bei

Tieren Denkakte anzunehmen, da ihnen die ›*rationale Seele*‹ und der ›*Intellekt*‹ fehlen. Diese Behauptung läßt sich aber auf dem Boden der empirischen Psychologie nicht überprüfen. Manche Verhaltensbiologen nehmen jedenfalls keinen Anstoß daran, auch bei Tieren bisweilen von einem ›Nachdenken‹ zu sprechen, so z. B. bei dem von *K. Lorenz* (1949) beschriebenen Juwelenfischmännchen, das am Futter kauend ein Jungtier erblickte und, dem Behütungsinstinkt folgend, dieses aufschnappte: »Der Fisch hatte zwei verschiedene Dinge im Maul, von denen eines in den Magen, das andere in die Nestgrube sollte. Was würde geschehen? . . . Der Fisch stand starr, mit vollen Backen, aber ohne zu kauen . . . man konnte ordentlich sehen, wie es in ihm arbeitete. Und dann löste er den Konflikt . . . er spie den ganzen Inhalt des Mundes aus . . . dann wendete (er) sich entschlossen dem Wurm zu und fraß ihn ohne Hast auf — aber mit einem Auge auf das . . . am Boden liegende Kind. Als er fertig war, inhalierte er es und trug es heim . . .«
Unter dem Verhaltensaspekt wird eine Situation des Denkens durch die folgenden Merkmale charakterisiert: Ein *Hindernis*, das die ererbten oder gewohnten Vollzüge unmöglich macht; eine konflikt-bedingte Pause und eine mehr oder minder erfolgreiche Lösung, die gelegentlich auch darin bestehen kann, daß man »aus dem Felde geht« (*K. Lewin*), d. h. auf die Überwindung des Hindernisses verzichtet und sich unter Umständen mit einer wunscherfüllenden → *Phantasie* zufrieden gibt. Bei positiven Lösungen kommt es entweder zur Durchbrechung des Hindernisses (»mit dem Kopf durch die Wand rennen«) oder zu dessen Umgehung. Drei Formen des *Umweges* zeigt Abb. 23. Im ersten Fall verlangt die Aufgabe, neun im Quadrat-

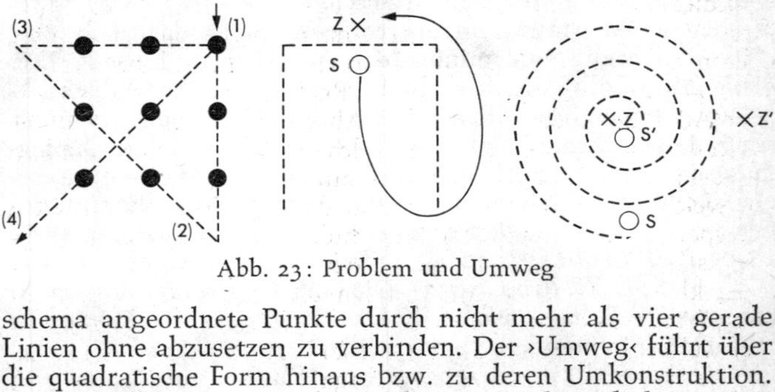

Abb. 23: Problem und Umweg

schema angeordnete Punkte durch nicht mehr als vier gerade Linien ohne abzusetzen zu verbinden. Der ›Umweg‹ führt über die quadratische Form hinaus bzw. zu deren Umkonstruktion. Dieser Mechanismus wurde von der → Gestaltpsychologie sorgfältig studiert (*K. Duncker*, 1935; *M. Wertheimer*, 1957). Die zweite Aufgabe stammt von *W. Köhler* (1917); Hunde drehen sich in dem durch ein Drahtgitter abgeschlossenen Gang angesichts des Futters (Z) an der Stelle (S) um und umgehen das Hindernis, während Hühner für längere Zeit hilflos am Gitter auf und ab rennen. Der dritte Versuch (*K. Drescher* und *W. Trendelenburg*, 1927) enthält das Futter entweder im Inneren der spiraligen Drahtwand (Z) oder außen (Z'); die hungrigen Versuchstiere starten entweder an der Stelle S oder bei S'. Der Weg von S nach Z (nach innen) gelingt Katzen und Affen leicht, da das Futter fortwährend im Auge behalten werden kann; von S' nach Z' (nach außen) gelangen jedoch nur die Affen, nicht aber die Katzen, da dazu eine periodische Abwendung vom Ziel, also ein echter Umweg, erforderlich ist. Als ein Umweg läßt sich auch die Entleerung des Mundinhaltes im Falle des Juwelenfisches auffassen.

Es gibt mindestens in vierfacher Hinsicht Unterschiede bezüglich der Möglichkeit, die Erlangung eines Zieles durch eine *Orientierungspause (›Besinnung‹)* scheinbar hinauszuschieben oder, wie *Freud* sagt, »die erhöhte Reizspannung während des Aufschubes« (Umweges) zu ertragen, ohne dabei das ursprüngliche Ziel aus den Augen zu verlieren: Unterschiede zwischen den Arten, solche zwischen den Begabungshöhen einzelner Individuen und ihrer jeweiligen Befindlichkeit (z. B. Aufregung) und endlich solche zwischen Bedürfnissen verschiedener Dringlichkeit. Manche Lebensregeln weisen auf die Notwendigkeit von Orientierungspausen deutlich hin: man soll eine Entscheidung z. B. einmal überschlafen oder erst bis 100 zählen, bevor man auf eine ärgerliche Herausforderung reagiert.

Das während der Orientierungspause stattfindende Probehandeln ist der eigentliche Gegenstand der *Denkpsychologie*; es stellt einen Umweg im übertragenen Sinne dar, d. h. eine Ortsveränderung mit minimalem motorischem Einsatz. Daß dieser nicht völlig gleich null ist, beweisen die der Selbstbeobachtung zugänglichen Spannungserlebnisse, ferner die mimischen Ausdrucksmerkmale des Denkens und schließlich die mechanischen oder elektrischen Aufnahmen der das Denken begleitenden motorischen Innervationen und Muskelkontraktionen (*R. Allers* und *F. Scheminsky*, 1926; *F. A. Courts*, 1942; *R. C. Davis*, 1940; *G. L. Freeman*, 1948; *E. Jacobson*, 1938; *L. W. Max*, 1935). Die erste Generation des amerikanischen → Behaviorismus (*K. Dunlap*, 1914; *M. F. Washburn*, 1916) entwickelte eine periphere, *motorische Theorie des Denkens*, deren systematische Durchführung aber auf große Schwierigkeiten stößt, da die entscheidenden nervösen Vorgänge nur zum geringsten Teil an der Peripherie (muskuläre Innervationen), sondern im Zentralorgan selbst stattfinden. Auch der versuchte Nachweis motorischer Abläufe an den Sprechorganen, bzw. eines unwillkürlichen Flüsterns (*K. Hansen* und *A. Lehmann*, 1895; *H. S. Curtis*, 1899; *H. C. Courten*, 1902; *A. M. Thorson*, 1925; *G. H. Rounds* und *A. T. Poffenberger*, 1931) führte nur zu recht unscharfen Resultaten.

Handelt es sich somit beim ›Ablauf‹ und ›Flug‹ der Gedanken nicht um ein rudimentäres Laufen und Fliegen, so finden die Bewegungen doch in einem Medium statt, das nicht die Dinge selbst, sondern deren Repräsentationen enthält. »Für die Denkseele treten die Vorstellungen an die Stelle der Inhalte der sinnlichen Wahrnehmung«, sagt *Aristoteles* (De anima, III, 7); an diese These knüpfte nahezu die gesamte ältere Psychologie an, indem sie das Denken als eine Verbindung (→ *Assoziation*) von *Vorstellungen* und diese letzteren als wahrnehmungsähnliche anschauliche Gegebenheiten *(Phantasmen)* auffaßte. Gegen dieses Modell erhob zu Beginn unseres Jahrhunderts die sog. *Würzburger Schule* der Denkpsychologie unter Führung von *O. Külpe* (1862—1915) zwei schwerwiegende Einwände (*K. Marbe*, 1901; *N. Ach*, 1905; *A. Messer*, 1906; *K. Bühler*, 1907; *O. Selz*, 1913). Sie wies einmal darauf hin, daß Assoziationen sich richtungslos nach allen Seiten ausbreiten (»vom Hundertsten zum Tausendsten führen«), während das Denken seiner Aufgabe entsprechend unter dem Einfluß *›determinierender Tendenzen‹* steht. Zum anderen ergaben die sorgfältigen Selbstbeobachtungen der Vpn (→ Beobachtung), daß unser Denken zum größten Teil nicht eine Abfolge sinnlicher Vorstellungen ist, sondern daß es unanschaulichen Charakter besitzt. Vielfach folgen Bilder, wenn sie überhaupt auftreten, erst auf den Gedanken (*A. Binet*, 1903; *R. S. Woodworth*, 1907; *T. V. Moore*, 1915). Entgegen der populären Meinung ist das eigentliche Denken nicht mit einem besonders hohen Grad von → *Bewußtsein* ausgestattet; es gelangt vielmehr zu seinen Resultaten, ohne daß die einzelnen Zwischenstufen auch wirklich im Erlebnis deutlich würden. Am Ende steht dann oft das von *K. Bühler* so bezeichnete *›Aha-Erlebnis‹* des mehr oder minder plötzlichen und bisweilen ganz unvermuteten Bescheidwissens. Nach Annahme der → Gestaltpsychologie handelt es sich bei der Gewinnung von Einsichten um zentrale Vorgänge der *Umstrukturierung* von Figuren sowie um den Ausgleich von Feldspannungen.

Die These, daß das Denken im Medium der Repräsentationen von Dingen und Sachverhalten erfolge, benötigt die Einschränkung auf anschauliche Vorstellungen nicht; sie besagt nur, daß an die Stelle der Objekte der sinnlichen Erfahrung die Komplexe der mit ihnen assoziativ verknüpften *Eindrücke* und

Erwartungen treten. Einer modernen Assoziationspsychologie fiele es aber auch nicht sonderlich schwer, dem Würzburger Nachweis determinierender Tendenzen Rechnung zu tragen, da die Wahrscheinlichkeiten assoziativer Verbindungen sehr stark variieren. Noch wichtiger ist aber das Reservoir der *Denkformeln*, das uns die Sprache zur Verfügung stellt. Tatsächlich bewegt sich ein Großteil unseres Denkens im Medium sprachhafter Repräsentationen, die durch intensivste Übung weitgehend automatisiert sind; es bedient sich mehr oder minder scharf umrissener *Begriffe*.
Den Vorgang der Begriffsbildung muß man entweder an Kindern des Vorschulalters untersuchen, deren Sprachsystem sich erst allmählich entfaltet (*J. Piaget* in zahlreichen Arbeiten seit 1926), oder an Erwachsenen in Situationen, die keinen Sinnbezug zu ihrem bisherigen Erfahrungsschatz besitzen. Ähnlich wie bei der Erforschung des → Gedächtnisses (*Ebbinghaus*,

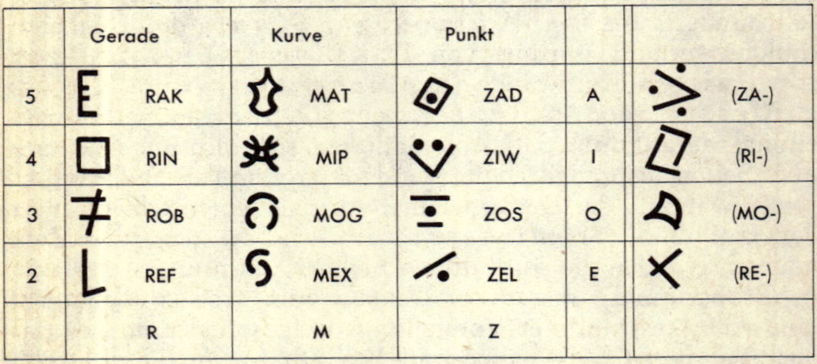

Abb. 24: Material zum Studium der Bildung von Begriffen

1885) ist man daher auf sinnlose Silben und deren Zuordnung zu anderen sinnlosen Gebilden, z. B. Ornamenten, angewiesen. Ein solches Versuchsmaterial zeigt Abb. 24. Den Vpn werden zunächst die Figuren und deren Namen gemeinsam, aber in ungeordneter Reihenfolge vorgeführt; daran knüpfen sich Gedächtnisversuche, in denen der Name einer Figur aus mehreren Namen ausgewählt werden muß; schließlich werden neue Figuren (einige von ihnen zeigt die letzte Spalte) eingeführt, deren Namen nur dann richtig ›erraten‹ werden kann, wenn die Vpn einen Begriff von der Konstruktion der Namen entwickelt haben. Diese beziehen sich in ihrem ersten Buchstaben auf eines der drei Form-Merkmale (gerade, gekrümmt, mit Punkt versehen), in ihrem zweiten auf die Anzahl der Teile. Der letzte Buchstabe hat keinen Bezug auf die Figuren, die Vpn müssen also auch herausfinden, daß es auf ihn bei der Abstraktionsbildung überhaupt nicht ankommt. Ähnliche Experimente stammen von *C. L. Hull* (1920), *E. Heidbreder* (1924, 1949), *K. L. Smoke* (1932, 1935), *H. B. Reed* (1946) und von *L. Welch* (1940); zu ihrer Ergänzung dienen *Sortier-Aufgaben* (*N. Ach*, 1921; *E. Weigel*, 1927; *E. Hanfmann* und *J. Kasanin*, 1937; *E. A. Berg*, 1948; *D. A. Grant*, 1952), in deren Verlauf es den Vpn überlassen bleibt, das Prinzip der Ordnung erst allmählich zu entdecken.

Die *Theorie der Begriffsbildung* bedient sich dreier verschiedener Ansätze, die einander aber nicht ausschließen, sondern vervollständigen. Das *Überlagerungsmodell* von *F. Galton* (1879) rechnet damit, daß mehrere zur Deckung gebrachte Bilder die wesentlichen Gemeinsamkeiten stärker hervortreten lassen (akzentuieren) und die individuellen Besonderheiten auslöschen werden; in concreto kommt dieses Modell bei der Typenbestimmung durch Übereinanderkopieren von Photographien zur Anwendung (*D. Katz*, 1953). Aus der neueren Lerntheorie (→ bedingter Reflex) bietet sich der *Generalisationsbegriff* an. Neben diesen vorwiegend automatischen Mechanismen gibt es aber sicherlich auch ein willentliches Suchen nach Gemeinsamkeiten, das bezüglich dieser Hypothesen aufstellt und vom Erfolg des Agierens (Benennung der Figuren, Sortieren) bestätigen oder widerlegen läßt (*E. Heidbreder*); dieser Auffassung entspricht auch der *Freud*sche Begriff des Probehandelns. Sie reicht aber nicht aus, da mehreren Experimentatoren (*C. L. Hull*, *K. L. Smoke*, *P. R. Hofstätter*) aufgefallen ist, daß Vpn mitunter einen Begriff schon längere Zeit richtig verwenden, ohne ihn jedoch formulieren zu können. Analoga dazu gibt es zweifellos auch außerhalb des Laboratoriums, z. B. beim Erlernen einer Sprache in der realen Gesprächssituation und ohne Lehrbuch; man findet dann bisweilen, daß andere Völker Worte benutzen, die sich in die eigene Muttersprache kaum richtig übersetzen lassen; unbeschadet dessen macht man von ihnen selbst aber Gebrauch.

Auf *Platon* geht die Theorie zurück, daß Denken und Sprechen miteinander identisch seien; in neuerer Zeit hat sie besonders *M. Müller* (›The Science of Thought‹, 1887) stark ausgebaut. Einwände ergeben sich aus den Phänomenen der zentralen Störung der → *Sprache (Aphasie)*, die keineswegs immer mit dem Verlust der Denkfähigkeit einhergehen. Außerdem ist zu berücksichtigen, daß die Sprache eine lineare Folgeordnung besitzt; das Prädikat kommt nach dem Subjekt, im Denken können sie aber gleichzeitig auftreten (*A. Pick*, 1913). Auch wenn die Identitätstheorie zu weit gehen sollte, läßt sich nicht bestreiten, daß im Normalfall das gedankliche Probehandeln des Erwachsenen vorwiegend im Medium der Sprache erfolgt, und daß die

Entwicklung des Denkens aufs engste mit der des Sprechens verknüpft ist. Die hinter dem aktuellen Vollzug des Denkens angenommene Fähigkeit wird als → *Intelligenz* bezeichnet; auch sie ist mit den Eigenheiten der Sprache (Wortschatz, Satzbau, Komplexität der grammatikalischen Konstruktion usw.) aufs engste verbunden.

Entwicklung. Die Veränderungen der Form und des Verhaltens von Lebewesen lassen sich auf zwei Ursachen-Komplexe zurückführen; sie können entweder spontan und aus rein inneren Gründen erfolgen (›*Reifung*‹), oder auch durch die physikochemische, biologische und soziale Einwirkung der Umwelt zustandekommen (z. B. Strahleneinwirkungen, Verletzungen, Über- und Unterernährung, Infektionen, Verhätschelung und Verwahrlosung). Zwischen diesen beiden Möglichkeiten stehen jene Vorgänge, in denen sich ein Lebewesen durch das Agieren in seiner Umwelt selbst gestaltet (*Lernen*). Im Alltagsleben unterscheiden wir zwischen diesen drei Eventualitäten nicht sonderlich scharf, da wir z. B. vom Fliegenlernen der Vögel oder vom Gehenlernen des Kleinkindes sprechen, obwohl diese motorischen Vollzüge vorwiegend reifungsbedingt sind, d. h. auch dann ohne nennenswerte Verzögerung zur Entwicklung kommen, wenn die Gelegenheit zu ihrer Einübung äußerst gering ist.
Den klassischen Beweis für diese Behauptung erbrachte *L. Carmichael* (1926) an Salamanderlarven, die in einem mit Betäubungsmitteln versetzten Wasser ohne sich zu bewegen aufgezogen wurden. Als die gleichaltrigen Kontrolltiere zu schwimmen begannen, wurde das Anästhetikum entfernt; es dauerte sodann nur wenige Minuten, bis auch die Versuchstiere schwammen. Von menschlichen Säuglingen weiß man, daß die Behinderung ihrer Motilität durch Bandagierung, Einschnürung in enge Krippen oder durch Tragevorrichtungen am Rücken der Mutter die Entwicklung ihrer *Körperbeherrschung* kaum beeinträchtigt. Untersuchungen mit *Zwillingspaaren*, von denen ein Partner frühzeitig trainiert wurde, haben ergeben, daß der andere Partner zu einem späteren Zeitpunkt nur eines sehr viel geringeren Ausmaßes an *Übung* bedarf, um den Vorsprung des ersten aufzuholen (*A. Gesell* und *H. Thompson*, 1928; *M. B. McGraw*, 1935).
Lernen und Übung bedürfen zu ihrem Erfolg jeweils einer vorausgegangenen Funktionsreifung. Das gilt auch hinsichtlich von Verhaltensweisen, deren Entwicklung sehr stark auf Anregungen seitens der Umwelt angewiesen ist, wie z. B. der *Spracherwerb*. Isoliert aufgezogene Menschenkinder lernen nicht zu sprechen; ebensowenig lernen dies aber junge Schimpansen, die

in menschlichen Haushalten wie Kinder aufwachsen (*R. M. Yerkes*, 1925; *W. N.* und *L. A. Kellogg*, 1933; *C. Hayes*, 1951), da bei ihnen die Reifungsvoraussetzung fehlt (→ Sprache). Innerhalb der Säugetierreihe scheint die Höhe des erreichbaren Reifungsniveaus der Reifungsgeschwindigkeit umgekehrt proportional und der *Enzephalisationshöhe* direkt proportional zu sein (*P. R. Hofstätter*, 1951). Als Enzephalisationshöhe (→ Gehirn) wird dabei der von dem Anatomen *E. Dubois* (1898) definierte Wert $K = \frac{E}{P^{0,56}}$ verstanden, in dem E das Hirngewicht und P das Körpergewicht der erwachsenen Exemplare der Art bezeichnet. Dieser Wert ist beim Menschen (K = 2,73) etwa dreimal so groß wie beim Schimpansen (K = 0,96), dessen motorische Vollzüge (z. B. Aufheben des Kopfes, Sitzen, Laufen usw.) aber etwa dreimal so schnell reifen wie die des Menschen. Noch schneller vollzieht sich die Reifung bei Hunden (K = 0,39), Katzen (K = 0,27) und Mäusen (K=0,07). Der höchste überhaupt bekannte K-Wert ist der des Menschen, dem daher im Verhältnis zu seiner Körpergröße mehr an Gehirnsubstanz zur Verfügung steht als irgendeinem anderen Lebewesen. Damit hängt einmal die langsame Reifung dieser Art zusammen, andererseits deren langfristige Angewiesenheit auf den Schutz durch die jeweilige Elterngeneration (→ Sozialisierungsprozeß), ferner die Vielfalt der von dieser empfangenen Lernanregungen und schließlich wohl auch die Möglichkeit, diese Anregungen in differentieller Weise (z. B. im Sinne des reich gegliederten Systems begrifflicher Bezüge) verhaltensrelevant werden zu lassen.

Extreme Fälle des Aufwachsens in einer für das menschliche Wesen inadäquaten Umwelt (z. B. ›unter den Tieren des Waldes‹) hat *Linné* (1758) unter dem Namen *›homo ferus‹* zusammengefaßt. Eingehende Beschreibungen liegen von dem ›wilden Knaben von Aveyron‹ (*J. M. G. Itard*, 1799), von Kaspar Hauser (*A. Feuerbach*, 1828) und von den sog. indischen *›Wolfskindern‹* (*R. M. Zingg*, 1940; *A. Gesell*, 1941) vor, die Authentizität des letzten Falles wird aber bezweifelt.

Entwicklungsvorgänge lassen sich mit *H. Werner* als Prozesse der fortschreitenden *Differenzierung* (Ausgliederung von Teilfunktionen aus diffuseren Ganzheiten) und der gleichzeitigen *Zentralisierung* (vereinheitlichende Zusammenfassung der Teilfunktionen im Dienste gemeinsamer Anliegen) beschreiben. Leider besitzt die deutsche Sprache den antithetischen Ausdruck ›Einwickelung‹ nicht mehr, den noch *J. N. Tetens* (1777) zur Kennzeichnung gegenläufiger Vorgänge (›Abbau‹) verwenden konnte. Dies ist um so bedauerlicher, als die beiden Vorgänge in den einzelnen Lebensabschnitten miteinander gekoppelt zu sein scheinen, insofern als jede Entwicklung auch unter dem Gesichtspunkt des Abbaues älterer, funktionaler Strukturen erblickt und bisweilen sogar erlebt werden kann (»Stirb und Werde!«, *Goethe*). Im Sinne der *Biophysik* (*A. J. Lotka*, 1925; *H. Hoagland*, 1935; *N. Rashevsky*, 1938; *L. v. Bertalanffy*, 1949) handelt es sich um ›*Fließgleichgewichte*‹ (steady states), d. h. um kontinuierliche Formen, deren Elemente ständig wechseln (Beispiel: die Flamme). Dieses Modell läßt sich unter der hypothetischen Annahme einer Anzahl diskreter, für einen bestimmten Entwicklungszustand charakteristischer Elemente zur quantitativen Beschreibung des Entwicklungsvorganges verwenden (*J. E. Anderson*, 1939; *P. R. Hofstätter* und *J. P. O'Connor*, 1956). Die Ähnlichkeitskorrelation zwischen zwei Zuständen (A und B) beträgt:

$$r_{ab} = \frac{N_{ab}}{\sqrt{N_a \cdot N_b}} = c\sqrt{p} \text{ für } c = \frac{N_{ab}}{N_a} \text{ und } p = \frac{N_a}{N_b}.$$

N_a bedeutet die Anzahl der hypothetischen Elemente im Zustand A, N_b die der Elemente im Zustand B und N_{ab} die Anzahl der diesen beiden Zuständen gemeinsamen Elemente. Das relative Ausmaß des Abbaues gibt der Wert von 1—c, der in Kindheit und Jugend etwa 10—15 Prozent pro Jahr beträgt (Abb. 25).

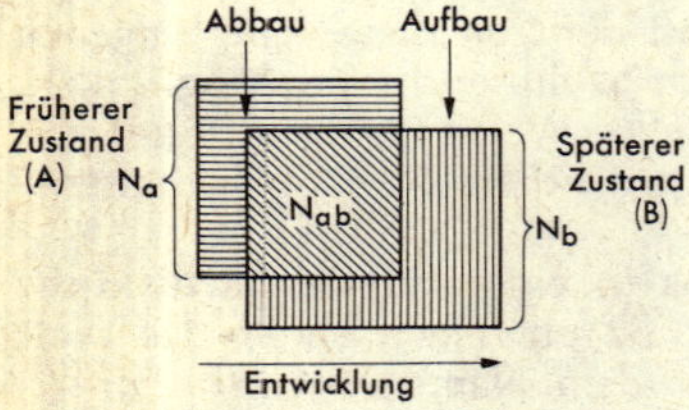

Abb. 25: Abbau und Aufbau in der Entwicklung

Perioden des radikalen Umbaues erkennt man daran, daß der Kontinuitätswert (c) kurzfristig stark absinkt; die auffälligste unter ihnen ist die sog. *Pubertät*, die schon *J. J. Rousseau* (1762) mit einer zweiten Geburt verglich. In solchen Zeiten verändert sich einmal das Individuum in der Art, wie es dem Betrachter und sich selbst erscheint, und zum anderen die Welt, wie sie sich in Spiegelung seines eigenen Wesens dem Individuum darstellt (→Persönlichkeit). Mindestens drei Lebenskrisen dieser Art werden heute ziemlich allgemein angenommen und mitunter als ›mehrfache Pubertäten‹ (*K. Schmëing*, 1930) bezeichnet: das *Trotzalter* (Ende des zweiten und Anfang des dritten Lebensjahres), die eigentliche Pubertät und das *Klimakterium* (im übertragenen Sinne bei beiden Geschlechtern um das fünfzigste Lebensjahr). Manche Autoren sprechen zusätzlich noch von Krisen im achtundzwanzigsten und um das vierzigste Lebensjahr (*D. L. Scharmann*, 1955). Auf diese Weise ergibt sich leicht eine Periodisierung des Lebenslaufs mit einem konstanten Intervall von näherungsweise sieben Jahren und damit der Anschluß an eine der ältesten Traditionen auf dem Boden der Psychologie. Mindestens seit *Solon* (um 600 v. Chr.) ist es üblich, die Altersgruppen nach dem Prinzip des *Sieben-Jahres* zusammenzufassen; *Philo Judaeus* (um Christi Geburt), die arabischen und die christlichen Scholastiker des Mittelalters, Prediger des Barocks (z. B. *Abraham a Santa Clara*, 1644–1709), neuere Naturphilosophen (*H. Swoboda*, ›Das Siebenjahr‹, 1915) und schließlich das Deutsche Jugendgerichtsgesetz (1953) huldigen diesem Gedanken (§ 1 »Jugendlich ist, wer zur Zeit der Tat vierzehn, aber noch nicht achtzehn, Heranwachsender, wer zur Zeit der Tat achtzehn, aber noch nicht einundzwanzig Jahre alt ist«). Man weiß, daß geniale Schöpferpersönlichkeiten (z. B. *Goethe* und *Freud*) ihr eigenes Leben nach diesem Maßstab beurteilten.

Es gibt zahlreiche Versuche zur Aufgliederung des Entwicklungsvorganges, namentlich während des Kindheits- und Jugendalters, in *Phasen* (*S. Freud*, 1905; *Ch. Bühler*, 1928, 1933; *A. Busemann*, 1950; *O. Kroh*, 1952; *W. Zeller*, 1952; *K. Schmëing*, 1955, u. a.), denen gegenüber aber *Busemanns* Bemerkung (1956) kritisch stimmt, daß »18 Autoren ... insgesamt 61 Abschnitte ansetzen, so daß jedes Lebensjahr mehrfach und gegensätzlich als Anfang oder Ende eines Abschnittes gedeutet wird«. Nur zur Veranschaulichung des Prinzips sei daher Ch. Bühlers Phasenschema wiedergegeben: Im Rahmen des gesamten Lebenslaufes stellen Kindheit und Jugend (bis ungefähr zum zwanzigsten Lebensjahr) eine erste Phase dar, die selbst wieder in fünf Teilphasen zerfällt; 1. Entwicklung des Objektbewußtseins, Bewegungsgestaltung und Erfassung der Dinglichkeit (erstes Lebensjahr); 2. Wendung zum Subjektiven, erste persönliche Stellungnahme zu Sinn und Wert (zweites bis viertes Lebensjahr); 3. Lernen am verwendeten Material, Einordnung in die Gesellschaft, erste Konzeptionen der Begriffe Pflicht, Leistung, Arbeit und Werk (fünftes bis achtes Lebensjahr); 4. neuerliche Hinwendung zum Subjektiven, Abhebung des Ichs von der Umwelt, In-sich-Gehen (neuntes bis dreizehntes Lebensjahr); 5. Synthese von Objekt- und Subjektbezügen, Hingabe an das Du und an die Dinge (vierzehntes bis neunzehntes Lebensjahr). Die daran anschließende zweite Phase des gesamten Lebenslaufs (zwanzigstes bis dreißigstes Lebensjahr) dient der Selbstbestimmung und der Zielsetzung; Verantwortung wird übernommen, sie trägt aber noch einen etwas unspezifischen und provisorischen Charakter. In der dritten Phase (dreißigstes bis fünfzigstes Lebensjahr) erfolgt die Spezifikation der eigentlichen Bindungen und Entscheidungen, wobei der sachliche Gesichtspunkt überwiegt. Die vierte Phase (fünfzigstes bis sechzigstes Lebensjahr) steht im Dienste der Einordnung des eigenen Lebens in einen höheren Sinnzusammenhang. Die fünfte Phase (vom sechzigsten Lebensjahr ab) gilt — so heißt es — der Ablösung vom Leben, der Rückschau und der Vorbereitung auf das Ende.

Die verschiedenen Schulen der → Tiefenpsychologie haben größtenteils *Freuds* Phasenschema der frühkindlichen Entwicklung übernommen. Unter dem Gesichtspunkt des Vorherrschens der einzelnen *›erogenen‹ Zonen* des Umweltkontakts wird hier zwischen einem frühen und einem späten *oralen Stadium* (erstes Lebensjahr; Saugkontakt), einer frühen und einer späten *analen Phase* im zweiten und dritten Lebensjahr (Reinlichkeitsdressur, Freude am Besitz, Trotz, Stolz auf den Erfolg), einem *phallischen Stadium* (viertes bis fünftes Lebensjahr; Masturbation, Rivalität mit dem gleichgeschlechtlichen Elternteil) und der *Latenzzeit* (fünftes Lebensjahr bis Pubertät; Zurücktreten der Triebansprüche, Identifikation mit Vorbildern, Entwicklung des Überich und der sachlichen Verpflichtungen) unterschieden. Darauf folgt zu Beginn der Pubertät die *genitale Phase* mit ihren Geltungstendenzen, Liebesbeziehungen und Konkurrenzkämpfen.

Verglichen mit der intensiven Bearbeitung der frühen Lebensabschnitte durch die sog. Kinder- bzw. Jugendpsychologie, mutet das Erwachsenenalter nahezu wie eine terra incognita an, obwohl der belgische Astronom *A. Quetelet* bereits im Jahre 1836 (›Sur l'homme et le développement de ses facultés‹) die ihm erreichbaren Statistiken (Lebenserwartung, Kriminalität, körperliche Leistungsfähigkeit, künstlerische Produktivität, Häufigkeit von Geisteskrankheiten und Selbstmorden) unter dem Altersgesichtspunkt einer erschöpfenden Analyse unterzog. Zur Ergänzung dieses Forschungsweges hat *Ch. Bühler* (1933) die vergleichende Betrachtung von Biographien herangezogen. Eine umfassende Statistik der Leistungen auf den verschiedenen Lebensgebieten (Sport, Wissenschaft, Kunst usw.) bot *H. C. Lehman* (1953). Da die höheren Lebensalter immer mehr zu einem ernsthaften Problem der modernen Industriegesellschaft werden, sind in den letzten Jahren eine Reihe größerer Forschungsprojekte auf diesem Gebiete *(›Gerontologie‹)* angelaufen (→ Intelligenz). Als sehr notwendig erweist sich dabei die Aufgliederung der Entwicklung in mehrere, voneinander weitgehend unabhängige *Dimensionen (Ch. Bühler).*

Erster Eindruck. *Lavaters* (→ Ausdruckskunde) Ratschlag: »Traue deiner ersten, schnellsten Empfindung immer am meisten!« genießt hohe Popularität, obwohl seine Rechtfertigung aus logischen Gründen durchaus zweifelhaft ist; die größere oder geringere Gültigkeit des ersten Eindrucks kann sich nämlich nur in bezug auf spätere Eindrücke erweisen, die ihrerseits dann aber als mindestens ebenso, wenn nicht in noch höherem Maße vertrauenswürdig angesehen werden müssen wie der erste. Richtig ist, daß der innerhalb sehr kurzer Zeit gewonnene Eindruck von einem bisher gänzlich unbekannten Menschen erstaunlich reichhaltig, in sich ziemlich widerspruchsfrei und daher subjektiv sehr sicher zu sein pflegt. Einer Anregung *G. W. Allports* (1937) folgend, kann man sich davon bei einer Straßenbahnfahrt überzeugen, wenn man einen Fremden nicht länger als 30 Sekunden betrachtet, um sich sodann mit geschlossenen Augen der charakterologischen Ausmalung des Bildes zu überlassen.

Schilderungen des ersten Eindrucks setzen sich in der Regel aus vier Gruppen von Aussagen zu etwa gleichen Teilen zusammen: 1. affektive Stellungnahmen (z. B. »ein sympathischer Mensch«), 2. unmittelbare Wesensbehauptungen (»kein großes Geisteslicht«), 3. von Symptomen ausgehende Schlußfolgerungen (»der bittere Zug um den Mund verrät, daß er Schweres durchgemacht hat«), 4. assoziative Verweise auf meistens ziemlich weit zurückliegende Präzedenzfälle (»er erinnert mich an den Turnlehrer im Gymnasium«).

Zur Überprüfung der *diagnostischen Valenz* des ersten Eindrucks stehen uns drei Methoden zur Verfügung, deren erste allerdings in Anbetracht der Möglichkeit gemeinsamer Fehlertendenzen nur bedingt empfohlen werden kann: 1. der Vergleich der von mehreren Beurteilern gewonnenen Eindrücke, 2. die Konfrontation des Eindrucksbildes mit den Ergebnissen sorgfältiger psychologischer Untersuchungen, 3. die Voraussage des Verhaltens der Reizperson in einer persönlichkeitsrelevanten Wahlsituation (z. B. wie diese sich selbst an Hand eines Fragebogens beurteilen wird).

Die bisher vorliegenden Untersuchungen (*H. F. Adams*, 1927; *P. E. Vernon*, 1933; *S. G. Estes*, 1938; *R. F. Dymond*, 1949; *R. Taft*, 1950) zeigen, daß die Güte des ersten Eindrucks zunächst von drei Variablen abhängt: 1. von der Begabung des Beurteilers, 2. von der Art der beurteilten Eigenschaften und 3. von der Eigenart der zu beurteilenden Reizpersonen. Dazu kommen aber auch noch die Wechselbeziehungen zwischen diesen Variablen: Der Beurteiler A kann z. B. bei der Person Y die Eigenschaft λ schärfer erkennen, bei der Person Z aber die Eigenschaft μ, während es dem Beurteiler B bezüglich der Personen W und X genau umgekehrt ergehen kann. Die beiden wichtigsten Wechselbeziehungen lauten dahin, daß dem Beurteiler und

der Reizperson gemeinsame Charakterzüge richtiger beurteilt werden als sie trennende (auffällig ist z. B. die Leichtigkeit, mit der Perverse oft ihre möglichen Partner herausfinden), und zweitens, daß der erste Eindruck verläßlicher zu sein pflegt, wenn zwischen dem Beurteiler und der Reizperson ein Gefälle an charakterologischer Differenziertheit besteht.
Die Richtigkeit des ersten Eindrucks korreliert positiv mit den folgenden Eigenschaften des Beurteilers: Lebenserfahrung, Intelligenz, Weite der Interessen, Einsicht in das eigene Wesen, künstlerische Einstellung und Begabung. Die Leistungen weiblicher Beurteiler sind im allgemeinen etwas, aber nicht viel besser als die männlicher, dabei besitzen aber in der Regel Männer einen schärferen Blick für Männer und Frauen einen solchen für Frauen (*Ähnlichkeitsvorteil*). Auch Schriftsteller pflegen ihre Geschlechtsgenossen detailreicher und einprägsamer zu schildern als Personen des anderen Geschlechts. Eine Reihe von Untersuchungen hat gezeigt, daß Psychologen und Studierende dieses Faches weniger verläßliche erste Eindrücke bilden als z. B. Naturwissenschaftler; *Freud* soll z. B. nach dem Zeugnis seiner engsten Mitarbeiter (*E. Jones*, 1955) ein auffallend schlechter Menschenkenner gewesen sein, der sehr stark zu übermäßig vereinfachenden Schwarz-Weiß-Charakterisierungen neigte. Ob gesellige Aufgeschlossenheit und Umgänglichkeit (Extraversion) des Beurteilers dem ersten Eindruck zugutekommen, ist zweifelhaft; die Majorität der vorliegenden Befunde bestätigt eher das von *Shakespeare* im ›Julius Cäsar‹ entworfene Bild des Cassius, der als schizothym und introvertiert (»... has a lean and hungry look; he thinks too much ... seldom he smiles«) geschildert wird (→ *Typenlehre*), zugleich aber auch als ein guter Menschenkenner (»he is a great observer, and he looks quite through the deeds of men«).
Persönlichkeitseigenschaften, die sich im Stil des Verhaltens ausdrücken (Impulsivität und Gehemmtheit, gefühlsmäßige Ansprechbarkeit und Apathie, Geltungsdrang und Unterwürfigkeit, das Maß der inneren Ausgeglichenheit und der Echtheit), werden in der Regel richtiger beurteilt als Begabungs- und Wertausrichtungen. Die Erfahrung lehrt, daß die Beurteilung einzelner Reizpersonen sehr viel erfolgreicher ist als die anderer (›offen darliegende‹ bzw. ›rätselhafte‹ Naturen); worin dieser Unterschied aber im einzelnen besteht, ist noch nicht bekannt. Gute Menschenkenner sind selbst meist schwierig zu erfassen.
Eindrucksurteile, die im Anschluß an kurze — minutenlange — Beobachtungssituationen zustandekommen, sind in den meisten Fällen besser, als dem bloßen Zufall entspräche. Die in ihnen vorgenommene phantasiemäßige Rekonstruktion des Wesens

einer Person basiert jedoch auf einer sehr kleinen Stichprobe aus dem gesamten Erscheinungsbild der Reizperson. Die Richtigkeit der Urteile dürfte daher einerseits von der Güte der unbewußt erfolgenden Stichprobenwahl (→ Beobachtung) und andererseits von dem Grad der Eindrucksverarbeitung abhängen.
Irrtümliche Beurteilungen lassen sich vor allem auf drei Fehlerquellen zurückführen: 1. Die Tendenz zur übermäßigen Vereinfachung des Bildes (›*Halo-Effekt*‹); 2. die Tendenz zur Annäherung des Bildes an den uncharakteristischen Mittelwert (›*central tendency*‹); 3. die Tendenz zur *Projektion* uneingestandener eigener Defekte und Schwierigkeiten auf die Reizperson. Im ersten Fall wird das Bild des anderen auf Grund einzelner hervorstechender Merkmale (z. B. ein hübsches Aussehen) oder im voraus bekannter Tatsachen (z. B. ›ein Krimineller‹) in positiver oder negativer Richtung verschoben. Ein allgemein als ›sympathisch‹ empfundenes Wesen gestattet keinen Schluß auf die Intelligenz ($r_{SI} = 0{,}00$), im Eindrucksurteil pflegen diese beiden Variablen aber sehr eng zusammenzuhängen ($r'_{SI} = 0{,}62$, nach *E. Brunswik*, 1947). Intelligenz und Tatkraft (›Energie‹) korrelieren ebenfalls nur sehr niedrig ($r_{IT} = 0{,}28$), während sie das Eindrucksurteil häufig auf einen gemeinsamen Nenner bringt ($r'_{IT} = 0{,}84$). Überläßt man sich dieser Tendenz in unkritischer Weise, so kann es zu den sprichwörtlichen ›Schwarz-Weiß-Zeichnungen‹ kommen. ›Grau-in-Grau-Zeichnungen‹ sind hingegen das Resultat der Tendenz zum Mittelwert bzw. der an sich nicht ungerechtfertigten und daher ihrem Wesen nach kritischen Scheu vor Extrem-Urteilen (→ Statistik, Tests). Eigenschaften, die Beurteiler – ohne dies zu wissen oder wahrhaben zu wollen – in hohem Maße besitzen (z. B. Intoleranz, egoistische Selbstbezogenheit oder sexuelle Begehrlichkeit), werden nicht selten den Reizpersonen sehr zum Vorwurf gemacht, auch wenn sie für diese tatsächlich gar nicht besonders charakteristisch sind. Der Vorteil, den die genaue Kenntnis des eigenen Wesens dem Beurteiler gewährt, dürfte im wesentlichen in der Verringerung der projektiven Fehlerneigung bestehen. Von besonderer Bedeutung ist dieser Zusammenhang in der psychologischen Beratungssituation bzw. in der → Psychotherapie; hier wird daher von fast allen Schulrichtungen verlangt, daß sich der Berater während der Ausbildung mit der Problematik seines eigenen Wesens gründlich vertraut macht. Große Vorsicht gegenüber dem ersten Eindruck scheint dann geboten, wenn Reizpersonen und Beurteiler einander als Partner in einer durch Rollen-Normen beherrschten Situation (z. B. bei der Bewerbung um eine Stellung) gegenübertreten, da Erwartungen und Besorgnisse meistens das Bild des Partners entsprechend färben.

Experiment. Wer durch Drehungen seines Kopfes eine Schallquelle genauer zu lokalisieren versucht, führt ein Experiment aus, dessen Theorie gar nicht einmal so einfach ist wie die Praxis; es blendet sich in den Vorgang der → Beobachtung so leicht ein, daß man kaum verstehen kann, warum die systematische Inanspruchnahme experimenteller Möglichkeiten in der Psychologie erst verhältnismäßig spät – um die Mitte des vorigen Jahrhunderts, im Zusammenhang mit Problemen der Messung von *Reaktionszeiten, Schwellen* und des Umfanges der *Aufmerksamkeit* – größere Bedeutung erlangte. Sehr viel älter sind freilich die *Proben* zur Ermittlung von Charaktereigenschaften und Fähigkeiten (Rätsel, Belastungsproben im Zuge von Reifezeremonien) sowie namentlich der *Glaubwürdigkeit* (Gottesurteile, der chinesische Brauch des Verschluckenlassens von trockenem Reis sowie – der Idee nach – Folterprozeduren), von denen sich unsere modernen *Testverfahren* herleiten. Es ging und geht dabei um die Schaffung von Beobachtungsgelegenheiten, die sich zur Feststellung diagnostisch relevanter Verhaltensweisen besser eignen (sollen) als die im Alltagsleben gebotenen. Ein ganz besonders elegantes tiefenpsychologisches Experiment beschreibt der antike Arzt *Galenus* (130–201 n. Chr.): Eine an Schlaflosigkeit leidende Dame zeigte keine körperlichen Krankheitssymptome, dafür aber große Widerstände gegen eine offene Aussprache. Gelegentlich einer der Konsultationen erhielt sie die Nachricht, daß an diesem Tag der Künstler X im Theater tanzen werde. Galenus beobachtete dabei Veränderungen in Ausdruck und Farbe des Gesichts sowie einen unregelmäßigen Puls. An den nächsten drei Tagen ließ er daher von sich aus die Mitteilung machen, daß die Tänzer Y, Z und wieder X auftreten würden. In den ersten beiden Fällen stellten sich keine Alterationen des Gebarens ein, während es im dritten abermals zu starken Zeichen der Unruhe kam. »So fand ich heraus, daß die Dame in den Tänzer X verliebt war; sorgfältige Beobachtungen an den folgenden Tagen bestätigten dies« (nach *A. J. Brock*, Greek medicine, London 1929).

Das Vorgehen des Galenus entspricht genau der von *W. Wundt* (1886) gegebenen Begriffsbestimmung: »Das Experiment besteht in einer Beobachtung, die sich mit der willkürlichen Einwirkung des Beobachters auf die Entstehung und den Verlauf der zu beobachtenden Erscheinungen verbindet.« Dem Kriterium der ›*Willkürlichkeit*‹ fügte er (1908) noch die der *Wiederholbarkeit* und der *Variierbarkeit* der untersuchten Vorgänge hinzu, denen Galenus ebenfalls bereits, wenn auch in geringem Umfange, Rechnung trug. *Goethes* Aufsatz ›Der Versuch als Vermittler von Subjekt und Objekt‹ (1793)

enthält ebenfalls diese beiden Forderungen: »Der Wert eines Versuches besteht vorzüglich darin, daß er ... unter gewissen Bedingungen ... jederzeit wieder hervorgebracht werden könne, so oft sich die bedingten Umstände vereinigen lassen ... Dagegen werden wir finden, daß diejenigen am meisten geleistet haben, die nicht ablassen, alle Seiten und Modifikationen einer einzigen Erfahrung, eines einzigen Versuches nach allen Möglichkeiten durchzuforschen und durchzuarbeiten ... Vermannigfaltigung eines jeden einzelnen Versuches ist also die eigentliche Pflicht eines Naturforschers.«

Die klassischen *Ansprüche an das Experiment* (Willkürlichkeit, Wiederholbarkeit und Variierbarkeit) entspringen sowohl sachlichen als auch sozialen Gründen; zu ihnen tritt noch die nahezu selbstverständliche, oft vernachlässigte und von der operationistischen Schule (→ Behaviorismus) mit allem Nachdruck betonte Forderung einer völlig präzisen Beschreibung der Versuchsbedingungen als Voraussetzung der Wiederholbarkeit und auch der Variierbarkeit.

Nach dem Stande des Wissens um ein Forschungsgebiet unterscheidet man zwischen *Erkundungs-* und *Entscheidungs-Versuchen* (*W. Metzger*, 1952). Bei den ersteren will der Experimentator erfahren, was unter bestimmten Bedingungen geschieht, z. B. wie ein gesunder Mensch auf minimale Dosen von Lyserg-Säure reagiert (mit einem transitorischen, schizophrenieähnlichen Zustandsbild, → Psychose). Die letzteren beziehen sich hingegen auf miteinander im Wettstreit stehende theoretische Erwartungen *(Hypothesen)*, aus denen sich voneinander abweichende Resultate des Experiments deduzieren lassen. Psychologische Theorien werden allerdings oft so flexibel formuliert, daß es kaum Beispiele für durch ein ›experimentum crucis‹ erledigte Kontroversen gibt. Von sehr viel größerer praktischer Bedeutung ist daher die Abhebung einer positiv formulierten Hypothese von einer sog. *Null-Hypothese* (→ Statistik), z. B. also die Behauptung, daß die Träger des Merkmalskomplexes Y sich in einer bestimmten Situation anders verhalten werden als die Träger des Merkmalskomplexes Z, gegenüber der Behauptung, daß die beiden Personengruppen sich nicht voneinander unterscheiden werden (Betrag des Unterschiedes = null). Fragestellungen dieser Art beherrschen nicht nur die gesamte empirische Charakterologie (→ Geschlechtsunterschiede, → Typenlehre), sie sind auch die Wegbereiter für die Isolierung der relevanten Faktoren auf den Gebieten des Wahrnehmens, Lernens, Denkens usw.; es mag dabei z. B. um das Problem gehen, ob die Wiedergabe von auswendig gelerntem Material in dem originalen Raum der Einprägung besser erfolgt als in einem anderen (nach *J. A. McGeoch*, 1942; *I. M. Bilo-*

deau und *H. Schlosberg,* 1951, ist dies anzunehmen, → Gedächtnis).

Bei weitem der größte Teil aller psychologischen Experimente zielt auf die Zurückweisung von Null-Hypothesen ab, bzw. — positiv gefaßt — auf den Nachweis verläßlicher (›signifikanter‹) Unterschiede. Dabei gehen in die Auswertung und am besten schon die Planung der Versuchsreihen mit Notwendigkeit statistische Überlegungen ein, die sich entweder auf die abzählbare Häufigkeit des Auftretens qualitativ bestimmter Erscheinungsmerkmale (z. B. Anzahl der Zornesausbrüche bei zwei in verschiedener Weise aufgezogenen Gruppen von Kindern) oder auf die meßbare Ausdehnung, Dauer und Intensität quantitativ bestimmbarer Erscheinungen (z. B. Länge der Reaktionszeit und Druckstärke bei Störungsversuchen) beziehen.

Im Rahmen der psychologischen Forschungsmethodik ist das Experiment als ein Sonderfall der systematischen → Beobachtung aufzufassen; es geht aus dieser durch die planmäßige Variation der Bedingungen hervor. Beide Methoden haben es mit der primären Erfahrungstatsache zu tun, daß verschiedene Personen sich in verschiedenen Situationen verschieden verhalten und daß sie Verschiedenes erleben. Führt man als Maß der Verschiedenheit die Varianz (σ^2, → Statistik) ein, so ergibt sich die Aufgabe einer Identifikation der Quellen, aus denen die (additiven) Beiträge zur Gesamtvarianz stammen. Als eine ›Quelle‹ (source) erscheint dabei jede Ordnung des Materials in eine Reihe von (mindestens zwei) einander ausschließenden Klassen, durch die innerhalb der so gebildeten Klassen ein gewisses Maß an Homogenität (eine Verringerung der Varianz) erzeugt wird. Je prägnanter sich der Gesichtspunkt einer Klassenbildung fassen läßt und je größer die zwischen den einzelnen Klassen erzeugten Unterschiede (›*Zwischenvarianz*‹) im Verhältnis zu den innerhalb der Klassen verbleibenden Unterschieden (›*Binnenvarianz*‹) sind, um so mehr trägt eine empirische Analyse zur Erkenntnis des Ordnungsgefüges der Welt bei. Spekulative Erwägungen (Hypothesen hinsichtlich wirksamer Klassenbildungen) und konkrete Operationen (systematische Beobachtung und Experiment) wirken dabei notwendig und fruchtbar mit statistischen Operationen (vor allem der von *R. A. Fisher* seit 1925 entwickelten *Varianz-Analyse*) zusammen. Die Planung von Versuchsanordnungen unter dem Gesichtspunkt ihrer statistischen Ergiebigkeit (›experimental design‹) schöpft zur Zeit ihre wesentlichsten Anregungen aus der Varianz-Analyse (*A. L. Edwards,* 1950; *E. Mittenecker,* 1952).

Jedes Experiment ist insofern unvollständig, als es nicht zur völligen Homogenität innerhalb der von ihm gebildeten Klassen führt; wird der *Neckersche Würfel* (vgl. Abb. 54, → Gestaltpsychologie) z. B. im Kleinformat (18 cm Höhe) gezeigt, so treten in der Zeiteinheit durchschnittlich mehr Inversionen auf, als wenn man ihn im Großformat (58 cm Höhe bei gleicher Entfernung) vorführt (→ Statistik). Die beiden Klassen werden hier bezüglich der Darbietung des Reizobjekts gebildet; es gehören ihnen aber die gleichen Vpn an, die einmal unter der einen Bedingung beobachten und dann unter der anderen. Wie zu erwarten, streut die Anzahl der Inversionen in jeder der beiden Klassen, diese sind also nicht völlig homogen. Eine zweite Klassenbildung, die das Experiment ermöglicht, erfolgt unter dem Gesichtspunkt der einzelnen Vpn. Auch sie reduziert die Gesamtvarianz, d. h. zeitigt ein gewisses Maß der (individuellen) Homogenität. Das hilft uns aber noch nicht viel weiter, da zahllose interindividuelle Unterschiede dafür als Ursachen in Frage kommen können. Es bleibt also zu erwägen (d. h. eine Hypothese aufzustellen), ob nicht die Vpn nach irgendwelchen Merkmalen (Sehschärfe, Geschlecht, Alter, Intelligenzquotient, Körperbautypus usw.) in Klassen geordnet werden könnten, um auf diese Weise eine oder die andere Quelle der interindividuellen Varianz zu identifizieren. *W. McDougall* (1929) vermutete z. B., daß die Umschlagsfrequenz introvertierter Versuchspersonen größer sein würde als die extravertierter. Diese Hypothese wurde aber durch spätere Untersuchungen nicht bestätigt.

Eine Quelle der Varianz, die sich niemals ganz verschließen läßt, ist die der *Versuchsfehler*. Die klassischen Forderungen der Wiederholbarkeit und der Variierbarkeit können jeweils nur bis zu einem gewissen Grade erfüllt werden; was man ihnen schuldig bleibt, vergrößert die *Fehlervarianz*. Sittliche und humanitäre Gründe setzen selbstverständlich der Variierbarkeit der Versuchsbedingungen und damit dem psychologischen Experiment selbst eine deutliche Grenze.

Exploration. Die persönliche Aussprache mit dem Probanden wird einerseits als »das Rückgrat einer jeden Persönlichkeitsdiagnose« (*A. Wellek*, 1954) bzw. als »die Krönung aller Untersuchungsverfahren« (*W. Arnold*, 1957), andererseits aber auch als »fast vollkommen wertlos und (als) vergeudete Zeit« (*H. J. Eysenck*, 1956) bezeichnet. Zweifellos ist die Exploration die am häufigsten verwendete diagnostische Methode, in sehr vielen Fällen sogar die einzige. Ihre Beliebtheit stammt daher, daß der Explorator nahezu immer das beruhigende Gefühl davonträgt, sein Gegenüber richtig erkannt und einen tiefen Blick in dessen Wesen getan zu haben. Während Ausdrucksanalysen, Fragebogen und Tests sehr oft in sich widerspruchsvolle Resultate liefern, entsteht in der Aussprache meistens ein ziemlich abgerundetes Bild, dessen innere Evidenz zwingend ist.

Fast alle einschlägigen Untersuchungen bezeugen, daß der Explorator seiner Urteile recht sicher zu sein pflegt. Schon eine der ältesten Überprüfungen des Wahrheitswertes dieses Gefühls, die *A. Binet*, der Schöpfer der modernen Intelligenztests, durchführte, gelangte jedoch zu einem negativen Resultat. Er ließ drei Lehrer dieselben Kinder sprechen und anschließend die Intelligenz jedes einzelnen Kindes schätzen. Obwohl jeder der drei Lehrer von der Richtigkeit seines Urteils fest überzeugt war, stimmten ihre Schätzungen fast gar nicht überein. Zu ähnlichen Ergebnissen gelangten *H. L. Hollingworth* (1922) sowie *W. D. Scott* und seine Mitarbeiter (1949). Groß angelegte Untersuchungen im Rahmen der amerikanischen und der englischen Wehrmacht, bei der Studentenauswahl in London und bei der Auswahl klinischer Psychologen in den USA zeigen, daß die subjektive Beurteilung der *Tauglichkeit* eines Kandidaten auf Grund der Exploration im Durchschnitt eine geringere *diagnostische Valenz* besitzt als Tests und Fragebogen. Die persönliche Gewißheit des Explorators korrelierte in diesen Fällen auch nicht mit der Richtigkeit seines Urteils. Diese Tatsache ist darum von Bedeutung, weil in einfachen Wahrnehmungssituationen meistens ein sehr enger Zusammenhang zwischen Urteilsgüte und dem Vertrauen auf die Richtigkeit des eigenen Urteils besteht. Aus dieser Diskrepanz muß auf eine Besonderheit der Aussprachesituation geschlossen werden; es handelt sich hier nur zum geringeren Teil um ein Aufnehmen und Ordnen von Eindrücken und sehr viel mehr um eine handlungsartige Auseinandersetzung zwischen zwei Menschen, die allerdings im Medium des Gespräches stattfindet.

Der Explorator unterschätzt meistens den Umfang seiner eigenen Beteiligung am Gespräch; die objektive Auszählung der von beiden Partnern gesprochenen Worte (*R. S. Uhrbrock*, 1933) ergibt jedoch, daß sein Anteil im Durchschnitt bei 60 % liegt und damit größer zu sein pflegt als der des Probanden. Die allgemeine Beobachtung *V. v. Weizsäckers* (1940), daß nämlich die Wahrnehmung das eigene Tun des Wahrnehmenden diesem ›verbirgt‹, obwohl es für ihr Zustandekommen konstitutive Bedeutung hat, gilt für das diagnostische Gespräch in hohem Maße. In Anbetracht der großen Aktivität auf seiten des Explorators läßt sich *Eysencks* Vermutung nicht von der Hand weisen, daß die Fülle dessen, was sich in einer Aussprache ereignet, die kognitiven Auswertungsmöglichkeiten des menschlichen Gehirns überfordern könnte. Im Endeffekt beurteilt der Explorator gar nicht den Probanden, sondern den Gesamtver-

lauf einer sozialen Partnersituation, zu deren Gestaltung er selbst sehr wesentlich beigetragen hat.
Mit gutem Grund strebt man in der psychotherapeutischen Gesprächssituation nach einer Position für den Analytiker, die diesem das bloße Zuhören in höherem Maße ermöglicht als die Unterredung mit einem direkten Gegenüber. Er sitzt z. B. in der klassischen Anordnung *Freuds* hinter dem auf einer Couch liegenden Patienten und hält sich davon zurück, bei etwa eintretenden Sprechpausen – auch solchen von minutenlanger Dauer – die aktive Gesprächsführung zu übernehmen. In dem von *C. R. Rogers* entwickelten Verfahren der psychologischen *Beratung* beschränkt sich der Therapeut nach Möglichkeit darauf, die Aussagen des Patienten bloß nachzuformulieren, wobei er abermals diesem die Wegrichtung des Gesprächs überläßt. In beiden Fällen richtet sich das Bemühen auf Schaffung einer *asymmetrischen Sozialsituation,* die den Beobachter zu entlasten bestimmt ist, indem sie die zu beobachtende Person in die Aktivitätsrolle drängt (→ *Psychotherapie*).
Ebenfalls zur Entlastung des Explorators während der aktuellen Begegnung dient dessen Vorbereitung auf diese. In gut durchdachten Prüfungsverfahren steht die Aussprache daher immer am Schluß, wenn die Befunde der einzelnen Beobachtungsstationen und die Ergebnisse der Tests bereits vorliegen und somit auch die noch aufzuklärenden diagnostischen Probleme auf einen relativ geringen Umfang eingegrenzt werden können. Aus der Erwägung heraus, daß die spontanen Regungen folgende, ungeplante Exploration unübersichtlich zu werden droht, stammt *R. N. McMurrys* (1947) Vorschlag eines ›*standardisierten Interviews*‹, dessen einzelne Fragen bereits im voraus festgelegt sind. Dem schriftlich auszufüllenden *Questionnaire* gegenüber besitzt dieses Verfahren den Vorteil, daß in ihm Ausdrucksmomente beobachtet werden können. Es erspart dem Explorator das Nachdenken über die Formulierung seiner eigenen Gesprächsbeiträge, allerdings beraubt es ihn auch des Vergnügens einer persönlichen Ausgestaltung der Situation.
Eine weitere Entlastungsmöglichkeit bietet das *Doppel-Interview,* bei dem zwei Exploratoren an der Gesprächsführung beteiligt sind, so daß jeweils einer von ihnen sich ganz der Beobachtung widmen kann. Diese Methode ist besonders dann angebracht, wenn die Aussprache ›*taraktisch*‹ (nach *W. Arnold,* von ταράσσειν = erschüttern, beunruhigen) geführt wird, d. h. so, daß durch sie die Sicherungs- und Abwehrhaltungen des Probanden angegriffen und durchbrochen werden sollen. Diese Form der Exploration eignet sich aber nur in Einzelfällen; sie verlangt stets ein ganz besonders großes Können des

Psychologen und darf nie ohne einen versöhnlichen Abschluß bleiben.
Die Anlage eines *Protokolls* während der Aussprache ist nicht zu empfehlen, obwohl nachträgliche Aufzeichnungen stets recht unvollständig und nicht selten auch ungenau sind, da spätere Wendungen des Gesprächs auf dessen frühere Phasen auszustrahlen pflegen. Einem genauen Protokoll vorzuziehen ist jedoch die Beantwortung der zur Zeit der Exploration noch ungeklärten diagnostischen Fragen. Diese sollten schon vor der Begegnung möglichst präzise umrissen und mit einer geringen Anzahl möglicher Alternativantworten versehen werden; unter diesen braucht dann am Ende nur mehr ausgewählt zu werden.
Bei der Erstellung des endgültigen Persönlichkeits- oder Eignungsbefundes ist dem Ergebnis der Exploration kein höheres Gewicht beizumessen als den Resultaten anderer diagnostischer Stationen. In ihr bietet sich jedoch eine Gelegenheit dazu, über das Anliegen der Beurteilung hinauszugehen und den Probanden beratenderweise mit den festgestellten Eigenheiten seines Wesens zu versöhnen, bzw. ihn auf dessen Gefahren und Möglichkeiten aufmerksam zu machen.

Forensische Psychologie. Die *Kriminalitätsziffer,* d. i. die Anzahl der in einem Jahr verurteilten bezogen auf 100 000 strafmündige Personen, lag im Deutschen Reich (1900—1940) bei etwa 1200. Diese Zahl gibt aber noch keinen rechten Eindruck von der Größe des sozialen Problems, mit dem sich in Gemeinschaft mit anderen Disziplinen die forensische Psychologie beschäftigt, da erfahrungsgemäß ein nicht unbeträchtlicher Prozentsatz der *Verbrechen* und *Vergehen* unaufgeklärt und daher auch ungeahndet bleibt. In den USA rechnet man z. B. an einem Durchschnittstag des Jahres mit kaum weniger als 5000 Verbrechen (2800 Diebstähle, 1100 Einbrüche, 440 Autodiebstähle, 300 Überfälle und Morde usw.). Ein noch beunruhigenderes Bild ergibt sich aus den anonymen Befragungen nicht vorbestrafter College-Studenten (*L. A. Porterfield,* 1946; *H. A. Bloch,* 1952), die sich zu einer großen Anzahl durchaus ernsthafter Rechtsbrüche bekannten. Eine von Fürsorgern in den Randgemeinden von Boston an 100 männlichen Jugendlichen durchgeführte Untersuchung ergab, daß von all ihren Verbrechen und Vergehen nur 1,5 Prozent eine gerichtliche Würdigung erfahren hatten, von den schwerwiegenden Straftaten nicht mehr als 11 Prozent (*F. J. Murphy* u. a., 1946). Man geht daher wohl kaum fehl, wenn man den als ›Verbrecher‹ abgestempelten Menschen eine keineswegs kleine Gruppe von Personen gegenüberstellt, deren den Organen der

Rechtspflege unbekannte Vergangenheit sie ebenfalls als ›Kriminelle‹ erscheinen ließe.

Die angestellten Überlegungen ermöglichen die Abschätzung der außerordentlichen Schwierigkeiten, denen sich die forensische Psychologie bei der Bearbeitung ihres ersten Problems gegenübersieht. Man erwartet von ihr Aussagen über die Eigenart des kriminellen Segments der Bevölkerung; diese können sich aber nur auf eine wahrscheinlich nicht im statistischen Sinne repräsentative Auswahl aus dieser Population stützen, d. h. auf die überführten Rechtsbrecher. Wenn daher im Gefolge *C. Lombrosos* (1835—1909) von einer organischen (›atavistischen‹) Minderwertigkeit des ›geborenen Verbrechers‹ (reo nato) gesprochen wird (*E. A. Hooton*, 1939), so sind größte Vorbehalte angebracht. Das gleiche gilt von der Behauptung körperlicher Eigenarten (*W. H. Sheldon*, 1949) des Verbrechers und seiner intellektuellen Minderbegabung. Nur für einen recht kleinen Bruchteil aller Straffälligen trifft wahrscheinlich die weitverbreitete Auffassung zu, daß der Verbrecher einem dunklen Drange folgend und auf Grund seiner allgemeinen Hemmungslosigkeit von einer Untat zur nächsten fortschreitet. Die *›Berufsverbrecher‹* machen nach einer Schätzung *E. Seeligs* etwa 10 Prozent der (bekannten) Kriminellen aus; erheblich zahlreicher sind *›Krisenverbrecher‹*, deren Taten zwar manchmal größtes Aufsehen erregen, aber doch meistens als Einzelereignisse in ihrem Leben zu betrachten sind. Am häufigsten dürfte die Kombination des ersten, krisenhaften Fehltrittes mit der durch diesen bedingten Verschlechterung der Aussichten auf eine normalbürgerliche Existenz sein. Das soziale Stigma der Vorbestraftheit pflegt dabei mit einer Erschütterung der Selbstachtung und einer daran anknüpfenden Perversion des Schamgefühls einherzugehen. Äußere sowohl wie innere Gründe bedingen dann den Anschluß an andere Gestrauchelte.

Das zweite Problem der forensischen Psychologie enthält in sich die Spannung zwischen Strafe und Erziehung *(Psychagogik)*. Wir wissen zur Zeit noch beschämend wenig über die Auswirkung der von Gerichten verfügten Maßnahmen. Das liegt vor allem daran, daß auf diesem Gebiet der Entschluß zum Experimentieren begreiflicherweise ganz besonders schwerfällt. Leider ist daher auch die Sozialpsychologie des *Strafvollzuges* noch nicht über erste Ansätze hinausgekommen, obwohl die einzige wirklich allgemein zutreffende Charakterisierung die des Kriminellen als eines in seinen sozialen Bezügen gestörten Menschen ist. Frühzeitige Schädigungen durch ein inadäquates Kindheitsmilieu (Fehlen eines Elternteiles, Verwahrlosung, kriminelle Vorbilder in der Verwandtschaft und Nachbarschaft, wirtschaftliches Elend und soziales Ressentiment) sind

wesentlich daran beteiligt, wenn die Verinnerlichung des Systems gesellschaftlicher Normen (→ Sozialisierungsprozeß, → Völkerpsychologie) nur in mangelhafter Weise erfolgt.
Bezüglich ihres dritten Problems blickt die forensische Psychologie heute schon auf mehr als ein halbes Jahrhundert sehr erfolgreicher Forschungstätigkeit zurück; es handelt sich um die Begutachtung der Aussagen von Zeugen und Beschuldigten während der Voruntersuchung und im eigentlichen Gerichtsverfahren (*W. Stern*, 1903, 1926; *O. Lipmann*, 1905, 1935; *K. Marbe*, 1913; *O. Mönkemöller*, 1930; *P. Plaut*, 1931). Auf Grund zum Teil recht lebensferner Laboratoriumsversuche wurde früher die Glaubwürdigkeit von Zeugenaussagen etwas zu skeptisch beurteilt (*U. Undeutsch*, 1954). Die Schaffung diagnostischer Hilfsmittel (→ Ausdruckskunde, → Exploration, → Tests), von denen einzelne im unmittelbaren Anschluß an forensische Probleme entwickelt wurden (z. B. der Assoziationsversuch und die Registrierung vegetativer Phänomene, → Assoziation, → Gefühle), hat dazu geführt, daß einzelne Landgerichte sich vor allem bei Jugendschutzsachen in ausgedehntem Maße psychologischer Sachverständiger bedienen. Während die Pioniere der *Aussagepsychologie*, wie *W. Stern* und *K. Marbe*, selbst nur wenige Male als Sachverständige im Gerichtssaal wirkten, gibt es heute Universitätsinstitute, die fast täglich auf diesem Gebiet praktisch tätig sind. Dazu kommt eine Reihe praktischer Psychologen, die sich hauptberuflich diesen Aufgaben widmen. In den Jahren nach dem zweiten Weltkrieg ist es zu einer viel stärkeren Berührung der Psychologie mit der forensischen Wirklichkeit gekommen als je zuvor; dabei wurden auch Kriterien der Aussage selbst bekannt, die sich als sehr zuverlässig erwiesen haben (*U. Undeutsch*, 1954).
Ein weniger günstiges Bild zeigt die Beschäftigung der forensischen Psychologie mit ihrem vierten Problem, das ist die Beurteilung der *Zurechnungsfähigkeit* und *Verantwortlichkeit* von Rechtsbrechern. Diese vom Gesetz definierten Sachverhalte lassen sich nur schwer in die von der → Tiefenpsychologie beeinflußte dynamische Betrachtungsweise der Psychologie übersetzen. Der Verfasser glaubt annehmen zu dürfen, daß diese Fragen sehr an Gewicht verlieren würden, falls die richterliche Würdigung von Rechtsbrüchen einmal mehr unter dem Aspekt korrigierender Erziehungsmaßnahmen (auch bei Erwachsenen!) als unter dem der Sühne und Strafe erfolgen sollte.

Gedächtnis. Da selbst einzellige Lebewesen (Amöben und Pantoffeltierchen) zu lernen und Gelerntes zu behalten vermögen,

scheint die schon von *C. G. Carus* um die Mitte des vorigen Jahrhunderts vertretene Anschauung zu Recht zu bestehen, daß das Gedächtnis – die *›Mneme‹* – eine allgemeine Funktion des tierischen Organismus ist. Diese Auffassung wurde auch von *E. Hering* (1870), *R. Semon* (1904) und *E. Rignano* (1931) geteilt. Die systematische Untersuchung des Gedächtnisses beginnt mit *H. Ebbinghaus* (1885), der im Verlauf von fünf Jahren mehr als tausend Reihen *sinnloser Silben* auswendig lernte und sich jeweils nach einiger Zeit davon überzeugte, wieviel er von dem einmal Gelernten noch im Gedächtnis behalten hatte. Als Maß verwendete er die verringerte Anzahl der für das zweite Lernen erforderlichen Wiederholungen des Stoffes *(›Ersparnismethode‹)*. Wird eine Silbenreihe beim ersten Lernen nach zehn Wiederholungen fehlerlos hergesagt, beim zweitenmal aber schon nach vier Wiederholungen, so beträgt die Ersparnis 60 Prozent. Andere Verfahren, die in der Regel ein geringeres Ausmaß des Behaltens zeigen, sind die *Reproduktionsmethode* (Prozentsatz der richtigen Erinnerungen nach einer bestimmten Zwischenzeit) und die *Methode des Wiedererkennens* (Prozentsatz der in einer mindestens doppelt so großen Mannigfaltigkeit vergleichbarer Reize richtig identifizierten Glieder der Originalreihe).
Die Ebbinghaus'schen Experimente zeigten, daß das Behalten bereits über kurze Zeitstrecken (1 Stunde) hinweg sehr stark, später aber wesentlich langsamer abnimmt. Das allgemeine Bild der von ihm erhaltenen Funktion, die sog. *Ebbinghaus-Kurve* des Vergessens, ist durch zahlreiche nachfolgende Untersuchungen bestätigt worden (Abb. 26). Dabei gilt annäherungsweise, daß das Behalten dem Logarithmus der verstrichenen Zeit umgekehrt proportional ist. In einer Woche (etwa 10 000 Minuten) wird somit ungefähr viermal so viel vergessen wie in den ersten zehn Minuten und bloß etwas mehr als dreimal so viel wie in den ersten zwanzig Minuten. Diese logarithmische Gesetzmäßigkeit scheint auch dann erhalten zu bleiben, wenn das Vergessen langsamer erfolgt als in den Originalexperimenten von Ebbinghaus. So zeigt z. B. schon die von dem Griechen *T. Boreas* (1930) unter vergleichbaren Verhältnissen (ebenfalls mit Reihen sinnloser Silben) gewonnene Kurve einen wesentlich flacheren Verlauf. Sinnvolles Material wird sehr viel langsamer vergessen als sinnloses; jedoch sind auch mit einem Material, das für den ›Lernenden‹ (einen 15 Monate alten Jungen) gewiß sinnlos war (Chorlieder aus griechischen Tragödien im Urtext), erstaunliche Behaltensleistungen gut verbürgt. *H. E. Burtt* konnte feststellen (1937), daß die vorgelesenen Verse im Alter von achteinhalb Jahren schneller memoriert wurden als andere (Ersparnismethode).

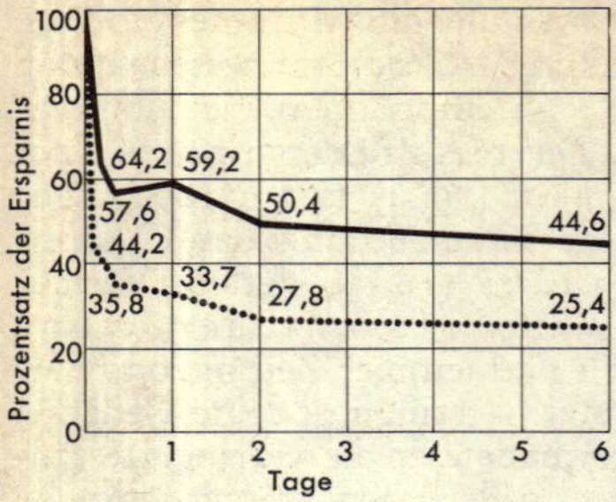

Abb. 26: Die Ebbinghaus-Kurve des Behaltens bzw. Vergessens (unten); obere Kurve nach T. Boreas

Die Frage, ob das Vergessen jeweils vollständig ist, läßt sich nicht mit Sicherheit beantworten. Ebbinghaus fand (1911) beim Wiedererlernen eines Gedichtes nach zweiundzwanzig Jahren eine Ersparnis von 7 Prozent. *R. M. True* befragte (1949) fünfzig Vpn im Alter von 22–24 Jahren unter → Hypnose nach dem Wochentag, auf den ihr vierter (7. und 10.) Geburtstag gefallen war, und erhielt mehr als 90 Prozent korrekte Antworten; im normalen Wachzustand wurden diese Fragen nicht besser als mit der Zufallshäufigkeit von $1/7 = 14$ Prozent beantwortet. Auch in der psychotherapeutischen Praxis werden bisweilen nach Jahrzehnten Ereignisse erinnert, die sich in der frühesten Kindheit zutrugen und die völlig vergessen zu sein schienen. Bedingte Reflexe konnten in einem Fall bei einem Schaf noch nach vierzehn Jahren nachgewiesen werden (*H. S. Liddell*, 1944), in anderen (bei einem Hund) immerhin noch nach sechzehn Monaten (*E. R. Hilgard* und *D. G. Marquis*, 1940) und nach viereinhalb Jahren bei Tauben (*B. F. Skinner*, 1950).

Ob die Aufnahme eines Sachverhalts ins Gedächtnis nur im Wachzustand, d. h. mit Wissen des Lernenden, erfolgen kann, ist noch ungewiß. Wenn es auch bisher an bündigen Beweisen fehlt (*C. H. Simon* und *W. W. Emmons*, 1955), so legen einige Experimente doch die Vermutung nahe, daß die Einprägung auch im *Schlafe* erfolgen kann (*C. J. Leuba* und *D. Bateman*, 1952; *B. H. Fox* und *J. S. Robbins*, 1952).

Die populäre Auffassung, daß Erlebnisse im Gedächtnis allmählich verblassen und daß der Ablauf der Zeit dabei sozusagen selbsttätig wirksam sei, erscheint zweifelhaft, da das Behalten nach relativ ereignisarmen Zeitstrecken (Schlaf) sehr viel besser zu sein pflegt als nach gleichlangen Wachperioden (Abb. 27, nach *J. G. Jenkins* und *K. M. Dallenbach*, 1924, *E. B. v. Ormer*, 1932; beide Untersuchungen wurden mit sinnlosen Silben durchgeführt; ähnliche Resultate erhielten *H. Minami* und K. M. Dallenbach, 1946, in Versuchen mit dem am Erfolg gelernten Verhalten von Küchenschaben). Es kommt daher weniger auf die Zeit selbst an als auf das, was in ihr geschieht, d. h. auf eine hemmende Wirkung, die spätere Erlebnisse auf

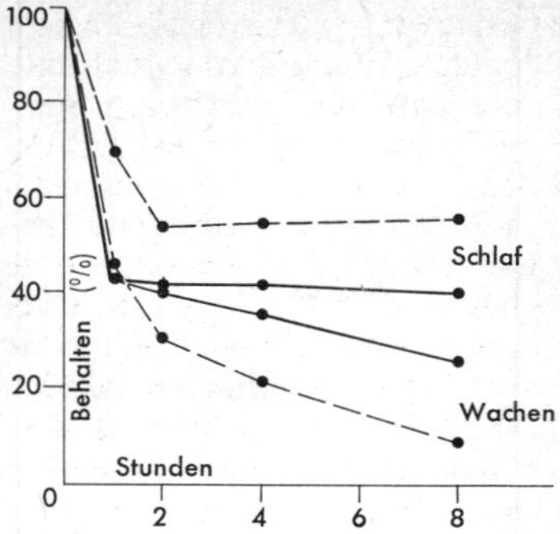

Abb. 27: Das Behalten während des Schlafes und im Wachzustand (Kurven nach Jenkins-Dallenbach: ---- Kurven nach v. Ormer: ——)

das Behalten früherer ausüben (*rückläufige Hemmung*). Das Vergessen erscheint damit nicht eigentlich als ein passives Verlieren, sondern eher als ein aktives Verlernen, das sich der Reaktivierung und Reproduktion von Gedächtnisinhalten entgegenstellt. Eine ähnliche Auffassung vertritt *S. Freud (Verdrängung)*. Besonders eindrucksvoll ist diese Hemmung bei der *posthypnotischen Amnesie*, d. h. wenn der Hypnotiseur dem Medium die Unmöglichkeit der Erinnerung an die Vorgänge der → Hypnose suggeriert. Neben hemmenden Prozessen ist auch das Vorhandensein oder Fehlen von Prozessen in Rechnung zu stellen, die das Behalten fördern. Agiert man in einem gewohnten Rahmen, so werden dadurch zahlreiche ältere → Assoziationen immer wieder aufgefrischt (verstärkt); bei einer radikalen Änderung des Lebensbereichs (Emigration z. B.) ist dies nurmehr in sehr stark verringertem Ausmaße der Fall. Das Vergessen frühkindlicher Erlebnisse (die *ersten Kindheitserinnerungen* fallen durchschnittlich in das vierte Lebensjahr) dürfte ebenfalls einer Diskontinuität des Erlebnisstiles entsprechen (*E. G. Schachtel*, 1947), durch die Gedächtnisinhalte einerseits ihren Gegenwartsbezug verlieren, andererseits aber auch vor den Wirkungen rückläufiger Hemmungen bewahrt werden.

Als *Reminiszenz* wird die Erscheinung bezeichnet, daß nach Abschluß des eigentlichen Lernens gelegentlich — statt Vergessen — eine Steigerung des Behaltens eintritt. Sofern diese nach sehr kurzer Zeit (2—5 Minuten) erfolgt (*›Ward-Hovland-Phänomen‹*), dürfte sie mit der Erholung von den Anstrengungen des Lernens selbst zusammenhängen; nach längerer Zeit (mehreren Tagen) ist an eine retroaktive Förderung durch spätere Tätigkeiten (*›Ballard-Williams-Phänomen‹*) zu denken. Nicht ausschließen läßt sich auch die von *G. S. Snoddy* (1935) betonte Möglichkeit, daß nach Übungsprozessen Reifungsvorgänge (→ Entwicklung) erfolgen, die ohne das Zutun des Lernenden dessen Leistungsfähigkeit erhöhen. Das *Prinzip der fruchtbaren Pause* könnte darin seine Erklärung finden.

Qualitative Veränderungen der Gedächtnisinhalte beziehen sich einerseits auf den ihnen anhaftenden *Gefühlston* (unangenehme Ereignisse und Gefahren, die man überstanden hat, nehmen in der Erinnerung oft freundlichen, bisweilen sogar ausgesprochen komischen Charakter an) und andererseits (namentlich bei bildhaften Erinnerungen) auf formale Eigenheiten (Tendenz zur besseren ›*Gestalt*‹). Die letztere Erscheinung wurde von der → Gestaltpsychologie behauptet. *F. Wulf* glaubt zwei Richtungen der Veränderung unterscheiden zu können (1922): zunehmende Regelmäßigkeit (Symmetrie) und schärfere Akzentuierung von Besonderheiten (z. B. Unregelmäßigkeiten). Die These ist experimentell schwer zu überprüfen, da die angenommenen beiden Tendenzen einander entgegenlaufen und daher unter Umständen das Gleichgewicht halten können.
F. C. Bartlett bediente sich der Methode der *Ketten-Reproduktion* (1932), bei der jede Vp die von der vorher-

Abb. 28: Qualitative Veränderungen des Gedächtnismaterials (nach F. C. Bartlett)

gehenden Vp gezeichnete Wiedergabe einer Reizvorlage zu reproduzieren hat; die in einem Einzelindividuum vor sich gehenden Änderungen des Gedächtnisbestandes dürften durch diese Methode erheblich verdeutlicht werden. Abb. 28 zeigt die progressive Umgestaltung einer Vorlage in Richtung auf einen bekannteren Gegenstand: aus einer Eule wird eine Katze. Ähnliche Ergebnisse erhielt er bei der Nacherzählung von Geschichten, einem experimentellen Analogon zur *Gerüchtbildung* (G. W. *Allport* und L. *Postman*, 1947); die Tendenz zur *Vereinfachung* und *Strukturierung* von Sachverhalten steht hier deutlich unter dem Einfluß emotionaler Faktoren (Wünsche oder Befürchtungen). Diese begünstigen sowohl den Erwerb als auch das Behalten des Lernstoffes. Im allgemeinen scheint eine U-förmige Relation zwischen dem Gefühlston und dem Grad des Behaltens zu bestehen (Abb. 29); nach ihr bemißt sich auch die Gedächtniswirksamkeit von Reklamen (›*Schwerin-Kurve*‹, → Werbepsychologie). In enger Beziehung zu diesem Phänomen steht auch der nach seiner Entdeckerin benannte ›*Zeigarnik-Effekt*‹ (1927), wonach unerledigte Aufträge und Vorsätze besser erinnert werden als erledigte.

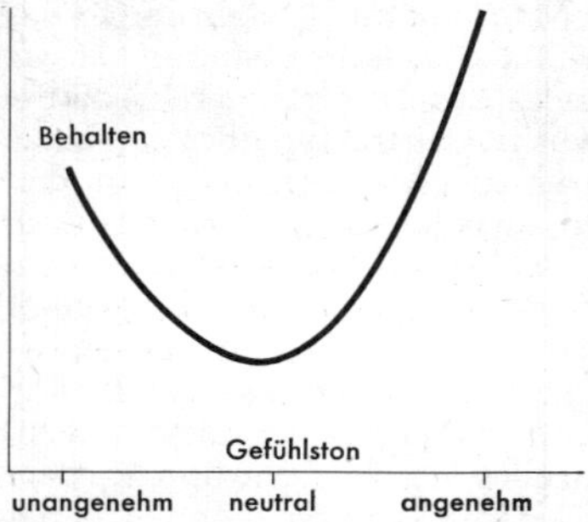

Abb. 29: Das Ausmaß des Behaltens in Abhängigkeit vom Gefühlston

Hinsichtlich der *Theorie des Gedächtnisses* werden mindestens zwei, besser drei Stufen unterschieden: sehr *kurzfristiges Behalten* (für Sekunden, wie z. B. die Zwischenresultate einer längeren Division), die Phase der *Perseveration* und der *Konsolidierung* des Eindruckes (Minuten bis Stunden) und die *langfristige Erinnerung* (Wochen bis Jahre). Mit einiger Sicherheit läßt sich bisher nur der neurologische Mechanismus für das kurzfristige Behalten angeben; es dürfte sich hier um Vorgänge in *geschlossenen Neuronenkreisen* (R. *Lorente de No*, 1938) handeln. Abb. 30 gibt das Schema in vereinfachter Form wieder; an sich dürfte eine solche Kette kaum weniger als hundert Neuronenglieder besitzen (J. C. *Eccles*, 1953), da der Impulsdurchgang durch jedes einzelne Neuron etwa eine Millisekunde beansprucht, ein Neuron aber im allgemeinen erst nach hundert Millisekunden wieder fähig wird, einen Impuls zu leiten (→ Reiz und Reaktion.)

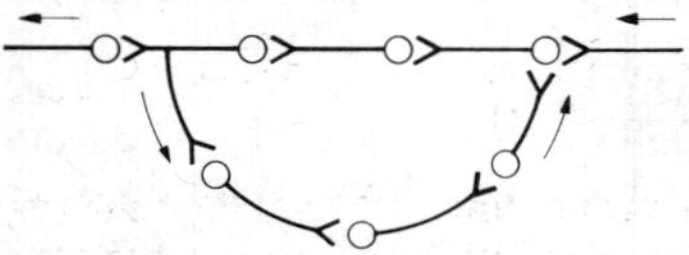

Abb. 30: Schema eines in sich zurückkehrenden Neuronenkreises

Die Dauerspeicherung von Erfahrungen auf diesem Wege ist angesichts der tiefgreifenden Veränderungen der gehirnelektrischen Vorgänge im Schlaf und namentlich im therapeutischen *Elektroschock* unwahrscheinlich; durch sie werden zwar die Kreisprozesse aufgelöst, nicht aber die Erinnerungsbestände.

Mechanische Erschütterungen (Gehirnerschütterungen) und Vergiftungen (durch Leuchtgas z. B.) haben gelegentlich den Ausfall der Erinnerungen für die dem traumatischen Ereignis vorausliegende Zeitspanne von zehn bis dreißig Minuten zur Folge (›*retrograde Amnesie*‹). Man vermutet, daß in diesen Fällen der Konsolidierungsprozeß der Gedächtnisspuren gestört wird. Das physiologische Korrelat des langfristigen Gedächtnisses ist trotz der zahlreichen vorhandenen Hypothesen (strukturelle Veränderungen in einzelnen Neuronen bzw. an den Übergangsstellen, den Synapsen, zwischen den Neuronen) noch unbekannt. Möglicherweise handelt es sich dabei gar nicht um einen Zustand der Materie, sondern um einen Prozeß des fortgesetzten Verlustes und der Neubildung kurzfristig bestehender, molekularer Gedächtnisträger (›*Memoration*‹ nach *H. v. Förster*, 1948). Mit *K. S. Lashley* (1950) ist anzunehmen, daß nahezu sämtliche Ganglienzellen des → Gehirns an jedem einzelnen Akt beteiligt sind; Gedächtnisspuren können daher auch nicht an bestimmten Stellen lokalisiert werden: »Das einer neugebildeten Assoziation entsprechende *Engramm* besteht keineswegs aus einer festen Verbindung zwischen einzelnen Neuronen; ihm entspricht wahrscheinlich die Reorganisation eines sehr ausgedehnten Systems von einigen Hunderttausend oder Millionen Ganglienzellen.«

Gefühle. Reize, die unsere Sinnesorgane aktivieren, vermitteln uns ein Bild von der umgebenden Welt und — bis zu einem gewissen Grade auch — von den Vorgängen innerhalb unseres Körpers. Dieses Bild kann mehr oder minder deutlich und dementsprechend auch mit größerer oder geringerer Prägnanz beschreibbar sein; fast immer stellt es aber mehr als einen bloßen Tatsachenbericht dar, denn es enthält neben den Ereignissen und mit diesen verwoben auch unsere Relationen zu diesen. Das ›Etwas‹, das uns zum → Bewußtsein kommt, ist nur selten für uns völlig neutral, meistens ist es ein Etwas, über das wir uns freuen, vor dem wir uns fürchten, das uns lächerlich oder auch beruhigend vorkommt usw. Vielfach steht dabei der Grad des *gegenständlichen Bewußtseins* (der Wahrnehmung einer Sache für sich) im umgekehrten Verhältnis zum Grad des *zuständlichen Bewußtseins*, das als die Gefühlsreaktion auf Personen, Gegenstände und Vorgänge definiert werden kann.
Die Vermutung liegt nahe, daß Lebewesen, die nicht oder nur kaum über das Ordnungsinstrument der *Sprache* verfügen (Kleinkinder und Tiere), vorwiegend in einer durch das zuständliche und nur zum geringen Teil durch das gegenständliche Bewußtsein konstituierten Eigenwelt leben. Von der Antike (»Erkenne dich selbst!«) bis zur Gegenwart (→ Psycho-

therapie) ergeht daher an den mit der Zuständlichkeit seines Gefühls ringenden Menschen die Aufforderung zur gegenständlichen Erfassung der ihn bewegenden Kräfte und damit – meist unausgesprochenerweise – zur Neutralisierung seines Bezuges auf die Welt.

Die ältere Psychologie des Gefühls präsentiert sich, beginnend mit *Platon* und *Aristoteles*, als eine Lehre von den *Affekten* und *Leidenschaften* (›*Passionen*‹), die den (hypothetischen) Ruhezustand der Seele aufwühlen und die sich an der dem Beobachter zugänglichen Oberfläche als *Ausdruckserscheinungen* anzeigen (→ Ausdruckskunde). Mit den Bußbüchern des Mittelalters, mit *Descartes* (›Les passions de l'âme‹, 1649) und vollends mit den von Glaubenszweifeln bedrohten (›Zerknirschung‹) Schriftstellern des *Pietismus* setzt die phänomenologische Analyse der Gefühlsregungen ein, die auf deutschem Boden in den letzten Jahrzehnten von *M. Scheler, F. Krueger, Ph. Lersch, O. F. Bollnow* u. a. fortgeführt wurde. Es handelt sich dabei um Anliegen der → verstehenden Psychologie, die bisweilen zu sehr unmittelbar ansprechenden Formulierungen von großer Schönheit führen. Ihnen haftet aber der Mangel an, daß sie eigentlich nie falsch zu sein vermögen. Nahezu jede Zusammenfassung der Gefühle in Gruppen läßt sich zuzeiten aus dem eigenen Erleben rechtfertigen. Mag man nun z. B. die ›Liebe‹ als eine besondere Form des Heimwehs, des Übermutes oder auch als Vorahnung des Todes beschreiben, es steckt immer ›ein Körnchen Wahrheit‹ darin; vielleicht wäre sie gar nichts, blieben ihr nicht alle Beschreibungen etwas schuldig. Mit Recht betont daher *Lersch* (1952), daß »die klassifikatorische Ordnung der Gefühlsregungen eines der umstrittensten Kapitel der Psychologie« ist. Es fragt sich allerdings, ob ein Streit um Wortmarken ihrem Wesen nach wortlosen Gebilden angemessen ist; er könnte bestenfalls zur Aufdeckung kultureller *Normen* der *Selbstdeutung* führen (→ Völkerpsychologie).

Die Charakterisierung der Gefühle als Inhalte des zuständlichen Bewußtseins wird uns durch die teils erlebbaren, teils von außen beobachtbaren Veränderungen des Körperzustandes nahegelegt, die mit lebhaften Gefühlen einherzugehen pflegen. Wir weinen, fühlen das Herz pochen, kommen außer Atem, erröten oder erblassen, spüren einen plötzlichen Harndrang, es schnürt uns die Kehle zu, die Hände werden feucht und vieles andere mehr. Eine der sich aufdrängenden Fragen ist leicht zu beantworten: Fast ausnahmslos geht es hier um Organfunktionen, die der Kontrolle durch das sog. *autonome* bzw. *vegetative Nervensystem* (ANS) unterliegen (Abb. 31). Die Bezeichnung dieses Systems als ›autonom‹ weist darauf hin, daß die von ihm regulierten vegetativen Funktionen der willentlichen Beeinflussung unzugänglich sind. Diese Behauptung gilt aber nicht ganz streng, da zum mindesten manche Menschen auf dem Wege über lebhafte *Vorstellungen* eine Veränderung der Herzfrequenz oder auch das intendierte Weinen herbeiführen können. Die Beeinflussung dieser Vorgänge ist auch durch *Suggestionen* (→ Hypnose), *Meditationsübungen* (→ Psychotherapie) und durch verdrängte Strebungen (→ *psychosomatische Störungen*) möglich. Im allgemeinen, aber nicht in allen Fällen, funktionieren die beiden Äste dieses Systems, der *Sympathicus* und der *Parasympathicus*, als Antagonisten. Während z. B. der erstere die Herztätigkeit beschleunigt, zügelt sie der andere. Der Mund wässert uns, wenn der parasympathische Einfluß zunimmt (→ bedingter Reflex); er wird ganz trocken, wenn der des Sympathicus überwiegt. Auf Grund ausgedehnter Tierexperimente hat *W. B. Cannon* (1932) die Aktivierung des Sympathicus als ›*Notfalls-Funktion*‹ des Organismus beschrieben; dieser bereitet sich auf eine Kraftentfaltung zum Zweck des Kampfes oder der Flucht vor und reduziert dabei für den Augenblick die restitutiven Vorgänge (z. B. Verdauung). Der Ruhigstellung des Organismus (*Schlaf, Ohnmacht, Totstell-Reflex* bei manchen Tieren) entspricht hingegen eine Verschiebung des vegetativen Gleichgewichts nach der Seite des Parasympathicus hin.

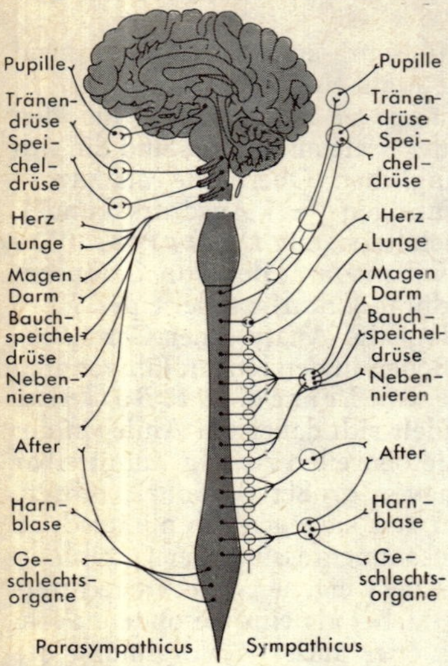

Abb. 31: Das autonome Nervensystem

Es fragt sich nun, in welcher Weise diese organischen Vorgänge mit unseren Gefühlen der Aufregung, des Zornes, der Freude und der Entspannung zusammenhängen. Eine erste Antwort haben unabhängig voneinander *W. James* (1884) und *C. G. Lange* (1885) gegeben (Abb. 32). Danach sind es die Rückempfindungen der Veränderungen im Bereich des Eingeweide- (V) und Muskelsystems (M), die wir als Gefühle (*Emotionen*) erleben; diese selbst werden reflektorisch von den Rezeptoren (R) her ausgelöst. Diese Auffassung kleidet sich in die bekannte Formel von W. James: »Wir weinen nicht, weil wir traurig sind, sondern wir sind traurig, weil wir weinen«; sie scheitert aber u. a. daran, daß die viszeralen Reaktionen sehr langsam anlaufen und sich daher meist erst nach dem Eintritt des Gefühls entfalten. Den tatsächlichen Verhältnissen näher kommt die von *W. B. Cannon* und *P. Bard* gegen Ende der zwanziger Jahre entworfene ›*Thalamus-Theorie*‹ (besser: Hypothalamus-Theorie) der Emotionen. Sie nimmt an, daß in den Zentren des Zwischenhirns eine Reihe von Verhaltensmustern (P) angelegt sind, deren Realisierung aber im Zustand der Ruhe durch den hemmenden Einfluß der Hirnrinde unmöglich gemacht wird. Sobald unsere Rezeptoren jedoch eine ungewöhnliche Situation anzeigen (Bahn 1 und 1'), läßt diese Hemmung nach (Bahn 2); es kommt dann einerseits zum Ausströmen hypothalamischer Impulse in die Ausführungs-Organe (Bahn 3) und andererseits zur Repräsentation dieser Tatsache im Cortex (Bahn 4); letztere soll den Gefühlen der Aufregung, des Zornes, der Angst usw. entsprechen. Die Emotionen sind sozusagen potentiell immer in uns, jedoch versagt ihnen die Hirnrinde zuzeiten die Entfaltung.

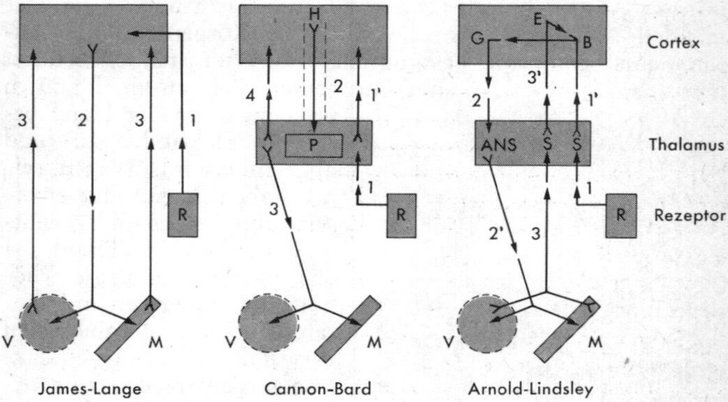

Abb. 32: Drei Theorien der Entstehung von Gefühlen

Gegen den Enthemmungsaspekt dieser Theorie haben *M. B. Arnold* (1950) und *D. B. Lindsley* (1951) gewichtige Gründe ins Treffen geführt. Im wesentlichen ist nämlich die Tätigkeit des Cortex davon abhängig, daß diesem vom Zwischenhirn her Impulse zugeführt werden. Das zur Zeit beste Modell des Geschehens wird daher als ›*Aktivierungstheorie der Emotionen*‹ bezeichnet. Es sieht die kortikale

Bewertung (B) von Sinnesreizen (R) vor (Bahn 1 und 1′), daran anschließend eine gefühlsmäßige Stellungnahme (G), ferner die Auslösung der im Hypothalamus angelegten Verhaltensmuster und deren Übertragung auf die Ausführungsorgane (Bahn 2 und 2′) und schließlich die Rückmeldung ihrer Tätigkeit (Bahn 3 und 3′), eine Empfindung (E) also, die der neuerlichen Bewertung (B) unterliegt. Der Vorgang hat einen lawinenartigen Charakter; man wird gewissermaßen in den Affekt hineingesteigert, indem allmählich zu der anfänglich noch kühlen Situationsbewertung die Empfindung der eigenen Körperlichkeit hinzutritt.

Sehr ausgedehnte Untersuchungen liegen zum Problem der quantitativen Bestimmungen des emotionalen Erregungszustandes vor. Sie knüpfen fast alle an Organfunktionen an, die vom autonomen Nervensystem gesteuert werden. Am leichtesten zugänglich sind die Veränderungen der *Atemfrequenz* und des *Blutdrucks*. Dazu kommt die von C. *Féré* (1888) entdeckte Tatsache, daß der elektrische Leitungswiderstand bei Erregung ab- und im Zustand der Beruhigung zunimmt (*psychogalvanischer Reflex, PGR*, der auch als *elektro-dermaler Reflex, EDR*, und als *galvanischer Hautreflex, GSR*, bezeichnet wird). Das Phänomen dürfte mit der Aktivierung der Schweißdrüsen, nicht notwendig aber mit dem Auftreten von Schweiß an der Körperoberfläche, zusammenhängen. Zur Bestimmung des Widerstandes benützt man einen sehr schwachen, unmerkbaren Gleichstrom, der durch zwei meist an der Hand befestigte Elektroden zu- und abgeleitet wird. Wegen seiner hohen Sensibilität einerseits und weil es andererseits völlig unbewußt abläuft, ist das psychogalvanische Phänomen zu einer der im Laboratorium am ausgiebigsten verwendeten Anzeiger-Reaktionen geworden; es unterliegt auch der Konditionierung (→ *bedingter Reflex*) und eignet sich daher ganz ausgezeichnet zur Demonstration dieser Erscheinung.

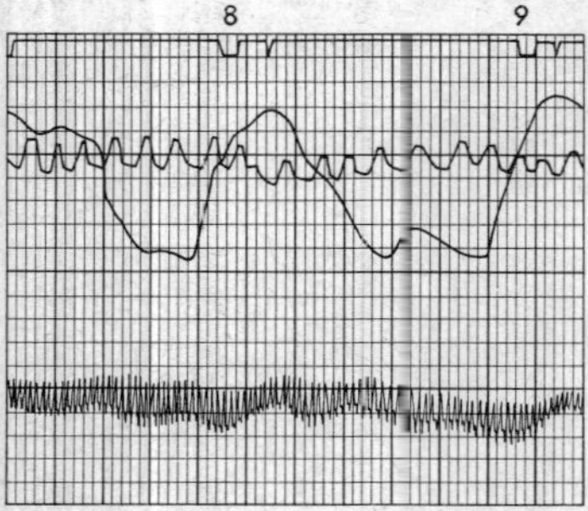

Abb. 33: Polygraph-Aufnahme von Atmung (oben), elektrischem Haut-Widerstand (Mitte) und Blutdruck (unten)

Abb. 33 zeigt die Atemkurve (oben), die Schwankungen des Blutdrucks (unten) und die weitausschwingenden Veränderungen des elektrischen Körperwiderstandes einer 27jährigen weiblichen Vp, deren Aufgabe darin bestand, ihr zugerufene unvollständige Sätze zu beenden (*H. Jost* und *L. W. Sontag*, 1944). An den mit den Nummern 8 und 9 gekennzeichneten Stellen wurden ihr z. B. die Sätze »Am liebsten möchte ich ...« und »Ich schäme mich, daß ...« gegeben. Vor allem die PGR-Kurve zeigt deutlich die auftretende Erregung (vgl. Abb. 38, → Gehirn).

Wer nicht ganz besondere Routine besitzt, gerät natürlich auch in Erregung, wenn er sich dazu anschickt, zu lügen oder etwas zu verheimlichen. Darauf beruht die schnell sehr populär gewordene Erfindung des sog. *Lügendetektors*, der in der Regel die drei in Abb. 33 wiedergegebenen Funktionen simultan aufnimmt (*›Polygraph‹*). Gegen die Methode lassen sich sowohl ethische als auch rein sachliche Bedenken anmelden; auch wer z. B. als Unschuldiger unter Verdacht steht, ist erregt (→ forensische Psychologie). Es scheint, daß der Lügendetektor auch in den USA bei den Gerichts- und Vernehmungsbehörden (FBI) heute weniger benützt wird als noch vor einigen Jahren. Ein ausgezeichneter Sachkenner wie *U. Undeutsch* glaubt jedoch (1954), daß die vorliegenden Erfahrungen zur Verwendung dieses Verfahrens ermutigen.

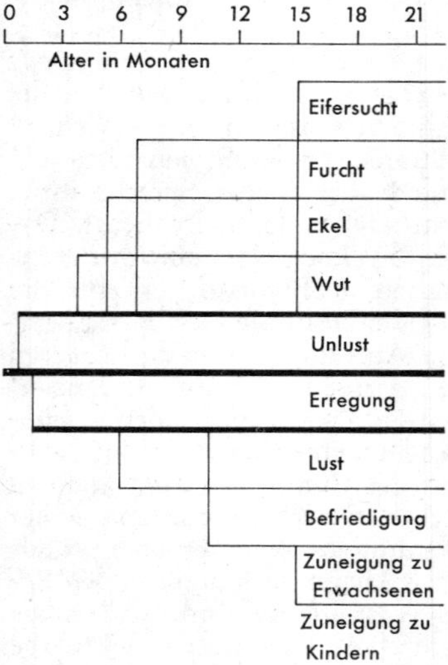

Abb. 34: Entwicklungs-Differenzierung der Gefühle (nach K. M. B. Bridges)

Jedes Gefühl kann als eine Veränderung des *Aktivierungsniveaus* eines Organismus beschrieben werden, es fällt damit auf die von *W. Wundt* definierte, sich zwischen den Polen der *Erregung* und der *Beruhigung* erstreckende Dimension. Nach der in ihm vorherrschenden Gefühlstönung ist auch eine Einordnung auf der zweiten Dimension Wundts möglich; diese reicht von *Lust* zu *Unlust*. Hier ergeben sich aber bereits Schwierigkeiten, da Lust und Unlust ebenso wie Liebe und Haß oder auch Freude und Ekel nebeneinander oder im schnellen Wechsel vorkommen können (*Ambivalenz*, nach *E. Bleuler*; → Assoziation). Ob sich die dritte der von Wundt angenommenen Dimensionen (*Spannung* und *Lö-*

sung umfassend) von den beiden genannten wirklich unterscheiden läßt, ist zweifelhaft. Eine Neufassung des dreidimensionalen Systems hat kürzlich *H. Schlosberg* (1954) versucht. *G. Kafka* (1950) spricht von vier ›*Uraffekten*‹ bzw. ›*Urbewegungen*‹, denen er die folgenden Formeln zuordnet: Ingestion (»Her mit dir zu mir!«), Ejektion (»Fort mit dir von mir!«), Rezession (»Fort mit mir von dir!«) und Profusion (»Hin mit mir zu dir!«). Es wäre denkbar, daß diese Grundrichtungen der Bewegung, die in ähnlicher Weise auch schon von *W. M. Marston* und *K. Bühler* gekennzeichnet wurden, in der Tat gemeinsam mit den Variationen des Erregungszustands das Koordinatensystem der Gefühle darstellten. Deren inhaltliche Differenzierung erfolgt, wie man annehmen kann, im Zuge der Ausbildung von Assoziationen zwischen gegenständlichen und zuständlichen Bewußtseinsinhalten. Das Schema eines solchen Vorganges der Ausfächerung hat *K. M. B. Bridges* (1932) entworfen (Abb. 34).

Gehirn. Erstaunlicherweise ist das Gehirn nicht nur das hinsichtlich seines Aufbaus komplizierteste und in seinem Gleichgewichtszustand delikateste Organ unseres Körpers, sondern zugleich eines der am wenigsten empfindlichen. Damit hängt einmal zusammen, daß noch *Aristoteles* und vor ihm die mythischen Lehren vom menschlichen Körper nicht das Gehirn, sondern das *Herz* als das Zentralorgan des Seelenlebens bezeichneten; diese Vorstellung fand auch in der Sprache ihren Niederschlag: be-herzigen, re-cordare, to learn by heart. Das Gehirn diente der aristotelischen Physiologie als eine mit mannigfachen Windungen ausgestattete Kühlvorrichtung für die vom erhitzten Herzen aufsteigenden Dämpfe. Im metaphorischen Sinne begegnet sich diese Auffassung mit der neueren Lehre, daß die höchsten Zentren der nervösen Regulation auf die tiefer gelegenen Antriebszentren einen hemmenden, dämpfenden und ›kühlenden‹ Einfluß ausüben (→ Gefühle, → Schichtenlehre). Der Unempfindlichkeit des Gehirns ist zum anderen aber auch eine wesentliche Möglichkeit der Erforschung seiner Funktionen zu danken; nach Öffnung des knöchernen Schädels kann man sich nämlich mit dem wachen und schmerzfreien Patienten über die Empfindungen verständigen und an ihm die motorischen Erscheinungen beobachten, die durch elektrische Reizung einzelner Stellen der Hirnrinde ausgelöst werden. Mit dieser Entdeckung eröffneten *G. Fritsch* und *E. Hitzig* (1870) der Hirnphysiologie, die vorher auf das Studium der durch Erkrankungen und Verletzungen bedingten Ausfallerscheinungen sowie auf Rückschlüsse aus dem Verlauf der Nervenbahnen angewiesen war, völlig neue Wege.

Das menschliche Gehirn wiegt beim Manne etwa 1200–1450 Gramm, bei der Frau um 50–100 Gramm weniger; innerhalb einer Spezies kommt den Gewichts- und Größenvariationen keine diagnostische Bedeutung zu. Die einzelnen Säugetierarten unterscheiden sich aber hinsichtlich des Verhältnisses, in dem das Gehirngewicht zum Körpergewicht steht (Enzephalisationshöhe, → Entwicklung). Den phylogenetisch alten Teilen *(Stammhirn)*, in denen sich die Zentren der primären

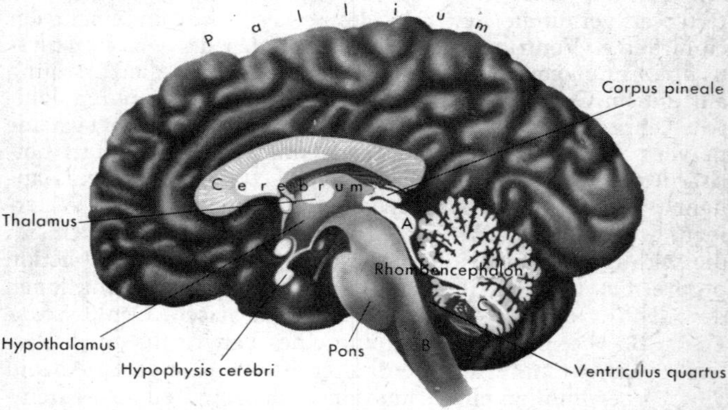

Abb. 35: Medianschnitt des Gehirns. Unterhalb der Großhirnrinde (Pallium): Stammhirn (Thalamus, Hypothalamus); Zirbeldrüse (Corpus pineale); A: Vierhügel-Platte (subkortikale Seh- und Hörzentren), B: Verlängertes Mark, C: Kleinhirn

Reizverarbeitung *(Thalamus)* und des Affektgeschehens *(Hypothalamus)* befinden (→ Gefühle), überlagert sich das aus den beiden Hemisphären bestehende Neuhirn (Abb. 35), deren äußerst dünne (0,5–4,0 mm) graue Oberflächenschicht als Rinde *(Cortex)* bezeichnet wird. Sie setzt sich aus etwa zehn Milliarden Nervenzellen zusammen, deren markhaltige (und daher weiß erscheinende) Faserfortsätze den Innenraum der Hemisphären füllen (Assoziations-, Kommissuren- und Projektions-Bahnen). Die Gesamtlänge dieser Bahnen schätzt *Rohracher* (1953) auf 480 000 km, das ist mehr als die Entfernung des Mondes von der Erde (etwa 380 000 km). Zum Gehirn rechnen auch das *Kleinhirn* (cerebellum), in dem die Koordination motorischer Vollzüge erfolgt, und das *verlängerte Rückenmark* (medulla oblongata) mit den vegetativen Steuerungszentren, z. B. dem Atemzentrum.
Das besondere Interesse der Psychologie gilt neben dem Stammhirn der Großhirnrinde, da in ihr die Ausgangs- bzw. Endsta-

tionen der meisten motorischen und sensorischen Bahnen liegen. Nach der Art des Aufbaus aus verschiedenen Typen und Schichten von Nervenzellen lassen sich im Cortex etwa hundert Felder voneinander abgrenzen, deren Bezeichnung durch ein Nummernsystem erfolgt. Der Versuch liegt nahe, diesen histologischen Sachverhalt mit einem Schema zu konfrontieren, das den einzelnen Partien des Cortex verschiedene Funktionen zuschreibt. Das ist das Problem der *Lokalisationslehre*, mit dem sich schon *Albertus Magnus* im 13. Jh. beschäftigte; er vermutete den Sitz des → *Gefühls* in einem der Hohlräume (Ventrikel) des Gehirns und den des → *Gedächtnisses* in einem anderen. Neue Impulse erhielt die Forschung auf diesem Gebiet zu Beginn des 19. Jh. durch die phrenologische Lehre von *F. J. Gall* (›Anatomie et physiologie du système nerveux‹, 1810–1819, → Ausdruckskunde), die ein scharf umrissenes aber weitgehend spekulatives Lokalisationsschema annahm, und durch die ihr gewidmeten experimentellen Widerlegungsversuche von *M. J. P. Flourens* (1824), aus denen sich die wichtige Unterscheidung zwischen ortsbestimmten (›action propre‹) und übergreifenden (›action commune‹) Funktionen des Gehirns ergab. Komplexe Verhaltensweisen, Denkleistungen z. B., aber auch die Erlernung eines Labyrinths durch Ratten (→ Lernen am Erfolg), enthalten in sich eine große Anzahl von ortsbestimmten Einzelfunktionen, die zum Teil aber füreinander eintreten (›vikariieren‹) können, so daß das Ausmaß der Störung ungefähr der Ausdehnung der Hirnschädigung proportional ist (*K. S. Lashley*, 1929, Prinzip der *Äquipotentialität* und der *Massenaktion*). Der strengen Lokalisationslehre steht daher heute, wie vor 150 Jahren eine *ganzheitliche* Auffassung der Hirnvorgänge (*K. Goldstein*, 1934) gegenüber; sehr deutlich wird diese Gegnerschaft bei der Diskussion des *Aphasie*-Problems (→ Sprache). Eine ungefähre Vorstellung von den Ergebnissen der Lokalisationsforschung gibt die ›*Hirnkarte*‹ von *K. Kleist* (1937) in Abb. 36. Über die neuesten Resultate, die auf dem von *Fritsch* und *Hitzig* eingeschlagenen Wege gewonnen wurden, unterrichtet das Werk von *W. Penfield* und *Th. Rasmussen* (1950); von großer Bedeutung für die Psychologie dürfte die Entdeckung der *Suppressorfelder* im Cortex (vgl. Abb. 10, → Aufmerksamkeit) sein.

Der Körper des Menschen ist in der Großhirnrinde mindestens zweimal repräsentiert; einmal bezüglich seiner motorischen Vollzüge (in der vorderen Zentralwindung) und zum anderen als ein sensorisches Aufnahmefeld (in der hinteren Zentralwindung). In beiden Fällen liegt diesen ›Abbildungen‹ ein eigenartiges Prinzip zugrunde, das Abb. 37 für die motorische Region

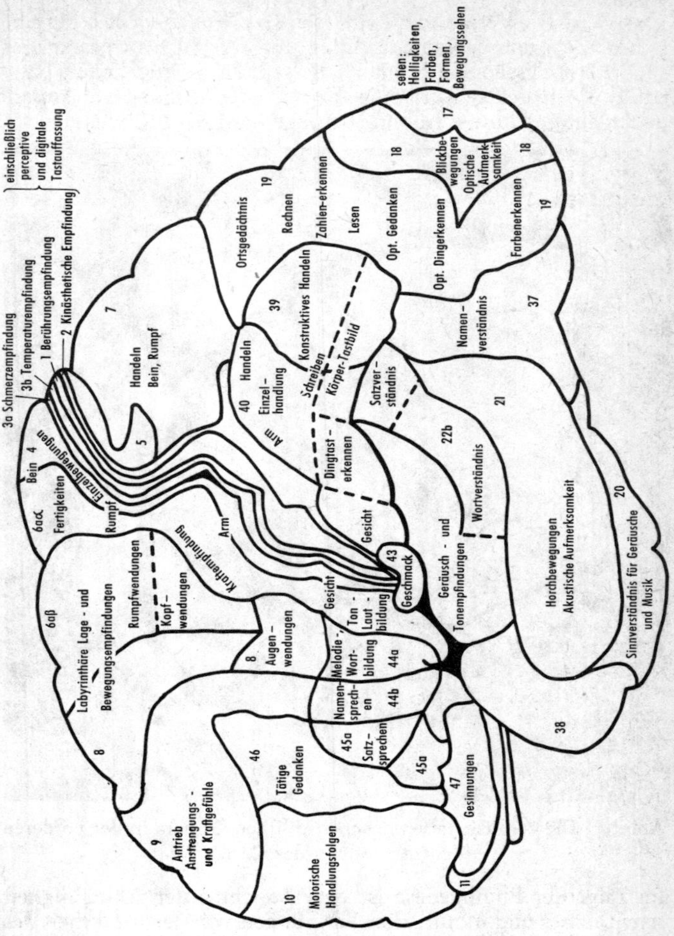

Abb. 36: Lokalisation der Funktionen in der Großhirnrinde, Seitenansicht der linken Hemisphäre (nach K. Kleist)

illustriert. Die Verzerrung der Gestalt (›*homunculus*‹) ergibt sich daraus, daß der einem Organ auf der Hirnrinde zugewiesene Platz dessen Reichtum an Bewegungsmöglichkeiten bzw. der Feinheit des sensorischen ›Korns‹ proportional ist. Außerdem steht das innere Abbild sozusagen auf dem Kopfe.

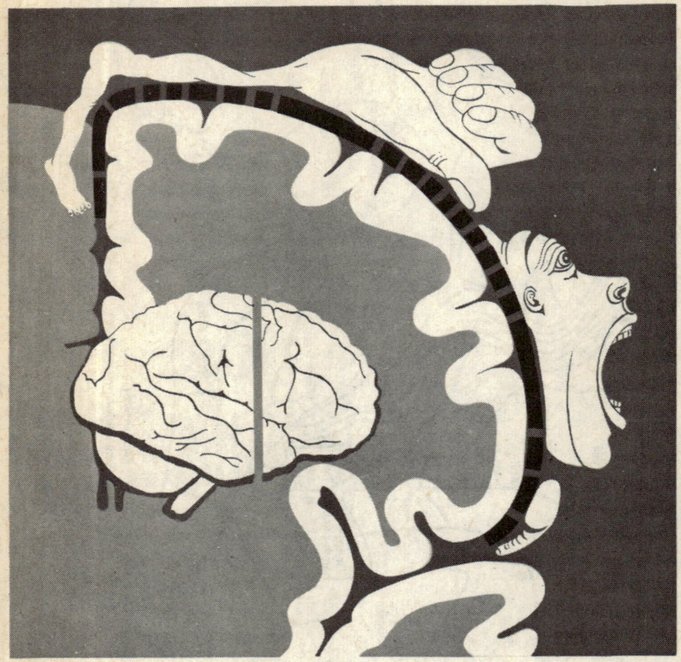

Abb. 37: Die Repräsentalien des menschlichen Körpers in der vorderen Zentralwindung des Cortex

Im Zuge der Phylogenese ist eine Zunahme der Abhängigkeit sensorischer und motorischer Funktionen von der Intaktheit des Cortex festzustellen (›*progressive Enzephalisation*‹). Während sich z. B. noch Ratten, Katzen und Hunde ohne die kortikale Sehsphäre im Raum orientieren können, wobei ihre Seheindrücke offenbar in den Zentren des Thalamus verarbeitet werden, bringt der Ausfall des Hirnfeldes Nr. 17 für den Menschen einen Zustand der völligen Blindheit mit sich. Störungen der bedeutungsverleihenden Verarbeitung von Seheindrücken (›*optische Agnosien*‹) entsprechen Schädigungen der Rindenfelder Nr. 18 und 19.

Die anatomische Lokalisationslehre vermittelt einen statischen Eindruck von der Struktur des nervösen Zentralorgans; seiner Dynamik kommen wir durch die Aufnahme der in ihm ablaufenden elektrischen Vorgänge näher. Etwa in den gleichen Jahren, als *Fritsch* und *Hitzig* durch elektrische Reizung des Cortex Bewegungen auslösten, beobachtete *R. Caton* (1874) am freigelegten Gehirn von Kaninchen und Affen das Auftreten elektrischer Potentialschwankungen; ein halbes Jahrhundert später konnte *H. Berger* (1924) diese dank der Entwicklung leistungsfähiger Verstärkersysteme am intakten Schädel registrieren. Aufnahmen dieser Phänomene bedienen sich eines Verstärkungsfaktors von etwa einer Million; sie werden als *Elektroenzephalogramme (EEG)* bezeichnet (Abb. 38). Es handelt sich dabei um Wechselströme mit Frequenzen bis zu einigen hundert Hertz und mit Amplituden bis zu etwa dreihundert Mikrovolt. Am einprägsamsten unter diesen sog. *Berger-Rhythmen* ist die nahezu reine Sinusschwingung des *Alpha-Rhythmus* (8–12 Schwingungen pro Sek., 20–70 Mikrovolt, zweite Zeile in Abb. 38), die häufig dann angetroffen wird, wenn eine wache, aber nach Möglichkeit völlig entspannte Vp ihre Augen schließt, bzw. wenn sie sich in einem abgedunkelten Raum befindet. Unter Lichteinwirkung und in geringerem Maße auch bei anderen Reizen (Geräusche, Denkaufgaben), die ihre → Aufmerksamkeit auf sich lenken, tritt an die Stelle des Alpha-Rhythmus nach einer Latenzzeit von etwa 0,4 Sek. der sog. *Beta-Rhythmus* (16–24 Hertz bei erheblich geringeren Amplituden). Diesen Übergang zeigt Abb. 38, in der auch die Anbringung der Aufnahmeelektroden am Schädel markiert ist. Die Erregung durch den an sich völlig harmlosen Sinnesreiz spiegelt sich auch – mit einer wesentlich längeren Latenzzeit – in den Schwankungen des elektrischen Körperwiderstandes (*GSR*, → Gefühle), kaum jedoch in der Herztätigkeit *(Elektrokardiogramm, EKG)*. Andere Schwingungsformen, z. B. der *Delta-Rhythmus* (1–4 Hertz, bis

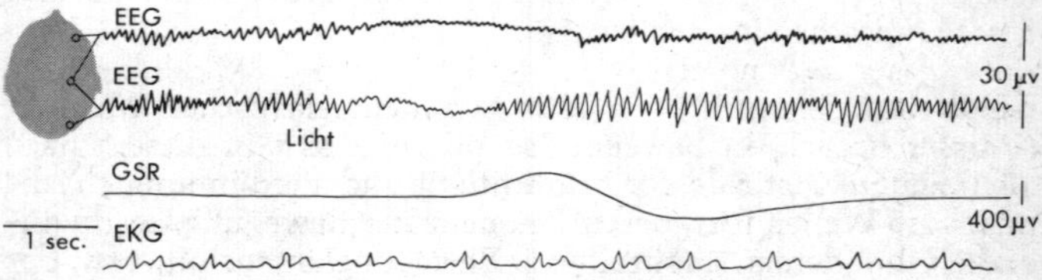

Abb. 38: Das Elektroenzephalogramm (EEG) des Menschen; Unterbrechung des Alpha-Rhythmus durch einen Lichtreiz. Darunter: Psychogalvanisches Phänomen (GSR) und Elektrokardiogramm (EKG)

zu 300 Mikrovolt), treten im Schlafe auf, wieder andere bei Epileptikern (›Krampfpotentiale‹).
Der laienhaften Meinung, daß wir mit Hilfe des EEG die menschlichen Gedanken und Empfindungen aufnehmen können, ist mit aller Bestimmtheit entgegenzutreten. Im Augenblick geben uns diese Phänomene überhaupt noch mehr Fragen auf, als sie beantworten. Zu einem Hilfsmittel der Diagnostik sind sie aber bereits da geworden, wo es um die Lokalisierung von Krankheitsherden im Gehirn (Tumoren, Reizstellen, von denen epileptische Anfälle ihren Ausgang nehmen können, → Psychose) geht. Als sehr wahrscheinlich kann gelten, daß innerlich gespannte Vpn auch unter optimalen Bedingungen kaum Alpha- und vorwiegend Beta-Wellen zeigen. Von hier aus ergeben sich neue Aspekte der → *Typenlehre*, da bei schizothymen und introvertierten Persönlichkeiten eine viel geringere Alpha-Aktivität festzustellen ist als bei zyklothymen und extravertierten. Bei Kleinkindern liegt die Frequenz des Alpha-Rhythmus unterhalb der des Erwachsenen (4–6 Hertz im Durchschnitt); interessanterweise tritt vor dem dritten Lebensjahr die Blockierung des Alpha-Rhythmus durch Sinnesreize noch nicht ein. Die Bedeutung dieses Befundes für die Rekonstruktion der menschlichen → Entwicklung ist jedoch noch nicht klar.
Darüber, wo und wie die Potentialschwankungen entstehen, ist man sich noch nicht einig geworden. Sehr viel für sich scheint die Annahme zu haben, daß es sich dabei um die Synchronisierung der minimalen elektrischen Zustandsänderungen innerhalb der einzelnen Neuronen handelt. Der reizbedingte Übergang von Alpha zu Beta wäre dann als eine teilweise Desynchronisierung, bzw. als die Ausgliederung funktionaler Teilbereiche aufzufassen. Manche Autoren neigen dazu, die Frequenz des Alpha-Rhythmus mit der Länge des menschlichen ›Moments‹ (→ Anlage und Umwelt) in Zusammenhang zu bringen. In den letzten Jahren hat *W. Köhler* (1951) auch Gleichstromerscheinungen am Gehirn aufgefunden, in denen er eine Bestätigung für die von der → Gestaltpsychologie entwickelte Theorie des Hirngeschehens erblickt.

Gehörsinn. Wenn Körper sich in einem elastischen Medium (Wasser oder Luft) bewegen, so pflanzen sich in diesem nach allen Seiten Zustände der Verdichtung und Verdünnung rhythmisch als Wellen fort, deren Frequenz der Bewegungsgeschwindigkeit und deren Amplitude der Bewegungsintensität, bzw. der Distanz des Urhebers entspricht. Die Richtung, aus der diese Wellen kommen, läßt sich nur feststellen, wenn (mindestens) zwei Aufnahmeorgane vorhanden sind, die unter sich die Zeitpunkte des Eintreffens der Wellen vergleichen können. Diesem

Zweck dienen die Gehörorgane bei Menschen und Tieren, namentlich solchen, die sich in ihrer Umwelt nicht oder nur kaum auf optischem Wege orientieren (z. B. Nachtfalter und Fische). Von besonderem Interesse sind die sog. *Seitenlinien-Rezeptoren* der Fische, weil aus diesen im Zuge der Phylogenese das Organsystem des inneren Ohres (*Labyrinth*) mit seinen beiden Funktionen der Schallverarbeitung und der Lageregistrierung des Körpers (→ Gleichgewichtsinn) hervorgegangen sein dürfte (*R. J. Pumphrey*, 1950).

Biologisch betrachtet ist die primäre Aufgabe des zweiohrigen Apparates die eines Richtungsfinders; sie kommt allerdings bei einem ›Augentier‹, wie dem Menschen, nur zu relativ geringer subjektiver Geltung. Trotzdem gibt es kaum eine Organfunktion, die auf kleinere objektive Differenzen in ähnlich präziser Weise anspräche. Wie *E. M. v. Hornbostel* und *M. Wertheimer* einerseits und *O. Klemm* andererseits (1920) zeigen konnten, entsteht der Richtungseindruck auf Grund der äußerst geringen Zeitdifferenz, mit der die beiden Ohren (L. O. und R. O.) von den Schallwellen erreicht werden (Abb. 39); es handelt sich hier um Bruchteile von Millisekunden, bei der eben noch erkennbaren Abweichung um 3 ° von der Medianebene z. B. um weniger als den dreißigtausendsten Teil einer Sekunde. In die Berechnung dieser Größe geht die Wegdifferenz (bei einer Abweichung um 45 ° = 12 cm), die Schallgeschwindigkeit in der Luft (330 m pro Sekunde) und der Abstand zwischen den beiden Ohren (17,5 cm) ein.

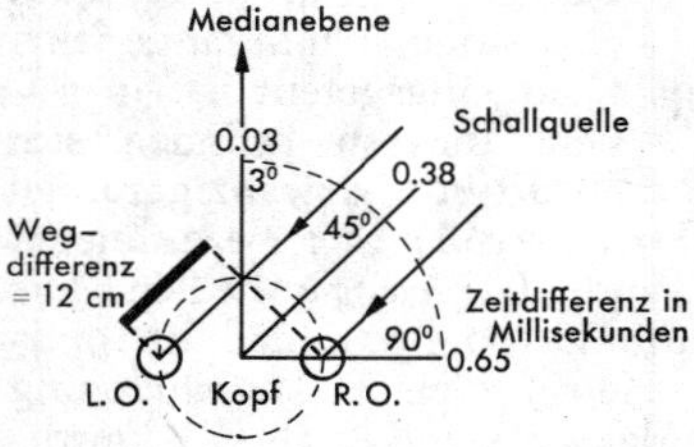

Abb. 39: Richtungshören auf Grund minimaler Zeitunterschiede

Sehr viel mehr Aufmerksamkeit pflegen wir der mit dem Richtungfinden gekoppelten Funktion des Gehörapparates zu schenken, nämlich der Analyse des von einem Urheber ausgehenden *Schallspektrums* hinsichtlich der in ihm auftretenden Frequenzen, die wir in Eindrücke der *Tonhöhe* transformieren, und der Amplituden, die sich uns als *Lautstärken* darstellen. Der elementare Zweck einer solchen Analyse ist die Ermittlung der Mächtigkeit des Schallerregers (Größe, Kraft und Distanz) sowie dessen qualitative Differenzierung von anderen Schallquellen. *W. v. Buddenbrocks* Meinung (1953), »daß der Gehörsinn im ursprünglichsten Falle nur zur Beachtung der Liebestöne eines Freiers geschaffen« sei, scheint eine seiner Einsatzmöglichkeiten übermäßig zu betonen; richtig aber bleibt, daß die Hörwelt zum Unterschied von der Sehwelt prinzipiell aus bewegten und dabei vorwiegend aus belebten Gegenständen besteht, und daß sie im Erleben sehr stark durch ein zuständliches Bewußtsein (→ Gefühle) repräsentiert wird. Seine höchste Ausgestaltung findet dieses Bewußtsein in der *Musik*.

In den drei Teilen des Ohres (Abb. 40) erfolgt die Aufnahme (äußeres Ohr bis zum Trommelfell), die mechanische Verstärkung (mittleres Ohr, bestehend aus den drei Knöchelchen, Hammer, Amboß und Steigbügel; für den Druckausgleich zwischen der äußeren Luft und dem Mittelohr sorgt die zum Rachen führende Eustachische Röhre) und die Transformation von mechanischen Schwingungen in nervöse Impulse (inneres Ohr). Der wichtigste Teil ist das *Cortische Organ (Schnecke, Cochlea)*; es besteht aus einer Spirale mit zweieinhalb Windungen, deren Hohlraum durch eine 35 mm lange feine Haut längsgeteilt ist. In seinem Inneren befinden sich etwa fünfundzwanzigtausend Fasern, die an der als *Basilar-Membran* bezeichneten Scheidewand angebracht sind und *Hörhaare* heißen. Die Empfindlichkeit dieses Apparates ist so hoch, daß im optimalen Hörbereich (um 3000 Hertz) eine Lageveränderung des Trommelfells um 10^{-9} cm (das ist weniger als der Durchmesser eines Wasserstoffatoms: 10^{-8} cm) bereits als ein akustischer Reiz perzipiert wird. Der Energiebedarf des Ohres ist damit noch kleiner als der des → Gesichtsinnes (10^{-12} erg gegenüber 10^{-10} erg); eine auch nur geringfügige Steigerung seiner Sensitivität wäre jedoch völlig unzweckmäßig, da wir in diesem Falle die Wärmebewegung der Moleküle in der Luft hören würden.

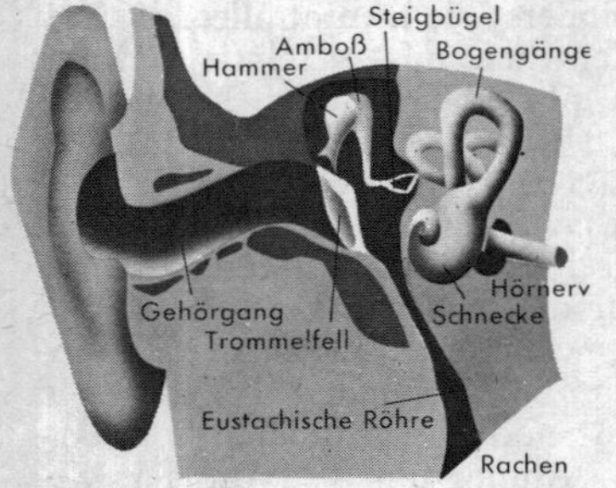

Abb. 40: Der Aufbau des menschlichen Ohres

Die Beschreibung von *Tönen* (einfachen, periodischen Schwingungsformen) und *Geräuschen* (komplizierten, aperiodischen Schwingungsformen) erfolgt in zwei Dimensionen: hinsichtlich der Intensität und bezüglich der Schwingungsfrequenz. Das Intensitätsmaß wird als *Phon* oder, im angelsächsischen Schrifttum, als ›*Decibel*‹ bezeichnet. Es entspricht dem logarithmischen Verhältnis der Schallenergie (E_n) zu einer Standardenergie von $E_0 = 2 \cdot 10^{-4}$ dyn pro cm² : n Phon $= 10 \log \frac{E_n}{E_0}$

$= 20 \log \frac{P_n}{P_0}$ für den in *Mikrobar* (Milligramm pro cm²) bestimmten Schalldruck (P_n). Die Schwingungsfrequenz wird in Hertz (Hz, ganze Schwingungen pro Sekunde) ausgedrückt. Das *Hörfeld* des Menschen erstreckt sich von etwa 10—20 000 Hz und bis hinauf zu etwa 100—120 Phon, jenseits dieser Grenze treten Schmerzempfindungen an Stelle von Hörempfindungen auf. Die Abhängigkeit der absoluten Schwelle (→ Psychophysik) des Gehörsinnes von der Frequenz zeigt Abb. 41, aus der auch die Alltagsbedeutung des Phon-Maßes ersichtlich ist. Unter Berücksichtigung der Unterschiedsschwelle für Intensitäten und Frequenzen ergibt sich, daß die Hörfläche des Menschen aus etwa 340 000 unterscheidbaren reinen Tönen besteht (→ Psychophysik). Dabei ist aber zu beachten, daß die physikalische Dimension der Frequenzunterschiede erlebnismäßig in zweifacher Weise repräsentiert wird, einmal durch Differenzen der Ton-

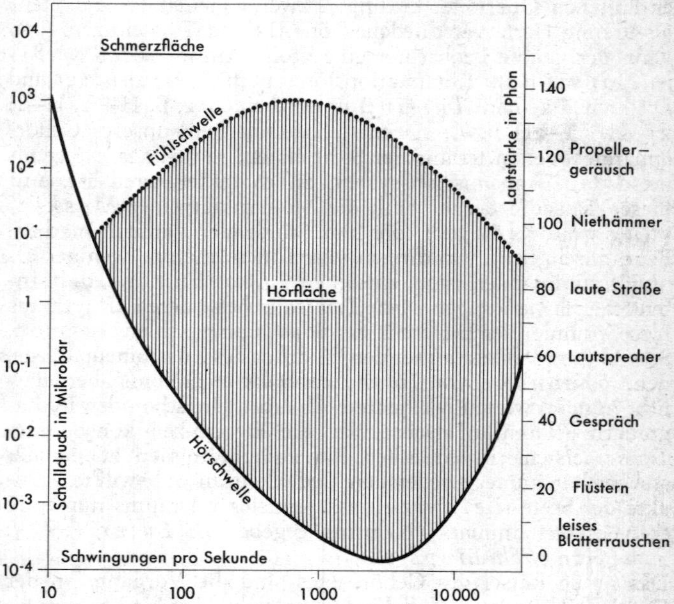

Abb. 41: Die Hörfläche des Menschen

höhe und zum anderen durch das zyklische System der in den Oktavenspielraum eingegliederten musikalischen Intervalle. Rattenversuche (*H. R. Blackwell* und *H. Schlosberg*, 1943) haben mit Hilfe des Generalisationsphänomens (→ be-

dingter Reflex) gezeigt, daß der Ähnlichkeitseindruck, den im Oktavenverhältnis zueinander stehende Töne erwecken, nicht auf den Menschen beschränkt ist.
Zum Unterschied von den reinen Tönen, die im Leben so gut wie gar nicht vorkommen, enthalten *Klänge* eine Kombination mehrerer Schwingungsfrequenzen, wobei die einzelnen Komponenten mit verschiedenen Intensitäten auftreten können. Ihre mathematische Analyse läßt sich nach dem Theorem von *J. B. J. Fourier* (1822) durchführen; zur eindrucksmäßigen Analyse verwendet man *Resonatoren*, die einzelne Komponenten des Klanges selektiv verstärken und daher gestatten, diese ›herauszuhören‹. In der Regel besteht ein Klang aus einem *Grundton* und einer Reihe von *Obertönen*. (*Oktave*, Schwingungsverhältnis 1 : 2; *Quinte*, 2 : 3; *Große Terz*, 4 : 5). Die *Klangfarbe* von Schallquellen (Musikinstrumenten) entspricht der relativen Intensität der in ihrem Spektrum enthaltenen Obertöne. Erklingen zwei voneinander um mehr als dreißig Hertz verschiedene Töne (H und T) gleichzeitig, so kann der geübte Beobachter eine große Anzahl von *Kombinationstönen* (Summationstöne nach *Helmholtz* und Differenztöne nach *Tartini*) unterscheiden, z. B. H+T, H—T, 2T—H, 3T—2H usw.; sie entstehen innerhalb unseres Gehörapparates, der in technischer Sicht als ein nicht-lineares, asymmetrisches Transmissionssystem zu charakterisieren ist. Auf dieser Tatsache beruht auch die Möglichkeit einer *Maskierung von Klängen*, die sich Störsender zunutze machen. Beim gleichzeitigen Erklingen von Tönen, die um weniger als 30 Hz auseinanderliegen, entstehen *Schwebungen*, d. h. Intensitätsschwankungen des Tongemisches, deren Rhythmus (pro Sekunde) der Differenz der Schwingungszahlen entspricht. Schwebungen stören sicher den Eindruck des Zusammenpassens, der *Konsonanz*, von Tönen; worin dieses Erlebnis aber letztlich gründet, wissen wir heute noch nicht. Die schon den Pythagoräern bekannte Tatsache, daß die Frequenzen konsonanter Töne meistens in einfachen Zahlenverhältnissen zueinander stehen, hat immer wieder den Gedanken an unbewußte Zählakte der Seele (*Leibniz*, 1712: »musica est raptus numerare se nescientis animae«) Nahrung gegeben (*L. Euler, F. W. J. Schelling, Th. Lipps*, 1885).
Das große Rätsel des Gehörsinnes sind die Vorgänge in der Cochlea. Wir wissen, daß die dort entstehenden Nervenimpulse durch den VIII. Hirnnerven (n. acusticus) über Schaltstellen in der medulla oblongata und im Thalamus zum Schläfenlappen des Cortex (Heschelsche Querwindung) geleitet werden (vgl. Abb. 36, → Gehirn), wo das Kontinuum der Tonhöhen bandförmig repräsentiert ist. Im Jahre 1930 führten *E. G. Wever*

und *C. W. Bray* Elektroden in das kurze Stück des Hörnervs einer Katze ein, das von der Schnecke zum verlängerten Mark zieht. Über eine Lautsprecheranlage konnten sie sich davon überzeugen, daß das innere Ohr so ähnlich wie ein Telephon funktioniert; die dem Versuchstier zugeführten Geräusche und Klänge, z. B. die menschliche Sprechstimme, waren in ihren individuellen Qualitäten deutlich wiederzuerkennen.

Dieses in der Literatur ungemein berühmte Experiment wirft eine Reihe von Fragen auf: 1. In welcher Weise transformieren die Ganglienzellen der Cochlea mechanische Erregungen in elektrische Impulse? 2. Nach welchem Prinzip bildet sich die Besonderheit eines Klanges auf die Basilar-Membran ab? 3. Wieso kann der Hörnerv unbeschadet des Gesetzes der *absoluten refraktorischen Phase* (→ Reiz und Reaktion) Frequenzen von über tausend Hertz leiten? Die letzte Frage läßt sich im Einklang mit anderen experimentellen Befunden durch die Annahme beantworten, daß bei niedrigen Frequenzen (bis zu 800 Hz) sämtliche Fasern des Nerven gemeinsam (synchron) in Aktion treten, während bei höheren Frequenzen eine Arbeitsteilung erfolgt, so daß eine einzelne Faser z. B. nur jeden zweiten oder dritten Impuls weiterleitet. Als Analogie denken *Wever* und *Bray* an eine Kompanie, die ihre Salven (›volleys‹) auf mehrere Züge verteilt; man spricht daher von einer *›volley-theory‹*.

Hinsichtlich der Vorgänge in der Schnecke stehen mehrere Theorien in Konkurrenz. *Helmholtz* verglich (1863, 1870) die Fasern der Basilar-Membran mit den Saiten einer Harfe oder eines Klaviers und nahm an, daß sie in Resonanz zu den Schwingungsfrequenzen der Klänge aktiviert würden *(Resonanztheorie)*. Den einzelnen Bereichen der Schnecke sollen danach die verschiedenen Frequenzen entsprechen. Schwierigkeiten erwachsen dieser Theorie daraus, daß die Fasern der Basilar-Membran nicht wie die Saiten eines Musikinstruments gespannt sind, und daß sie wahrscheinlich auch nicht einzeln zu schwingen vermögen. Diesen Einwänden trägt die von *W. Rutherford* (1886) skizzierte Vorstellung Rechnung, derzufolge die Basilar-Membran als Ganzes wie die Membran eines Telephons einen Schwingungszustand erreichen soll, wobei es zur Ausbildung charakteristischer Spannungsmuster, der *›Schallbilder‹* nach *J. R. Ewald* (1899), kommt.

Störungen des Gehörsinnes können peripher (im Aufnahmeapparat), aber auch zentral begründet sein. Besonderes Interesse hat die als *›absolutes Gehör‹* bezeichnete Spezialbegabung gefunden. Während sehr viele Menschen die gebräuchlichen Intervalle zu erkennen, einzustellen und zu benennen vermögen, gelingt es einzelnen Personen auch, isoliert dargebotene Töne richtig zu benennen. Zunächst handelt es sich dabei um eine sehr differenzierte Leistung des → Gedächtnisses, deren Voraussetzungen aber in der Tonwahrnehmung selbst (erhöhte Prägnanz) zu liegen scheinen. Nach *A. Wellek* (1938) lassen sich zwei Typen des absoluten Gehörs unterscheiden: der lineare Typus neigt zu Verwechslungen zwischen benachbarten Tönen, der polare Typus hingegen zu Quint-Verwechslungen.

Geschlechtsunterschiede. Es gibt kaum ein Gesellschaftssystem, in dem nicht mit erheblicher Schärfe festgelegt wäre, welche Charakterzüge als typisch für die Geschlechter anzusehen sind. Schon *Aristoteles* gibt in der ›Historia animalium‹ eine Schilderung, die im großen und ganzen auch noch der heutigen Populärauffassung entsprechen dürfte: »Das Weib neigt mehr zum Mitleid und zu Tränen als der Mann; es ist neidischer, zänkischer und verleumderischer als dieser, leichter entmutigt und verzweifelt, weniger klug und in größerem Maße der Falschheit und dem Irrtum ausgeliefert. Die Frau besitzt ein besseres Erinnerungsvermögen als der Mann, sie ist wachsamer, jedoch weniger aktiv und beweglich, sie braucht auch nur weniger Nahrung ... Der Mann ist eher dazu bereit, in Gefahr zu helfen; er ist mutiger als die Frau.« Eine Analyse der Vorstellungen, die deutsche Studenten in der Gegenwart mit den Begriffen ›männlich‹ und ›weiblich‹ verbinden, gibt Abb. 42, zu deren Herstellung die Methode des Polaritätsprofils (→ Assoziation) verwendet wurde.

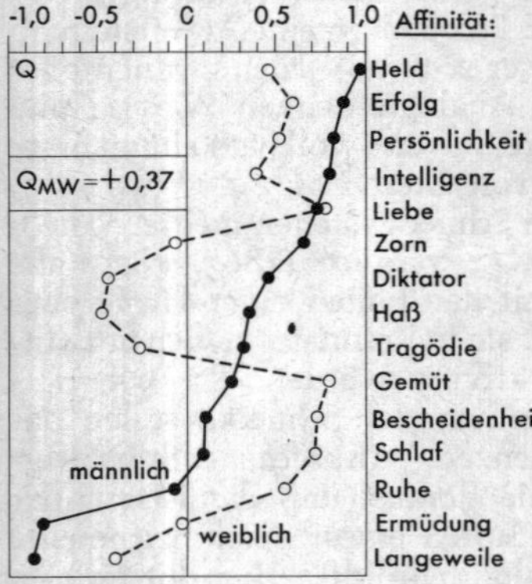

Abb. 42: Die Stereotype der Geschlechter

Als sehr wesentlich erscheint, daß die beiden *Geschlechter-Stereotype* (M und W) nicht in einem Gegensatzverhältnis zueinander stehen (diesem entspräche ein Q-Wert in der Nähe von −1,00), sondern daß sich zwischen ihnen eine geringfügige Ähnlichkeitskorrelation (Q = +0,37) findet. Die häufig anzutreffende Vorstellung, nach der die beiden Typen (M und W) die Endpunkte eines Kontinuums (Abb. 43 a) markieren, in dessen Mitte die geschlechtslosen Neutralformen (N) liegen, ist daher zugunsten einer zweidimensionalen Darstellung (Abb. 43 b) zurückzuweisen. Irreführend und, wie Erfahrungen in der → Psychotherapie zeigen, verhängnisvoll wirkt sich die von

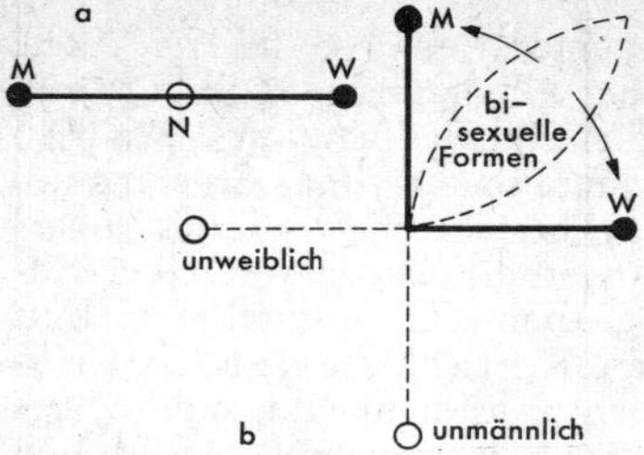

Abb. 43: Zwei Begriffs-Modelle des Geschlechterverhältnisses

innerlich unsicheren Personen manchmal zur Lebensmaxime erhobene Gleichung aus: ›männlich‹ = ›unweiblich‹, ›weiblich‹ = ›unmännlich‹. Der psychologische Sachverhalt wird von der Physiologie dadurch bestätigt, daß sich bei jedem der beiden Geschlechter regelmäßig auch die *Sexualhormone* des anderen Geschlechts nachweisen lassen. Mit Recht spricht man davon, »daß jeder Organismus bis zu einem gewissen Grade bisexuell ist« (*M. Clara,* 1943). Diese These geht bereits auf antike Gedanken (das Symbol des *Androgyn*) zurück, sie wurde um die Jahrhundertwende von mehreren Autoren (*A. Weismann,* 1892; *W. Fließ,* 1897; *O. Weininger,* 1902; *S. Freud,* 1905) erneut formuliert. Für die Selbstdeutung eines jeden konkreten Individuums ergibt sich daraus die Notwendigkeit, einen Teil seines Wesens unberücksichtigt zu lassen, indem es sich kategorial als entweder ›männlich‹ oder ›weiblich‹ deklariert, bzw. indem es von der frühesten Kindheit an auf diese Weise eingeordnet und behandelt wird. Die aus dem Selbstbild des Mannes verdrängten weiblichen Züge bezeichnet *C. G. Jung* als dessen *›anima‹*; ihr entspricht auf seiten der Frau der *›animus‹*, in dessen Gestalt ihr Unbewußtes die männlichen Eigenschaften, die sie nicht wahrhaben will, aufbewahrt.

Die Geschlechter-Stereotype sind kulturelle *Selbstverständlichkeiten,* die als solche die Charakterbildung der in einem Gesellschaftssystem aufwachsenden Personen männlichen und weiblichen Geschlechts nachdrücklich beeinflussen, da sie — wie Selbstverständlichkeiten fast immer — als *Normen* der Naturgemäßheit präsentiert zu werden pflegen (→ Normalitätsbegriff). Etwa vom zweiten Lebensjahr ab verläuft der → Sozialisierungsprozeß daher in geschlechtsspezifischer Weise. Das Ausmaß, in dem sich Einzelindividuen bezüglich ihrer Lebensgewohnheiten, Neigungen, Interessen und in ihren → Assoziationen der Geschlechtstypisierung unterworfen haben, gestatten eine Reihe psychologischer → Tests zu erfassen, unter denen der von *Terman* und *Miles* (1936) entwickelte *›M-F-Test‹* und die M-F-Skala des Minnesota-Fragebogens (MMPI) am bekanntesten sind.

Die Tatsache des sozialen Drucks in Richtung auf eine Geschlechtstypisierung erschwert die Beantwortung der Frage nach den Merkmalen, bezüglich deren sich die Geschlechter von Na-

tur aus unterscheiden. Die Behauptung einer geringeren Intelligenz der Frau (etwa im Sinne der Abhandlung von *P. J. Moebius* ›Über den physiologischen Schwachsinn des Weibes‹, 1900) und von deren größerer Emotionalität (das Ergebnis der Enquête von *G. Heymans*, 1924) bezieht sich – sofern sie überhaupt zutreffen sollte – auf Sachverhalte, die sowohl einer biologischen als auch einer soziologischen Erklärung fähig sind. In welcher Weise sich das schnellere *Reifungstempo* des weiblichen Geschlechts und dessen Inanspruchnahme durch die *Menstruation* auswirken, hängt ebenfalls nicht unwesentlich von der kulturellen Interpretation dieser Erscheinungen ab.
Die von manchen Autoren, z. B. von *M. Vaerting* (1921) vertretene rein soziologische Betrachtungsweise beruft sich auf die Tatsache der in den meisten Gesellschaftssystemen geltenden Unterordnung der Frau unter den Mann und die damit verbundene Ungleichheit der Entfaltungschancen der Geschlechter auf den Gebieten der öffentlichen Wirksamkeit (Kunst, Literatur, Politik, Wirtschaft, Wissenschaft usw.). Die männliche Besetzung der *Dominanzrolle* findet sich jedoch schon im Tierreich häufig (*G. H. Seward*, 1946); wo diese Rolle einem weiblichen Individuum zufällt, pflegt dieses die arteigenen Verhaltensweisen der Männchen (z. B. beim versuchten Koitus) zu zeigen, während die sich einem männlichen oder weiblichen Partner unterwerfenden Männchen die für Weibchen charakteristische Stellung beim Geschlechtsverkehr einnehmen (*A. H. Maslow*, 1936). Offenbar gibt es bereits vor-kulturelle Unterschiede, die sich aber zumindest beim Menschen nicht auf die beliebte Formel vom sog. ›starken‹ und ›schwachen‹ Geschlecht bringen lassen. Die männliche Überlegenheit an Körperkraft steht nämlich einer höheren Lebenszähigkeit der Frau gegenüber, die sich nicht nur in einer durchschnittlich um drei bis fünf Jahre längeren Lebenserwartung ausdrückt (Deutsches Reich 1932: 62,8 zu 59,9 Jahre), sondern auch darin, daß schon im Mutterleib der männliche Embryo stärker gefährdet ist als der weibliche. Während sich bei der Geburt das Zahlenverhältnis von 105 Knaben auf 100 Mädchen ergibt, schätzt man in den ersten Embryonalmonaten ein Zahlenverhältnis von 120 (und sogar 150) : 100.
A. Montagu (1955) hat zahlreiche Beweise für ›die natürliche Überlegenheit der Frau‹ gesammelt. Sie finden zu einem großen Teil ihre Erklärung darin, daß das weibliche Geschlecht zwei homologe *Geschlechtschromosome* (XX) besitzt, das männliche aber ein ungleiches Paar (XY), wobei das sehr kurze Y-Chromosom nur wenige oder vielleicht überhaupt keine *Erbfaktoren (Gene)* enthält (→ Anlage und Umwelt). Beim weiblichen Geschlecht besteht daher die Möglichkeit eines Aus-

gleichs bio-negativer Gene in dem einen X Chromosom durch das zweite; nicht so beim Mann. Inwieweit sich damit die Beobachtung in Zusammenhang bringen läßt, daß die meßbaren Leistungsmerkmale beim weiblichen Geschlecht enger am Mittelwert der Art liegen, d. h. weniger weit streuen als beim männlichen, ist noch ungewiß. Jedenfalls finden wir auf intellektuellem Gebiet nicht nur ein Überwiegen der Männer auf der Seite des positiven Extrems (›*Geniale*‹), sondern gleichzeitig auch auf der des negativen (*Schwachsinnige*).

S. Freud und einzelne seiner Schüler glauben die psychischen Geschlechtsunterschiede auf die für das weibliche Kleinkind — wie sie meinen — sehr deprimierende Entdeckung zurückführen zu können, daß es selbst keinen Penis besitzt und daher im Sinne der phantastischen Sexualtheorien der frühen Kindheit wie ein verstümmelter Knabe aussieht. Es komme daher bei Mädchen zu einem ›*Penisneid*‹ bzw. zu der Annahme einer strafweise erlittenen *Kastration* und im weiteren Verlauf zu einem sachlich natürlich völlig unbegründeten Schuldgefühl, das sich zu einer masochistischen Grundhaltung entwickeln kann (*H. Deutsch*, 1948). Dieser Hypothese ist von weiblichen Psychoanalytikerinnen (*K. Horney, V. Klein, C. Thompson*) nachdrücklich widersprochen worden. In der Tat läßt sich schwer einsehen, wieso das kleine Mädchen den Penis des Knaben eigentlich vermissen sollte, es sei denn, daß es diesen bereits als ein Anzeichen des sozialen Vorrangs auffaßt. Damit verliert aber die Entdeckung des Penismangels ihre primär-kausale Bedeutung.

Als aussichtsreicher erscheint der Versuch einer Herleitung der stereotypisierten Geschlechtsunterschiede aus der Tendenz von Gruppen zur Entwicklung zweier voneinander unabhängiger Rangordnungen, die einerseits unter dem Gesichtspunkt der *Tüchtigkeit* und andererseits unter dem der *Beliebtheit* stehen (→ Gruppendynamik). In der familiären Gruppe verteilen sich diese Prädikate auf *Vater* und *Mutter*, die damit zu leitbildlichen Repräsentanten von ›*Potenz*‹ (auch im geschlechtlichen Sinne) und ›*Liebe*‹ bzw. von Aktivität und Passivität werden. Der Forderung nach einer Gleichberechtigung der Geschlechter entspricht die Bereitschaft, Tüchtigkeit und Beliebtheit als gleichrangige, wenn auch verschiedene Wertprädikate anzuerkennen. Unter dem männlichen Aspekt gesteuerte Sozialgebilde neigen zur Entwertung des Beliebtheitsgesichtspunktes und auch zu einer Einengung der im Sozialisierungsprozeß vermittelten Denkformen auf die Thematik von Stärke und Schwäche bzw. Macht und Unterwerfung. Sie räumen daher dem heranwachsenden Mädchen keine adäquaten Möglichkeiten zur Selbstdeutung seines Wesens ein. So betrachtet ist der feinsinnigen Bemerkung *J. Pauls* (›Levana‹, 1807) zuzustimmen:

»Aus diesem weiblichen Mangel an Selbstgesprächen und Selbstverdoppelung erklären sich die meisten Nach- wie Vorteile der weiblichen Natur.«

Gesichtsinn. Der Mensch wird als ein ›Augentier‹ bezeichnet, da ihm seine Eigenwelt hauptsächlich als eine Sehwelt gegeben ist. Unsere Augen sind Empfangsgeräte für *elektromagnetische Wellen,* die allerdings nur auf einen winzigen Ausschnitt aus diesem Spektrum, auf kaum mehr als eine Oktave, ansprechen (Abb. 44). Sehr viel größer als der Spielraum der für uns sichtbaren Wellenlängen (etwa 400—800 Millimikron; 1 mμ = 10^{-7} cm) ist die Variationsweite der *Beleuchtungsintensitäten* (gemessen in *Lux*), deren sich Sehleistungen zu bedienen vermögen. Ein völlig an die Dunkelheit angepaßter Beobachter kann — so wird behauptet — in einer klaren Nacht das Aufflammen eines Zündholzes in etwa 80 km Entfernung wahrnehmen; andererseits findet sich aber auch der Skifahrer bei prallem Sonnenlicht in einer Schneelandschaft zurecht. Diesem Unterschied entspricht ein Intensitätenverhältnis von $10^{14} : 1$; die Skala erstreckt sich demnach über 140 *Decibel* und besitzt damit etwa die gleiche Ausdehnung wie die des → Gehörsinnes.

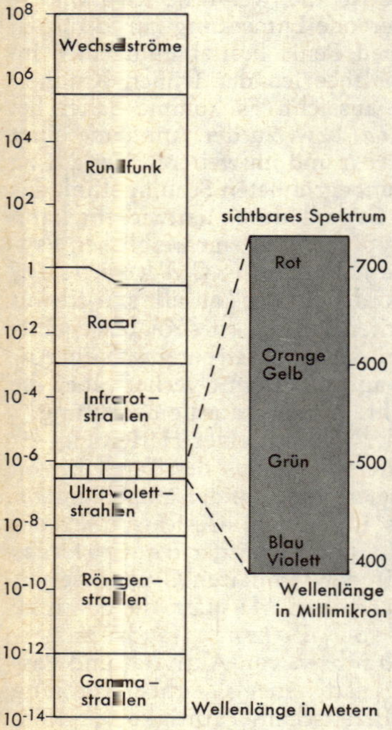

Abb. 44: Das Spektrum der elektromagnetischen Wellen

Das Auflösungsvermögen des Auges läßt sich durch die Grenzleistung der Entdeckung eines 1,5 mm dicken Fadens in ca. 400 m Entfernung charakterisieren; diesem Durchmesser entspricht ein Netzhautbild von der Größenordnung $5 \cdot 10^{-5}$ mm *(›minimum visibile‹),* als dessen akustisches Analogon wir die beim Richtungshören eben noch wirksame Zeitdifferenz von $3 \cdot 10^{-5}$ Sekunden auffassen können. Das Energieminimum, das zur Anregung des Gesichtsinnes eben noch ausreicht (10^{-10} erg), ist allerdings hundertmal so groß wie das des Gehörsinnes (10^{-12} erg). Dieser Betrag liegt aber, wie *S. Hecht* (1944) ausgerechnet hat, hart an der Grenze der physikalischen Möglichkeiten; er wird nämlich dadurch realisiert, daß etwa zehn photosensitive Zellen (Stäbchen) gleichzeitig durch je ein *Lichtquantum* aktiviert werden. Eine noch weitergehende Verfeinerung des Apparates wäre — wie im Falle des Hörens — unzweckmäßig, da wir sonst in einem Lichtchaos leben würden; die Minimalbedingung der gleichzeitigen Aktivierung mehrerer Stäbchen stellt somit eine Schutzeinrichtung dar.

Die anatomische Betrachtung des Auges (Abb. 45) legt den Schluß nahe, daß hier eigentlich zwei Apparate ineinander geschachtelt sind (*Duplizitätstheorie* nach *M. Schultze*, 1866, und *J. v. Kries*, 1894). Die Elemente des einen Apparates sind die vergleichsweise großen, bauchig verdichteten *Zapfen* (Durchmesser = 0,007 mm), die des anderen die schlanken, zylinderförmigen *Stäbchen* (Durchmesser = 0,002 mm). Die ersteren befinden sich fast nur im Zentralbereich der *Netzhaut*, das ist in der Umgebung der Stelle des deutlichsten Sehens (*Fovea centralis, gelber Fleck*), die letzteren beherrschen die Peripherie der Netzhaut. Im ganzen besitzt das Auge etwa 130 Millionen Stäbchen und 7 Millionen Zapfen, denen zusammen ca. 1 Million Fasern des optischen Hirnnerven und nahezu ebenso viele Ganglienzellen in der *Sehsphäre* des Cortex (Feld Nr. 17, vgl. Abb. 36, → Gehirn) entsprechen. Auf dem Wege von der Peripherie (*Retina*) zum Zentrum muß deshalb eine Zusammenfassung (Bündelung) der Einzelorgane im ungefähren Verhältnis von 100 : 1 erfolgen. Die Fovea wird auf die Hirnrinde in einem weit größeren Maßstab projiziert als die periphere Netzhaut; die Verhältnisse liegen hier ähnlich wie bei der *Homunculus*-Abbildung der Körperoberfläche (vgl. Abb. 37, → Gehirn).

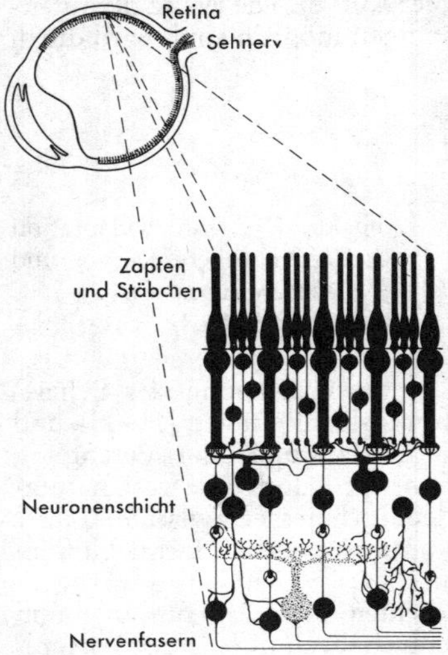

Abb. 45: Die Netzhaut des Auges

Die beiden auf anatomischem Wege differenzierten Sehapparate (*H. Müller*, 1851) werden meist als der *Lichtsinn* (Stäbchen) und der *Farbensinn* (Zapfen) bezeichnet. Die Farbunterscheidung erfolgt im zentralen Teil der Retina; sie bedarf einer relativ hohen Beleuchtungsintensität (*Tages-* oder *photopisches Sehen*). Die Peripherie der Netzhaut ist hingegen nahezu farbenblind, dafür aber in sehr viel höherem Maße dazu in der Lage, sich auf minimale Lichtwerte einzustellen (*Dämmerungs-* oder *skotopisches Sehen*). Tritt man aus einem hellen Wohnraum in die dunkle Nacht, so sieht man zunächst gar nichts, allmählich aber werden die Konturen der Umgebung in dem Maße deutlich, als die Reizempfindlichkeit der Zapfen und Stäbchen zunimmt (*Adaptation*). Der Vorgang erstreckt sich über mehr als eine halbe Stunde; er besteht aus zwei Phasen (Abb. 46), da sich zunächst und nur in relativ geringem Umfange die Zapfen adaptieren (oberer Teil der Kurve), später und mit einem erheblich größeren Wirkungsgrad die Stäbchen (unterer Teil der Kurve). Die Weite der Intensitätsskala, über die hin Sehleistungen möglich sind, wird durch

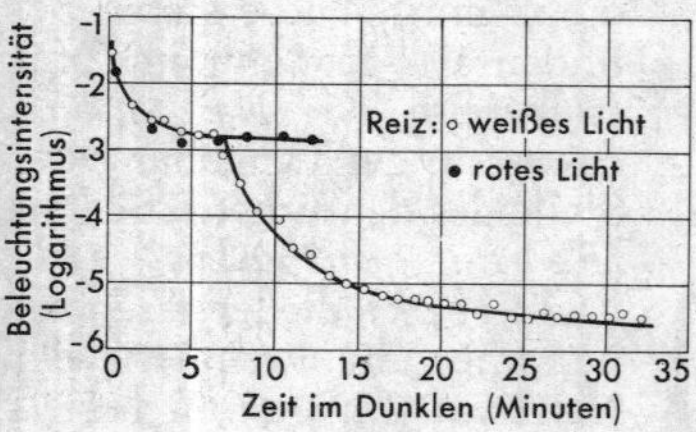

Abb. 46: Die Dunkeladaptation der Zapfen (obere Kurve) und Stäbchen (untere Kurve) (nach S. Hecht, 1934)

zwei Einrichtungen bewältigt: 1. die Anpassung der Sehelemente an die jeweiligen Beleuchtungsbedingungen (*Hell-* und *Dunkeladaptation*), 2. die Erweiterung oder Verengung der Pupillenöffnung; dieser Faktor ist jedoch nur von zusätzlicher Bedeutung, da der Pupillendurchmesser zwischen 2 und 8 mm und damit die Menge des aufgenommenen Lichts bloß im Verhältnis 1 : 16 variieren kann.

Die beiden Sehapparate unterscheiden sich nicht nur in ihrem Adaptationsverhalten, sondern auch bezüglich ihres Ansprechens auf die verschiedenen Wellenlängen (Abb. 47). Das Empfindlichkeitsmaximum der Stäbchen liegt im bläulich-grünen Bereich des Spektrums (bei 500 mμ), das der Zapfen im gelblich-grünen Bereich (bei 550 mμ). Damit hängt das im Jahre 1825 beschriebene *Purkinje-Phänomen* zusammen, d. h. die Veränderung der relativen Helligkeit von Farben; beim Übergang vom Tages- zum Dämmerungssehen (bzw. von der Vorherrschaft des Zapfenapparates zu der des Stäbchenapparates) werden die kurzwelligen Lichter, Blau und Grün, relativ heller als die langwelligen, Rot und Orange. Da ein intensitätsschwaches, langwelliges (rotes) Licht den Stäbchenapparat fast überhaupt nicht erregt, das Funktionieren der Zapfen aber noch eben ermöglicht, bedient man sich des roten Lichtes bei Arbeiten in der Dunkelkammer und dunkel-roter Brillengläser zur Adaptation für das skotopische Sehen. Die in Abb. 47 wiedergegebenen Kurven enthalten auch einen Hinweis auf die photosensitiven Substanzen, die in den Stäbchen und Zapfen vom eintreffenden Licht zersetzt werden, um dadurch nervöse Impulse in den sensorischen Nervenfasern auszulösen. In den letzten Jahren (*G. Wald*, 1953) ist man auch der synthetischen Darstellung dieser Stoffe (*Rhodopsin* für Stäbchen und *Iodopsin* für Zapfen) nähergekommen.

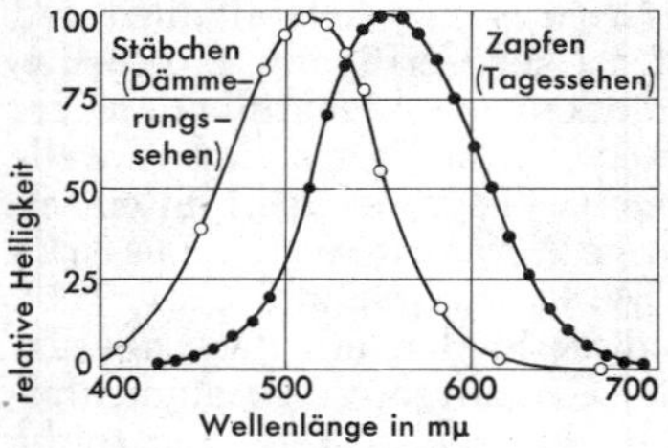

Abb. 47: Die Empfindlichkeit des Stäbchenapparates (linke Kurve) u. des Zapfenapparates (rechte Kurve) (nach A. Chapanis, 1949)

Das weiße Tageslicht besteht aus einem Gemisch von Strahlen verschiedener Wellenlänge, die sich durch ein Prisma voneinander trennen lassen (*Newton*, 1704) und dabei das sog. *Spektrum der Regenbogenfarben* ergeben. Aus Mischungsversuchen weiß man zudem, daß sich jede Farbe aus drei monochromatischen Lichtern zusammensetzen läßt, wobei allerdings die Wahl der Komponenten in ziemlich beliebiger Weise erfolgen kann. Aus praktischen Gründen verwendete die Commission internationale de l'éclairage (1935) die Wellenlängen 700 mμ (Purpurrot), 546 mμ (Grün) und 436 mμ (Blau). Zum Unterschied vom Ohr, das ein Analysator ist (der geschulte Beobachter kann sehr viele Komponenten eines Klanges heraushören), funktioniert das Auge als ein Integrator, d. h. es ist nicht imstande, eine Farbmischung in deren Komponenten aufzulösen; in der Tat können dieselben Farbeindrücke durch sehr verschiedene Farbmischungen erzeugt werden. Diese Tatsache stellt sich der Entwicklung einer befriedigenden *Theorie der Farben* in den Weg. *Th. Young* (1807) und *H. Helmholtz* (1852) nahmen drei verschiedene Typen von nervösen Elementen an, deren Absorptionsmaxima im roten, grünen und violetten Bereich liegen. *E. Hering* (1874) dachte an drei komplexe Substanzen, deren Zersetzung (Dissimilation) die Farbeindrücke Weiß, Rot und Gelb hervorruft, während Schwarz, Grün und Blau bei der Assimilation entstehen sollen. Theorien, die diese beiden Ansätze miteinander vereinigen, stammen von *E. Q. Adams* (1923), *G. E. Müller* (1930), *G. F. Göthlin* (1943), *R. Granit* (1947) u. a. Als Anhaltspunkte stehen der Farbentheorie die beiden Phänomene der *Komplementärfarben* (negatives *Nachbild, Kontrast*) und der *Farbenblindheit* (*Protanopie* = Rotblindheit, *Deuteranopie* = Grünblindheit, *Tritanopie* = Gelbblindheit und *Tetartanopie* = Blaublindheit) zur Verfügung. Eine dritte, noch kaum verwendete Möglichkeit zur Identifikation der Grundfarben ist darin zu erblicken, daß die Unterschiedsschwelle für Änderungen der Wellenlänge (→ Psychophysik) an einzelnen Stellen ganz besonders niedrige Werte erreicht (*O. Steindler*, 1906; *L. A. Jones*, 1917; *W. Wright* und *F. G. H. Pitt*, 1934); es wäre denkbar, daß diese Stellen mit der Lage der Grundfarben zusammenfallen. Abb. 48 zeigt vier solche Minima (440 mμ = Blau-Violett, 497 mμ = Blau-Grün, 590 mμ = Gelb und 645 mμ = Rot).

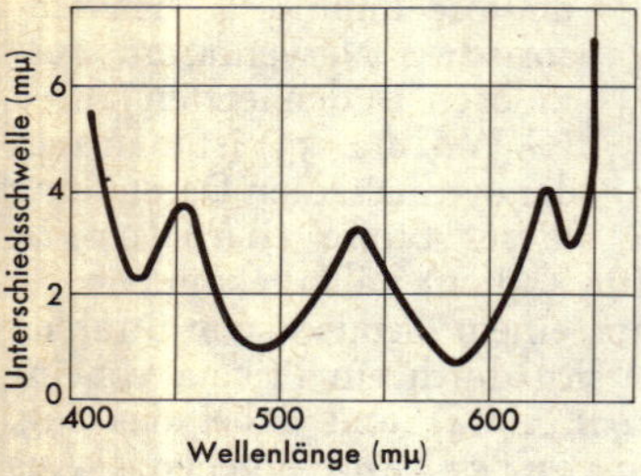

Abb. 48: Minima der Unterschiedsschwelle für Wellenlängen (nach S. Hecht, 1934; Messungen von O. Steindler, 1906)

Vor allem unter dem Eindruck der Komplementaritätsbeziehungen zwischen Farben (Rot : Grün, Blau : Gelb usw.) ist es seit Newton üblich geworden, die Farben in einem Kreis anzuordnen, der sich allerdings zwischen 420 mμ und 700 mμ nicht wirklich schließt, sondern nur durch die Purpurtöne ergänzt wird. Dieses zweidimensionale Darstellungsmodell führt unter Einschluß der Schwarz-Weiß-Variation als einer dritten Dimension zu den bekannten ›*Farbkörpern*‹ (Kugeln, Ellipsoide, vierseitige Doppelpyramiden usw.). Diese Gebilde beschreiben die Resultate von Farbmischungen; es scheint aber nicht unbedenklich, sie auch für die psychologische Ordnung der Farbeindrücke in Anspruch zu nehmen. Ebenso wie der physiologische *Farbenkreis* um eine Dimension über das physikalische Kontinuum der Wellenlängen hinausgeht, könnte für die Schilderung der ›sinnlich-sittlichen Wirkung der Farbe‹ (*Goethe*, 1810) und ihrer symbolischen Affinitäten der Übergang zu einer noch größeren Dimensionsanzahl notwendig werden (→ Assoziation).

Das Auge als peripheres Organ läßt sich in mancher Hinsicht einer photographischen Kamera vergleichen; diese Analogie bricht aber sofort zusammen, wenn wir den Gesichtsinn inklusive seiner zentralen Anteile untersuchen. Den auffälligsten Unterschied markiert das Phänomen der *Konstanzen.* Auf der photographischen Platte sowohl als auf der Retina zeichnen sich die Gegenstände nach Maßgabe des Winkels ab, unter dem sie im Sehfeld erscheinen. Ein zweimal so großer Gegenstand in doppelter Entfernung wäre demnach von einem Standardobjekt größenmäßig ebensowenig zu unterscheiden wie ein halb so großer in der halben Entfernung. Ein Mensch, der durch einen langen Gang auf uns zukommt, müßte also allmählich vom Zwerg zum Riesen avancieren. Das aber ist nicht der Fall. Von einem Konstanzwert = 100 spricht man (*E. Brunswik,* 1933), wenn die anschauliche Größe eines Gegenstandes von dessen Entfernung unabhängig ist; der Null-Wert wird dann erreicht, wenn die anschauliche Größe allein dem Sehwinkel bzw. der Größe des Netzhautbildes entspricht.

J. J. Gibson fand (1950), daß im freien Felde bei Distanzen bis zu fast einem Kilometer Versuchspersonen die einer Standardlatte größenmäßig entsprechenden, entfernter oder näher aufgestellten Vergleichslatten sehr genau ermitteln können. Obwohl ihnen die entfernteren Gegenstände kleiner erscheinen, gleichen sie dies in ihrer Schätzung durch Berücksichtigung des Distanzeindruckes aus. Auf geringere Entfernungen hin gesehen erscheinen uns die weiter ab liegenden Dinge aber gar nicht wirklich kleiner; es bedarf daher auch keiner rationalen und bewußten Korrektur, diese wird vielmehr von der zentralen Verarbeitungszelle der Seheindrücke im Cortex (→ Gehirn) automatisch vorgenommen. *H. Helmholtz* sprach daher von *›unbewußten Schlüssen‹* (1866); unbeschadet der Diskussion der letzten 90 Jahre ist das auch heute noch die beste Beschreibung dieser und ähnlicher Phänomene, wie z. B. der *Farbenkonstanz* im Wandel der Beleuchtung, z. B.: ein Stück Kohle erscheint im Dämmerlicht als ebenso schwarz wie im vollen Sonnenschein, obwohl es in diesem sehr viel mehr Licht reflektiert als ein weißes Blatt Papier in der Dämmerung.

Die *Entfernungseindrücke,* deren wir zum größenkonstanten Sehen bedürfen, entstammen mehreren Quellen: 1. der Scharfeinstellung der Bilder auf der Netzhaut durch verschiedene Grade der Linsenkrümmung *(Akkommodation),* 2. der Weite der Einwärtsbewegung der Augenachsen auf einen Gegenstand *(Konvergenz),* 3. den minimalen Lageunterschieden der Abbilder eines Gegenstandes auf den beiden Netzhäuten *(Querdisparation),* 4. der Größe der Lageverschiebung des Netzhautbildes bei einer Bewegung des Kopfes (*Bewegungsparallaxe;* je entfernter ein Gegenstand ist, um so weniger weit wandert sein Bild), 5. Überschneidungen im

Sehfeld (der verdeckende Gegenstand steht vor dem verdeckten), 6. der *Luftperspektive* (entferntere Gegenstände ›verschwimmen‹ in ihren Konturen), 7. der Musterung des Zwischenfeldes zum Gegenstand (z. B. Schollen eines Ackers) und 8. unserem Wissen um die Durchschnittsgröße bekannter Gegenstände.

Die schon gelegentlich der Farbmischung vermerkte Tatsache, daß der Gesichtsinn synthetisch und nicht analytisch funktioniert, läßt sich zur Beschreibung der sehr zahlreichen *optischen Täuschungen* (vgl. Abb. 51, → Gestaltpsychologie) heranziehen, die sämtlich auf den Wechselwirkungen zwischen mehreren gleichzeitig oder in kurzer Sukzession dargebotenen visuellen Reizen beruhen (*Scheinbewegung* und *figurale Nachwirkungen*). Die Erklärung dieses Sachverhalts dürfte sich aus der Neuroanatomie und aus der Physiologie des Gesichtsinnes ergeben, d. h. einmal daraus, daß jeweils mehrere (im Durchschnitt: 100) periphere Sehelemente in eine Faser des optischen Nervs bzw. in eine kortikale Ganglienzelle münden, und zum anderen daraus, daß selbst beim starren Fixieren eines Punktes minimale Pendelbewegungen der Augenachsen (*physiologischer Nystagmus*) dessen Abbildung auf mehrere Sehelemente der Retina (25—50 Rezeptoren im Durchschnitt einer Fixation von 3—4 Sekunden) bewirken (*W. H. Marshall* und *S. A. Talbot*, 1942; *F. Ratliff* und *L. A. Riggs*, 1950). Die einzelnen Rezeptoren werden dadurch in doppelter Weise zu Wirkungsgruppen zusammengefaßt.

Der Erwachsene ist sich in der Regel nicht des Umstandes bewußt, daß die *visuelle Orientierung* in der Welt einen sehr intensiven Lernprozeß voraussetzt, der während der ersten Lebensjahre stattfindet. Die Erfahrungen *M. v. Sendens* (1932) mit sechsundsechzig blindgeborenen Personen, die erst in einem höheren Alter auf operativem Wege sehend wurden, zeigen diesen Prozeß aber sehr deutlich. Besonders schwer fiel ihnen das Heraussehen von Einzeldingen aus der Menge der Gesichtseindrücke und deren Identifikation. Auch im normalen Verlauf der Dinge bedarf das Kleinkind dazu der Konfrontation der optischen Eindrücke mit den Tastempfindungen (→ Hautsinne). Experimente mit im Dunkeln aufgezogenen Schimpansen (*A. H. Riesen*, 1947) demonstrieren ebenfalls die Bedeutung des Lernfaktors. Vermutlich stellt die doppelte Zusammenfassung der Rezeptorelemente in Wirkungsgruppen für den Organismus ein Problem dar, dessen Bewältigung erst allmählich erlernt wird.

Gestalt- und Ganzheitspsychologie. Die auf *Platon* und *Aristoteles* bzw. auch auf *Lao-tse* zurückgehende These, daß das Ganze mehr sei als die Summe seiner Teile, stellt das einigende Band für mehrere ansonsten voneinander stark abweichende Richtungen in der Psychologie seit etwa 1890 dar. Systematisch ausgestaltet wurde sie in der sog. Gestalttheorie der ehemaligen ›Berliner Schule‹ (*M. Wertheimer*, 1880–1943; *K. Koffka*, 1886–1941; *K. Lewin*, 1890–1947; *W. Köhler*, geb. 1887), die gegenwärtig in Deutschland durch *W. Metzger* (geb. 1899) und *K. Gottschaldt* (geb. 1902) vertreten wird, und in der Ganzheitspsychologie der ehemaligen ›Leipziger Schule‹ (*F. Krueger*, 1874–1948; *O. Klemm*, 1884 bis 1939; *H. Volkelt*, geb. 1886), deren heutige Repräsentanten *J. Rudert* (geb. 1894), *F. Sander* (geb. 1889), *E. Wartegg* (geb. 1897) und *A. Wellek* (geb. 1904) sind. Die Abhebung dieser Forscher erfolgte von der sog. *›Elementenpsychologie‹* der angelsächsischen Assoziationstheoretiker des 18. und 19. Jh. (→ Assoziation) und von dem Programm der *›Physiologischen Psychologie‹* (1874) *W. Wundts* (1832 bis 1920), in dem es um die Auffindung und Analyse der Elemente des bewußten Seelenlebens ging.

Mit *Goethe*, auf den sich beide Richtungen vielfach berufen, erhob die Gestaltpsychologie den Einwand, daß die Elementaranalyse des Lebendigen zu Teilen führe, zwischen denen das geistige Band fehle und aus denen sich das Ganze weder zusammensetzen noch erklären lasse. Ein solches Verfahren werde zwar ›sinnlosen Und-Verbindungen‹ *(M. Wertheimer)* gerecht, nicht aber Ganzheiten, Gestalten, Strukturen und Formen; in Wahrnehmung, Fühlen und Handeln gehe es aber prinzipiell um strukturierte Sachverhalte. In diesem Sinne hat als erster der österreichische Philosoph *Ch. v. Ehrenfels* (1859–1932) von *›Gestaltqualitäten‹* gesprochen (1890), die gegenüber den in sie eingehenden Elementen eine gewisse Unabhängigkeit besitzen. Gestalten genügen den sog. *Ehrenfelskriterien* der *›Übersummativität‹* und der *›Transponierbarkeit‹*. Das Paradigma ist die Melodie, die als *Verlaufsgestalt* erhalten (d. h. erkennbar) bleibt, wenn selbst sämtliche Töne (wie bei der Übertragung in eine andere Höhenlage oder auch – zum Teil – in eine andere Tonart) ausgetauscht werden.

Ähnliche Gedanken entwickelte um die gleiche Zeit *A. Meinong* (1853–1920) in Graz, indem er ›fundierende Inhalte‹ (Elemente oder ›inferiora‹) und ›fundierte Inhalte‹ (Ganzheiten oder ›superiora‹) im Erleben unterschied; beide zusammen bilden die sog. *Komplexionen*. Sowohl v. Ehrenfels als Meinong waren Schüler des neoscholastischen Philosophen *F. Brentano* (1838–1917), dessen *›Aktpsychologie‹* die handlungsartige Hinwendung auf Gegenstände (*›Intentionali-*

tät‹) als das Wesensmerkmal der psychischen Prozesse herausstellte. In die Grazer Richtung der Gestaltpsychologie (*S. Witasek*, 1870–1915; *V. Benussi*, 1878–1927; *F. Weinhandl*, geb. 1896) dürfte von daher die Vorstellung eingegangen sein, daß Gestalten auf aktivem Wege (etwa durch die Betätigung der → Aufmerksamkeit oder durch Vergleichsoperationen) aus den Elementen gebildet werden. Gegen diese Auffassung nahm als erster der Münchener Philosoph *H. Cornelius* (1863–1947) Stellung, der in mehrfacher Hinsicht das Programm seines (und *Wundts*) Schülers *F. Krueger* vorwegnahm (z. B. durch den Hinweis, daß Gefühle Gestaltqualitäten seien). Die Berliner Richtung erhob einen analogen Einwand (am nachdrücklichsten in *Koffkas* Auseinandersetzung mit Benussi): Gestalten werden nicht aus Elementen gebildet, sie sind im Erlebnis primär und unmittelbar gegeben, erst sekundär können in analytischer Einstellung aus ihnen die Elemente als ›*Teilganze*‹ ausgegliedert und isoliert werden. Damit wurde auch der Meinung der Kampf angesagt, daß sowohl Gestalten als auch Elementarempfindungen im Erleben vorkommen können. Der Streit um diesen sog. Kompromiß-Standpunkt (*A. Wellek*, 1955) ist auch heute noch nicht entschieden; sehr gute Gründe hat zu seiner Stützung der ebenfalls stark von Brentano beeinflußte Psychologe *C. Stumpf* (1848–1936) ins Treffen geführt. Er stimmt mit *K. Bühler* (geb. 1879) in der Charakterisierung der Gestalten als ›Komplexe von Zusammenhangsrelationen‹ (1912) und der Gestaltwahrnehmung als einer Proportionswahrnehmung (1913) überein. Stumpfs Theorie führt als Voraussetzung ›die Möglichkeit unmerklicher (besser: hic et nunc unbemerkter) Bewußtseinsinhalte‹ ein und transzendiert auf diese Weise den Bereich der reinen Erlebnisschilderung. Als Vorläufer der Gestaltpsychologie sind *E. Mach* (1838–1916) und *O. Külpe* (1862–1915) anzusprechen, die Raum- und Zeitempfindungen als Erlebnisse sui generis beschrieben; sie korrigierten damit die Wundtsche Auffassung, daß z. B. die Wahrnehmung einer Linie in eine Reihe von punktuellen Einzelempfindungen aufgelöst werden müsse.

Mit der Übernahme des Wundtschen Lehrstuhles in Leipzig durch *F. Krueger* (1917) und des Stumpfschen in Berlin durch *W. Köhler* (1922) verschärfte sich der Ton, mit dem die Gestaltpsychologen ihre ›neue‹ Lehre von den ›Irrtümern‹ der Vergangenheit abhoben, sehr erheblich und in unerfreulicher Weise. Für die analysierenden Bemühungen der älteren Generation fand das Schmähwort ›Atomismus‹ Verwendung, das — wenn überhaupt für irgend jemanden — am ehesten noch für *J. Mill* (1773–1836), *J. F. Herbart* (1776–1841) und *H. Taine* (1828–1893) zutrifft. Man gewinnt beinahe den Eindruck, daß

die These vom *Primat der Gestalt* und der Ganzheit zu einem Glaubensbekenntnis wurde, dessen Ablegung außerwissenschaftlichen Bedürfnissen diente. Sehr deutlich wird dies auf der einen Seite bei der von Krueger erhobenen Forderung nach einer ›Wiederherstellung der Psychologie als Seelenwissenschaft‹ (*A. Wellek*, 1950), die mystische Gedankengänge *Meister Eckharts* und mehr noch Jakob *Böhmes* wiederanklingen läßt. Die Verwandtschaft mit der um die gleiche Zeit auf soziologischem Gebiet entwickelten Ganzheitsphilosophie *O. Spanns* (1878–1950) sowie mit der Ganzheitsbiologie des ›*Holismus*‹ (*J. C. Smuts*, 1926; *J. S. Haldane*, 1931; *A. Meyer-Abich*, 1934; *B. Dürken*, 1936) und der Ganzheitsmedizin *V. v. Weizsäckers* (1940) ist deutlich zu erkennen. Weit schwieriger ist die Ergründung der weltanschaulichen Determinanten für den missionarischen Eifer der Berliner Richtung; mystische Quellen dürften hier kaum in Frage kommen, jedoch ist an eine Hinneigung zur universalen Substanzlehre und zum strengen Determinismus *Spinozas* zu denken.
Historisch datiert die Berliner Gestaltpsychologie vom Zusammentreffen *Wertheimers, Köhlers* und *Koffkas* in Frankfurt (1910) und von Wertheimers Beschäftigung mit der Wahrnehmung von Bewegungen (bzw. stroboskopischen *Scheinbewegungen*, wie etwa im Kino) her. Das von ihm beschriebene ›*Phi-Phänomen*‹ tritt ein, wenn man zwei Linien (A und B) nacheinander, jede für sich, erscheinen läßt, und zwar so, daß A schon wieder verschwunden ist, wenn B dargeboten wird (Abb. 49). Der den objektiven Gegebenheiten entsprechende Sukzessions-Eindruck (›erst A dann B‹) stellt sich ein, wenn das Intervall zwischen den beiden Darbietungen etwa eine fünftel Sekunde (0,20 sec) beträgt; bei einem Zeitabstand von etwa einer fünfzigstel Sekunde (0,02 sec) erscheinen die beiden Linien zusammen in Gestalt eines rechten Winkels (Simultaneindruck). Liegt der Zeitabstand in der Nähe einer sechzehntel Sekunde (0,06 sec), so entsteht der Eindruck eines Umkippens von A in B, so als ob es sich nicht mehr um zwei, sondern nur um ein bewegtes Objekt handele (›*phänomenale Identität*‹). Nicht selten wird auch ›wahr‹genommen, wie die Bewegung den Raum zwischen Anfangs- und Endlage kontinuierlich überstreicht (›*Felderfüllung*‹). Zu diesen Erscheinungen liegt eine sehr ausgedehnte Diskussion vor.

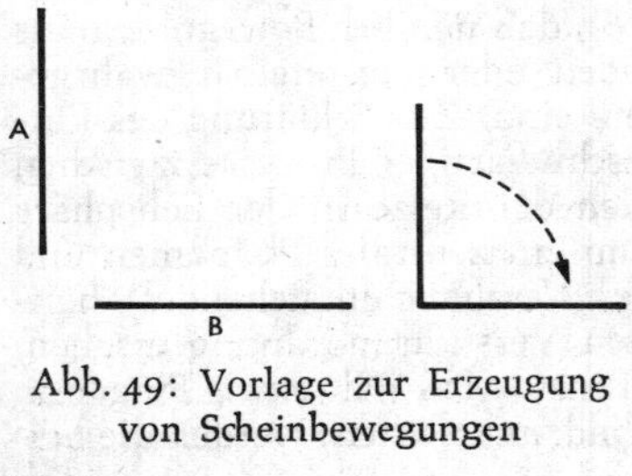

Abb. 49: Vorlage zur Erzeugung von Scheinbewegungen

Es gibt zahlreiche Varianten des Phänomens der Scheinbewegungen, auf das ja auch die Möglichkeit der Projektion von Kinofilmen (Intervall = 0,04 sec) zurückgeht. Selbst durch eine ruhende Vorlage, wie etwa das Bild der konzentrischen Kreise (Abb. 50) lassen sich Bewegungsphänomene (das Wandern zweier diametral durch die Figur hindurchlaufender Sektoren) auslösen, wenn man nämlich entweder das Bild oder den eigenen Kopf bewegt; auch Farbeindrücke (ein schwach gesättigtes Gelb und Blau) treten auf. Diese werden noch stärker, wenn man die Kreisscheibe um eine exzentrische Achse rotieren läßt (›*subjektive Farben*‹, nach *B. Prevost*, 1823; *G. Th. Fechner*, 1838; *C. E. Benham*, 1894; vgl. *J. Cohen* und *D. A. Gordon*, 1949).

Abb. 50: Vorlage zur Erzeugung von Scheinbewegungen und Farbeindrücken

Scheinbewegungen waren schon seit dem Beginn des 19. Jh. durch die sog. *Stroboskope* hergestellt worden, d. h. durch einen an der Innenseite eines Zylinders angebrachten Streifen mit aufeinanderfolgenden Lagen einer Figur; oberhalb des Streifens wurden in dem Zylinder Sehschlitze angebracht, durch die der Beobachter die sich bei der Drehung des Zylinders bewegende Figur ausnehmen konnte. *H. Helmholtz* hatte diesen Phänomenen bereits eine sehr eingehende Diskussion gewidmet (1860 bis 1866), *W. Wundt*, *W. James* und *K. Marbe* (1898) hatten sich mit ihnen beschäftigt, ebenso *F. Schumann* (1900), ein Schüler *Stumpfs*, der ab 1910 in Frankfurt wirkte. *Wertheimer* zog aus seinen Beobachtungen (1912, 1925) etwa denselben Schluß wie vor ihm schon *S. Exner* (1875), *E. Mach* (1875) und *K. Vierordt* (1876), daß nämlich Bewegungen als irreduzible Qualitäten empfunden oder unmittelbar wahrgenommen werden, bzw. ›gegeben‹ sind. Zur Erklärung des Phi-Phänomens dachte er an ›kurzschlußartige‹ Prozesse zwischen den kortikalen Projektionsstellen der Reize in der Sehsphäre (→ Gehirn). Daß es sich hier um ein zentrales Phänomen und nicht um ein peripheres (in der Netzhaut entstehendes) handelt, läßt sich an der einfachsten Versuchsanordnung ersehen, die zu einer Sprungbewegung führt: Man hält einen Finger so nahe vor die Nase, daß Doppelbilder entstehen; werden die beiden Augen sodann abwechselnd geöffnet, so scheint sich der Finger deutlich von einer Position zur anderen zu bewegen (›*Daumensprung*‹).

Die Scheinbewegungen als der historische Ansatzpunkt der Gestalttheorie waren keine Neuentdeckungen. Aus der Beschäftigung mit ihnen erwuchs aber die Auffassung, daß die einzelnen simultan oder in schneller Sukzession dargebotenen Inhalte der Wahrnehmung niemals voneinander unabhängig sind, bzw. ›mosaikartig‹, ›und-haft‹ nebeneinanderstehen, sondern daß sie einander gegenseitig und spontan affizieren (→ Gesichtsinn). In seinem Vortrag ›Über Gestalttheorie‹ (1925) bringt *Wertheimer* das Wesen dieser Lehre auf die Formel: »Es gibt Zusammenhänge, bei denen nicht, was im ganzen geschieht, sich daraus herleitet, wie die einzelnen Stücke sind und sich zusammensetzen, sondern umgekehrt, wo — im prägnanten Fall — sich das, was an einem Teil dieses Ganzen geschieht, bestimmt von inneren Strukturgesetzen dieses seines Ganzen.« Das Ganze ist nicht nur mehr als die Summe seiner Teile, d. h. es besitzt Eigenschaften, die diesen nicht zukommen, sondern es ist auch früher als die Teile, indem nämlich von ihm deren Erscheinungsweise abhängt. Dies veranschaulichen die bekannten *geometrisch-optischen Täuschungen* (Abb. 51), wie zum Beispiel die *Müller-Lyer*sche Pfeiltäuschung (die linke Strecke wirkt länger als die rechte), das *Sander*sche Parallelogramm (die Diagonale A-B wirkt länger als die Diagonale B-C), die *Hering*sche Parallelentäuschung und die *Ebbinghaus*sche Kreistäuschung (der von großen Kreisen eingeschlossene Kreis wirkt kleiner als der von kleinen eingeschlossene). Ein zeitliches Analogon (Abb. 52) zu diesen Erscheinungen stellt der sog.

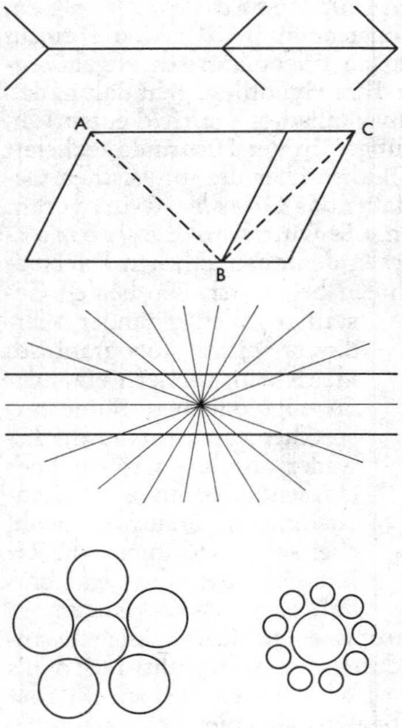

Abb. 51: Geometrisch-optische Täuschungen

›*Tau-Effekt*‹ (bzw. das ›*Gelbsche Phänomen*‹) dar, bei dem drei Lichtreize im gleichen räumlichen aber ungleichen zeitlichen Abstand dargeboten werden; die beiden einander zeitlich näher liegenden Punkte scheinen einander auch räumlich näher zu liegen. Ebenso verhält sich nach *H. Helson* und *S. M. King* (1931) die scheinbare Lage von drei nacheinander auf der Haut berührten Punkten. Nach *Köhler* und *Koffka* handelt es sich in den vorgenannten Fällen um *Feldwirkungen*, d. h. um autonome Gestaltungstendenzen, denen die einem räumlich und zeitlich abgegrenzten Erlebnisbereich angehörenden Einzelbestände unterliegen. Ihre Hypothese geht dahin, daß dem Wahrnehmungsfeld ein physikalisches Kraftfeld entspricht, das durch die Erregungsverteilungen in der Hirnrinde realisiert wird. Einem Abschnitt seines Buches über die ›physischen Gestalten‹ (1920) stellt *Köhler* daher das *Goethe*-Wort voran: »Denn was innen, das ist außen.« Es wird damit die ›*Isomorphie*‹ (Gestaltgleichheit) zwischen den anschaulichen Erlebnissen und den kortikalen Vorgängen behauptet. Die beiden Gestalten sollen einander allerdings nicht topographisch gleich sein, sondern einander im ›topologischen‹ Sinne entsprechen, derart nämlich, daß weder absolute Größen noch Größenverhältnisse übereinzustimmen brauchen, wohl aber solche nichtmetrische Relationen wie die des Enthaltenseins einer Region in einer anderen und des Angrenzens einer Region an eine andere. Die in die Psychologie durch den Gestalttheoretiker *K. Lewin* (1936) eingeführte *Topologie* hat jedoch mit der mathematischen Disziplin gleichen Namens nur recht wenig gemeinsam.

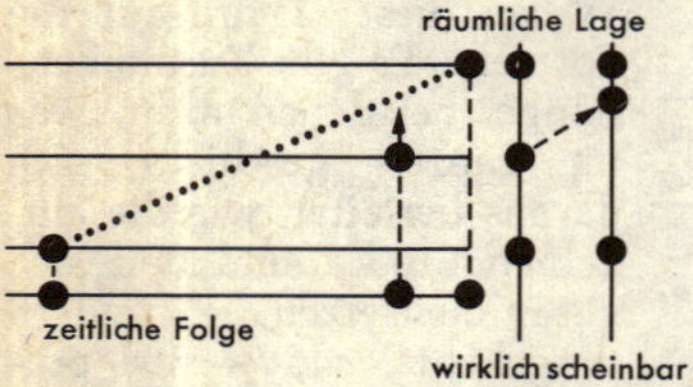

Abb. 52: Raum-zeitliche Gestalten (›Tau-Effekt‹)

Der Feldbegriff schlägt eine Brücke von den Gegebenheiten der erlebten Welt zu physikalischen Erscheinungen, wie z. B. der elektrischen Energieverteilung auf einem Leiter und der Spannungsverteilung in einem elastischen Medium. Diesen Analogien war *Köhlers* Buch über die ›physischen Gestalten‹ gewidmet. Der Gesamtbereich der Natur wird somit dem Gestaltprinzip unterstellt, gleichzeitig entfällt die Veranlassung zur Annahme eines gestaltenden Prinzips von der Art der Seele oder gewisser die Gestaltbildung bewirkender seelischer Funktionen (z. B. der Aufmerksamkeit), wie sie von der Grazer Schule postuliert worden waren. Die Berliner Richtung ist demnach sehr zum Unterschied von der Leipziger Schule *F. Krue-*

gers durchaus eine ›Psychologie ohne Seele‹. Die zunächst hypothetisch angenommenen Spannungsfelder im Cortex glaubt Köhler in den letzten Jahren indirekt durch die Erscheinung der ›*figuralen Nachwirkungen*‹ (1944) und direkt durch die Ableitung elektrischer Gleichströme vom Kopf (1949, 1951; → Gehirn) nachgewiesen zu haben.

Unter figuralen Nachwirkungen versteht man wahrnehmungsmäßige Verzerrungen an Vorlagen, die eintreten, wenn eine Vp kurz vorher im gleichen Bereich ihres Sehfeldes eine andere Vorlage fixierte. So ›drängen‹ z. B. in Abb. 53 die zunächst betrachteten (dunklen) Rechtecke den oberen Block nach rechts und den unteren nach links, so daß diese nicht mehr genau übereinander zu stehen scheinen; FP ist der in beiden Situationen konstant gehaltene Fixationspunkt. *K. S. Lashley* und seine Mitarbeiter (1951) haben gegen das elektrophysiologische Modell Köhlers sehr starke experimentelle Gründe ins Treffen geführt, während *C. E. Osgood* und *A. W. Heyer* (1952) für die figuralen Nachwirkungen eine recht plausible Alternativhypothese entwickelten. Die Anwendbarkeit der Feldphysik auf das Geschehen in der Hirnrinde ist daher im Augenblick noch als zweifelhaft zu betrachten.

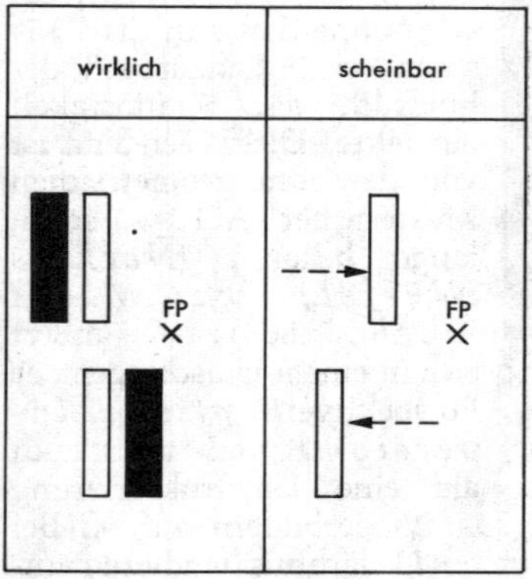

Abb. 53: Figurale Nachwirkungen

In erster Linie ist die Gestaltpsychologie nicht eine Theorie des kortikalen Geschehens, sondern eine deskriptive Theorie des Wahrnehmens und Erlebens; sie läßt sich auf die folgenden Hauptsätze reduzieren:

1. Zwischen Reizen und Empfindungen besteht keine eindeutige und konstante Beziehung (Ablehnung der sog. *Konstanzannahme*); jede Wahrnehmung ist in den Gesamtzustand unseres Erlebens eingebettet. 2. Wahrnehmungsgegebenheiten unterliegen einer spontanen Tendenz zur gestalthaften Organisation (*Strukturierung*); diese ist z. B. bei der Aufgliederung des gestirnten Himmels in Sternbilder am Werk, dabei werden vor allem benachbarte und ähnliche Gebilde zusammengefaßt. 3. Gestalten heben sich als abgesonderte, umgrenzte, gegliederte, möglichst einheitliche und geschlossene Bereiche (›*Figuren*‹) jeweils von einem unstrukturierten

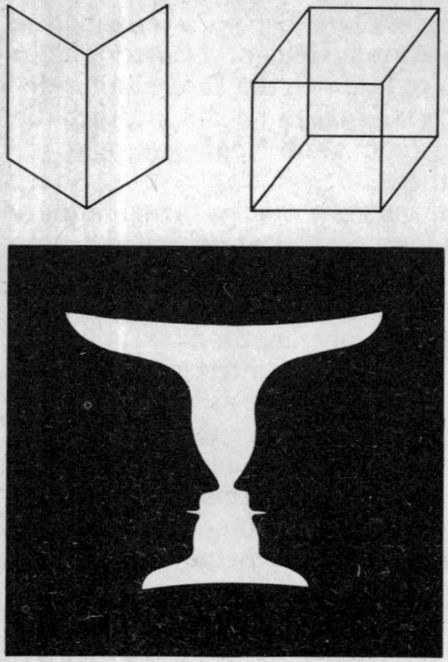

Abb. 54: Kipp-Figuren. (Pokalbild nach E. Rubin; darüber Machs ›Buch‹ oder ›Dach‹ und Neckers ›Würfel‹)

›Grund‹ ab, wobei in besonderen Fällen (*›reversible Figuren‹*) ein Umkippen von Figur und Grund stattfinden kann (Abb. 54). 4. Gestalten werden als bedeutungsvoll (›sinnträchtig‹) erlebt (z. B. die Erfüllung der Sternbilder mit mythologischem Inhalt). Dabei können aber verschiedene Sehweisen miteinander spontan abwechseln, ohne daß sich als Zwischen- oder Endzustand der Eindruck der Sinnlosigkeit einstellte. Diese Tendenz ist von gewissen geometrischen Mustern her (Abb. 54) schon lange bekannt (*Neckers ›Würfel‹*, 1832; *Machs ›Buch‹*, 1866); sie äußert sich in einem Umschlagen der Perspektive (*›optische Inversion‹*) und tritt auch als eine Umstrukturierung der Sehgegebenheiten bei den sog. Vexierbildern auf. 5. Bei kurzfristiger Darbietung und im → Gedächtnis tendieren unvollkommene (›schlechte‹) Gestalten nach ›guten‹, meist symmetrischen Gestalten, zum Beispiel der ungenau gezeichnete oder unvollständige Kreis nach einer geschlossenen Kreislinie, der etwas von 90° abweichende Winkel nach dem rechten Winkel usw. (*›Prägnanztendenz‹*). 6. Gute Gestalten erhalten ihre Eigenart der Form, Größe und Farbe trotz Veränderung der Darbietungsbedingungen (Lage, Entfernung, Beleuchtung); das sog. *Konstanzprinzip* (→ Gesichtsinn) gilt als Spezialfall der Ehrenfelsschen Transponierbarkeit. 7. Relationen zwischen Vergleichsgegenständen (A sei größer oder heller als B) werden in Wahlsituationen auf neue Objekte übertragen (*›Transposition‹*). Versuchstiere (z. B. Hühner, Ratten und Affen), die darauf trainiert wurden, jeweils den dunkleren von zwei grauen Gegenständen zu wählen, halten daran fest, wenn ihnen zwei andere Grautöne, die beide entweder heller oder dunkler sind als der im Training verwendete, dargeboten werden. Eine assoziationspsychologische Alternativerklärung dieses Phänomens stammt von *K. W. Spence*, 1937; → bedingter Reflex. 8. Die Tauglichkeit eines Mittels zur Errei-

chung eines bestimmten Zieles wird durch das Sehen eines neuen Gestaltzusammenhanges (›*Einsicht*‹) erkannt. Diese Formulierung geht auf die Beschäftigung *W. Köhlers* mit Affen auf der Insel Teneriffa (1913—1920) zurück. Seine Versuchstiere entdeckten z. B. die Möglichkeit des Zusammensteckens von zwei Stäben, mit deren Hilfe sie dann eine außerhalb des Käfigs gelegene Banane herbeiholen konnten (→ Lernen am Erfolg). 9. Die Leistungen des Denkens sind Umstrukturierungen des konkreten oder abstrakten Wahrnehmungsfeldes; Lösungen treten daher plötzlich ein, sie werden ›gesehen‹ bzw. ›eingesehen‹ (*K. Duncker*, 1935; *M. Wertheimer*, 1945; → Denken). 10. Die Wahrnehmung von Gestalten setzt nicht voraus, daß der Wahrnehmende die Teile abstraktiv auszusondern und anzugeben vermag; so kann z. B. der Ärger eines Menschen oder eines höheren Säugetieres wahrgenommen werden, obwohl die diesen Eindruck konstituierenden Einzelbeobachtungen unbekannt bleiben (›*Intuition*‹). Man weiß, und kann nicht sagen, wie man zu dem Wissen gekommen ist (→ Ausdruckskunde). 11. Alle Gestalten durchlaufen eine Entwicklung (›*Aktualgenese*‹), die von diffusen, stark dynamischen und gefühlsträchtigen Anfangszuständen (›*Vorgestalten*‹, ›*Gestaltkeimen*‹) unter geeigneten Bedingungen zu prägnanten und klar gegliederten ›*Endgestalten*‹ führt. Das gilt in der Wahrnehmung (*F. Sander*) ebensowohl wie in der → Entwicklung von Lebewesen (*F. Krueger, K. Koffka, K. Lewin, H. Werner*). Hirnpathologische Fälle liefern Beispiele für eine unvollständige Aktualgenese der Wahrnehmung (*K. Goldstein, A. Gelb, K. Conrad*). 12. Das Verhalten eines Lebewesens findet in einem Feld (dessen ›*Lebensraum*‹) statt und wird in diesem von den Anziehungs- und Abstoßungskräften gelenkt, die von den personalen und sachlichen Gegebenheiten des Feldes ausgehen; letztere besitzen positive oder negative Valenzen bzw. ›*Aufforderungscharaktere*‹. K. Lewin erblickt in dieser Darstellung den Übergang von einer aristotelischen Betrachtungsweise, dergemäß Organismen und Dinge von inneren Strebungen geleitet werden, zu einer galileischen.

Eine zusammenfassende Darstellung *H. Helsons* zählt schon im Jahre 1933 nicht weniger als 114 Gestaltgesetze, die von einzelnen Autoren formuliert wurden; die meisten von diesen beziehen sich auf die optische Wahrnehmung. In der Leipziger Richtung *F. Kruegers* tritt die Beschäftigung mit den → *Gefühlen* neben oder sogar vor die Wahrnehmungslehre: »Gefühl ist der mütterliche Ursprung der übrigen Erlebnisarten und ihrer aller ergiebigster Nährboden.« *A. Wellek* bezeichnet (1954) den ›Emotionalismus‹ bzw. ›Antirationalismus‹ als

eine der Grundüberzeugungen der Schule. Die Ganzheitlichkeit des Gefühls wird in Abhebung von den Ehrenfelsschen Gestaltqualitäten als ›*Komplexqualität*‹ beschrieben.
Die Diskussion des Gestaltproblems ist noch nicht abgeschlossen. Allgemein wird die ganzheitliche Struktur des Erlebens anerkannt. Die Ansichten gehen aber hinsichtlich der für dieses Ergebnis dargebotenen Erklärungen auseinander: während namentlich die Berliner Gestalttheorie an physikochemische Vorgänge in der Hirnrinde denkt, ziehen es die Analytiker der im wesentlichen auf *Helmholtz* zurückgehenden Tradition vor, diese unbewußt und sehr schnell verlaufenden Prozesse nach Analogie erlebbarer psychischer Vorgänge als ein Schlußfolgern, Rechnen oder Urteilen zu beschreiben. *U. Ebbecke* meint z. B. (1956), das Auge führe seine Rechnungen ›fast wie ein Mathematiker‹ durch; er ist sich jedoch darüber im klaren, daß die Sprache zur Bezeichnung dieser Vorgänge keinen völlig adäquaten Namen zur Verfügung hat. Der Sache nach schließen diese beiden Denkmodelle einander nicht aus, denn was sich im Denken des Mathematikers oder auch in einer Elektronenrechenmaschine ereignet, sind im Sinne der Gestalttheorie ja auch Verschiebungen physikalisch-chemischer Feldkräfte. Die von der Schule *F. Kruegers* vertretene Ansicht, daß es sich dabei um Vorgänge im mütterlichen Urgrund des Gefühls handele, steht ebenfalls zu keiner der anderen Thesen in einem echten Widerspruchsverhältnis; sie benennt das geheimnisvolle Etwas unter dem Erlebnisaspekt, während jene es unter dem Gesichtspunkt von Leistungen (›Rechnen‹) bzw. unter dem seiner materialen Konstitution (›Feldkräfte‹) zu erfassen versucht. Mutatis mutandis verlohnt es sich aber offenbar nicht, mit einem erstaunlichen Aufwand an moralischer Entrüstung darüber zu diskutieren, ob das Messer glänze, ob es zum Schneiden diene oder ob es aus Eisen bestehe.

Gleichgewichtsinn. Die zu beiden Seiten des Kopfes in das Felsenbein eingefügten Apparate bezeichnete der griechische Arzt *Galenus* ihrem komplizierten und windungsreichen Aufbau Rechnung tragend als *Labyrinthe.* Man unterscheidet bei ihnen einen unteren Teil, die sog. *Schnecke,* das entscheidende Organ des → Gehörsinns, und einen oberen Teil, der im wesentlichen aus zwei Rezeptorsystemen besteht, den drei aufeinander nahezu senkrecht stehenden *Bogengängen* und zwei sich säckchenartig erweiternden Gebilden (*Utriculus* und *Sacculus*). Sämtliche Teile des Labyrinths sind miteinander durch Kanäle verbunden, sie enthalten eine wäßrige Flüssigkeit, die sog. *Endolymphe.* Der obere Teil des Labyrinths wird auch als *Vestibularapparat* bezeichnet. Unsere Orientierung im Raum wird durch diese Organe gewährleistet. Es handelt sich dabei allerdings nicht um einen Sinn, der Empfindungen liefert, die zu einem Bild von der Welt verarbeitet werden. Die von den Bogengängen und den Säckchen ausgehenden Impulse steuern vielmehr auf reflektorischem Wege und unter nahezu vollkommenem Ausschluß des Bewußtseins die Körpermuskulatur (*Haltungs-* und *Stellreflexe* nach R. *Magnus*, 1924), ferner die Augenmuskeln (*Nystagmus* bei Drehbewegungen) und zu einem geringeren Teil das Eingeweidesystem (*Schwindel-* und *Seekrankheitsgefühle*). Eine Ausgestaltung der vom Gleichgewichtsinn gelieferten Empfindungen zur ›Kunst‹ hat man auf den sog. Rummelplätzen (Ringelspiele usw.) vor sich.

Säckchen und Bogengänge arbeiten auf der Basis verschiedener physikalischer Gesetzmäßigkeiten, die ersteren nach dem Schwereprinzip und die letzteren nach dem Trägheitsprinzip. In den Säckchen befinden sich winzige Kalksteinchen (*Statolithen* oder *Otolithen*), die schwerer sind als die Endolymphe und daher in dieser jeweils in Richtung auf das Gravitationszentrum der Erde wandern bzw. sinken. Die Stelle, an der sie das den Innenraum der Säckchen bekleidende Sinnesepithel berühren, markiert daher die jeweilige Lotrechte des Körpers; sofern dieser allerdings, wie unter Umständen im Flugzeug, Fliehkräften ausgesetzt ist, die der Schwerkraft nahekommen oder diese übersteigen, kann es zu Fehlweisungen kommen, d. h. zu einer subjektiven Lotrechten, die gar nicht nach unten, zur Erde, zeigt.

Während die Säckchen die Orientierung im äußeren Koordinatensystem, d. h. mit Bezug auf die Richtung der Schwerkraft vermitteln, definieren die drei Bogengänge das körpereigene Koordinatensystem hinsichtlich seiner Grundrichtungen: rechts-links, vorne-rückwärts, oben-unten. Werden Bewegungen des Gesamtkörpers oder auch nur des Kopfes ausgeführt, so drehen sich die fest mit dem Schädel verbundenen Bogengänge mit diesem, die in ihnen befindliche Endolymphe bleibt dabei aber dem Trägheitsprinzip folgend zurück, so daß es zwischen ihr und den Sinneshaaren in den als *Ampullen* bezeichneten flaschenartigen Erweiterungen der Bögen zu einer Relativbewegung kommt. Dieser Tatsache entspricht der Eindruck einer aktiven oder passiven Bewegung des Körpers. Wird die Drehung jäh abgebremst, so dauert die Bewegung der Endolymphe noch für eine Weile an; dadurch entsteht der als *Drehschwindel* bekannte Gefühlszustand.

Die Funktionsweise der Bogengänge wurde um 1874 nahezu gleichzeitig von F. *Goltz*, E. *Mach*, J. *Breuer* (dem späteren Mentor *Freuds*, → Tiefenpsychologie) und C. *Brown* aufgeklärt. Die Psychologie schaltete sich mit *W. James* (1882) in den Forschungsgang durch den Nachweis ein, daß *Taubstumme* sehr viel weniger stark zum Drehschwindel neigen als normale Vpn, da sich ihre degenerative Schädigung sowohl auf den Schneckenapparat (→ Gehörsinn) als auch auf den Vestibularapparat zu erstrecken pflegt. Diese Beobachtung wurde von *A. Kreidl* (1891) bestätigt, der auch den schlagendsten Experimentalbeweis für die bis dahin hypothetische Funktion der Säckchen erbrachte. Flußkrebse bilden nämlich ihre Statolithen nicht von innen her, sondern aus dem ihrer Umwelt entnommenen sandigen Material; statt Sand stellte ihnen Kreidl dazu aber feine Eisenfeilspäne im Aquarium zur Verfügung; mit Hilfe eines Magneten konnte er sodann die subjektive Lotrechte der Versuchstiere willkürlich bestimmen. Die neuere Forschung bemüht sich vor allem um die Registrierung und Entschlüsselung der den verschiedenen Bewegungszuständen entsprechenden elektrischen Phänomene in dem das obere Labyrinth zentripetal mit dem verlängerten Mark und dem Kleinhirn (vgl. Abb. 35, → Gehirn) verbindenden Hirnnerven (n. vestibularis). Von besonderer praktischer Bedeutung sind diese Untersuchungen für die Psychologie des Menschen im *Flugzeug* (*J. S. Gerathewohl*, 1954).

Gruppendynamik. Als Gruppe bezeichnet man eine Anzahl von Organismen, deren Verhalten einer wechselseitigen Steuerung unterliegt. Was ein Mitglied der Gruppe tut, beeinflußt das Tun aller oder einzelner anderer und ist seinerseits auf die Aktionen dieser anderen abgestimmt. Dies gilt im stärksten Maße von relativ kleinen Gruppen, deren Mitglieder einander von Angesicht zu Angesicht kennen (›face-to-face-groups‹ oder *primäre Gruppen*), bewahrheitet sich jedoch auch bei größeren, *sekundären Gruppen* von der Art der Belegschaft eines Werkes der Großindustrie oder sogar der Nation. Die kleinste Gruppe ist das Paar.
Die auf *Aristoteles* zurückgehende Bezeichnung des Menschen als ›Zoon politikon‹ weist darauf hin, daß sich ein Großteil des menschlichen Lebens im Rahmen von Gruppen abspielt (Familie, Schulklasse, Spielgruppe, Arbeitskreis usw.). So verschieden diese auch im einzelnen geartet sind, weisen sie doch gemeinsame Züge auf, deren generalisierende Abstraktion den Inhalt der Gruppendynamik ausmacht. Das Wort selbst wurde von dem → Gestaltpsychologen *K. Lewin* (1890–1947) geprägt; ihm verdankt die experimentelle Gruppenforschung entscheidende Anregungen. Erhebliches Aufsehen verursachten seine Untersuchungen an Freizeitgruppen männlicher Jugendlicher, in denen der Führungsstil (autoritär, demokratisch, lais-

sez faire) planmäßig variiert wurde. Mehr oder minder lebensechte Beobachtungssituationen, aus denen die Ergebnisse der Gruppendynamik stammen, finden sich in Ferienlagern (*M. Sherif*, 1953), in spontanen Diskussionsgruppen (*R. F. Bales*, 1951), in der Gruppenpsychotherapie (*S. R. Slavson*, 1956) und in industriellen Betrieben (*E. Mayo*, 1945). Sehr wertvolles Material liefern auch auf Tonband aufgenommene Beratungen von Ausschüssen. Die Gruppendynamik stellt eine der jüngsten, aber auch lebhaftesten Entwicklungen auf dem Boden der Sozialpsychologie dar; sie hebt sich von der älteren → *Massenpsychologie* ab.

Der systematische Aufbau der Gruppendynamik ist noch im Werden begriffen; er dürfte aber die folgenden Theoreme umfassen:

1. Wenn sich mehrere, bisher isolierte Personen einer gemeinsamen Aufgabe gegenübersehen, nimmt im Zuge der erforderlichen Steigerung ihrer Aktivität der Kontakt zwischen ihnen zu und damit auch in der Regel das Gefühl des Einander-nahe-Seins *(Sympathie)*. *Kontakt* und Sympathie sind interdependente Größen; das Anwachsen der einen hat eine Zunahme der anderen zur Folge. Das Bestehen eines nur geringen Kontaktes zwischen Einzelpersonen oder Gruppen bezeichnet man als weite *›soziale Distanz‹*; eine solche ergibt sich, wenn mißliebige Personen und die Angehörigen mancher → *Minoritäten* nicht als Gesprächspartner bzw. als Teilnehmer an gemeinsamen Veranstaltungen gewünscht werden.

2. Bei der Bildung einer Gruppe nehmen die sozialen Distanzen zwischen den in ihr zusammengeschlossenen Personen ab. Damit stellt sich bei diesen Personen meist das Erlebnis ein, daß sie einander ähnlich sind. Sie beginnen daher, sich und ihresgleichen mit dem Pronomen ›Wir‹ zu bezeichnen. Durch eine entsprechende Auswahl der zur Aufnahme in eine bestimmte Gruppe geeigneten Individuen einerseits und durch äußere Kennzeichen (Uniform, Abzeichen, gewisse Verhaltensformeln) andererseits wird der subjektive Ähnlichkeitseindruck sehr oft noch objektiv verstärkt. Gruppen tendieren zur Kleinhaltung der inter-individuellen Differenzen *(Homogenität)*. Dem Wir der Gruppe werden meist eine Reihe positiver Eigenschaften zugeschrieben, als ob diese alle Angehörigen der Gruppe besäßen, die Angehörigen einer unter Umständen rivalisierenden Nachbargruppe hingegen nicht. Das Selbstbild, das die Angehörigen einer Gruppe entwerfen, wird als *Autostereotyp* bezeichnet, das von ihnen einer Außengruppe zugeschriebene Bild als *Heterostereotyp*. Die Größe des Unterschiedes zwischen Autostereotyp und Heterostereotyp entspricht dem Ausmaß des Kontakts, den die Angehörigen einer Gruppe mit den

Angehörigen einer anderen für wünschenswert oder auch nur für erträglich halten. Im Erlebnis ihrer Angehörigen besitzt die Gruppe eigenständige und den Wechsel ihrer Mitglieder überdauernde Realität: Das Traditionsregiment X ›ist‹ seit Friedrich dem Großen noch immer ›dasselbe‹ Regiment.

3. Der feste Zusammenschluß von Gruppen (*›Kohäsion‹*) wird dadurch erleichtert, daß ihre Mitglieder zwar untereinander lebhaften Kontakt pflegen (Verringerung der sozialen Binnen-Distanzen), mit Außenstehenden und Angehörigen anderer Gruppen aber nur geringen (Vergrößerung der sozialen Außen-Distanzen). Diesem Zweck dienen *Isolierungs-Gebräuche*, z. B. Flitterwochen, die Abschließung der Novizen religiöser Orden und von Rekruten sowie – in mythischer Perspektive – der Zug des Volkes Israel durch die Wüste.

4. In Gruppen findet eine spontane *Rollendifferenzierung* statt; verschiedene Funktionen werden auf Spezialisten verteilt. Der erste Schritt in dieser Richtung pflegt die Bestimmung einer Person zu sein, der die Koordination der Leistungen der übrigen Mitglieder obliegt (*Führerrolle*). Nach Maßgabe der Bewertung der den einzelnen Angehörigen übertragenen Spezialistenrollen bilden sich Rangunterschiede, eine ›Hierarchie‹ der Funktionen und ihrer Träger, heraus. Im allgemeinen erfolgt diese Differenzierung in zwei voneinander nahezu unabhängigen Richtungen, unter dem Gesichtspunkt der Beliebtheit einerseits und unter dem der Tüchtigkeit andererseits. In Gruppen, die für längere Zeit bestehen, fallen diese beiden Wertprädikate nur recht selten auf ein und dieselbe Person. Ziemlich häufig kommt es daher zur Ausbildung eines *Führungsduals*, wobei der Träger der (anerkannten) Tüchtigkeitsrolle und der Träger der Beliebtheitsrolle gemeinsam die Gruppe leiten: Doppelkönige antiker und auch sog. primitiver Völkerschaften, Häuptling und Medizinmann, Präsident und Kanzler, Kommandeur und Stabschef in Wehrverbänden, Vater und Mutter in der *Familie*.

5. Neben der im Hinblick auf ihre Aktionsziele entwickelten offiziellen Struktur besitzen Gruppen meist auch eine von dieser zum Teil unabhängige inoffizielle Struktur, die sich durch das von *J. L. Moreno* geschaffene Instrument des *Soziogramms* veranschaulichen läßt. Es gibt die Antworten auf die Frage wieder, mit wem jeder einzelne Gruppenangehörige z. B. auf eine Ferienreise gehen, zusammenarbeiten oder die Unterkunft teilen möchte. In der aus fünf Personen (A ... E) bestehenden Gruppe der Abb. 55 hatte jede Person die Möglichkeit, zwei andere Personen zu wählen; A erhielt vier Stimmen, E hingegen gar keine. Unter anderen Voraussetzungen, nämlich im Hinblick auf die Relation, wer sich wem überlegen ›fühlt‹, sind aus

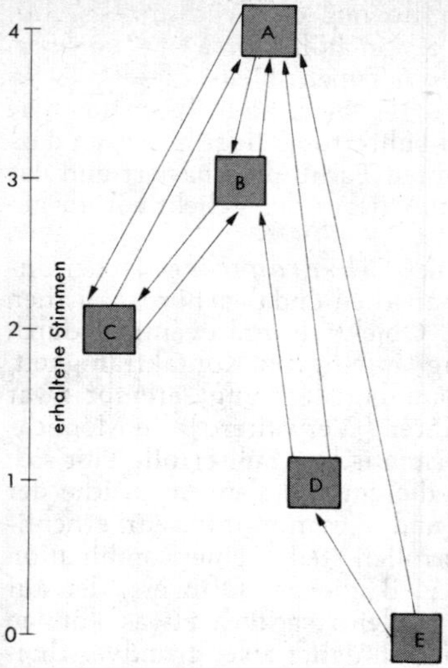

Abb. 55: Soziogramm einer Gruppe

dem Tierreich z. B. von Haushühnern, recht stabile Rangsysteme (*Hackordnungen* nach K. *Schjelderupp-Ebbe*, 1923) bekannt. Das in einem solchen System zuoberst stehende ›dominante‹ Tier kann sich sämtlichen anderen gegenüber aggressiv verhalten, wird aber selbst von keinem angegriffen. Bisweilen finden sich auch intransitive Ordnungen, z. B.: A > B > C > D aber D > B, die darauf hinzuweisen scheinen, daß der *Dominanz-Status* ein komplexes (mehrdimensionales) Phänomen ist: B mag C und dieses wieder D an reiner Körperkraft überlegen sein, D aber B an Gewandtheit.

6. Mit Max *Weber* (1922) lassen sich drei ›reine‹, d. h. abstrakte Typen von Führertum in Gruppen unterscheiden, die *›traditionelle Herrschaft‹*, deren Inhaber durch eine unverbrüchliche Sukzessionsregel bestimmt ist, die *›charismatische Herrschaft‹* des durch eine (›magische‹) Gabe (Charisma = Gnade) Ausgezeichneten und die *›bürokratische Herrschaft‹* des unter dem rationalen Kompetenzgesichtspunkt ausgewählten Verwalters eines (legalen) Systems von Verhaltensnormen. Der psychologischen Dynamik von Gruppensituationen ist vor allem der charismatische Typus (Propheten, Kriegshelden, Demagogen usw.) unterworfen. Der zum Gehorsam verpflichtende Glaube an ›den Führer‹ setzt die Überschneidung zweier Mechanismen voraus, die *S. Freud* aus der Analyse des sich zwischen Hypnotiseur und Medium einstellenden Verhältnisses ableitete: ›Der Führer‹ ist eine Person, auf die andere ihre eigenen Macht- und Sicherheits-Wünsche projizieren und mit der sie sich sodann identifizieren. Für den Träger einer solchen Rolle ergibt sich daraus die doppelte Aufgabe des Sich-Abhebens von den Gefolgsleuten (durch eine außer-alltägliche bzw. sogar fremdartige Erscheinung, Sprechweise usw.), damit er als Zielscheibe der *Projektion* dienen kann, und andererseits die Aufgabe des Einer-von-uns-Seins (in Gehaben und erklärten Absichten) zwecks Erleichterung der *Identifikation*. In statu nascendi vereinigt der charisma-

tische Führer die Beliebtheitsrolle mit der Tüchtigkeitsrolle; seine weitere Wirksamkeit hängt in höherem Maße vom Erfolg ab als die der beiden anderen Typen; bleibt dieser aus, so schlägt die Verehrung leicht in Haß bzw. auch Spott um. Die Problematik des bürokratischen Führertums liegt hingegen darin, daß es nur auf der anerkannten Tüchtigkeit basiert und daher in der Regel nicht mit dem Attribut der Beliebtheit ausgestattet ist.

Für die psychologische Diagnostik (›*Führerauslese*‹) ist der Unterschied zwischen dem charismatischen und dem bürokratischen Typus von größter Bedeutung. Objektive und eventuell durch → Tests zu erfassende Begabung (Intelligenz, Kontaktfähigkeit, Selbstsicherheit, physische Gesundheit, Bildung) erlaubt zwar die Auswahl bürokratischer Führer (›Verwalter‹); die Möglichkeit zur Übernahme einer charismatischen Führerrolle läßt sich hingegen nur im Hinblick auf die emotionalen Ansprüche der Gefolgsleute prognostizieren (und dies nur mit sehr erheblicher Unsicherheit). Viele Führerrollen stellen eine Kombination der beiden reinen Typen dar, z. B. die des Offiziers, der auf seine Leute ›wirken‹ und der zugleich sachlich etwas können muß. Das Ausleseverfahren hat sich daher zwei grundverschiedene Aspekte zu eigen zu machen. Der ersten Bedingung trägt am ehesten noch das von *J. B. Rieffert* in die deutsche → Wehrpsychologie um 1930 eingeführte ›Rundgespräch‹ Rechnung, bei dem es dem Zusammenwirken mehrerer Partner in einer freien Diskussion überlassen bleibt, inwieweit jeder von ihnen sich und seine Meinung durchzusetzen vermag.

7. Die Gruppe, der sich eine Person zuzählt, gibt dieser in der Regel den Maßstab zur Beurteilung ihrer eigenen Leistungen, Fähigkeiten und Ansichten; sie dient daher als ›*Bezugsgruppe*‹. Ob man selbst z. B. ›intelligent‹ sei, läßt sich nur in Bezug auf andere Personen feststellen. Das Urteil über diesen Sachverhalt pflegt sicherer zu sein, wenn der erlebte Abstand von den Vergleichspartnern gering ist. Sich am Schachmeister zu messen, ist für den Alltagsspieler ebenso unergiebig wie umgekehrt für den Spitzenspieler der Vergleich mit dem Anfänger. Das Selbstgefühl ihrer Angehörigen setzt daher eine gewisse Homogenität der Gruppe voraus (Theorie des *sozialen Vergleichsprozesses* von *L. Festinger*, 1954).

8. Gruppen besitzen gegenüber Einzelpersonen mehrere Leistungsvorteile: Wo es auf physische Kraftentfaltung ankommt (Leistungen vom Typus des Hebens und Tragens), bewährt sich der nach Zeit und Richtung koordinierte Einsatz mehrerer Individualkräfte. In unklaren Situationen kann die Gruppe eine verbindliche *Norm (Konvention)* setzen, durch die das Verhalten ihrer Angehörigen geregelt wird (Leistungen vom

Typus des Bestimmens). Im industriellen Fertigungsprozeß (→ Betriebspsychologie) kommt es z. B. zu Normen für die Leistung des einzelnen Arbeiters, auf deren Einhaltung die Kameraden streng achten, obwohl die sachliche Berechtigung dieser Normen keineswegs erwiesen und nur sehr schwierig zu ermitteln ist. Größere Verbände regulieren das Verhalten ihrer Angehörigen durch institutionelle Satzungen (*A. Gehlen*, 1956), sie schaffen dadurch für diese *›Selbstverständlichkeiten‹*, d. h. Sachverhalte, die gar nicht in Frage gestellt werden können, obwohl ihre rationale Begründung durchaus problematisch wäre. Das Gefühl der Geborgenheit des Individuums hängt sehr wesentlich von der Unwidersprochenheit der Selbstverständlichkeiten seiner Gruppe *(Kultur)* ab; an diesen zu rütteln kommt daher vielfach dem Verstoß gegen ein *Tabu* gleich. Im Kleinstfall des Laboratoriumexperiments wurde die Entstehung normativer Richtlinien durch *M. Sherif* (1935) nachgewiesen: seine Vpn hatten das Ausmaß einer unerkannten Bewegungsillusion *(autokinetischer Effekt)* zu schätzen und gelangten in der Gruppensituation, wenn eine die Schätzungen der anderen mit anhören konnte, zu recht wenig voneinander abweichenden Urteilen, obwohl sie in der Alleinsituation die Bewegungsweite sehr unterschiedlich beurteilt hatten.

9. Für die theoretische Analyse am interessantesten ist der Arbeitsvorteil der Gruppe bei Leistungen vom Typus des Suchens; auf ihn weist das Sprichwort hin, daß vier Augen mehr sehen als zwei. Wenn ein Paar einen konkreten, z. B. verlorenen Gegenstand oder auch die Lösung eines Problems sucht, so versagt es nur, sofern beide Partner (A und B) versagen. An sich bestehen jedoch in dieser Situation drei mögliche Ausgänge, deren Wahrscheinlichkeiten sich unter der Annahme berechnen lassen, daß jeder der beiden Partner eine bestimmte Wahrscheinlichkeit besitzt, allein zu finden (p_a, p_b), bzw. eine komplementäre Wahrscheinlichkeit, nicht zu finden ($q_a = 1 - p_a$). Daß beide Partner finden, ist daher mit einer Wahrscheinlichkeit von $p_a \cdot p_b$ zu erwarten; daß nur einer von beiden findet, mit der Wahrscheinlichkeit $(p_a \cdot q_b) + (p_b \cdot q_a)$ und, daß beide versagen, mit der Wahrscheinlichkeit $q_a \cdot q_b$. Setzt man willkürlich $p_a = 0{,}2$ und $p_b = 0{,}1$, so ergibt sich $q_a \cdot q_b = 0{,}72$ und daher die Wahrscheinlichkeit des Paarerfolges $W_2 = 1 - 0{,}72 = 0{,}28$; dieser Wert liegt höher als jede der beiden Einzelwahrscheinlichkeiten. Tritt noch ein dritter Partner (C) mit der Erfolgswahrscheinlichkeit $p_c = 0{,}1$ hinzu, so steigt die Wahrscheinlichkeit des Gruppenerfolges auf $W_3 = 0{,}35$. Allgemein gilt bei Partnern mit der Durchschnittswahrscheinlichkeit p_i, daß die Gruppenwahrscheinlichkeit gemäß dem Ausdruck $W_n = 1 - q_i^n$ ansteigt. Die Erfolgschance nimmt daher mit der Anzahl der an

der Suche Beteiligten zu; bei genügend großen Werten von n und einer Durchschnittswahrscheinlichkeit $p_i > 0$ wird der Erfolg sicher.

Das *Wahrscheinlichkeitsmodell des Suchens* wird durch die Erfolge kleiner Gruppen (2–5 Personen) bestätigt (*G. Ekman*, 1955; *P. R. Hofstätter*, 1956, 1957); ihm entspricht auch die weit verbreitete Praxis, als schwierig betrachtete Probleme durch größere Gruppen (Arbeitsausschüsse, Teams) bearbeiten zu lassen. Es wirkt trotzdem utopisch, da häufig die drei für die Anwendung des Modells gültigen Voraussetzungen übersehen oder nicht eingehalten werden. Das Modell setzt voraus, daß die Partner miteinander bezüglich ihrer Funde im Gedankenaustausch *(Kommunikation)* stehen, daß richtige Lösungen von der Gruppe als ganzer akzeptiert werden, auch wenn sie nur von einzelnen oder einem einzigen ihrer Mitglieder gefunden wurden, und daß die Mitglieder in unabhängiger Weise suchen, d. h. weder einander bloß kopieren noch prinzipiell opponieren. Mit steigender Gruppengröße (n) wird die Einhaltung dieser Voraussetzungen in zunehmendem Maße schwieriger, bzw. sogar unmöglich. Es gibt daher für Gruppen jeweils das Problem ihrer optimalen Größe.

Das arbeitsteilige Verfahren in Industrie, Verwaltung (Bürokratie) und Forschung (Spezialisierung) stellt den Versuch dar, die Einhaltung der Akzeptierungsbedingung und der Unabhängigkeitsbedingung auf Kosten der Kommunikationsbedingung zu gewährleisten. Es bedarf einer Organisation der Gruppe, die ihren einzelnen Mitgliedern deren Kompetenzdomänen zuweist und die zugleich die Kommunikationsaufgabe zu übernehmen vermag. Großverbände versuchen dieses Problem durch die Schaffung zweier unabhängiger, einander aber ergänzender Apparate zu bewältigen: des *Verwaltungsapparats* (Beamtenschaft) und des *Repräsentationsapparats* (Abgeordnete, Vertrauensleute usw.).

Hautsinne. Kleine Kinder neigen dazu, die Gegenstände ihrer Welt anzufassen und unter Umständen sogar in den Mund zu nehmen; Eltern melden dagegen meist hygienische Bedenken an. Ohne es zu wissen, beziehen sich beide Personengruppen auf die wesentliche Eigenheit der Haut als des größten Sinnesorgans des Menschen: sie vermittelt uns den direktesten, aber darum auch vorbehaltlosesten Eindruck – das Wort ist dabei ganz ursprünglich zu nehmen – der Welt. Was ein durch die Fernsinne des Sehens, Hörens und Riechens erfaßtes Ding wirklich ist, würde uns kaum jemals deutlich, hätten wir nicht seinesgleichen einmal ganz unmittelbar angefühlt, gekostet und in der Hand gewogen. Diese einfache Überlegung bestätigt den lapidaren

Satz des *Aristoteles,* daß es ohne den Tastsinn keinen anderen Sinn gibt (De anima, II,3), oder genauer, daß die bedeutungverleihende Auswertung der von den anderen Sinnen gelieferten Daten stets eine Berührungserfahrung voraussetzt. Nicht umsonst leitet sich das ›Be-greifen‹ vom Greifen her. Wahrscheinlich bedürfen wir auch der Tasterfahrung zur Gewinnung der räumlichen Tiefendimension in der an sich nur flächenhaften Wahrnehmung des → Gesichtsinnes.

In der Haut überlagern einander vier Systeme von Rezeptororganen, die man nach den durch sie vermittelten Empfindungen als *Schmerz-, Druck-, Kälte-* und *Wärme-Punkte* bezeichnet (*M. v. Frey,* 1894). Es handelt sich dabei vor allem um freie Endigungen weitverzweigter Nervenfasern und um deren besondere Ausgestaltung zu einer Reihe komplizierterer Strukturen *(Meißner*sche, *Vater-Pacini*sche und *Golgi-Mazzoni*sche *Körperchen, Krause*sche und *Ruffini*sche *Kolben),* die aber nicht in völlig spezifischer Weise den vier Modalitäten des Hautsinns zugeordnet sind. Die Anatomie eines Rezeptors verrät uns daher noch nicht, mit welcher Empfindung seine Reizung beantwortet werden wird; die Entscheidung darüber fällt vielmehr erst bei der zentripetalen Weiterleitung der in ihm erzeugten Impulse; sie liegt damit aber eindeutig fest. Unabhängig von der Art der Reizung folgt die Empfindung nur dem System, dem der getroffene Punkt angehört (→ Reiz und Reaktion).

Bei weitem am dichtesten ist das System der Schmerzpunkte (50—200 Rezeptoren pro cm^2 der Körperoberfläche), darauf folgt das der Druckpunkte, und am Ende der Reihe steht das System der Wärmepunkte. Eine Übersicht der Verhältnisse an einzelnen Körperstellen gibt Tab. 9 nach *E. v. Skramlik,* 1937; die Zahlen beziehen sich auf die Punktdichte pro cm^2.

Stelle/Modalität	Schmerz	Druck	Kälte	Wärme
Gesicht	184	50	8	0,6
Nasenspitze	44	100	13	1,0
Oberkörper	196	29	9	0,3
Vorderarm (Innenseite)	203	15	6	0,4
Handrücken	188	14	7	0,5

Tab. 9

Für die gesamte Körperoberfläche ist etwa mit 1,2 Millionen Schmerzpunkten, 700 000 Druckpunkten, 250 000 Kältepunkten und 30 000 Wärmepunkten zu rechnen.

Im *Cortex* scheinen den vier Modalitäten des Hautsinnes keine gesonderten Repräsentationsfelder zu entsprechen. Die räumliche Aufteilung der einlangenden Impulse erfolgt in der hinteren Zentralwindung (→ Gehirn), und zwar unter dem Gesichtspunkt der vom Reiz betroffenen Körperstellen. Der funktionalen Verzerrung des Körperbildes im Cortex (vgl. Abb. 37) entspricht die Feinheit der Auflösung von Reizgegebenheiten mit Hilfe der Druckpunkte an der Peripherie. Diese erreicht ihr Maximum an den Fingerspitzen und in der Mundregion (Lippe und Zunge); man gewinnt davon leicht einen Eindruck beim Abtasten eines hohlen Zahnes mit der Zunge. Was die Fingerspitzen zu leisten vermögen, illustriert einerseits die Braillesche *Blindenschrift* und andererseits die Möglichkeit der Beurteilung feinster Oberflächenqualitäten, z. B. der Unterschiede zwischen Papiersorten, durch das Betasten. *D. Katz* nimmt an (1925), daß dabei *Vibrationsempfindungen* eine Rolle spielen.

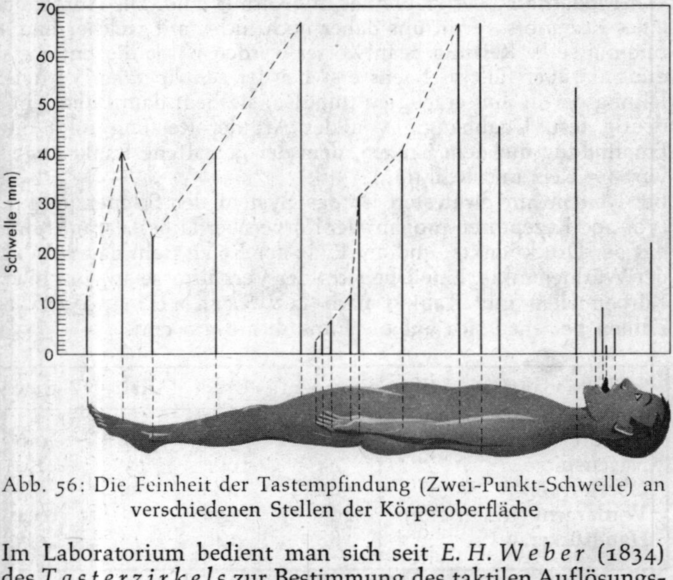

Abb. 56: Die Feinheit der Tastempfindung (Zwei-Punkt-Schwelle) an verschiedenen Stellen der Körperoberfläche

Im Laboratorium bedient man sich seit *E. H. Weber* (1834) des *Tasterzirkels* zur Bestimmung des taktilen Auflösungsvermögens; dabei wird der Minimalabstand der Spitzen ermittelt, in dem diese noch getrennt, als zwei Reize und nicht bloß als einer, wahrgenommen werden. Die Schwellenwerte variieren zwischen 2,5 und 70 mm (Abb. 56); bei *Ermüdung* erhöhen sich diese Werte in der Regel. Die Schwellenbestimmung liefert

uns daher ein — allerdings leider nicht sehr verläßliches — Maß für die objektive Beurteilung des Ermüdungszustandes. Bessere Erfolge hat man in dieser Richtung mit dem Auflösungsvermögen des → Gesichtsinnes für alternierende Licht-Dunkel-Reize (*Flimmerlicht*) gemacht. Der Eindruck, daß ein 20- bis 40mal pro Sekunde unterbrochenes Licht stetig sei (*kritische Flimmergrenze*, CFF im angelsächsischen Schrifttum), stellt sich im Zustand der Ermüdung bei niedrigeren Frequenzen ein als im Zustand der Frische.
Drei der Modalitäten des Hautsinnes (Druck, Wärme und Kälte) unterliegen in hohem Maße der *Adaptation*, d. h. sie stellen sich auf das jeweilige Intensitätsniveau von Dauerreizen sehr schnell ein, so daß diesen, z. B. dem auf uns lagernden Druck der atmosphärischen Luft, keine Empfindung mehr entspricht. Für den Schmerzsinn trifft das nur in sehr viel geringerem Umfange zu. In vielfacher Hinsicht ist dieser Sinn uns heute noch am wenigsten verständlich. Er umfaßt, wie es scheint, mehrere unterscheidbare Qualitäten; so spricht man etwa von ›hellen‹ Oberflächenschmerzen, ›dumpfen‹ Tiefenschmerzen, ›bohrenden‹ Zahnschmerzen und von organspezifischen Schmerzen (Gallenanfälle, Magenschmerzen usw.). Der experimentellen Forschung sind hier naturgemäß sehr enge Grenzen gesetzt. Am ehesten lassen sich im Laboratorium noch die Schmerzempfindungen verwenden, die bei der kurzfristigen Bestrahlung der geschwärzten Stirnregion von Vpn mit langwelligen Licht- und Wärmestrahlen entstehen (*J. D. Hardy*, 1940; *H. G. Wolff*, 1948). Auf diese Weise konnten auch auf diesem Gebiet Schwellenbestimmungen (→ Psychophysik) durchgeführt werden; die aus ihnen abgeleitete *Schmerzskala* (in Einheiten von *›Dol‹*) ermöglicht den Vergleich der Effekte analgetischer Mittel (Morphium, Codein, Alkohol).

Hypnose und Suggestion. Obwohl das Wort Hypnotismus erst im Jahre 1843 durch den Engländer *J. Braid* geprägt wurde und die neuere Forschungsgeschichte ihren Ausgang erst von den Arbeiten der Kommission nimmt, die 1784 von der französischen Akademie der Wissenschaften zur Überprüfung der therapeutischen Erfolge *F. A. Mesmers* (1734—1815) eingesetzt worden war, gehört das Phänomen der Hypnose zweifellos zu den ältesten Kulturerfahrungen der Menschheit (Tempelschlaf, Beschwörungen, Handauflegen usw.).
Die Hypnose ist eine künstlich herbeigeführte Modifikation des Wachzustandes, die erlebnismäßig dank der Unschärfe der Kategorien unserer sprachlichen Selbstdeutung (→ Bewußtsein) an den Zustand des *Schlafes* erinnert, mit dem sie aber in physiologischer und verhaltensdynamischer Hinsicht kaum etwas

gemeinsam hat. Der hypnotische Zustand wird durch erhöhte Suggestibilität und die Einengung des sozialen Kontaktes auf die Person des Hypnotiseurs *(›Rapport‹)* charakterisiert. Als *Suggestion* bezeichnet man einen psychischen Ablauf, der zum unkritischen Sich-zu-eigen-Machen von Vorstellungen führt, die durch die Worte und Handlungen einer anderen Person angeregt wurden *(Fremdsuggestion)*; im abgeleiteten Sinne (d. h. als Nachwirkungen des Glaubens an eine fremdsuggestive Beeinflussung) können auch selbst erteilte Suggestionen wirksam werden *(Autosuggestion)*. Durch die im hypnotischen Zustand erteilten Suggestionen lassen sich funktionale Veränderungen auf sensorischem, motorischem und vegetativem Gebiet sowie auf dem des → Gedächtnisses herbeiführen und dadurch auch therapeutische Wirkungen (zeitweiliges Verschwinden hysterischer Symptome und psychosomatischer Beschwerden) erzielen. Dauerheilungen sind allerdings zweifelhaft.

Die Technik des Hypnotisierens kann man nur von einem erfahrenen Praktiker erlernen; sie bedient sich meistens einer Kombination der von verschiedenen Autoren angegebenen Methoden, z. B. des Fixierenlassens von glänzenden Gegenständen bzw. der Augen des Hypnotiseurs (nach *Braid*), der Suggestion von Müdigkeit, Augenschluß und Einschlafen (nach *Liébeault*, 1866) und der ›magnetischen‹ Striche (nach *Mesmer*, 1779), die mit leichter Berührung oder einfach in der Luft über den Gliedmaßen der Vp ausgeführt und von der Suggestion begleitet werden, daß die Glieder nun immer schwerer und schwerer werden. Dabei ist auf eine bequeme, möglichst entspannte Lage oder Sitzstellung der Vp und auf einen monotonen Reizhintergrund zu achten. Der Therapeut muß selbst stets seines Erfolges sicher wirken; es stehen ihm aber zwei Grundhaltungen zur Verfügung, die elterlich-begütigende, mit der z. B. Mütter ihre Kinder in den Schlaf singen, und die autoritativ-despotische des ›unwiderstehlichen Mannes‹. Der Laie hält sich, sofern nicht ernsthafte wissenschaftliche Gründe dafür sprechen, am besten sowohl vom aktiven Hypnotisieren als auch vom passiven Hypnotisiertwerden fern; öffentliche Schaustellungen gehören in die Kategorie des sozialen Unfugs.

Bis auf etwa 15 Prozent erweisen sich normale Erwachsene als in geringerem oder höherem Grade hypnotisierbar, wobei allerdings die Ersthypnose im allgemeinen sehr viel schwieriger ist und langsamer vor sich geht (Zeitbedarf: 10 Minuten bis eine Stunde) als die späteren Wiederholungen. Offenbar handelt es sich hier um einen Lernprozeß, der seinerseits durch ein Vorlernen auf sprachlichem Gebiete (reflektorische Beantwortung von Appellen, z. B. des Zurufs »Schau her!«) begünstigt wird.

Hinsichtlich seiner Tiefe pflegt der hypnotische Zustand in drei Stadien eingeteilt zu werden: *Somnolenz* oder Schläfrigkeit (erreichbar bei 85 Prozent), *Hypotaxie* oder mittlerer Schlaf (erreichbar bei 45 Prozent) und *Somnambulismus* oder tiefe *Trance* (erreichbar bei 20 Prozent). Schon im ersten Stadium treten die sog. *kataleptischen Erscheinungen* auf, bei denen die Vpn ihre Körperteile nicht mehr willkürlich bewegen können, diese aber passiv für erstaunlich lange Zeit und ohne Ermüdung in den ihnen vom Hypnotiseur erteilten Positionen verbleiben; es handelt sich dabei wahrscheinlich um eine Blockierung des senso-motorischen Regelkreises, durch den die Steuerung des Verhaltens geleistet wird (→ Lernen am Erfolg). Im zweiten Stadium können Sensibilitätsveränderungen *(Hyperästhesie* und *Anästhesie),* Schmerzlosigkeit *(Analgesie)* sowie der Erinnerungsverlust *(Amnesie)* für die Ereignisse während der Hypnose suggeriert werden. Erst im somnambulen Stadium stellt sich das an *Schlafwandeln* erinnernde Bild ein: die Hypnotisierten können nunmehr ohne Unterbrechung des Trancezustandes die Augen öffnen, umhergehen und agieren, wobei sie sich aber in einer suggerierten Scheinwelt befinden, deren Gegenstände ihnen zum Großteil so vorkommen, wie sie der Hypnotiseur benannt hat. In diesem Stadium lassen sich auch die von Mesmers Schüler, dem Marquis de *Puységur* (1784), entdeckten *posthypnotischen Aufträge* erteilen, in deren Gefolge später im Wachzustand zu einer ganz bestimmten Zeit irgendeine bizarre Handlung (z. B. Hinauswerfen des Taschentuches aus dem Fenster) ausgeführt und auf Befragen mit einer Scheinmotivation *(Rationalisierung)* versehen wird. Die zeitliche Reichweite solcher Aufträge erstreckt sich über Wochen und Monate, ohne daß in der Zwischenzeit ein Vorsatz im Bewußtsein bestünde. Es handelt sich dabei wohl um ein ähnliches Phänomen wie bei der ›*Kopfuhr*‹ (*K. Groos,* 1896; *H. Ehrenwald,* 1923; *K. Frobenius,* 1927; *W. Schneevoigt,* 1934), die manchen Personen das willkürliche Aufwachen aus dem normalen Schlaf zu einer bestimmten Zeit ermöglicht und deren Zeitmaß wahrscheinlich durch die Geschwindigkeit der Stoffwechselvorgänge (*O. Sterzinger,* 1935; *H. Hoagland,* 1935) bestimmt wird.
Das Aufwachen aus der Hypnose erfolgt in der Regel auf Befehl des Hypnotiseurs, der im allgemeinen dabei das Vergessen der stattgehabten Ereignisse und ein subjektives Wohlgefühl suggeriert. Auch ohne Zuhilfenahme betäubender Pharmaka kann eine Hypnose über einige Tage ausgedehnt werden.

Die korrelativen Zusammenhänge zwischen Hypnotisierbarkeit und Persönlichkeit erscheinen als ziemlich dürftig; Kinder im Alter von acht Jahren sind suggestibler als Erwachsene, Frauen etwas mehr als Männer, Intelligenz und Suggestibilität korrelieren geringfügig positiv; mehrfach wurde eine Affinität zwischen *Extraversion* (→ Typenlehre) und Hypnotisierbarkeit beobachtet. Ein → Test, der im normalen Wachzustand die Voraussage der Hypnoseempfänglichkeit mit einiger Sicherheit gestattet, mißt das Ausmaß des Körperschwankens, das dann eintritt, wenn einer mit geschlossenen Augen stillstehenden Vp eingeredet wird, sie falle entweder nach vorn oder nach rückwärts. Andere, größtenteils von *A. Binet* (1890) ersonnene Tests beruhen auf dem Prinzip der *Erwartungstäuschung;* es werden der Vp z. B. zwölf gleichaussehende Gewichte in einer Reihe vorgeführt, von denen die ersten fünf tatsächlich nach ihrer Schwere gestuft sind, während die übrigen gleich schwer sind. Suggestibilität besteht insofern, als auch von diesen Gewichten angegeben wird, sie seien schwerer als das jeweils vorausgehende. Die Untersuchung der zwischen verschiedenen Tests aufgefundenen Korrelationen (*H. J. Eysenck* und *W. D. Furneaux,* 1945) hat zur Unterscheidung zweier Faktoren der Suggestibilität geführt, von denen aber nur der erste (*Prestige-Suggestion,* wie sie beim *Schwankungstest* verwendet wird) mit der Hypnoseempfänglichkeit korreliert, nicht aber der zweite Faktor, der bei den Erwartungstäuschungen zur Geltung kommt.

Unbeschadet der Herleitung des Wortes Hypnose vom Schlaf (ὕπνος) gleicht der hypnotische Zustand in physiologischer Hinsicht (Grundumsatz, Pulsfrequenz, elektrischer Hautwiderstand, elektrische Gehirnaktivität, Reflexerregbarkeit) durchweg dem Wachzustand und nicht dem des Schlafes. Es wäre aber unrichtig, die Hypnose als ein ›Theater‹ aufzufassen, das der Hypnotisierte vorspielt. Ähnlich wie bei der *Hysterie* (→ Neurose) scheint der Vorgang darauf zu beruhen, »daß gewisse Blockierungen in der Großhirnrinde, die sich auf die subthalamischen, vegetativen Zentren auswirken, in der Hypnose aufgehoben werden, so daß die subkortikale vegetative Sphäre der normalen Affektivität wieder zugänglich wird« (*R. Brun,* 1956, → Gefühle). Auf dem Hintergrund dieser affektiven Umsteuerung lassen sich die sensorischen Veränderungen sowie die Spaltung des Bewußtseins verstehen, die eintritt, wenn eine hypnotisierte Vp sich suggestionsgemäß als ein anderer Mensch (z. B. als ein kleines Kind oder als eine Persönlichkeit der Geschichte) fühlt und gebärdet. Die vielfach behauptete Steigerung der Sinnesfunktionen ist jedoch noch unbewiesen. Das gilt auch von der literarisch gern ausgewerteten Gefahr eines Gewaltverbrechens während der Hypnose oder im Zuge eines posthypnotischen Auftrages. In der Regel entziehen sich Vpn spontan dem Einfluß der Suggestion, wenn in dieser ihrem ethischen Empfinden zuwiderlaufende Verhaltensweisen gefordert werden. Die Möglichkeit läßt sich jedoch nicht ausschließen, daß die Suggestion verdrängte asoziale Triebregungen ansprechen und damit deren handlungsmäßige Realisierung erleichtern könnte. Die Resultate der von *J. G. Watkins* (1947) durchgeführten Experimente (Preisgabe militärischer Geheimnisse, Attacken auf Vorgesetzte) gemahnen jedenfalls zur Vorsicht, um so mehr als bereits früher einmal hypnotisierte Personen nur schwer den trance-induzierenden Suggestionen eines kompetenten Hypnotiseurs zu widerstehen vermögen. Die Frage, ob eine Ersthypnose gegen den Willen der Vp durchgeführt werden kann, ist zur Zeit noch unentschieden. *M. Brenman* (1951) hat dafür die zutreffende Formulierung gefunden: »Niemand gelangt ohne seinen Willen in den Zustand der Hypnose; es kann aber sein, daß er sich dieser seiner Absicht nicht bewußt ist.«

Außer Zweifel steht das Phänomen der *Hypermnesie*, d. h. des erheblich gesteigerten Erinnerungsvermögens für weit zurückliegende Ereignisse, z. B. der eigenen Kindheit (→ Gedächtnis). Wahrscheinlich wirken hier vier Faktoren zusammen: 1. die Verringerung der Widerstände, auf Grund deren das Vergessen erfolgte; 2. die Wiederherstellung des ursprünglichen Bezugssystems durch die erlebnismäßige Zurückversetzung auf frühere Altersstufen; 3. die Ausschaltung des Bewußtseins für die aktuelle Gegenwart; 4. die gesteigerte Bereitschaft dazu, auch schwache Erinnerungen als vollgültig anzusprechen. Der Gebrauch der Hypnose in der → *Psychotherapie* beruht vielfach auf dieser Erscheinung, welche die Auffindung das seelische Gleichgewicht beeinträchtigender Erlebnisse gestattet. Bisweilen wird dabei auch die Herbeiführung des hypnotischen Zustandes durch Einspritzung eines affektenthemmenden Narkotikums erleichtert.

Die theoretischen Vorstellungen hinsichtlich des Wesens der Hypnose sind auch heute noch uneinheitlich. *Mesmers* physikalische Hypothese basierte auf der Annahme eines das Weltall und den menschlichen Körper durchwirkenden Lebens*magnetismus*. Schon die französische Kommission des Jahres 1784, der u. a. *Franklin* und *Lavoisier* angehörten, entschied sich gegen diese Annahme und zugunsten der Meinung, daß die hypnotischen Phänomene auf die Tätigkeit der Einbildungskraft zurückzuführen seien. Mehrere Autoren stellen eine begriffliche Verbindung zwischen Hypnose und dem sog. *ideomotorischen Prinzip* (›*Carpenter-Effekt*‹, → Bedingter Reflex) her. Am ehesten befriedigt der Deutungsansatz von *P. Schilder* und *O. Kauders* (1926), der physiologische Gegebenheiten (die Funktionsweise phylogenetisch alter Hirnteile) mit psychoanalytischen Theorien (die erotische

Identifikation mit Autoritätspersonen in der frühen Kindheit) verbindet. Die Bedeutung des Hypnotiseurs schrumpft in dieser Betrachtungsweise sehr erheblich; von seiner Persönlichkeit und von seiner ›Willenskraft‹ hängt ungleich weniger ab als von den Triebansprüchen des Hypnotisierten, deren halluzinatorische Befriedigung er anzubahnen und im weiteren Verlauf vor allem nicht zu stören hat.

Informationstheorie. *Entscheidungen*, die wir zu treffen haben, sind mit einem Ausmaß von *Ungewißheit* belastet, dessen Äquivalent die Größe der Information ist, die für eine sichere Entscheidung erforderlich wäre. Meldungen, das sind Wahrnehmungen, persönliche Erfahrungen und Mitteilungen, enthalten Information insofern, als sie uns das Fällen von Entscheidungen erleichtern. Im Zusammenhang mit Problemen der Fernmeldetechnik hat *C. E. Shannon* (1948) den einer Meldung entsprechenden Informationsbetrag (H) der Messung zugänglich gemacht. Auf ihn geht die auch als *›Kommunikationstheorie‹* bezeichnete Theorie der Information zurück; sie findet in zunehmendem Maße das Interesse der Psychologie, weil alle menschlichen Akte sich als Entscheidungen angesichts von Ungewißheit auffassen lassen.

Die Größe H hängt einmal von der Anzahl (N) der zur Wahl stehenden Alternativen ab und zum anderen von der Wahrscheinlichkeit (p_i) der einzelnen Alternativen. Sehe ich mich zwei Möglichkeiten der Entscheidung (N = 2) gegenüber und sind diese mit der gleichen Wahrscheinlichkeit richtig, so bedarf ich einer Informationseinheit, um meine Entscheidung zu fällen. Um eine von vier Zahlen (zwischen 1 und 4) zu erraten (N = 4), benötigt man zwei Informationseinheiten, die man sich z. B. durch die beiden Fragen »Ist die Zahl ungerade?« (Antwort: »Nein«) und »Ist es die Zahl 2?« (Antwort: »Nein«; also ist es die Zahl 4) verschaffen kann. Zur Identifikation einer zwischen 1 und 16 gelegenen Zahl (N = 16) sind im Durchschnitt vier Fragen bzw. Informationseinheiten erforderlich. Allgemein gilt bei N gleichwahrscheinlichen Alternativen, daß der Betrag von H gleich der Potenz ist, zu der die Zahl 2 erhoben werden muß, um N zu ergeben: $2^H = N$, oder einfacher $H = \log_2 N$. Dabei werden Logarithmen zur Basis 2 verwendet, anstelle der ›gemeinen‹ Logarithmen (Basis: 10) oder der ›natürlichen‹ Logarithmen (Basis: e = 2,71 ...); für die Umrechnung der Logarithmen gilt: $\log_2 N = 3{,}322 \cdot \log_{10} N$. Die Maßeinheit von H ist das *›bit‹* (Abkürzung von: binary digit = Zahl im Zweiersystem).

Das beliebte Gesellschaftsspiel, in dem eine Person oder ein Gegenstand durch eine Reihe von bloß mit Ja oder Nein zu beantwortenden Fragen erraten werden muß, gestattet bei optimaler Stellung von 20 Fragen die Identifikation einer Alternative aus einer Gesamtanzahl von mehr als einer Million: $2^{20} = 1\,048\,576$. Der zur Auffindung dieser Alternative erforderliche Informationsbetrag ist H = 20 bit. Die oftmals verblüffenden Leistungen, die bei Quiz-Programmen zustande kommen (Beispiel: »Die Würfel, die nach Caesars Aussage nach dem Überschreiten des Rubikon gefallen waren«), legen den Schluß nahe, daß beim Gebildeten der Gesamtbereich der Denkgegenstände etwa von der Größenordnung 10^6 sein dürfte.

Besitzen die zur Auswahl stehenden beiden Alternativen (A und B) ungleiche Wahrscheinlichkeiten ($p_a \neq p_b$), so verringert sich der Betrag der zur Entscheidung erforderlichen Information: $H = -p_a \log_2 p_a - p_b \log_2 p_b \leqq \log_2 2 = 1$. Die hier auftretende Funktion $p_i \log_2 p_i$ wurde von dem Psychologen *E. B. Newman* (1951) tabelliert (vgl. *H. Quastler*, 1955). Wie Abb. 57 zeigt, bedarf es zur Entscheidung zwischen zwei Alternativen, deren Wahrscheinlichkeiten $p_a = 0{,}11$ und $p_b = 0{,}89$ betragen, nur eines halben bits an Information (H = 0,5). Erlebnismäßig fiele uns eine solche Wahl auch leichter, als wenn die mit den beiden Alternativen verbundenen Chancen einander gleich wären. Dem Zustand völlig problemloser Gewißheit entspricht der Wert von H = 0 bzw. das Chancenverhältnis: $p_a = 1{,}00$ und $p_b = 0{,}00$. Für mehr als zwei Alternativen (N) gilt allgemein $H = -\sum_N p_i \log_2 p_i$. Der Ausdruck hat ein negatives Vorzeichen, da die Logarithmen selbst negativ sind und H als eine positive Größe berechnet wird. In formaler Hinsicht gleicht die Definitionsformel für H dem *Boltzmann*schen Ausdruck für die physikalische Zustandsgröße ›Entropie‹. Die Übereinstimmung ist keineswegs zufällig, da beide Größen den Grad der Ungewißheit bzw. der Zufallsmäßigkeit in abgeschlossenen Systemen wiedergeben. Der Empfang oder der Erwerb von Informationen ist daher als ein Ordnungsgewinn aufzufassen.

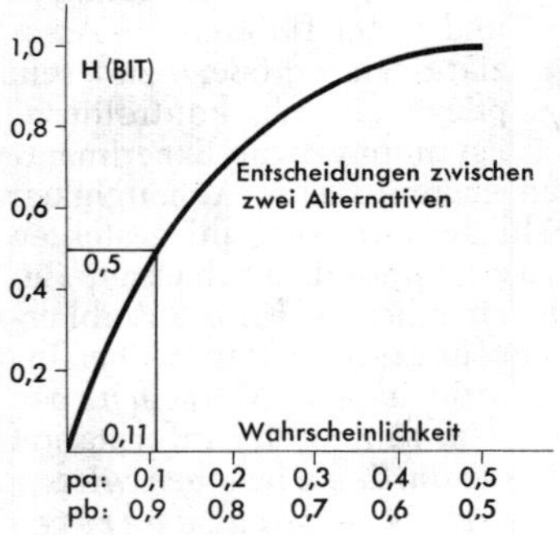

Abb. 57: Leichte und schwere Entscheidungen

Die einfachste Anwendung des Begriffs der Information auf psychologische Fragen ermöglichen Situationen, in denen Vpn auf eine Reihe verschiedener Reiz-Alternativen in unterschiedlicher Weise zu reagieren haben. *J. Merkel* (1885), ein Schüler Wundts, bestimmte die für eine Reaktion erforderliche Zeit (RT, → Reiz und Reaktion) in ihrer Abhängigkeit von der Anzahl der Alternativen; im Falle von N = 10 war auf jede der Zahlen von 1 bis 10 mit einem bestimmten Finger zu reagieren. Die *Reaktionszeit* wächst im Verhältnis zum Logarithmus von N (Abb. 58); in ihr drückt sich daher die für die Wahl der richtigen Reaktion erforderliche Information (H) aus. Das Merkelsche Ergebnis, das mehr als ein halbes Jahrhundert vor den ersten Arbeiten *Shannons* gewonnen wurde, konnte inzwischen mehrfach bestätigt werden (*W.E. Hick*, 1952; *R. Hyman*, 1953). Es verträgt sich auch mit dem Resultat der Assoziationsversuche, wonach die Reaktionszeit mit der Anzahl der Reaktionsmöglichkeiten zunimmt und daher für freie → Assoziationen größer zu sein pflegt als für kontrollierte. Psychophysische Experimente mit der Konstanzmethode haben ebenfalls eine Abhängigkeit der Reaktionszeit von der Anzahl der zur Auswahl gestellten Kategorien ergeben (*W. N. Kellogg*, 1931). Die subjektive Gewißheit, mit der Vpn eine Wahl treffen, ist der für die Wahl erforderlichen Reaktionszeit und dem für sie charakteristischen Informationswert umgekehrt proportional (*D. M. Johnson*, 1955). Damit rechtfertigt sich die Bezeichnung der Information als eines Maßes der Unsicherheit, die durch sie behoben wird.

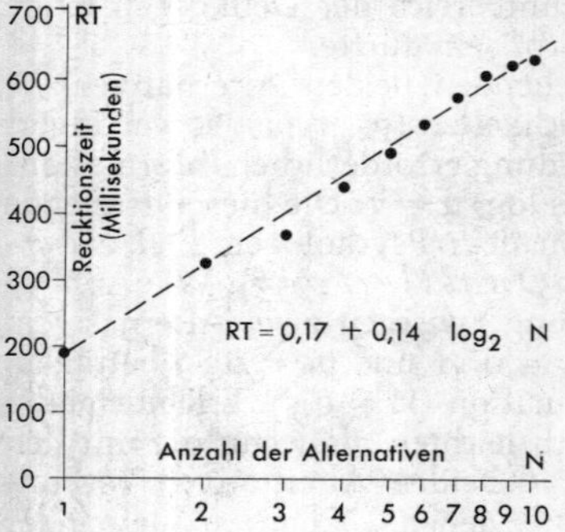

Abb. 58: Die Reaktionszeit als Funktion des Gehaltes an Information

Die Leistungen des *Sprechens* und des *Sprachverstehens* hat *G. A. Miller* (1951) einer informationstheoretischen Analyse unterzogen (→ Sprache). Sie erfolgt in fünf Stufen: 1. Ein normaler Sprecher des Englischen verwendet 39 verschiedene Sprachlaute (Phoneme) in einem Durchschnittstempo von 12,5 Lauten pro Sekunde. Der Sprecher erzeugt und der Hörer übernimmt daher Informationen mit einem Tempo von $H = 12{,}5 \log_2 39 = 66$ bit pro Sekunde. 2. Stellt man die ungleiche Häufigkeit in Rechnung, mit der die einzelnen Laute gebraucht werden, so ergibt sich: H = 60 bit pro Sekunde. 3. Das geübte Sprechen (und Hören) vollzieht sich in Silben und nicht in Lauten; es gibt deren 4500, wovon im Durchschnitt 5 pro Sekunde gesprochen werden: $H = 5 \log_2 4500 = 61$ bit pro Sekunde.

Dieser Wert sinkt auf 46 bit, da die Silben verschiedene Häufigkeiten besitzen. 4. Auf ein Vokabularium von 22000 Wörter bezogen (3 pro Sekunde) ergibt sich H = 43 bit pro Sekunde, und in Anbetracht der verschiedenen Wortfrequenzen reduziert sich dieser Wert auf H = 11 bit pro Sekunde. 5. In geordneten Sätzen engen die vorausgehenden Wörter die Anzahl der Alternativen für das auf sie folgende Wort abermals ein; es ergibt sich daher im Sprechverkehr schließlich eine Informationsleistung von durchschnittlich 8 bit pro Sekunde. Das bedeutet immerhin noch, daß sowohl der Sprecher wie der Hörer in jeder Sekunde eine Auswahl aus $2^8 = 256$ Alternativen zu treffen hat. Zur Illustration diene der Fall eines Anfängers, der zwar schon die griechischen Buchstaben ($N = 24$, $\log_2 N = 4{,}58$), nicht aber den Sinn der Wörter kennt; er liest einen neuen Text etwa im Tempo von zwei Buchstaben (ungefähr 9 bit) pro Sekunde.

Die Leistung von 8 bit pro Sekunde ist sehr beachtlich, sie bleibt jedoch weit hinter dem theoretischen Maximum von 66 bit pro Sekunde zurück. Offenbar erfordert die Natur des nervösen Zentralorgans diesen Verzicht. Es liegt nahe, den Wert von etwa 10 zweiwertigen Entscheidungen pro Sekunde einerseits mit der Durchschnittslänge des erlebten *Moments* (0,05 bis 0,10 Sekunden, *J. M. Stroud*, 1950, 1955) und andererseits mit dem elektrischen Grundrhythmus des → Gehirns, dem *Alpharhythmus* mit 10 Schwingungen pro Sekunde, in Zusammenhang zu bringen.

Die Tatsache, daß wir beim Sprechen das uns zu Gebote stehende Zeichensystem nur in sehr bescheidenem Maße ausnützen, wird durch den Begriff der ›*Redundanz*‹ beschrieben: Redundanz ist $= 1 - \frac{H}{H_{max}} = 1 - \frac{8}{66} = 0{,}88 = 88\,\%$. Im täglichen Leben begegnen wir einer sehr hohen Redundanz, wenn jemand sich umständlich ausdrückt, d. h. mit vielen Worten sehr wenig sagt. Meistens bekundet eine hohe Redundanz aber weniger Ungeschicklichkeit als den Wunsch, das Verständnis zu sichern bzw. Mißverständnisse auszuschalten und das Behalten zu erleichtern. Aus diesem Grunde werden z. B. auf Schecks die Geldbeträge sowohl in Zahlen als auch in Buchstaben geschrieben und im telegraphischen Verkehr Zahlen häufig zweimal durchgegeben. Daß Redundanz auch das gedächtnismäßige Behalten erleichtert, erfährt man am besten an den Schwierigkeiten, die sich der Einprägung eines atonalen Musikstückes entgegenstellen. Während nämlich die tonale *Musik* nur gewisse Tonfolgen zuläßt und damit einen erheblichen Redundanzfaktor enthält, unterwirft sich die atonale Musik keinen Sukzessionsregeln dieser Art.

Sollten in einem Kommunikationssystem Mißverständnisse auftreten, so bedeutet das, daß auf seiten des Empfängers Information erzeugt wird, für die auf seiten des Senders kein Gegenwert vorhanden ist. Aus der Überlegung dieser Möglichkeit stammt der Begriff der übertragenen Information, d. h. des Betrages der vom Sender ausgehenden Information, die beim Empfänger auch wirklich ankommt (Abb. 59). In diesem Sinne läßt sich auch der Wahrnehmungsprozeß als eine unvollständige *Informationsübertragung* beschreiben. Zufolge der endlichen Größe der Unterschiedsschwellen nehmen wir nicht alle auf der Reizseite vorhandenen Unterschiede wahr; andererseits produzieren wir Information, indem wir z. B. Bewegungen sehen, die sich gar nicht zugetragen haben (Scheinbewegungen, → Gestaltpsychologie). Manche Regelmäßigkeiten zeitlicher Abläufe entgehen uns, jedoch tragen wir in unser Vorstellungsbild solcher Abläufe auch wieder Regelmäßigkeiten hinein, die sachlich nicht gegeben sind; wir rhythmisieren z. B. eine Folge von Klopfgeräuschen (etwa bei einer Eisenbahnfahrt).

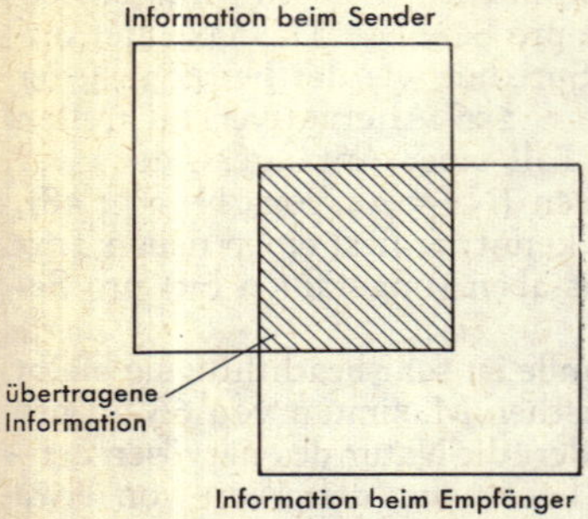

Abb. 59: Die Übertragung von Information

Die in rascher Entwicklung begriffene Informationstheorie macht einen sehr ausgedehnten Gebrauch von den Hilfsmitteln der höheren Mathematik. Vielfach bestehen enge Beziehungen zwischen *Kybernetik* (→ Lernen am Erfolg) und Informationstheorie (*N. Wiener*, 1952).

Intelligenz. Die in sehr großer Anzahl vorliegenden Definitionen der Intelligenz betonen im wesentlichen vier Sachverhalte: 1. daß es sich um eine *Begabung* bzw. um eine Gruppe von Begabungen handelt, die ein Lebewesen in höherem oder geringerem Maße besitzen kann; 2. daß diese Fähigkeit die Lösung konkreter oder abstrakter Probleme und damit die Bewältigung neuartiger Situationen ermöglicht; 3. daß sie das bloße Herumprobieren und das Lernen an dessen sich zufällig einstellenden Erfolgen weitgehend erübrigt; 4. daß diese Begabung sich in der »Erfassung, Anwendung, Deutung und Herstellung von Beziehungen und Sinnzusammenhängen« (*H. Remplein*, 1956) äußert. Mit *A. Wenzl* (1934) werden häufig drei *Dimensionen* der *intellektuellen Ausstattung* unterschieden: eine Tiefendimension der Erfassung des Wesentlichen, des Sinngehalts aus der Anschauung, eine Höhendimension des abstrakten, logischen Denkens und eine Breitendimension hinsichtlich der Mannigfaltigkeit der in Erwägung gezogenen Gegebenheiten. Dieses statische Strukturbild bedarf jedoch einer Ergänzung durch die Feststellung, daß mit Intelligenz im Prinzip eine Größe gemeint ist, die in den zeitlichen Ablauf des → ›Denkens‹ eingeht und durch welche die Ausgangsordnung eines Denkaktes (die Frage oder Problemsituation) in eine Endordnung der Antwort oder Lösung umgeformt wird (*R. Meili*, 1951).

Unter den Begabungen und Eigenschaften des Menschen nimmt die Intelligenz in zweifacher Hinsicht eine ausgezeichnete Stellung ein: sie gilt der philosophischen Spekulation schon von alters her als eine besonders hoch zu bewertende, in einem eigentlicheren Sinne als andere ›göttliche‹ Fähigkeit, und sie ist zugleich die Eigenschaft, um deren Messung (→ *Tests*) sich die empirische Psychologie der letzten 75 Jahre am nachdrücklichsten bemühte. Diese beiden Tatsachen hängen insofern zusammen, als unter einigermaßen normalen Verhältnissen der Lebenserfolg des Individuums in seiner Kultur und dessen Beitrag zu deren Wahrung und Mehrung von gedanklichen Leistungen stärker abhängt als etwa von der Entfaltung physischer Kräfte und spezieller Fertigkeiten. Wo mehrere Individuen zusammenwirken, können sich deren Kräfte bloß addieren, während sich Wissen und Scharfsinn in multiplikativer Weise miteinander und mit den zum Einsatz gebrachten Kräften kombinieren (→ Gruppendynamik). Vielfach wird auch die ethische Höhe einer Persönlichkeit der Vollkommenheit ihres Wissens um Gut und Böse gleichgesetzt. Aus diesen zum größten Teil schon dem vorwissenschaftlichen Denken entstammenden Annahmen erklärt sich die Tendenz, jede Form der sozialen Bevorzugung mit der Zuschreibung höherer Intelligenz zu koppeln; geringer geachtete Stände und *Minoritäten*, mißliebige Personen, Angehörige als fremd empfundener *›Rassen‹*, *Kriminelle*, sogar Frauen im Gegensatz zu Männern und nicht zuletzt der Teufel des Volksglaubens gelten daher als weniger intelligent, die Hochgeachteten und Anerkannten hingegen als ›die Intelligenz‹ schlechthin. Auf diese Weise erhält der Begriff der Intelligenz eine pragmatische Definition als die den innerhalb einer bestimmten Kultur Erfolgreichen gemeinsamen Fähigkeiten (*A. Anastasi* und *J. P. Foley*, 1949).

Es läßt sich leicht zeigen, daß der pragmatische Gesichtspunkt die Entwicklung der Maßmethoden der Intelligenz (seit 1890) beherrschte; ihm entspricht auch die Anlehnung des von *Binet* und *Simon* (1905) geschaffenen Testsystems für Kinder an das

Prinzip der Altersstaffelung. Ältere Kinder sind jüngeren in der Bewältigung von Lebens- und Schulaufgaben überlegen, jene besitzen daher eine höhere Intelligenz als diese. Aus diesen Überlegungen ergibt sich auch die relative Maßnorm, der zufolge sich Intelligenz als das einem gewissen Lebensalter bzw. Klassenniveau gemäße Leistungsvermögen auf schulischem Gebiet bewerten läßt. Die Testtradition basiert damit auf einer begrifflich nur recht unscharf gefaßten, aber für einen bestimmten Sektor des sozialen Lebens relevanten Intelligenzdefinition. Da in der Praxis von allen auf Binet und Simon folgenden Systemen der Intelligenzmessung erwartet wurde und wird, daß deren Prüfungsergebnisse mit dem nach dieser Prüfreihe gewonnenen hochgradig korrelieren, hat sich das dort zugrunde gelegte Kriterium auf sie übertragen. Das gilt auch dann, wenn die Bewertung nach Altersnormen (›*Intelligenzalter*‹) aufgegeben wird. Das Resultat dieser Entwicklung kann man entweder in die ironisierende Formel *E. G. Borings* (1923) kleiden, daß ›Intelligenz‹ das sei, was die *Intelligenztests* messen, oder auch dahingehend verstehen, daß hier eine Kultur den Begriff einer Fähigkeit ihren vorwissenschaftlichen Grundanschauungen gemäß festgelegt hat. Diese Situation ist keineswegs neu, da alle Bezeichnungen von Persönlichkeitseigenschaften und Begabungen auf Gruppenleistungen vom Typus des Bestimmens (→ Gruppendynamik) zurückgehen und damit in höherem oder geringerem Maße kulturspezifisch sind.
Die seit 1917 namentlich in den USA an Umfang und Bedeutung gewinnende Testpraxis hat zu einer wesentlichen Ausgestaltung der rechnerischen Verfahren (→ Statistik) geführt, welcher es zur Bewertung der Eigenschaften von Tests (Verläßlichkeit und diagnostische Valenz) und zur Beurteilung ihrer Resultate bedarf. Diesen Methoden sind neue Einsichten in die Problematik des zugrunde gelegten Intelligenzbegriffs zu verdanken. Dieser erwies sich als in zweifacher Hinsicht uneinheitlich: er umfaßt eine Reihe voneinander nahezu unabhängiger Einzelfähigkeiten und er verändert sich mit dem Lebensalter der Probanden.
Auf die Möglichkeit, daß sich mehrere als ›intelligent‹ bezeichnete Personen in der Art ihrer Intelligenz voneinander unterscheiden könnten, scheint als erster *G. W. Leibniz* in den ›Neuen Versuchen über den menschlichen Verstand‹ (abgeschlossen 1704, posthum erschienen 1765) hingewiesen zu haben: »Die Wahrheit ist, daß hierbei, wie auch in anderen Schätzungen, in denen es sich um disparate und heterogene Elemente handelt, die sozusagen nicht derselben Dimension angehören, die Größe dessen, worum es sich handelt, im zusammengesetzten Verhältnis zu den beiden Schätzungen steht und einem

Rechteck gleicht, das man sowohl seiner Länge wie seiner Breite nach betrachten kann« (II, § 66). In den ›Philosophischen Versuchen über die menschliche Natur‹ (1777) weist *J. N. Tetens* auf das gleiche Problem hin: »Herr Wieland hielt den Geist Shakespeares für größer als den Geist des Newton. Aber welche Waage, welche Gewichte gehören dazu, zwei solche Geister gegeneinander abzuwägen? . . . wenn man dem feinen Gefühl und dem großen Beobachtungsgeist, in gleichem dem Vorzug an Gedächtnis Gerechtigkeit widerfahren lassen will, so muß auf eine ähnliche Art auf alle Dimensionen, worin die Grundkraft sich dabei beweist, gesehen werden.« Die empirische exakte Auswertung dieser Anregungen ermöglicht das von *C. Spearman* (1904) konzipierte und von *L. L. Thurstone* (seit 1931) u. a. durchgebildete Verfahren der *Faktorenanalyse* (→ Statistik).

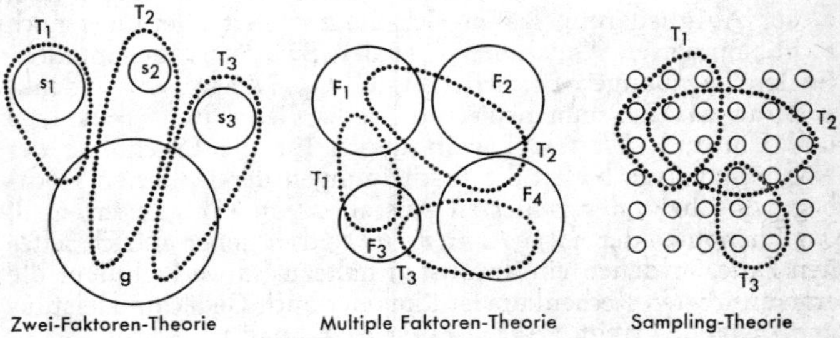

Abb. 60: Drei Modelle der Faktoren-Theorie

Betrachtet man eine Reihe von Intelligenzleistungen, z. B. die einzelnen Aufgaben einer Testserie ($T_1 \ldots T_3$), so pflegen zwischen diesen Korrelationen verschiedener Höhe in Erscheinung zu treten; für deren Deutung gibt es drei Modellvorstellungen (Abb. 60): 1. Alle Leistungen gehen auf einen gemeinsamen Generalfaktor (g) zurück und außerdem noch, jede für sich, auf einen spezifischen (s) Begabungsfaktor *(Zwei-Faktoren-Theorie* von *C. Spearman).* 2. Es gibt eine begrenzte Anzahl von Begabungsfaktoren ($F_1 \ldots F_4$), die in verschiedenem Ausmaß (Gewichtszahlen) für die einzelnen Leistungen bestimmend sind (*multiple Faktoren-Theorie* von *C. Burt, T. L. Kelley, H. Hotelling* und *L. L. Thurstone*). 3. Alle Leistungen schöpfen aus einer großen Anzahl nicht näher identifizierter, elementarer Begabungsfaktoren, von denen sie aber jeweils nur einige in Anspruch nehmen; Korrelationen bestehen zwischen ihnen, insofern als in ihnen gemeinsame Elementarfaktoren zur Geltung kommen. Jede Leistung stellt somit eine bestimmte Stichprobe (›sample‹) aus dem Universum der Elementarfaktoren dar (*Sampling-Theorie* von *G. H. Thomson* und *E. L. Thorndike*). Jedes der drei Modelle läßt sich rechnerisch durchkonstruieren; im gegenwärtigen Zustand der Psychologie wird aber das multiple Faktoren-Modell und dessen mathematische Auswertung nach Thurstone am häufigsten benützt. Die Anzahl der auf diesem Wege identifizierten *Faktoren der intellektuellen Begabung* ist allerdings in den letzten Jahren sehr groß geworden. Die jüngst von *J. P. Guilford* (1956) gegebene Übersicht enthält zwischen drei und vier Dutzend Faktoren; unter diesen kommt aber die größte Bedeutung sieben der von *Thurstone* (1938) isolierten *›primary mental abilities‹* zu: Sprachbeherrschung (V), Wortflüssigkeit (W), Rechengewandtheit (N), Raumvorstellung (S), Auffassungsgeschwindigkeit (P), Gedächtnis (M) und schlußfolgerndes Denken (I). Zur Bestätigung dieser Aufgliederung lassen sich die zur Zeit allerdings noch recht unpräzisen Annahmen über den *Erbgang* der intellektuellen Begabungen heranziehen; *C. C. Hurst* (1934) denkt z. B. an das Zusammenspiel von sechs Genpaaren (→ Anlage und Umwelt). Weitere Bestätigungen für die Ergebnisse der Faktorenanalyse bieten die Erscheinungen der isolierten Hochbegabung bzw. des isolierten Ausfalles von Fähigkeiten, z. B. das Phänomen der *›idiots savants‹*, d. h. jener an sich seltenen Fälle, in denen ein ansonsten nahezu Schwachsinniger die erstaunlichsten Rechenkunststücke oder auch Gedächtnisleistungen zustande bringt. (*A. F. Tredgold*, 1947.)

Für die neuere Testpraxis stellt die Mehrdimensionalität der intellektuellen Begabung eine Veranlassung zur Aufspaltung des globalen *Intelligenzquotienten* (IQ) in eine Anzahl voneinander nahezu unabhängiger Maßwerte dar, die nach dem Vorschlag des russischen Psychiaters *G. Rossolimo* (1911) häufig in Profilform dargestellt werden. Diesem Anspruch genügten die Testsysteme von *E. L. Thorndike* (CAVD, 1926), *L. L. Thurstone* (Primary mental abilities, 1941, 1953) und *D. Wechsler* (1939, 1949) sowie von den im deutschen Sprachgebiet standardisierten Prüfreihen der ›analytische Intelligenztest‹ von *R. Meili* (1928), der ›Intelligenz-Struktur-Test‹ von *R. Amthauer* (1953) und die Hamburger Bearbeitungen der Wechsler-Tests (HAWIE und HAWIK, 1955, 1956).

Daß sich ›die‹ Intelligenz im Zuge statistischer Untersuchungen als eine Gruppe von Begabungen erweist und daß es darum eigentlich nicht angeht, jemanden schlechthin als dumm oder gescheit zu bezeichnen, verwundert nicht, wenn man sich der pragmatischen Intelligenzdefinition entsinnt, die den Tests zugrunde liegt. Nachträglich erscheint es nunmehr allerdings möglich, diesen pragmatischen Begriff selbst einer Analyse zu unterziehen, die z. B. ergibt, daß in ihm den verbalen Faktoren (V und W) ein größeres Gewicht beigelegt wird als etwa dem der Rechengewandtheit (N). Wer sich flüssig auszudrücken versteht, erweckt auch im Alltagsleben einen intelligenten Eindruck, selbst wenn er im Grunde nicht viel zu sagen hat.

Überlegungen dieser Art erfordern die Versuche zur Ausweitung der Intelligenztests über den Bereich des Schulalters hinaus ins frühere Kindesalter bzw. ins spätere Erwachsenenalter. Auch Kinder im Alter von 10 Monaten muten uns mehr oder weniger ›intelligent‹ an, und man kann auf der Basis solcher Eindrücke für sie Intelligenztests entwickeln (z. B. die Skalen von *A. Gesell, Ch. Bühler* und *H. Hetzer, P. Cattell* und *N. Bayley*). Damit steht aber noch keineswegs fest, daß diese Prüfsysteme die gleiche Kombination von Begabungsfaktoren messen wie die für die Altersstufen zwischen 6 und 18 Jahren geeichten Tests. Es bedarf daher einer longitudinalen Untersuchung, wie sie *M. P. Honzik* u. a. (1948) sowie *N. Bayley* (1949) vorgelegt haben, um zu ermitteln, ob das im ersten und zweiten Lebensjahr erreichte Intelligenzalter mit dem der gleichen Probanden im 12. oder 18. Lebensjahr korreliert. Die entsprechenden Werte liegen nahe an Null. Die Faktorenanalyse der Korrelationen zwischen den einzelnen Lebensaltern (*P. R. Hofstätter*, 1954, 1956) läßt erkennen, daß sich die sog. ›Intelligenz‹ des Säuglings (dessen senso-motorische Wachheit, F_1) von der des zwei- bis vierjährigen Kindes (das Durchhalten einmal begonnener Beschäftigungen, Persistenz, F_2) und abermals von der im Kindergarten einsetzenden Form (Symbolverständnis und sprachliches Denken, F_3) grundsätzlich unterscheidet (Abb. 61).

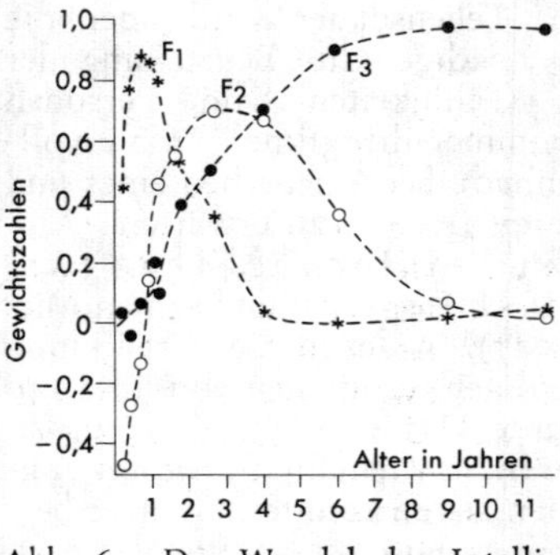

Abb. 61: Der Wandel des Intelligenzbegriffs mit dem Lebensalter

Zu ähnlichen Erwägungen nötigt die zunächst als sehr beunruhigend empfundene Entdeckung von *C. C.* und *W. R. Miles* (1932), *H. E. Jones* und *H. S. Conrad* (1933) und von *D. Wechsler* (1944), daß nämlich die getestete Intelligenz mit dem 20. Lebensjahr ihren Höhepunkt erreicht, um von da an abzusinken (Abb. 62). Dieses Ergebnis verstößt sowohl gegen unsere allgemeine Lebenserfahrung als auch gegen die schon seit *Solon* (um 600 v. Chr.) in der Tradition der → Entwicklungspsychologie aufbewahrte Feststellung: »Sechsmal sieben Jahre entwickeln die Denkkraft im Manne, nicht verlockt es ihn mehr, Unfug zu treiben zum Scherz. Sind es sieben mal sieben, erreicht sein Geist erst die Höhe; ebenso zeigt er sich auch, während noch vierzehn vergehn.« Das 49. Lebensjahr liegt in Abb. 62 schon deutlich auf dem absteigenden Ast der *Intelligenzentwicklung.* Der Widerspruch läßt sich am einfachsten dadurch auflösen, daß man dem für das Erwachsenenalter gültigen pragmatischen Intelligenzbegriff eine andere Faktorenstruktur gibt als dem des Schul- und Reifealters. Dieser Gedanke harrt allerdings noch der Untersuchung; mit dem Ansteigen der durchschnittlichen Lebensdauer wird aber die sachgerechte Beurteilung der Fähigkeiten von Personen jenseits ihres 60. Geburtstages immer dringlicher. In Vervollständigung von Abb. 61 ist demnach das Auftauchen eines und vielleicht mehrerer neuer Faktoren (F4 . . .) zu erwarten.

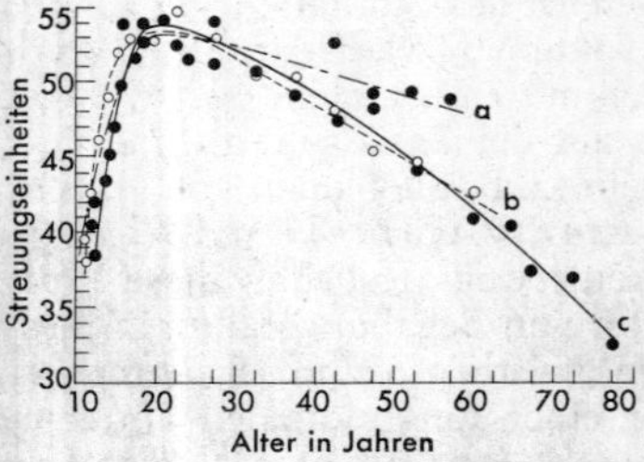

Abb. 62: Intelligenz und Lebensalter (nach H. E. Jones und O. J. Kaphan, 1945) a: Jones-Conrad; b: Wechsler; c: Miles

Über die Korrelate der intellektuellen *Hochbegabung* unterrichten uns die Studien von *L. M. Terman* und seinen Mitarbeitern (1925, 1930, 1940, 1947), in denen die Entwicklung von etwa 1500 Kindern mit Intelligenzquotienten von über 140 seit dem Jahre 1921 verfolgt wurde. Das wichtigste Ergebnis ist, daß hohe Intelligenz (nicht notwendig ›Genialität‹, wie der englische Ausdruck ›genius‹ vermuten lassen könnte) mit einer besser als durchschnittlichen Gesundheit und mit emotionaler Ausgeglichenheit gekoppelt zu sein pflegt. Das vielfach erwartete Kompensationsverhältnis zwischen ›Geist‹ und ›Körper‹ trat nicht in Erscheinung; der alte Spruch »Mens sana in corpore sano« beinhaltet somit nicht nur eine Maxime, sondern auch eine Tatsachenfeststellung bezüglich des pragmatischen, am Erfolgskriterium orientierten Intelligenzbegriffs. Analoge Befunde wurden von *P. Witty* und seinen Mitarbeitern (1943) an begabten Negerkindern in den USA erhoben. Auf der anderen Seite der Begabungsvariation konnte *R. B. Cattell* (1945) eine Bündelung negativer Merkmale (häufige Arbeitslosigkeit, Verwendung als ungelernte Arbeitskraft, geringe Initiative,

Apathie, engbegrenzte Interessen und Unausgeglichenheit der Gesamtpersönlichkeit) im ›*Syndrom der schwachen Intelligenz*‹ feststellen.
Beim Vergleich der intellektuellen Leistungsfähigkeit verschiedener Gruppen (Geschlechter, Berufsgruppen, Stände, Stadt-, Landbevölkerung) innerhalb einer Nation und besonders bei der Gegenüberstellung der Angehörigen verschiedener Kulturen (›Rassen‹) ist die Berücksichtigung der sozialen Definition des jeweils zugrunde gelegten Intelligenzbegriffs unbedingt zu fordern. Für eine bestimmte Gruppe (meistens den städtischen Mittelstand) entwickelte Prüfreihen benachteiligen andere Gruppen fast immer. Die Versuche zur Schaffung ›*kulturfreier*‹ *Testsysteme* (*R. G. Leiter*, 1936, 1952; *R. B. Cattell*, 1944, 1950) haben bisher nicht zu überzeugenden Erfolgen geführt.

Interessen. Als Gleichgültigkeit läßt sich eine Form des Bezuges auf die Gegenstände und Sachverhalte der Welt beschreiben, die zwischen diesen hinsichtlich ihrer Wichtigkeit und Bedeutsamkeit keinerlei Unterschiede macht. Es handelt sich dabei jedoch um eine Haltung, die – im strengen Sinn – weder Tiere noch Menschen wirklich einnehmen können, es sei denn vielleicht in manchen Zuständen der → Psychose, da ihre → *Aufmerksamkeit* in jedem Augenblick einzelne Sachverhalte als ›*Figuren*‹ vom ›*Grund*‹ der sonstigen Gegebenheiten abhebt. Diese Form der Akzentuierung und der Verarbeitung der Welt zur ›*Eigenwelt*‹ kann sich allerdings von Moment zu Moment verändern; zumindest beim Menschen kennen wir darüber hinaus aber auch stabilere Schwerpunktsbildungen, die als ein persönliches Beteiligtsein bzw. als Teilnahme und Interesse bezeichnet werden.
Die Gegenstände, auf die sich das Interesse richtet, sind dem → Bedarf und den Bedürfnissen eines Menschen komplementär. Sie besitzen teils positiven, teils negativen *Aufforderungscharakter* und lösen daher entweder ein *Appetenz*- oder ein *Aversionsverhalten* aus, bisweilen allerdings auch einen → *Konflikt* zwischen diesen beiden Tendenzen. Der Fall ist namentlich dann gegeben, wenn die Hinwendung auf einen Gegenstand, wie z. B. das indiskrete Interesse für manche Intimitäten des anderen Geschlechts am Badestrand, aus inneren oder äußeren Gründen unstatthaft erscheint. De facto besitzen wohl alle Menschen sowohl Interessen, deren allgemeiner Billigung sie gewiß sein zu können glauben und zu denen sie sich daher leicht bekennen, als auch andere, die zu verschweigen und sich nicht anmerken zu lassen sie für notwendig halten. Ein Gutteil der Wirksamkeit kommerzieller Werbemaßnahmen

scheint darauf zurückzugehen, daß diese Interessen ansprechen, die man in der Regel weder sich selbst noch anderen leicht eingesteht (→ *Werbepsychologie*); der Ausdruck ›*Faszination*‹ enthält das Bekenntnis einer solchen ambivalenten Interessiertheit. Nicht selten werden auch Interessen vorgetäuscht oder doch stärker betont, als sie eigentlich sind, weil diese zum ›guten Ton‹ gehören.

Die psychologische Forschung hat sich auf diesem Gebiet vor allem mit zwei Themen beschäftigt: 1. mit den *Berufsinteressen* Schulentlassener, deren Erfassung eine Reihe von Fragebogen und Auswahlschemata ermöglicht (*E. K. Strong*, 1945; *G. F. Kuder*, 1948; *L. L. Thurstone*, 1948; *M. Irle*, 1955); 2. mit dem *Interessenwandel* in Kindheit und Jugend bzw. auch im höheren Alter. In guter Übereinstimmung mit dem spekulativen Ergebnis *E. Sprangers* (›Lebensformen‹, → Typenlehre) ergaben faktorenanalytische Untersuchungen (→ Statistik), daß die Mannigfaltigkeit der Berufsinteressen einen vier- bis siebendimensionalen Aufbau besitzt. Die in den einzelnen Untersuchungen identifizierten Grundrichtungen stimmen zwar nicht ganz überein, im allgemeinen findet man aber bei Oberschülern die folgenden Zielpunkte ausgeprägt: Lehrtätigkeit, technische Berufe, Politik, sozialer Einsatz, Betätigung in der freien Natur und die Suche nach dem Abenteuer (*P. R. Hofstätter*, 1943). Während des Volksschulalters ändern innerhalb eines Jahres etwa 50 Prozent der Kinder ihre Berufswünsche; in der Oberschule fand *D. Freyer* (1931) nach einem Jahr noch 50 Prozent der Berufswünsche unverändert. Die Zahl sank für eine Spanne von zwei bzw. vier Jahren auf 45 Prozent bzw. 26 Prozent. Die Tatsache des schnellen und im allgemeinen ziemlich gleichförmigen Wandels der Interessen von Kindern und Jugendlichen verwendete *P. H. Furfey* (1931) zur Diagnose des Reifungszustandes. Das auf diese Weise ermittelte *Entwicklungsalter* (EA) korreliert mit dem Lebensalter (LA) sehr viel stärker ($r_{EL} = 0{,}82$) als mit dem Intelligenzalter (IA; $r_{EI} = 0{,}23$); dazwischen liegen die Korrelationen mit den körperlichen Anzeichen der *Reife* (Größe, Gewicht, Zahnbestand und Verteilung des Haarwuchses).

Im Zuge der Persönlichkeitsentwicklung kommt den Interessen eine doppelte Funktion in der Selbstgestaltung zu; einerseits bestimmt ihre Richtung die Auswahl der Lebensbereiche, auf denen in besonderem Maße Kenntnisse und Fertigkeiten erworben werden; zum anderen verhelfen sie dem jungen Menschen zu einer allmählichen Festlegung seines eigenen Wesens. Dieser Prozeß beginnt mit den Kinderspielen und setzt sich zu den Liebhabereien von Erwachsenen fort. Beide dienen der Erweiterung der eigenen Lebenssphäre; letztere gewinnen um so mehr an Bedeutung, als sich die Berufsarbeit vieler Menschen auf relativ enge Kompetenzdomänen und innerhalb dieser auf routinemäßige Vollzüge einschränkt. Das bloße Interesse an einer Sache verpflichtet noch nicht, es erlaubt daher eine Erprobung der eigenen, zunächst begrifflich nur schwer faßbaren Individualität an den Betätigungsgelegenheiten. Man lernt dabei nicht nur etwas von der Welt, sondern auch etwas von sich selbst, d. h. von den Bedürfnisspannungen des eigenen Wesens und deren möglichen Befriedigungen. In eben dem Maße, als die → *Persönlichkeit* sich im Spiegelbild der von ihr geschauten Welt ausdrückt, enthalten die Interessen einen Schlüssel zu dieser. Die Frage nach der Besonderheit des eigenen Wesens beginnt vielfach mit der Verwunderung über die Richtung des eigenen Interesses.

R. B. Cattell und seine Mitarbeiter haben (1950) etwa zwei Dutzend Indikatoren beschrieben, mit deren Hilfe sich die Interessenverteilung eines Probanden ermitteln läßt. Diese können in fünf Gruppen zusammengefaßt werden: 1. Tests (Fragebogen, Vorzugswahlen, Deutungsaufgaben von der Art der projektiven Tests); 2. Bereitschaft zum Aufwand von Zeit, Geld und Anstrengungen sowie zum Eingehen eines Risikos; 3. Wissen und Fertigkeiten als Anzeichen der Vertrautheit (z. B. Prüfung des Wortschatzes auf Spezialgebieten und der Geschwindigkeit, mit der Fachausdrücke gelesen werden); 4. Konzentration (Häufigkeit der Spontanzuwendung, geringe Ablenkbarkeit, Akzentuierung in der Wahrnehmung, Begünstigung in der Erinnerung, verringerte Wahlzeit beim deutlichen Überwiegen eines Interesses); 5. affektive Erregung mit ihren physiologischen Korrelaten (psychogalvanisches Phänomen, Pulsfrequenz, Muskelspannung usw., → Gefühle).

Konflikt. Dem französischen Nominalisten des 14. Jh., Johannes *Buridanus*, wird das Paradigma von dem Esel zugeschrieben, der zwischen zwei gleich beschaffenen, gleich weit entfernten Heubündeln verhungern müsse, da er sich bei der Gleichheit der Motive und Strebungen nicht entscheiden könne, welches Bündel er zuerst fressen solle. Das Bild findet sich zwar nicht bei Buridanus, wohl aber dem Sinne nach schon bei *Aristoteles* und auch bei *Dante*. Zweifellos wird der Esel nicht verhungern. Das besagt aber nichts gegen die Brauchbarkeit des Modells zur Darstellung von Konfliktsituationen, da dieses sich ja mit der Realität durch die einfache Zusatzannahme versöhnen läßt, daß der Wählende eine Vorliebe für eine der beiden Seiten besitzen oder daß er durch eine spontane Minimalbewegung das Gleichgewicht der Anziehungskräfte stören könne; schließlich wäre auch noch eine zufällige Veränderung der Situation

denkbar, dies um so mehr, als wir uns selbst in scheinbar unmöglichen Wahlsituationen nicht ungern des Zufalls, z. B. in Gestalt einer aufgeworfenen Münze, bedienen. Angeregt durch die triebdynamischen Vorstellungen *Freuds* haben der → Gestaltpsychologe K. *Lewin* (1931) und der → Behaviorist N. E. *Miller* (1944) das buridanische Modell weiter ausgebaut.
Im Prinzip lassen sich alle Konfliktsituationen aus dem gleichzeitigen Bestehen oder Anlaufen von mindestens zwei Verhaltenstendenzen erklären. Wir unterscheiden daher zwischen Tendenzen, die sich auf die Erreichung eines Ziels richten *(Appetenz)*, und solchen, die der Vermeidung gefürchteter Eventualitäten (z. B. Schmerz, Lächerlichkeit usw.) dienen *(Aversion)*. Drei Arten von Konflikten lassen sich definieren: Buridans Esel befindet sich in einem Appetenz-Appetenz-Konflikt (zwei rivalisierende Hinstrebungen); wer vor der Wahl zwischen dem Besuch eines Zahnarztes oder dem weiteren Ertragen von Zahnschmerzen steht, erleidet einen Aversions-Aversions-Konflikt (zwei Wegstrebungen). Am wichtigsten und wahrscheinlich auch am häufigsten sind Appetenz-Aversions-Konflikte, in denen ein Ziel zugleich verlockend und bedrohlich erscheint, wie z. B. die Anschaffung eines Kraftwagens, ein erotisches Abenteuer oder überhaupt jede Situation, bei der die Befriedigung eines Wunsches damit verbunden ist, daß man einen ›Preis‹ (an Geld, Gefahr, Anstrengung usw.) auf sich nehmen muß.
Zum Zweck der theoretischen Analyse benötigen wir das aus der Theorie der Lernvorgänge stammende *Generalisationsprinzip* (→ bedingter Reflex), demzufolge dem Zielreiz ähnliche Reize oder solche, die auf dem Weg zu ihm liegen, selbst einen gewissen *Aufforderungscharakter* besitzen oder erwerben (→ Bedarf und Bedürfnis). Mit C. L. *Hull* (1938) spricht man im letzteren Fall von einem *Zielgradienten*. Wer sich einen Luxuswagen wünscht, aber im Augenblick noch nicht leisten kann, wird vielleicht einen Volkswagen erwerben (ähnlicher Reiz) oder auch nur einen Motorroller (Reiz geringerer Ähnlichkeit), oder er wird zunächst einmal auch ohne einen eigenen Wagen an einem Fahrkurs teilnehmen (auf dem Wege zum Ziel gelegener Reiz). Es gibt auch nicht wenige Personen, namentlich Kinder, die dem Autowunsch dadurch eine gewisse Befriedigung verschaffen, daß sie Abbildungen von Kraftwagen sammeln oder deren einzelne Typen sorgfältig auswendig lernen; sie geben sich daher mit einer noch weiter vom Ziel abgelegenen Position auf dem *Ähnlichkeitskontinuum* zufrieden. Wir konstruieren zu jedem Ziel ein Reizkontinuum der Ähnlichkeit bzw. der Nähe, über das sich die Verhaltenstendenzen ausbreiten können, wobei dem Ziel selbst die stärkste Zuwendung entspricht und einem von diesem weiter

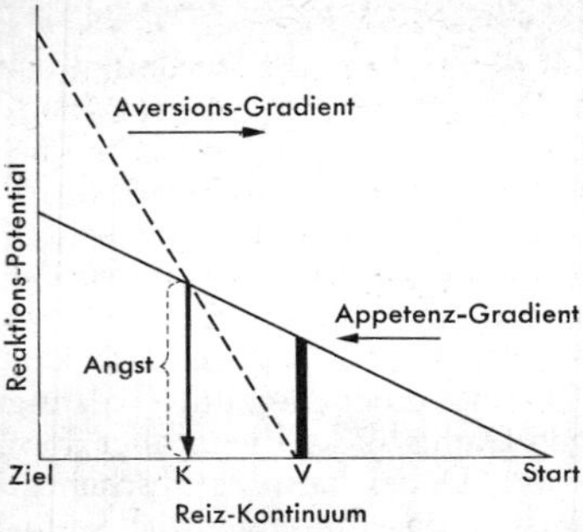

Abb. 63: Das Modell eines Appetenz-Aversions-Konflikts

abgelegenen Punkt nach Maßgabe seiner Distanz vom Ziel eine schwächere. Die unterschiedliche Stärke der Zuwendung bzw. Abwendung wird als ›*Reaktionspotential*‹ (*C. L. Hull*) bezeichnet. Das Bild, das sich nunmehr entwickeln läßt, enthält für Appetenz und Aversion je einen Gradienten. Dabei wird angenommen, daß im Bezug auf ein und dasselbe Reizkontinuum der *Appetenzgradient* jeweils flacher abfällt als der *Aversionsgradient:* die Furcht vor dem zu zahlenden Preis generalisiert weniger weit als der auf das Ziel gerichtete Wunsch (Abb. 63).

Die vorstehende Behauptung basiert auf Laboratoriumsversuchen mit hungrigen Ratten (*J. S. Brown*, 1942, 1948), die sich auf einem geraden Laufsteg befinden und die gelernt haben, daß am Zielort Futter zu finden ist (Appetenzgruppe). Die Versuchstiere werden in die Startposition gebracht; sie tragen ein leichtes Geschirr, das mit einer Zugfeder-Vorrichtung verbunden ist. Beim Laufen vom Start zum Ziel werden sie an verschiedenen Stellen des Steges abgestoppt; die Kraft, mit der sie dem Ziel zustreben, läßt sich an der Weite bemessen, bis zu der die Haltefeder ausgezogen wird. Für die einzelnen Positionen am Laufsteg ergeben sich auf diese Weise die Ordinatenbeträge des Appetenzgradienten (Abb. 63). Zur Ermittlung des Aversionsgradienten bedient man sich einer anderen Gruppe von Versuchstieren, die gelernt haben, daß am ›Ziel‹ ein elektrischer Schlag zu erwarten ist, und die daher von diesem Ort wegstreben. Setzt man sie an verschiedenen Punkten des Laufstegs ein, so erhält man in der eben geschilderten Weise das Bild des Aversionsgradienten. Die Höhenlage der Gradienten hängt von der Größe des Hungers der Versuchstiere (Appetenz), bzw. von der Intensität des zu erwartenden Schlages (Aversion) ab. Die vorliegenden Experimente zeigen eine Parallelverschiebung der entsprechenden Gradienten nach aufwärts bei erhöhter Antriebsspannung bzw. nach abwärts bei verringerter.

Bisher handelt es sich noch um keine Konfliktsituation, da jede der beiden Gruppen nur von einer Tendenz geleitet wird. Die in Abb. 63 dargestellten Verhältnisse ergeben sich, wenn man hungrige Versuchstiere am Start einsetzt, die am Ziel sowohl

Futter als einen elektrischen Schlag zu erwarten gelernt haben. Sie laufen zunächst so, als ob nur der Hunger ihr Verhalten bestimmte, sobald sie aber in den Bereich des Aversionsgradienten gelangen, verlangsamt sich ihre Fortbewegung von der Stelle V an, bis sie schließlich noch vor dem Ziel an der Stelle K wie gebannt stehenbleiben. An dieser Stelle halten die beiden Gradienten einander die Waage. Das gehemmte Verhalten der Versuchstiere macht jetzt einen sehr ängstlichen Eindruck; es erinnert – mutatis mutandis – etwas an die gespannte Unsicherheit, mit der ein scheuer Gast bei einer Tanzunterhaltung in die Nähe einer hübschen jungen Dame blickt, die er aber doch nicht zum Tanz aufzufordern wagt. Dabei kann es geschehen, daß er plötzlich ein anderes Mädchen, das ihm eigentlich weniger reizvoll erscheint, auffordert. Im Sinne des Modells entscheidet er sich damit für ein ›*Ersatzziel*‹; mit *Freud* kann man auch von einer ›*Verschiebung*‹ sprechen. Wir haben diesen Fall vor uns, wenn etwa stark an ihre Mütter fixierte junge Männer Bräute wählen, die ihren Müttern mehr oder minder ähnlich sehen, oder auch, wenn sie Bindungen zu älteren Frauen eingehen, die zumindest in Hinsicht auf das Alter ihren Müttern ähneln, z. B. die Feldmarschallin im ›Rosenkavalier‹. Charakteristischerweise erfolgt hier der Übergang zu dem jungen Mädchen, Sophie, genau in dem Moment, wo dieses selbst durch die Werbung des Vater-Imagos, des Ochs von Lerchenau, eine Mutterähnlichkeit gewinnt.

Dem Betrag der *Angst,* die in einer Konfliktsituation und, zum Unterschied von der *Furcht,* eigentlich nur in einer solchen erlebt wird, entspricht die simultane Wirksamkeit von Appetenz und Aversion zwischen den Stellen V und K des Schemas. Ziele, deren Erreichung sowohl angestrebt als gefürchtet wird, bezeichnet man als *ambivalent.* Die wahrscheinlichste Wahl des Ersatzzieles erfolgt an der Stelle V, da hier die Differenz zwischen Appetenz und Aversion am größten und das Verhalten selbst noch angstfrei ist. An Hand des Schemas läßt sich leicht überlegen, daß die Stelle V im Falle einer Abwärtsverschiebung des Aversionsgradienten näher an das Ziel heranrückt.

Der Einfachheit halber wurden in Abb. 63 die beiden Gradienten als gerade Linien eingetragen; neuere Überlegungen von *N. E. Miller* (1948) haben im Einklang mit anderen Resultaten der Lernpsychologie zur Annahme konkaver Gradienten geführt. *J. Dollard* und N. E. Miller (1950) nehmen an, daß Alkohol und Beruhigungsmittel eine Niveausenkung des Aversionsgradienten zur Folge haben: man trinkt sich z. B. ›Mut‹ an und kann auf diese Weise zu einem sonst – bisweilen aus guten Gründen – unerreichbaren Ziel gelangen. Nicht selten geht es auch in der → Psychotherapie um die Abschwächung

überstarker Aversionstendenzen (›*Widerstände*‹), bzw. um die in ihrem Gefolge eintretende Verringerung der Angst.
Sehr erstaunliche Nachwirkungen von Konfliktsituationen werden seit *I. P. Pawlow* in Lernexperimenten beobachtet; man bezeichnet sie als ›*experimentelle Neurosen*‹, obwohl manche Autoren die Möglichkeit neurotischer Störungen nur beim Menschen (auf Grund seiner Fähigkeit, mit Symbolen zu operieren) für gegeben ansehen (*L. S. Kubie*, 1952). Bei Pawlows Hunden ging es im Konditionierungsversuch (→ *bedingter Reflex*) um die Entscheidung zwischen zwei optischen Reizen, deren einer (z. B. ein Kreis) regelmäßig mit der Verabreichung von Futter gekoppelt war, während der andere (z. B. eine Ellipse) niemals Futter anzeigte. Die beiden Reize wurden einander sodann immer ähnlicher gemacht (durch Annäherung des Achsenverhältnisses der Ellipse an den Wert 1 : 1), bis schließlich bei einem Achsenverhältnis von 9 : 8 der Zusammenbruch erfolgte (Bellen, Beißen bei bisher sehr zutraulichen Versuchstieren, Nahrungsverweigerung, Kreislaufstörungen, sexuelle Erregung, bisweilen auch Lähmungserscheinungen). Ähnliche Phänomene berichten *W. H. Gantt* (1944) von Hunden, *H. S. Liddell* (1944) von Schafen und Schweinen, *J. H. Masserman* (1943) von Katzen, J. H. Masserman und *C. Pechtel* (1953) von Affen sowie *N. R. F. Maier* (1939, 1949) von Ratten. Untersuchungen dieser Art werden zur Zeit im Auftrage psychohygienischer Institutionen (z. B. des National Institute of Mental Health in den USA) durchgeführt, da sie einerseits Einsichten in die Genese neurotischer und *psychosomatischer Symptome* und andererseits experimentelle Möglichkeiten für die Therapie bieten.
Sehr viel harmloser als der Appetenz-Aversions-Konflikt pflegt der Konflikt zwischen zwei Appetenzen zu sein, z. B. die Entscheidung darüber, ob man seine Ferien im Gebirge oder an der See verbringen soll. Zahlreiche experimentelle Entscheidungssituationen beinhalten diese Art des Konflikts, so z. B. die Fragen, welches von zwei Gewichten schwerer ist, welche von zwei Alternativen richtig ist usw. Sehr viel schwieriger liegen die Dinge bei der erotischen Dreiecksituation des Mannes zwischen zwei Frauen oder der Frau zwischen zwei Männern, da hier nicht nur Appetenzen, sondern auch Aversionen (z. B. die Furcht vor dem Fehltritt) am Werk zu sein pflegen. Um Konflikte zwischen zwei Aversionen handelt es sich in dem sprichwörtlichen Fall der Wahl des ›geringeren Übels‹.

Leib-Seele-Problem. Die Psychologie hat zwar ihren Namen von der Seele, jedoch liegen Aussagen über deren Wesen und Eigenschaften (z. B. über die Unsterblichkeit der Seele) außerhalb der Reichweite ihrer empirischen Methoden; sie gehören in den Zuständigkeitsbereich von Philosophie und Theologie. Für den Psychologen sind die in diesen beiden Disziplinen vertretenen Anschauungen allerdings insofern von Bedeutung, als durch sie Denkmodelle bereitgestellt werden, deren er sich — nicht selten, ohne dies eigentlich zu merken — bei der Beschäftigung mit den Problemen seines Faches bedient.

Die Entwicklung des Seelenbegriffs dürfte auf zwei an sich sehr unheimliche Beobachtungen zurückgehen, einmal auf die des bewegungslosen Körpers eines eben Verstorbenen und zum anderen auf die des Ruhenden, der eine buntbewegte Ereignisfolge im → *Traum* oder in ekstasischen Ausnahmezuständen erleben kann. Der Versuch einer begrifflichen Bewältigung dieser Phänomene führt zu einer Gegenüberstellung des reglosen Leibes (eigentlich des Leichnams, da der Schlaf als ›Bruder‹ des Todes aufgefaßt wird) und der ihrem Wesen nach beweglichen Seele (von got. ›saiwala‹, das an griech. αἰόλος = ›beweglich‹ anklingt). Diese Ursituation des sog. psychophysischen Problems ist auf einer attischen Amphora aus der Zeit um 500 v. Chr. dargestellt (Abb. 64): Schlaf und Tod tragen den gefallenen Krieger vom Schlachtfeld (*Homer*, Ilias XVI, 452 ff.), während dessen abbildliche Seele, das *Eidolon*, entschwebt oder ausgehaucht wird. Die Worte *›Psyche‹*, *›Pneuma‹*, *›anima‹*, *›spiritus‹*, *›atman‹* im Sanskrit und hebräisch *›nephesch‹* kommen alle vom Hauch her, d. h. von einer fühlbaren Bewegung, deren Substrat verglichen mit dem des Körpers als besonders fein anmutet. Der Leichnam (von germ. ›lik-hamo‹ = leibliche Hülle) zerfällt und verliert seine Gestalt; es liegt daher nahe, in der Seele das Prinzip zu erblicken, das diese Gestalt erhält, bzw. als *›Entelechie‹* in der formlosen Materie erzeugt. Das Denken ist damit beim *aristotelischen Gegensatzpaar* von Form (μορφῆ) und Materie (ὕλη) angelangt, das durch Vermittlung der scholastischen Philosophen noch heute unser Denken bestimmt. Nach der Lehre des *›Hylomorphismus‹* ist jeder Organismus eine aus Materie und Form bestehende Ganzheit (*›Synholon‹*), d. h. eine ›komplette Substanz‹, der gegenüber Seele und Körper als unvollständige Substanzen gelten. Auf die Formel des aristotelischen

Abb. 64: Die Seele als Eidolon

Hylomorphismus gebracht, würde das Leib-Seele-Problem unser Denken kaum belasten, da nun ja feststeht, daß alle Beobachtungen an Lebewesen jeweils körper-seelische Einheiten betreffen.
In der Tradition der abendländischen Spekulation gibt es jedoch eine zweite Strömung, die den Körper (σῶμα) nur für ein leidiges Gefängnis der Seele hält, aus dem befreit (›erlöst‹) zu werden das Glück der Seele ausmache. *Platon* hat uns diese ursprünglich wohl orphische Lehre in Gestalt des etymologischen Wortspiels ›Soma = Sema‹ (Grabmal) überliefert; das wahre und freie Leben der Seele spielt sich daher unabhängig vom Körper ab, der damit zugleich zu einem Repräsentanten des Niedrigen und Schlechten wird. Diese Auffassung geht offenbar auf die Erfahrungen ekstasischer Erhebungs- und Rauschzustände zurück; sie führt zu der Annahme zweier vollständiger Substanzen, die jede für sich bestehen können und deren Zusammenfügung (die ›Verbannung‹ der Seele in den Leib) letztlich als schuldhaft verstanden wird. Der Hinweis scheint nötig, daß der Leib in der Sicht des platonischen und neuplatonischen Dualismus nicht eigentlich die formlose Materie (bzw. der zerfallene Leichnam) der aristotelischen Analyse ist; er führt vielmehr ein im Grunde dämonisches Eigenleben, auf das etwa der Apostel *Paulus* hinweist, wenn er vom ›Fleisch‹ (σάρξ) und vom ›fleischlichen Menschen‹ spricht.
Die christliche Tradition, aus der sich die abendländische Psychologie entwickelte, enthält beide Denkansätze, den aristotelischen Hylomorphismus sowohl als den platonischen Dualismus. Für das Leib-Seele-Problem resultiert daher eine belastende Unklarheit hinsichtlich dessen, was jeweils unter dem ›Leib‹ verstanden wird, ob dieser nämlich als an sich tote anorganische Materie oder als eine bereits gestaltete und selbst lebendige Wesenheit (›Fleisch‹) aufzufassen sei. Genau besehen handelt es sich somit um drei verschiedene Probleme: 1. die metaphysische Relation zwischen anorganischer Materie und Leben; 2. die psychophysische Relation zwischen physiologischen Abläufen und den Erlebnissen; 3. die psychologische Relation zwischen dem triebhaften und dem rationalen Verhalten.
Die neueren Lösungsversuche nehmen von der Zwei-Substanzen-Lehre des *Descartes* (1596–1650) ihren Ausgang; sie beziehen sich im wesentlichen auf die psychophysische Relation (Nr. 2), ohne daß deren Problematik freilich immer mit genügender Schärfe von den sich aus den beiden anderen Relationen ergebenden Fragestellungen abgehoben würde. Bei Descartes stehen die Welt des *Bewußtseins (res cogitans)* und die automatenhaft nach physikalischen Gesetzen funktionierende Körperwelt *(res extensa)* einander gegenüber, wobei die Tiere z. B. nur als *Automaten,* d. h. als seelenlose Wesen,

betrachtet werden. Beim Menschen besteht nach dieser Auffassung eine *Wechselwirkung* zwischen Seele und Körper; diese findet in dem einzigen unpaarigen Organ des Gehirns, in der *Zirbeldrüse* (Epiphyse, glans pinealis, ›conarium‹) statt, die aber Descartes nicht, wie häufig und fälschlich berichtet wird, für den Sitz der Seele hält. Die Seele sei, so meint er, als unteilbare Substanz mit allen Organen des Körpers verbunden. Die seelische Wirkung besteht in einer Richtungsänderung der körperlichen Vorgänge, d. h. des Laufes der in den Nervenröhren strömenden ›Lebensgeister‹ (*spiritus animales*, → Reiz und Reaktion), nicht aber in einer Vermehrung oder Verminderung der ›Kraft des Körpers‹, da eine solche dem von Descartes bereits akzeptierten Konstanzprinzip der Kraft widerspräche. Die Seele wirkt auf den Körper, aber sie darf dabei die physikalische Energiebilanz nicht stören; sonst müßte sie ja selbst mit den Kategorien der res extensa begriffen werden, womit aber ihre substantielle Eigenständigkeit hinfällig würde.
Genau an diesem Punkt knüpft *Leibniz* (Monadologie, 1714, § 80) mit dem Hinweis an, daß Descartes das neuentdeckte Naturgesetz noch nicht kannte, demzufolge »im ganzen auch dieselbe Richtung in der Materie erhalten bleibt« (Gesetz von der Erhaltung der Bewegungsgröße). Die Lehre von der Wechselwirkung zwischen den beiden Substanzen wurde damit, zumindest für den historischen Augenblick der Wende des 17. zum 18. Jh., zweifelhaft. An ihre Stelle traten Lösungsversuche, die einen *psycho-physischen Parallelismus* behaupten: »Nach diesem System wirken die Körper, als wenn es — was in Wahrheit unmöglich ist — gar keine Seelen gebe; die Seelen wirken, als ob es keine Körper gebe; und alle beide wirken, als ob sie einen Einfluß aufeinander ausübten« (Monadologie, § 81). Das dreifache ›als ob‹ dieser These macht die Aufweisung einer den Zusammenhang zwischen den beiden in sich geschlossenen Kausalreihen gewährleistenden Instanz notwendig. *Geulincx* (1624—1669) und *Malebranche* (1638—1715) dachten dabei an göttliche Akte (›concursus dei‹), durch die ›bei Gelegenheit‹ von leiblichen Bewegungen die seelischen Empfindungen und ›bei Gelegenheit‹ von Willensakten die Muskelbewegungen zustande kommen (*›Okkasionalismus‹*). Im wahrsten Sinne des Wortes bemühten diese Theorien einen deus ex machina. *Leibniz* selbst verlegt das Wunder auf den Anfang der Schöpfung, indem die göttliche Voraussicht den übereinstimmenden Ablauf der seelischen und körperlichen Phänomene — nach dem Paradigma des Gleichgehens zweier Uhren — angelegt habe (*›prästabilierte Harmonie‹*).
Ohne eine solche metaphysische Zusatzannahme löst *Spinoza* (1632—1677) das Problem in erkenntniskritischer Weise, indem

er Seele und Körper nicht mehr als selbständige Substanzen, sondern nur als Daseinsformen (modi) der einen unendlichen Substanz erklärt. Der Parallelismus wird auf diese Weise zur *Identitätslehre;* Körper und Seele sind nur zwei Seiten derselben Wirklichkeit (»una eademque res sed duobus modis expressa«, Ethik II,7). *Schelling* (1775–1854) und *Fechner* stellten sich auf den Boden dieser Betrachtungsweise, die unter *Wundts* Einfluß in der deutschen Psychologie des ausgehenden 19. Jh. zur Vorherrschaft gelangte. Ihr Paradigma ist der Kreisbogen, der von der einen Seite her konkav, von der anderen aber konvex erscheint. Aus der modernen Physik stammt dafür das Begriffsmodell der *Komplementarität:* wie ein Lichtquant als Korpuskel oder als Welle in Erscheinung treten kann, so das Lebendige als Leib oder als Seele. Von welcher Beschaffenheit der von zwei Seiten her gesehene Gegenstand selbst sei, wird durch die Identitätstheorie nicht bestimmt. Als möglich erscheinen zwei Formen des *Monismus,* nämlich die materialistische Auffassung, daß das Seelische nur eine Eigenschaft bzw. ein Zustand der Materie (oder der Energie) sei *(L. Büchner, J. Moleschott, C. Vogt, E. Haeckel, W. Ostwald),* und die spiritualistische Meinung, für die alle Realität von geistiger Art ist *(Berkeley, Schopenhauer, F. Paulsen).* Diese Konkretisierungsversuche halten sich allerdings nicht mehr auf der Höhe der kritischen Philosophie; es fehlt ihnen vor allem die Einsicht in die recht triviale Tatsache, daß sich zwei All-Aussagen vom Typus »Es gibt nur Materie« und »Es gibt nur Geistiges« gar nicht voneinander unterscheiden lassen.

Für die empirische Psychologie hat *G. E. Müller* (1896) die parallelistische Position durch seine berühmt gewordenen fünf *›psycho-physischen Axiome‹* formuliert. Die ersten beiden dieser heuristischen Postulate lauten: »I. Jedem Zustand des Bewußtseins liegt ein materieller Vorgang, ein sog. psychophysischer Prozeß zugrunde, an dessen Stattfinden das Vorhandensein des Bewußtseinszustandes geknüpft ist; II. Einer Gleichheit, Ähnlichkeit, Verschiedenheit der Beschaffenheit der Empfindungen ... entspricht eine Gleichheit, Ähnlichkeit, Verschiedenheit in der Beschaffenheit der psycho-physischen Prozesse und umgekehrt.« Die von der → Gestaltpsychologie aufgestellte Behauptung einer *Isomorphie*-Relation zwischen Wahrnehmung und kortikaler Erregungsverteilung entspricht durchaus den Müllerschen Postulaten, die ihrerseits eine Weiterentwicklung der Gedankengänge von *R. H. Lotze* (1852), *G. Th. Fechner* (1860), *E. Mach* (1865) und *E. Hering* (1878) darstellen. Der Terminus ›psycho-physischer Prozeß‹ ist allerdings zu unbestimmt, um eine Konfrontation des Denkmodells mit den empirischen Sachverhalten zu ermöglichen. Im Prinzip schließen die von G. E. Müller aufgestellten Postulate auch eine Wechselwirkungstheorie nicht aus, wie sie etwa *R. H. Lotze, O. Külpe, C. Stumpf, L. Busse, E. Becher* und *A. Wenzl* vertreten haben. Sie erscheint heute in der ihr von C. Stumpf (1896) und E. Becher (1911) erteilten Gestalt einer ›*Doppelursachen-Doppelwirkungs-Lehre*‹ (Abb. 65, nach A. Wenzl, 1933). Auch dieses Modell läßt sich durch empirische Operationen weder bestätigen noch widerlegen, da Bewußtheit niemals isoliert von den körperlichen Vorgängen auftritt. Aus diesem Grunde führt auch die im Zusammenhang mit dem Leib-Seele-Problem immer wieder anhebende Diskussion des Erhaltungsprinzips der Energie zu keinem Resultat. Bei konzentrierter geistiger Arbeit ergeben die Indikatoren des Gesamtstoffwechsels (O_2-Verbrauch usw.) zwar einen stündlichen Mehrverbrauch von etwa 14 Kalorien (*F. G.* und *C. G. Benedict*, 1933), das sind aber nur 8 Prozent des Verbrauchs bei leichter Muskelarbeit, der schon beim Übergang zu mittelschwerer Muskelarbeit von 170 auf 290 Kalorien ansteigt. Der Nachweis, daß das Denken oder gar psychische Vorgänge im allgemeinen ohne Energiebedarf ablaufen, läßt sich nicht erbringen, da psychische Aktivität selbst während des Schlafes (Energieverbrauch = 65 Kalorien pro Stunde) nicht mit Sicherheit auszuschließen ist (→ Traum). Aussichtsreicher als eine Betrachtung unter dem Energieaspekt (des I. Hauptsatzes der Thermodynamik) erscheint deshalb heute eine solche unter dem Aspekt der *Entropie*, d. h. des Maßes der Geordnetheit und damit auch der Unwahrscheinlichkeit von Zuständen (II. Hauptsatz der Thermodynamik, → Informationstheorie).

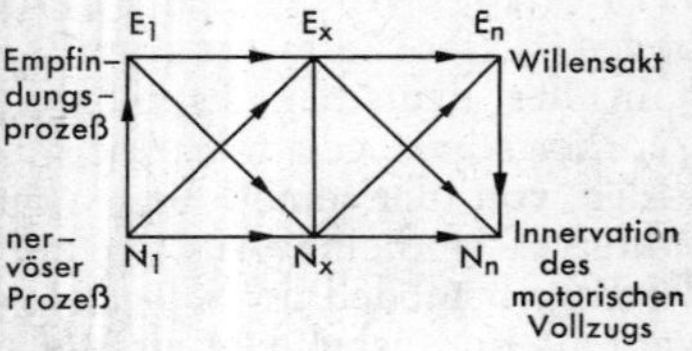

Abb. 65: Die Doppelursachen-Doppelwirkungs-Theorie

Lernen am Erfolg. Verhaltensweisen, die nicht wie Reflexe in eindeutiger Weise durch bestimmte Reize ausgelöst werden, treten mit hoher Wahrscheinlichkeit unter gewissen Reizgegebenheiten auf, wenn sie sich zur Herbeiführung einer für den Organismus erstrebenswerten Lage als tauglich erwiesen haben. Es wird dabei angenommen, daß das erste Auftreten dieser Verhaltensweisen in einer Problemsituation zufällig erfolgte. Dem Organismus wird die Möglichkeit zugeschrieben, sich vom Erfolg des eigenen Verhaltens bei späteren Gelegenheiten leiten zu lassen. Dieses Modell zur Darstellung von Lernvorgängen geht auf den englischen → Assoziationspsychologen *A. Bain* (1818–1903) zurück, der auch das ›*Prinzip von Versuch und Irrtum*‹ (trial and error) als erster aussprach (1855). Auf Grund der von ihm selbst (1898) und von *C. L. Morgan* (1894) angestellten Tierexperimente formulierte *E. L. Thorndike* (1874–1949) das ›*Effekt-Gesetz*‹ (1931): »Akte, auf die Zustände folgen, die ein Lebewesen nicht zu vermeiden, sondern evtl. herbeizuführen und zu erhalten trachtet, werden ausgewählt und fixiert.« Die begriffliche Schwierigkeit dieses Gesetzes wurde von *L. Postman* (1947) und *P. E. Meehl* (1950) diskutiert und bereinigt; an sich enthält es die Gefahr eines logischen Zirkels, da sich die befriedigende Natur des auf einen Akt folgenden Zustandes ja nicht unabhängig von der Tatsache seiner lernmäßigen Fixierung erfahren läßt.

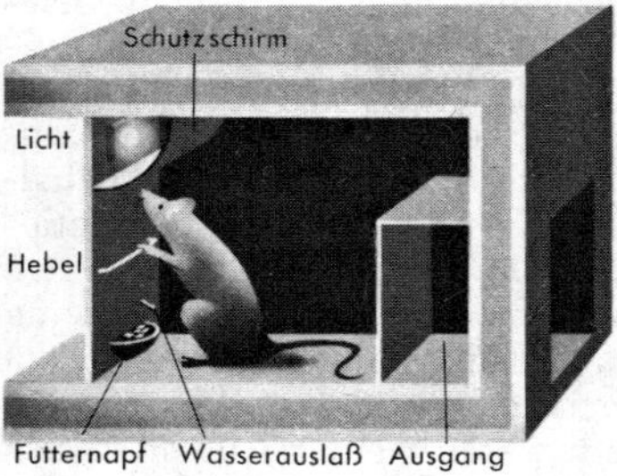

Abb. 66: Experimentierkäfig nach B. F. Skinner

Versuchsanordnungen, in denen das Lernen am Erfolg studiert wurde, sind *Problemkäfige*, deren Öffnungsmechanismus zu entdecken ist, ferner Käfige, in denen eine bestimmte Manipulation (z. B. das Niederdrücken eines Hebels, wie im sog. ›Skinner-Käfig‹ für Ratten, Abb. 66) Futter einbringt, und *Labyrinthe*, deren erstes von *W. S. Small* (1899) dem von Wilhelm III. (um 1700) im Hampton-Court-Palast bei London zur Belustigung seiner Gäste angelegten nachgebildet wurde (Abb. 67). Das gemeinsame Merkmal dieser Vorrichtungen ist die Willkürlichkeit des vom Versuchsleiter gestifteten Zusammenhangs zwischen Mittel und Zweck, d. h. zwischen dem zum Erfolg bestimmten Akt und der Situation des Versuchstieres. Dieses Arrangement erinnert an die Beweggründe, die zur Einführung der sinnlosen Silben als Lernmaterial durch *H. Ebbinghaus* (1885) führten (→ Gedächtnis); in beiden Fällen wird die Wirksamkeit vor-experimenteller Erfahrungen auf ein Minimum reduziert. Gleichzeitig geht allerdings auch die Möglichkeit der Erfassung sinnvoller (einsehbarer) Mittel-Zweck-Relationen verloren. Dieser Einwand wurde von *L. T. Hobhouse* (1901) und *W. Köhler* (1917) erhoben; beide Forscher verwendeten in ihren Versuchen überschaubare Problemaufgaben von der Art etwa, daß das außerhalb der Greifweite des Tieres befindliche Futter erst mit Hilfe eines Stockes erreicht werden kann.

Abb. 67: Das Labyrinth von Small (1899)

Köhlers → gestaltpsychologische Interpretation erklärt die Erfolge der Versuchstiere aus einer zentralnervösen Reorganisation der Spannungen im Wahrnehmungsfeld, bei der das Ziel (Futter) und das zu ihm hinführende Mittel (der Stock), aber auch ein bestimmter Umweg (→ Denken) in einer Ganzheit zusammengesehen werden (›*Einsicht*‹). Die Gültigkeit des Versuchs- und Irrtumsprinzips will Köhler auf künstliche Situationen vom Typus des Vexierkastens beschränken. Der einsichtigen Lösung mag zwar eine Phase des ziellosen Herumprobierens vorausgehen, der endliche Erfolg ist aber nicht das Resultat dieser Tätigkeit oder des Zufalls, sondern eines felddynamischen Strukturierungsvorganges in der Gehirnrinde. Die Einsicht stellt sich plötzlich ein, sie wird gut im Gedächtnis behalten und sie läßt sich auf einigermaßen ähnliche Problemsituationen übertragen. Die Auffindung von Mittel-Zweck-Relationen wird in dieser Theorie zu einem Ereignis der Wahrnehmung und nicht des Lernens. Der damit angemeldete Gegensatz zu den Auffassungen der → Assoziationspsychologie und des → Behaviorismus ist der Sache nach weniger scharf, als er scheint (*C. E. Osgood*, 1953), da die Übertragbarkeit bereits gewonnener Einsichten auf neue Situationen das Verhalten in solchen Situationen zum Teil wenigstens von früher gesammelten Erfahrungen abhängig macht. In der Tat konnte *H. G. Birch* (1945) nachweisen, daß Schimpansen, denen das Handhaben von Stöcken unbekannt ist, die vorhin beschriebene Aufgabe, Futter heranzuholen, nicht zu lösen vermögen, während sie dazu nach dreitägigem Spiel mit Stöcken sofort (ungefähr in 20 Sekunden) imstande sind. Nach behavioristischer Auffassung erscheint daher das einsichtige Verhalten als das Ergebnis eines Lernprozesses.

Entscheidend für das Modell des Lernens am Erfolg ist die Herstellung einer assoziativen Verbindung zwischen dem (zufällig) erfolgreichen Akt und dem auf ihn folgenden Erlebnis der Befriedigung einerseits und zwischen diesem Akt und der Reizsituation, angesichts deren er erfolgte, andererseits. Das Ergebnis eines solchen Lernens läßt sich auf die Formel bringen: »Wenn S_r (Reizcharakteristik der Situation) — dann R_i (instrumentaler Akt) — dann S_z (Reizcharakteristik des Verhaltenserfolges).« Es scheint, daß die Ausbildung von *Assoziationen* dieses Typus schon bei einzelligen Lebewesen (Paramaecium) möglich ist (*J. W. French*, 1940; *B. Gelber*, 1952);

sehr gut belegt ist sie bei Regenwürmern (*R. M. Yerkes*, 1912; *L. Heck*, 1920) sogar nach Zerstörung des Kopfganglions, bei Tintenfischen (*B. B. Boycott* und *J. Z. Young*, 1950) und Bienen (*K. v. Frisch*, 1953) sowie bei sehr vielen höheren Tieren (*W. H. Thorpe*, 1956).

Bei Tieren sowohl wie bei Menschen wird die sich im Zuge des Lernens einstellende Tendenz zur Vorwegnahme des Verhaltenserfolges (*›antizipatorische Zielreaktion‹*) beobachtet: man glaubt schon am Ziele zu sein, obwohl dieses noch entfernt ist, und man beschleunigt das eigene Tempo, je näher man dem Ziel kommt. *C. L. Hull* hat (1932) diese Erscheinungen in der Hypothese zusammengefaßt, daß das vor dem Ziel liegende Tätigkeitsfeld durch einen *›Zielgradienten‹* strukturiert wird. Es handelt sich dabei um eine Anwendung des aus dem Studium der → bedingten Reflexe bekannten Prinzips der *Generalisation*, indem nämlich auf dem Weg zum Ziel gelegene, situative Reize nach Maßgabe ihrer zeitlichen und räumlichen Nähe zum Verhaltenserfolg selbst einen *Aufforderungscharakter (K. Lewin)* erhalten. Auf diese Weise erklärt sich der ›Wert‹, den an sich unbrauchbare Gegenstände (Banknoten, Spielmarken) gewinnen können, wenn die Erfahrung vorliegt, daß diese sich in Zielobjekte (z. B. Nahrung) umsetzen lassen. *J. B. Wolfe* (1936) und *J. T. Cowles* (1937) haben z. B. Schimpansen zu Lernleistungen veranlaßt, für die als ›Belohnung‹ nur Spielmarken gegeben wurden, die sich allerdings in einem Verkaufsautomaten zur Erlangung von Rosinen verwenden ließen.

Reize, die nahezu regelmäßig mit S_z gekoppelt sind, werden zu Sekundär-Zielen, deren Erreichung unter Umständen stellvertretend für die eigentliche Zielerreichung funktionieren kann: Der Raum, in dem uns etwas Angenehmes widerfahren ist, wirkt anheimelnd, wir suchen ihn gerne wieder auf (Prinzip der *sekundären Motivation*, → Bedarf und Bedürfnis).

Das Lernen am Erfolg und die Vermeidung von Fehlern sind nur dann möglich, wenn der Erfolg des eigenen Tuns auch in schneller und verläßlicher Weise erfahren werden kann. Bei relativ einfachen Vollzügen (Scheibenschießen, Aufnehmen von Funkzeichen) kommt es auf sehr kurze Zeitintervalle (wenige Sekunden, *›Präsenszeit‹*, *W. Stern*, 1897) an; allgemein gilt, daß das Ausmaß des Lernens der Länge der zwischen Akt und Erfolgserfahrung verstreichenden Zeit umgekehrt proportional ist. Die Schwierigkeit des Lernens aus eigenen Lebenserfahrungen gründet nicht zuletzt darin, daß sich die Konsequenzen unseres Tuns vielfach erst nach längerer Zeit einstellen; die Originalsituation des Handelns (S_r) läßt sich dann im Erlebnis nurmehr sehr dürftig rekonstruieren.

Lernen am Erfolg

Die Wichtigkeit der *Rückempfindung* des eigenen Handlungserfolges illustriert das Problem des Spracherwerbs durch taub geborene Kinder. Diese können die Resultate ihrer eigenen Artikulationsbewegungen nicht mit Beispielen (Vorsprechen) vergleichen. Der Weg zu einem Lernen am Erfolg kann ihnen aber durch Zeichengeräte geöffnet werden, die Lautbilder in Lichtbilder (Helligkeitsverteilung in einem Spektrum) übersetzen; sie hören dann zwar nicht, wie sie und andere Personen sprechen, sehen dies aber. Bei Nacht fliegende Tiere (Fledermäuse) orientieren sich mit Hilfe des Echos der von ihnen selbst ausgesandten Schallwellen (Radar-Prinzip der Technik); sie ersetzen somit die optische Steuerung der Fortbewegung durch eine akustische Rückempfindung. Normalsichtige Vpn, die eine Umkehrbrille (nach *G. M. Stratton*, 1896) tragen, erlangen nach einiger Zeit die Fähigkeit zur präzisen Orientierung wieder, indem sie das Sehbild auf Grund kinästhetischer Rückempfindungen (→ Hautsinne) korrigieren; auch hier handelt es sich um ein Lernen am Erfolg. Das Prinzip der Rückempfindung verwenden auch Blinde, denen sich Hindernisse durch die von diesen reflektierten Schallwellen anzeigen.
Das allgemeine Prinzip wird als das der *Rückkoppelung* (›feed-back‹) bezeichnet (*H. Mittelstädt*, 1956). Es kommt in Maschinen zur Anwendung, deren Gang sich automatisch ändert, wenn ihre Produktion einen Sollwert über- oder unterschreitet (z. B. Kontrolle eines Heizungssystems durch einen Thermostaten). Eine der ersten Maschinen dieser Art war der von *J. Watt* (um 1800) konstruierte ›Governor‹, von dessen Namen sich die Forschungsrichtung der ›*Kybernetik*‹ (griech. ›Steuermann‹, das Wort stammt von *Ampère*, 1834) herleitet: Eine Dampfmaschine rotiert ein Paar von Gewichten, die durch Zentrifugalkraft um so weiter auseinander getrieben werden, je schneller sie rotieren; die Distanz zwischen den Gewichten bestimmt die Brennstoffzufuhr zur Dampfmaschine. Mit der mathematischen Analyse dieser Vorrichtung durch *C. Maxwell* (1868) beginnt die Theorie der technischen *Regelvorgänge* (Servomechanismen). Parallel entwickelte sich (seit *D. Hartley*, 1749; *A. Bain*, 1855; *J. M. Baldwin*, 1897) das Modell der physiologischen Kreisprozesse, durch die Organismen sich in dem für ihr Dasein erforderlichen Gleichgewichtszustand halten (›*Homeostase*‹ nach *W. B. Cannon*, 1932; → Bedarf und Bedürfnis). Es setzt die Steuerung der Akte eines Organismus durch die Rückempfindung ihrer Ergebnisse voraus und stellt damit die allgemeine Rahmenbedingung für das Lernen am Erfolg dar.
Die Ergebnisse des Lernens am Erfolg bleiben nicht auf die konkrete Situation beschränkt, in der sie erworben wurden. Ratten,

die darauf trainiert sind, ein Labyrinth fehlerlos zu durchlaufen, finden ohne zusätzliche Übungen ihren Weg auch schwimmend (*D. A. MacFarlane*, 1930). Es erfolgt somit eine Übertragung (*›Transfer‹*) des Gelernten von einer Aktionsweise auf eine andere. Problemsituationen werden um so eher gemeistert, je ähnlicher sie der ursprünglichen Lernsituation sind. Selbst bei Ratten zeigt sich dabei eine Tendenz, ein früher erfolgreiches Verhalten in neuen Lernaufgaben zum Einsatz zu bringen (›Hypothesenbildung‹ nach *I. Krechevsky*, 1932). Es ist natürlich auch möglich, daß diese Neigung die Erlernung einer neuen Situation verzögert, sofern in dieser früher schon verwendete Reize eine andersartige Beantwortung verlangen (›negativer Transfer‹).
Die im Laufe eines Lebens aufeinanderfolgenden *Lernleistungen* eines Organismus sind jedenfalls im Zusammenhang zu sehen. Dafür bestehen vier Möglichkeiten: 1. Früheres Lernen kann späteres Lernen begünstigen (›positiver Transfer‹); 2. früheres Lernen kann späteres Lernen erschweren (›negativer Transfer‹); 3. späteres Lernen kann das Behalten von früher Gelerntem fördern (›rückläufige Verstärkung‹); 4. späteres Lernen kann das Behalten von früher Gelerntem benachteiligen (›rückläufige Hemmung‹, → Gedächtnis). Das normale *Vergessen* dürfte sehr wesentlich auf Hemmungen dieser Art zurückgehen.
Mit *D. O. Hebb* (1949) läßt sich annehmen, daß das Lernen erwachsener Organismen auf einem *Primär-Lernen* basiert, das in der frühen Kindheit stattfindet und das um so langsamer vor sich geht, je höher eine Spezies in der phylogenetischen Reihe steht (→ Entwicklung). Das Primär-Lernen dient vor allem der Strukturierung der Wahrnehmungsakte (→ Gesichtsinn). *H. F. Harlow* spricht davon (1949), daß Organismen das Lernen selbst erst allmählich erlernen. Diese Überlegungen gehen auf den von *Herbart* (1824) geprägten Begriff der *›Apperzeptionsmasse‹* zurück, das ist die Totalität der früher empfangenen Eindrücke, durch die ein neues Erleben verarbeitet wird.

Lerntheorie. Veränderungen in der Wahrscheinlichkeit, mit der Verhaltensweisen in bestimmten Reizsituationen auftreten, bezeichnet man als Lernen, sofern diese nicht durch die Verletzung eines Organismus oder spontan im Zuge einer *Reifung* zustande kommen, sondern auf frühere Begegnungen mit dieser oder einer ähnlichen Reizsituation zurückgehen. Die Definition ist nicht ganz scharf, da z. B. weder die im Anschluß an Lichtreize einsetzenden Nachbilder noch Ermüdungserscheinungen als Lernleistungen charakterisiert zu werden pflegen; außerdem ist die Unterscheidung zwischen Lernen und Reifung (→ Entwicklung) einerseits und die zwischen Lernen und Verletzung (›Trauma‹) bisweilen schwierig. Im täglichen Leben spricht man von Lernen im Zusammenhang mit dem Erwerb von Fertigkeiten und Kenntnissen; in beiden Fällen wird an Abläufe gedacht, die beabsichtigt sind und eine gewisse Mühe erfordern. Der wissenschaftliche Lernbegriff umfaßt daneben noch Vorgänge, die nicht eigens intendiert zu werden brauchen: eine Erinnerung prägt sich uns ein; wir gewöhnen uns an Dauerreize, bis wir diese fast gar nicht mehr wahrnehmen *(›Habituation‹)*. Der Hauptsache nach werden zwei Typen des Lernens unterschieden: der → bedingte Reflex *(›klassische Konditionierung‹)* und das → Lernen am Erfolg *(›instrumentale Konditionierung‹)*. In den letzten Jahren ist mehrfach die Frage aufgetaucht (*E. C. Tolman*, 1949), ob die Zusammenfassung verschiedenartiger Phänomene unter einen gemeinsamen Begriff, eben den des Lernens, zweckmäßig ist.

Für die Entwicklung der Lerntheorie stehen zwei Ausgangspunkte zur Verfügung, einmal die quantitative Analyse von Abläufen, wie z. B. die des *Übungsfortschritts* und des *Vergessens*, zum anderen die zunächst qualitative Analyse der im Lernprozeß zur Geltung kommenden Funktionen des Organismus. Die mathematische Analyse der sog. *Vergessenskurve* (vgl. Abb. 26, → Gedächtnis) beginnt bereits mit *H. Ebbinghaus* (1885) und setzt sich bis in die jüngste Gegenwart fort (*H. v. Förster*, 1948). Noch mehr Aufmerksamkeit wurde der sog. *Lernkurve* zugewandt. Im Prinzip geht es dabei jeweils um den Versuch, den Verlauf der entsprechenden Kurven durch Formeln darzustellen, wobei den in ihnen vorkommenden (zunächst willkürlich gewählten) Konstanten eine physiologische Bedeutung zugeschrieben wird. Diese Versuche setzen sich dem berechtigten Einwand aus, daß es *die* Vergessenskurve bzw. *die* Lernkurve kaum gibt, daß vielmehr beim Vergessen sowohl wie beim Lernen recht verschiedenartige Verlaufsformen gefunden werden. So wird z. B. eine S-förmige Funktion sehr häufig als Lernkurve bezeichnet, während in konkreten Experimenten jeder ihrer drei Teile allein auftreten kann (Abb. 68). Diese Tatsache läßt sich allerdings durch die Zusatzannahme mit dem generellen S-Bild der Funktion

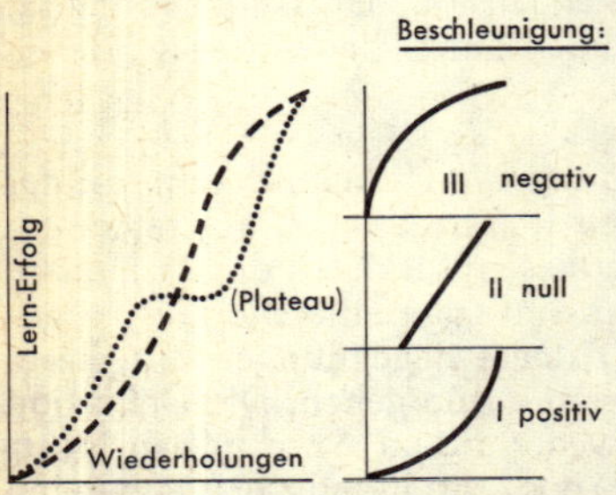

Abb. 68: Lernkurven

vereinigen, daß nicht alle im Laboratorium untersuchten Lernprozesse tatsächlich auf dem Null-Niveau der Leistungsfähigkeit beginnen (Kurven vom Typus II und III), und daß diese auch nicht stets bis zur oberen Leistungsgrenze fortgeführt werden (Kurven vom Typus I und II).

Auch dort, wo sich vollständige *S-Kurven* einstellen, sind diese im mathematischen Sinn mehrdeutig, d. h. es kann sich um Funktionen von sehr verschiedener Bauart handeln, die alle den Beobachtungsdaten ziemlich gut entsprechen. Hauptsächlich in Betracht gezogen werden 1. die Integralfunktion der Gaußschen Normalverteilung (*Ogive*, → Statistik), 2. die sog. *Gompertz-Kurve* und 3. die *logistische Funktion*, die auch zur Beschreibung des organischen Wachstums und der Zunahme von Bevölkerungen verwendet wird. Der Vorschlag, diese Funktion zur Darstellung des Lernfortschritts zu verwenden, geht auf *T. B. Robertson* (1908) zurück, er wurde kürzlich von *E. Culler* und *E. Girden* (1951) wiederholt. Andere Funktionen haben *L. L. Thurstone* (1930) und *H. Woodrow* (1942) angegeben. Aus wahrscheinlichkeitstheoretischen Erwägungen stammen die von *W. K. Estes* (1950) und von *R. R. Bush* und *F. Mosteller* (1955) beschriebenen Funktionen.

Ältere, meist nicht quantitativ durchkonstruierte Überlegungen gehen von den *Plateaus* aus, die sich in Lernkurven nicht selten einstellen (Abb. 68), d. h. von der Tatsache von Wiederholungen der Übung, denen kein Lernfortschritt entspricht. Es wird angenommen, daß an diesen scheinbaren ›toten Punkten‹ die Umstellung von einer Arbeitsmethode auf eine andere (z. B. vom Buchstabenempfang zum Wortempfang bei Funkern) stattfindet. Auch dieser Versuch eines Rückschlusses von der Verlaufsform auf die Dynamik des Ablaufs ist mit erheblicher Unsicherheit belastet. Sehr nachdrücklich ist davor gewarnt worden, das allgemeine Gesetz eines Ablaufs an Hand der Durchschnittswerte mehrerer Individuen enträtseln zu wollen; die Individual-Kurven sind mitunter von einem ganz anderen Typus als die Durchschnittskurve.

Sehr viel lebhafter als die Verwendbarkeit dieser oder jener Funktion zur Darstellung von Lernvorgängen wird schon seit etwa dreißig Jahren die Frage diskutiert, welche biologischen Mechanismen überhaupt für das Lernen erforderlich sind. Dabei haben sich drei Hauptpositionen ergeben:

1. Die *Kontiguitätstheorie* von *E. R. Guthrie* (geb. 1886) baut als Fortsetzung der klassischen → Assoziationspsychologie auf dem Grundsatz auf, daß ein Reiz, der einen Organismus trifft, während dieser eine Bewegung ausführt, damit zu einem Auslöser für diese Bewegung wird. Die notwendige und zureichende Bedingung des Lernens ist die Bildung von

Assoziationen auf Grund der Simultanität von Reiz und Bewegung. Solche Assoziationen werden prinzipiell nach dem *Alles-oder-nichts-Gesetz* gestiftet, d. h. entweder in einem einzigen Moment oder überhaupt nicht. Der allmähliche Anstieg des Lernerfolges ergibt sich daraus, daß bei jeder Wiederholung neue Elemente der Reizsituation mit der Reaktion assoziativ gekoppelt werden. Der Erfolg eines Verhaltens ist für Guthries Theorie nur insofern von Bedeutung, als auf ihn ein Situationswandel folgt (das Versuchstier gelangt z. B. aus dem Käfig), so daß die letzte Bewegung vor dem Situationswandel mit der Problemsituation selbst am stärksten assoziiert wird (Prinzip der *Postremität*) und daher bei der Wiederholung der Problemsituation zu erwarten ist. Die Bedeutung des Erfolges für den → Bedarf und die Bedürfnisse des Versuchstieres oder der Vpn spielt in Guthries Theorie keine Rolle.

2. *C. L. Hulls* (1884–1952) *Theorie der Verstärkung von Reaktionstendenzen* schließt sich an das *Effekt-Gesetz* von *E. L. Thorndike* (→ Lernen am Erfolg) an; sie ist die am sorgfältigsten durchgebildete Theorie. In ihrer letzten Form (1952) besteht sie aus siebzehn hypothetischen Postulaten und fünfzehn aus ihnen deduzierten Annahmen. Der Hauptsatz (Postulat Nr. 3) lautet: »Wenn eine Reaktion mit der Erlebnisspur eines Reizes assoziiert ist und wenn diese Reiz-Reaktion-Verbindung mit einer schnellen Verringerung der Bedürfnisspannung eines Organismus assoziiert wird, dann verstärkt sich die Tendenz dieser Reizspur zur Auslösung der Reaktion.« Entscheidend für das Lernen ist damit sein Erfolg (Verringerung der Bedürfnisspannung = *Befriedigung*); er stellt sich ein, wenn ein äußerer Reiz (als Charakteristikum einer Situation), ein Verhalten (Reaktion) und ein innerer Reiz (Abnahme der Bedürfnisspannung, z. B. des Hungers) zusammentreffen. Bei wiederholten Koppelungen tritt jedesmal eine Verstärkung (›*reinforcement*‹) der Reaktionstendenz ein; es nimmt dabei das ›*Gewohnheitspotential*‹ (Wahrscheinlichkeit und Schnelligkeit der Ausführung einer Reaktion sowie deren Intensität) in negativ beschleunigter Weise (Typus III, Abb. 68) zu. Ob die Reaktion selbst in einer bestimmten Situation ausgelöst wird, hängt einerseits von dem durch Lernen erworbenen Gewohnheitspotential ($_{S}H_{R}$) und andererseits von der zur Zeit bestehenden *Bedürfnisspannung* (Antrieb, D) ab. Das ›*Reaktionspotential*‹ ($_{S}E_{R}$) ist in jedem Augenblick dem Produkt der beiden Größen proportional: $_{S}E_{R} = {}_{S}H_{R} \cdot D$; mit anderen Worten: Die Bedürfnisspannung aktiviert die Gewohnheitspotentiale zum Reaktionspotential; oder an einem Beispiel: wer den Weg zu einer Gaststätte gelernt hat, wird ihn um so eher einschlagen und um so schneller durchmessen, je hungriger

er ist. Neben der primären Reaktionsverstärkung kennt die Theorie auch noch eine sekundäre: »Ein neutraler Reiz, der oft und regelmäßig zusammen mit der Verringerung von Bedürfnisspannungen eintritt, kann selbst zur Verstärkung von Reaktionstendenzen verwendet werden« (z. B. der Besuch des Hauses, in dem wir fröhliche Schuljahre verbracht haben, mag die Anstrengungen einer längeren Reise belohnen).

Im ganzen verwendet Hulls Theorie etwa ein Dutzend hypothetischer Variabler, die den Zusammenhang zwischen den beobachtbaren Situationsmerkmalen und dem ebenfalls wieder beobachtbaren Verhalten eines Organismus herzustellen und quantitativ zu definieren bestimmt sind. Die Theorie hat im Laufe von mehr als zwei Jahrzehnten (1929–1952) mehrere Wandlungen durchgemacht; durch sie wurden einige Hundert experimentelle Untersuchungen angeregt. Trotzdem haften ihr eine Anzahl ernster logischer Unklarheiten an (*S. Koch*, 1954; *E. R. Hilgard*, 1956); ihre Weiterentwicklung liegt zur Zeit hauptsächlich in der Hand von *K. W. Spence* (1956).

3. Im Zentrum der *Orientierungs-Theorie* von *E. C. Tolman* (geb. 1886) steht der Begriff der *Erwartung*, durch den zwei Reizgegebenheiten miteinander verbunden werden, die momentane Situation S_1 und die sich im Verfolg einer Aktion demnächst einstellende Situation S_2. Wir kennen uns in einer Situation aus, wenn wir mit den in ihr gebotenen Aktionsmöglichkeiten (Wegen) Zielerwartungen verknüpfen können. Zum Unterschied von den Theorien Guthries und Hulls, die als ›S-R-Theorien‹ bezeichnet werden, weil sie auf die Koppelung zwischen Reizen (S) und Reaktionen (R) das Hauptgewicht legen, erscheint Tolmans System als eine ›S-S-Theorie‹, für die das Agieren und Reagieren von Organismen nur insofern Bedeutung besitzt, als es der Überprüfung von Erwartungen dient. Bezogen auf eine Reizsituation lernt Hulls Organismus Bewegungsabläufe, während Tolmans Organismus die Ergebnisse solcher Bewegungsabläufe vorwegzunehmen lernt.

Zur Aufklärung der Frage, welche der beiden Betrachtungsweisen eher dem tatsächlichen Verhalten von Lebewesen entspricht, haben *Tolman* und seine Mitarbeiter (1946, 1947) ein Experiment durchgeführt und variiert, in dem Ratten ihren Weg durch ein Zwei-Weg-Labyrinth (›T-Labyrinth‹) zu finden lernen. Abb. 69 zeigt die Versuchsanordnung; die Tiere werden entweder in die Ausgangsposition A_1 oder A_2 gebracht, das Futter findet sich entweder bei Z_1 oder bei Z_2. Die Lernfortschritte zweier einander gleichwertiger Gruppen wurden miteinander verglichen. Die Tiere der einen Gruppe fanden ihr Futter jeweils, wenn sie an dem Wahlpunkt in der Mitte des Labyrinths in einer bestimmten Richtung liefen, z. B. von A_1 nach Z_1

(rechts) oder von A_2 nach Z_2 (ebenfalls rechts); sie hatten eine Reaktion zu lernen. Die Tiere der anderen Gruppe hatten einen bestimmten Ort (z. B. Z_1) zu lernen und mußten daher einmal eine Rechtswendung ausführen (A_1 nach Z_1) und das andere Mal eine Linkswendung (A_2 nach Z_1). Als Orientierungshilfe stand ein Lichtkegel zur Verfügung, der nur den einen Teil des Labyrinths beleuchtete. Das Ergebnis sprach sehr eindeutig zugunsten des *Orientierungslernens* (fehlerloses Verhalten nach im Durchschnitt bloß 4 Versuchen) und gegen die Naturgemäßheit des *Reaktionslernens*, bei dem auch nach 72 Versuchen noch Fehler vorkamen. Leider handelt es sich hier aber nicht um ein experimentum crucis, da auch *Hulls* Theorie unter Zuhilfenahme des Prinzips der *sekundären Reaktionsverstärkung* (Wirkung des Lichtreizes) die Voraussage seines Ergebnisses gestattet. Nicht besser steht es in prinzipieller Hinsicht um den versuchten Nachweis, daß auch ohne Bedürfnisentspannung gelernt werden kann (sog. *latentes Lernen*). Läßt man z. B. gesättigte Versuchstiere eine Nacht in einem nicht mit Futter ausgestatteten Labyrinth verbringen, das sie am nächsten Tag im hungrigen Zustand und mit Futter als Lohn zu lernen haben, so schneiden sie in der Regel besser ab als Kontrolltiere, denen die Erwerbung explorativer Vorerfahrungen nicht möglich war. Dabei ist jedoch die Möglichkeit nicht auszuschließen, daß das nächtliche Herumlaufen in dem Labyrinth doch mit einer Bedürfnisentspannung (z. B. Befriedigung der *Neugier*, → Bedarf und Bedürfnis) verbunden war.

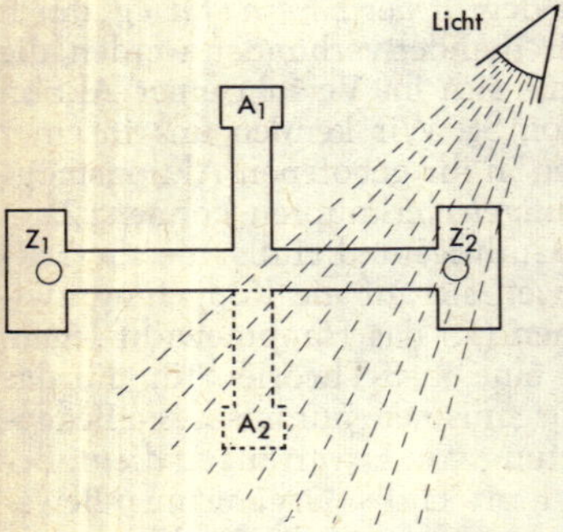

Abb. 69: Orientierungslernen und Reaktionslernen

Wie die Dinge liegen, läßt sich die Kontroverse zwischen Hull und Tolman nicht experimentell entscheiden, da beide Theorien durch Zusatzannahmen so flexibel geworden sind, daß sie sich nahezu jedem Versuchsergebnis anzupassen vermögen. In den letzten Jahren ist es daher vielfach zu einer indifferenten Haltung gegenüber den systematischen Theorien gekommen (*B. F. Skinner*, 1950; *H. H. Kendler*, 1952). Einige Autoren (*E. C. Tolman*, 1949) sprechen sich auch zugunsten einer Aufgliederung des globalen Begriffs ›Lernen‹ in mehrere Typen aus, denen verschiedene theoretische Modelle zugeordnet werden. In diesem

Sinne hat *O. H. Mowrer* (1950) eine *Zwei-Faktoren-Theorie* proklamiert, die im Bereich des bedingten Reflexes nur mit dem Kontiguitätsprinzip (nach *Guthrie*) operiert, im Bereich des Lernens am Erfolg hingegen mit dem *Hull*schen Prinzip der Reaktionsverstärkung. Einen anderen Ausweg empfiehlt *C. E. Osgood* (1953), indem er auf die Möglichkeit kleinster, unter Umständen gar nicht mehr beobachtbarer Reaktionen hinweist, die als Mittler (*›mediating responses‹*) zwischen Wahrnehmungen funktionieren und nach dem Hullschen Prinzip der Reaktionsverstärkung gelernt werden können.

Massenpsychologie. Das Wort Masse leitet sich vom griechischen Verbum μάσσειν (= kneten) her; die romanischen Ausdrücke ›folla‹ und ›foule‹ gehen auf das lateinische Wort ›fullo‹ (= Tuchwalker) zurück. Auf den Menschen angewandt, bedeutet Masse einen Zustand der Vielheit, die aus sich selbst keine Ordnung oder Struktur entwickeln kann, die vielmehr unter äußerem Druck passiv geformt wird. Inhalt der Massenpsychologie sind die Phänomene des irrationalen, triebhaften Verhaltens menschlich tierischer Plurale, z. B. einer von der *Panik* ergriffenen Menge oder einer ausbrechenden Tierherde. Massensituationen im eigentlichen Sinn werden durch den Verlust der *Gegenseitigkeits-Relationen* charakterisiert; sie lassen sich auch als ein Unisono des Verhaltens zum Unterschied von dessen kontrapunktischer Reziprozitäts-Steuerung in Gruppen auffassen.

Die von *G. Tarde* (1834–1904), *G. Le Bon* (1841–1931) und *S. Sighele* (1868–1913) begründete Massenpsychologie stellt das selbstbeherrschte, rationale und schöpferische Individuum und die chaotische, auf äußere Führung angewiesene Masse einander gegenüber; sie interpretiert Mehrheitsaktionen der verschiedensten Art (Revolutionen, Demonstrationen, Streiks, Lynchjustiz, Volksfeste, aber auch Ratsversammlungen und Parlamente) als Massenerscheinungen. Als typische Merkmale des Menschen in der Masse werden Anonymität, Schwinden der persönlichen Verantwortung, Dominanz der Triebe und des Gefühls über die Vernunft, Senkung des Intelligenzniveaus, Entinnerlichung und die Bereitschaft zur Unterwerfung unter einen mit magischen Ansprüchen auftretenden Führer beschrieben. Sowohl *Le Bon* (1895) als *Freud* (1921) vergleichen den Menschen in der Masse mit dem Angehörigen der barbarischen Urhorde. Andere Autoren (*M. Solms*, 1955) sprechen von einer Vorherrschaft der triebhaften Es-Schicht über die an Erfahrungen orientierte Ich-Schicht (→ Schichtenlehre).

Die ältere Massenpsychologie trägt dem koordinierten und keineswegs dumpfen oder chaotischen Zusammenwirken von Einzelpersönlichkeiten in Gruppen zu wenig Rechnung; sie verkennt die Möglichkeit produktiver Gruppenleistungen: »Eine große Gesellschaft, aus lauter trefflichen Menschen zusammengesetzt, gleicht an Moralität und Intelligenz einem großen, dummen und gewalttätigen Tier« *(C. G. Jung)*. Die neuere Massenpsychologie geht mit *J. Ortega y Gasset* (1883 bis 1955) von der Tatsache der starken Bevölkerungszunahme Europas im letzten Jahrhundert aus und knüpft daran den Begriff der *Vermassung* bzw. der Entpersönlichung und der Nivellierung des modernen, namentlich des großstädtischen Menschen. Vielfach wird der ›Untergang‹ der abendländischen Kultur in einem Stadium der allgemeinen Vermassung befürchtet (*Ph. Lersch*, 1947; *H. de Man*, 1951).

Der Begriff Massenmensch erhält auf diese Weise zwei miteinander kaum zu vereinbarende Bedeutungen: Im Sinne *Le Bons* handelt es sich um den Angehörigen eines ungeordneten (barbarischen) Haufens, während man im Gefolge Ortega y Gassets eher an den Inhaber einer kleinen Kompetenzdomäne in einem rational bis ins letzte durchkonstruierten Gefüge, z. B. im bürokratischen Verwaltungsapparat, zu denken hat. In diesem zweiten Sinn läßt sich jedoch kaum von triebhafter Ausgelassenheit sprechen. Das Leben des sog. Massenmenschen ist vielmehr in ganz besonderem Maße auf Gegenseitigkeit gestellt; *D. Riesman* beschreibt (1950) seine Normenstruktur als ein System der ›Außen-Lenkung‹, das ist der dauernden Rücksichtnahme auf das Urteil der jeweiligen Nachbarn.

Ortega y Gasset meint (1930): »Masse ist jeder, der sich nicht aus besonderen Gründen – im guten oder im bösen – einen besonderen Wert beimißt, sondern sich schlechtwegs für Durchschnitt hält.« Es fragt sich, ob die Proklamation des Anders-Seins um jeden Preis nicht bereits eine ins Ungesunde übersteigerte und letztlich zur Vereinsamung tendierende Individualisierung beinhaltet, der das reale Dasein vom Menschen kaum zu entsprechen vermag. In ihr liegt die negative Bewertung der Vielheit, die aus dem neutralen Wort für ›Volk‹ (populus) bereits im 16. Jh. das Schmähwort ›Pöbel‹ hervorgehen ließ. Dies geschah im Zuge von Renaissance und Reformation, d. h. in der von *J. Burckhardt* (1860) als die ›Entdeckung des Individuums‹ charakterisierten Geschichtsperiode der Auflösung der mittelalterlichen Gruppen-Ordo.

Die Masse im neuen Sinn des Wortes ist eine Großgruppe, deren Struktur für ihre einzelnen Angehörigen kaum überschaubar ist. Es kann daher geschehen, daß diese sich verloren fühlen und die tatsächlich bestehende Gruppe mit einer chaotischen Masse verwechseln (›*Illusion des Masse-Seins*‹, *P. R. Hofstätter*, 1957). Diese Entwicklung bedroht jeden Großverband, da die Einhaltung der für eine zielgerechte → Gruppendynamik erforderlichen Voraussetzung mit der wachsenden Zahl der Gruppenmitglieder immer schwieriger wird.

Meinungsforschung. Die Behauptung, daß es eine einheitliche Meinung der Öffentlichkeit, eben *die* öffentliche Meinung, gebe, entspricht meist nicht den Tatsachen; sie steht vielmehr häufig selbst im Dienste der propagandistischen Bemühungen einer Gruppe von Meinungsträgern, die ihre Anschauungen als allgemein und schlechthin gültig erscheinen lassen möchte. Fragen, über die tatsächlich Einmütigkeit herrscht, gelten nämlich gar nicht als frag-würdig; sie sind zu *Selbstverständlichkeiten* geworden (z. B. die Meinung, daß Kinder Lesen und Schreiben lernen sollen). Als Gegenstand der psychologischen Forschung ist die ›öffentliche Meinung‹ als die Verteilung der Einzelmeinungen in einer größeren Gruppe aufzufassen. Sie wird als ›öffentlich‹ bezeichnet, weil der einzelne Meinungsträger eine ungefähre, unter Umständen auch falsche Vorstellung davon besitzt, wie die von ihm vertretene Anschauung zu der anderer Personen steht (z. B. in einem Gegensatzverhältnis), und ein wie großer oder kleiner Teil der Bevölkerung diese Ansicht bzw. eine andere vertritt. Nicht-öffentliche Meinungen hegen wir bei Fragen und Behauptungen, die für uns zwar persönlich belangvoll sind, für die aber kein öffentliches Interesse besteht (z. B. hinsichtlich der Vertrauenswürdigkeit eines Mitarbeiters, der nur wenigen Personen bekannt ist). Private Meinungen endlich beziehen sich zwar meist auf Gegenstände der öffentlichen Meinung, jedoch wünscht der Meinungsträger in diesem Falle nicht, sich mit seiner Anschauung genau festzulegen.

In systematischer Form hat sich die Meinungs- oder *Umfrageforschung* einerseits im Zusammenhang mit den Problemen der Voraussage von Wahlen und andererseits auf dem Gebiete der *Marktforschung* (Erkundung der Bekannt- und Beliebtheit von Markenartikeln, → Werbepsychologie) entwickelt. Wo das Interesse des Forschers weniger dem Verteilungsbild der Anschauungen in einer größeren Population und mehr der Präzisierung des Standortes eines Individuums gilt, spricht man von *Einstellungsmessung.*

Von der Meinungsforschung wird gefordert, daß ihr Resultat für eine bestimmte Population (z. B. die von ihrem Wahlrecht tatsächlich Gebrauch machenden Angehörigen eines Volkes oder die Hausfrauen einer Stadt) repräsentativ sei, d. h. daß das an der *Stichprobe* der Befragten entwickelte Verteilungsbild auch für die Gesamtpopulation gilt. Die *Repräsentativkraft* einer Stichprobe (sample) hängt einmal von ihrer Größe

(n) ab; noch wichtiger aber ist, daß diese Stichprobe ein zwar verkleinertes, aber getreues Abbild der Gesamtpopulation darstellt. Systematische Fehler schleichen sich ein, wenn etwa in einer Erhebung der Wahlabsichten gewisse Bevölkerungsschichten (z. B. Dorfbewohner) weniger stark berücksichtigt werden, als dies ihrem Anteil an der Gesamtheit aller Wahlberechtigten (in der Bundesrepublik etwa 25 Prozent) entspräche.
Im allgemeinen basieren die Ergebnisse der Umfrageforschung auf Stichproben, deren Größe zwischen eintausend und dreitausend Personen liegt. Diese werden entweder nach dem *Quoten-System* oder nach dem *Feld-System* ausgewählt. Im ersten Falle »werden die Befragungsaufträge an Hand der statistischen Unterlagen anteilsmäßig auf die Länder und Regierungsbezirke des Bundesgebietes aufgeschlüsselt und innerhalb dieser regionalen Einheiten auf Großstädte, Kleinstädte und Landgemeinden, weiter auf Männer und Frauen, auf die verschiedenen Altersgruppen und Berufskreise verteilt. Jeder Interviewer erhält eine Quoten-Anweisung, auf der für die betreffende Gemeinde genau spezifiziert wird, wie der von ihm zu befragende Personenkreis zusammengesetzt sein muß« (*E. Noelle-Neumann*, 1956). Beim Feld-System erfolgt die Auswahl der zu befragenden Personen im voraus im Sinne einer Wahrscheinlichkeitsauslese aus Einwohnerlisten oder aus den vorhandenen Wohnungseinheiten; es bleibt daher dem Interviewer nicht mehr überlassen, welche bestimmte Person er aus der Gruppe all derer, die der gleichen Quotenanweisung genügen, befragen will. Dieses Verfahren ist in theoretischer Hinsicht dem Quoten-System überlegen, es ist zugleich aber umständlicher und kostspieliger, wobei noch nicht sicher ist, ob sich dieser Mehraufwand durch verläßlichere Resultate bezahlt macht. Die meisten Institute zur Erforschung der öffentlichen Meinung halten daher am Quoten-System fest.
Für eine nach dem Feld-System gewonnene Stichprobe von der Größe n gilt die Unsicherheitsbeziehung $\sigma_p = \sqrt{\frac{p \cdot q}{n}}$, wobei $q = 100 - p$ ist. Sprechen sich z. B. in einer Stichprobe von 1000 Befragten 600 ($p = 60$ Prozent) zugunsten einer geplanten Maßnahme aus, so beträgt das Unsicherheitsintervall $\pm$ 1,55 Prozent. In der Gesamtbevölkerung ist daher mit einem Prozentsatz zwischen den Grenzen von 58,45 und 61,55 Prozent zu rechnen. Im allgemeinen wird ein doppelt so großes Intervall ($2\,\sigma_p$) angenommen, so daß die Grenzen im vorliegenden Fall bei 56,9 und 63,1 Prozent liegen. Die Größe des Unsicherheitsintervalls nimmt mit der Annäherung an den Gleichwert von 50 : 50 Prozent zu; in diesem Bereich verstehen sich die an

einer Stichprobe von 2500 Befragten erhobenen Befunde daher mit einem Fehlerbetrag von etwa 2 Prozent.
Für die Befragung selbst besitzen die größeren *Institute der Meinungsforschung* (in der Bundesrepublik z. B.: Institut für Demoskopie in Allensbach, EMNID in Bielefeld und DIVO in Frankfurt; in den USA ist die bekannteste Einrichtung das von *G. Gallup* vor etwa 25 Jahren begründete American Institute for Public Opinion in Princeton) jeweils einen Stab von mehreren Hundert meist nebenberuflich tätigen *Interviewern*, deren Ausbildung und gelegentliche Nachschulung überaus wichtig ist, da durch ungeschickte Fragestellungen Fehlresultate zustande kommen können (*›Interviewerfehler‹*). Das Befragungsgespräch erfolgt meist an Hand eines sorgfältig entwickelten und an kleinen Experimentalgruppen im voraus erprobten *Fragebogens*, dessen Inhalt für die weitere statistische Bearbeitung auf Lochkarten (zwecks Auszählung und Tabellierung durch Sortiermaschinen) übertragen wird.
Wahlvoraussagen gehören zu den am besten bekannten Anliegen der Meinungsforschung, obwohl ihnen nur eine relativ geringe sachliche Bedeutung (z. B. für die Gestaltung des Wahlkampfes) zukommt. Im Grunde handelt es sich hier ja um die Prognose des Resultates einer Befragung auf Grund einer anderen. Viel wichtiger sind Untersuchungen zu Fragen, über die keine allgemeinen Abstimmungen stattfinden, weil diese einerseits zu hohe Kosten an Zeit und Geld erfordern würden und weil sie andererseits die Gesamtbevölkerung durch Propagandaschlachten zu stark in Anspruch nehmen könnten. Wahlvoraussagen sind jedoch der Prüfstein für die Leistungsfähigkeit der Meinungsforschung, an ihnen hat sich daher auch deren Methodologie in den letzten 25 Jahren entwickelt.
Die in Interviews gestellten Fragen unterscheiden sich nach dem Prinzip der engeren oder weiteren Determination der auf sie möglichen Antworten; sie können entweder nur bestimmte Antworten (ja, nein, unentschieden usw.) zulassen oder aber die befragten Personen zu eigenen Stellungnahmen auffordern (z. B. »Auf welchem Wege glauben Sie, daß sich die Wiedervereinigung Deutschlands am besten erreichen ließe?«). Gelegentlich werden auch Interviews durchgeführt, die stark an psychotherapeutische Aussprachen erinnern (sog. *Tiefen-Interviews*). Als nützlich hat es sich erwiesen, vor der Erstellung eines Fragebogens mit eng determinierten Antworten den betreffenden Meinungskomplex durch freie Interviews an kleineren Befragungsgruppen zu untersuchen. Probleme der Meinungsentstehung lassen sich an einem einzigen zeitlichen Querschnitt nur schwer aufklären; *P. F. Lazarsfeld* hat daher die sog. *Panel-Technik* entwickelt, bei der eine Gruppe von

mehreren Hundert Befragungspersonen mehrfach, etwa im Abstand von vierzehn Tagen während der Monate eines Wahlkampfes, interviewt wird.
Wenn das Forschungsinteresse weniger auf die Repräsentation der Meinungsverteilung in der Gesamtbevölkerung gerichtet ist und mehr auf die Meinungskonstellation bei Einzelpersonen, so bedient man sich einer besonderen Art von Fragebogen (›*Einstellungsskalen*‹), die den Standort des Befragten zu präzisieren erlaubt. Das älteste dieser Verfahren ist die von *E. S. Bogardus* (1926) entwickelte ›soziale Distanz-Skala‹, bei der sich die Einstellung des Befragten zu einer bestimmten Menschengruppe (Berufsgruppen, Minoritäten, Nationen) nach dem Kontaktverhältnis bemißt, das er mit Angehörigen dieser Gruppe einzugehen bereit ist (→ Gruppendynamik). Dabei werden sieben Grade der Intimität zur Auswahl gestellt, sie reichen von der Billigung der Einheirat in die eigene Familie bis zum Wunsch nach gänzlichem Ausschluß von Personen der gekennzeichneten Art aus dem eigenen Lande. Wesentlich verfeinerte Methoden stammen von *L. L. Thurstone* (1929), *R. Likert* (1932) und *L. Guttman* (1950); sie haben sich die Ansätze der klassischen → Psychophysik zu eigen gemacht (*A. L. Edwards*, 1956). Einstellungsskalen bestehen aus einer Reihe von auf den gleichen Gegenstand bezogenen Behauptungen unterschiedlicher Positivität, von denen die Befragungsperson diejenigen auszuwählen hat, die ihrer eigenen Meinung am nächsten kommen. Den einzelnen Behauptungen entsprechen Maßwerte im Kontinuum der betreffenden Einstellung; auf Grund dieser läßt sich die Position der Person, die sie akzeptiert, im gleichen Kontinuum zahlenmäßig erfassen.

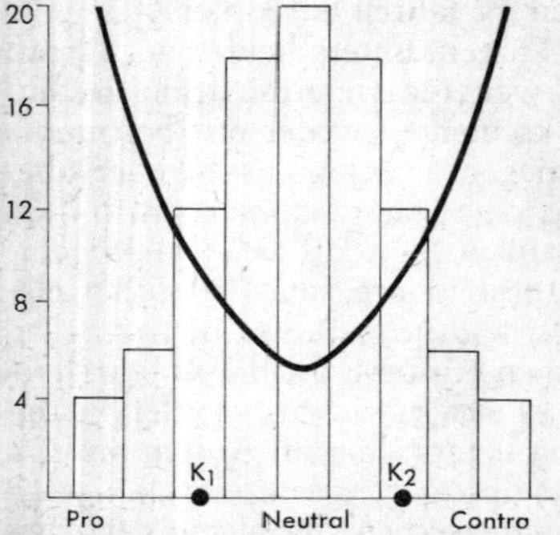

Abb. 70: Das Verhältnis zwischen Häufigkeit und Intensität von Einstellungen

Sofern man es mit einem eindimensionalen Kontinuum der Einstellung zu einem Gegenstand zu tun hat, findet sich meistens eine der Gaußschen Normalkurve (→ Statistik) angenäherte Häufigkeitsverteilung, der eine gegenläufige, U-förmige Kurve der *Meinungsintensität* zu entsprechen pflegt (Abb. 70): Extremisten sind relativ selten, sie stehen aber zu ihren Anschauungen sehr viel energischer als die Inhaber von Mittelpositionen. Diese Regel ist für die Entwicklung des Meinungsbildes innerhalb einer Gruppe sehr bedeutungsvoll, da die Möglichkeit der Umstimmung eines Meinungsträgers von zwei Faktoren abzuhängen scheint: von der Häufigkeit, mit der andere Personen die gleiche Meinung vertreten, und von der Intensität des eigenen Meinens. Besonders gering ist daher die *Meinungsstabilität* an den kritischen Punkten K_1 und K_2 des Einstellungskontinuums.

Fragebogen sind oft dem berechtigten Einwand ausgesetzt, daß die befragten Personen das Anliegen des Interviews leicht zu durchschauen vermögen und daß sie daher, sofern ihnen daran gelegen sein sollte, irreführende Angaben machen können. Um eine Reduktion dieser Fehlerquelle bemühen sich die sog. *›indirekten Methoden‹ der Einstellungsmessung (D. T. Campbell*, 1950), die den *projektiven* → *Tests* der diagnostischen Psychologie nachgebildet sind. Man kann dabei z. B. so vorgehen, daß man der Vp eine Reihe sinnloser Schnörkel in allen möglichen Paarkombinationen (→ Psychophysik) vorlegt und sie jeweils entscheiden läßt, welche der beiden Kritzeleien von einem Angehörigen der Gruppe X stammen dürfte. Die Aufgabe wird als Prüfung des Einfühlungsvermögens deklariert, obwohl der Untersuchende nur daran interessiert ist, ob die Vp dem Angehörigen der Gruppe X im großen und ganzen eher die allgemein als sympathisch betrachteten Kritzeleien zuordnet (positive Einstellung) oder die als unsympathisch betrachteten (negative Einstellung). Selbstverständlich bedürfen die indirekten Methoden der Meinungsforschung einer sehr sorgfältigen Eichung, das gilt aber auch von den direkten Einstellungsskalen. In beiden Fällen geht man vom Vergleich zwischen Gruppen aus, deren Einstellungen nach der einen oder der anderen Richtung als einigermaßen bekannt vorausgesetzt werden können (z. B. Gewerkschaftsfunktionäre gegenüber Mitgliedern eines Unternehmerverbandes, sofern es sich um Fragen der Sozialpolitik handelt).

Wo sich Meinungen auf Gruppen (Konfessionen, Minoritäten, Nationen, Berufsgruppen) beziehen, treten in ihnen fast immer *Stereotype* auf (der Terminus stammt von dem amerikanischen Journalisten *W. Lippmann*, 1922), d. h. Eigenschaftskonfigurationen, die von jedem Angehörigen der betreffenden Gruppe mit einiger Sicherheit erwartet werden. Man findet diese bereits in den Volkswitzen vom ›geizigen‹ Schotten, dem tolpatschigen ›deutschen Michel‹ usw. Unbeschadet ihres zweifelhaften Wahrheitsgehaltes *(›Vorurteile‹)* sind Stereotype wichtige Gegenstände der Meinungsforschung, da sich in diesen Bildern einmal die Selbstgestaltung von Gruppen *(Autostereotype)* und zum anderen deren Absetzung von rivalisierenden Gruppen *(Heterostereotype)* ausdrückt. Stereotype entsprechen dem ›Ruf‹, den Einzelpersonen genießen, sie sind wandelbar, jedoch eignet ihnen eine erhebliche Trägheit. Propagandistische Maßnahmen zielen sehr häufig auf die Bildung bzw. die Umgestaltung von Stereotypen ab (→ Werbepsychologie).

Minoritätsprobleme. Von einer gewissen Größenordnung an kennt fast jede Gruppe drei Teilgruppen, deren Positionen im *Statussystem* des sozialen Ansehens *(Prestige)* ungleichmäßig verteilt sind: *Majorität, Minorität* und *Elite* (Abb. 71). Von der Majorität her gesehen erscheinen Eliten (Adel, ›alte Familien‹, ein Teil der Prominenz in Klerus, Kunst, Wissenschaft und Verwaltung) und Minoritäten (hinsichtlich Religion, Herkunft und Sprache) als Randgruppen, die einander mehr oder weniger weitgehend, aber nicht immer völlig ausschließen. Schwerpunktmäßig gehört die Elite der Oberschicht des Systems an, die sie aber meist nicht ausschließlich stellt, während die Minorität der einfacheren Mittelschicht bzw. der Unterschicht angehört.

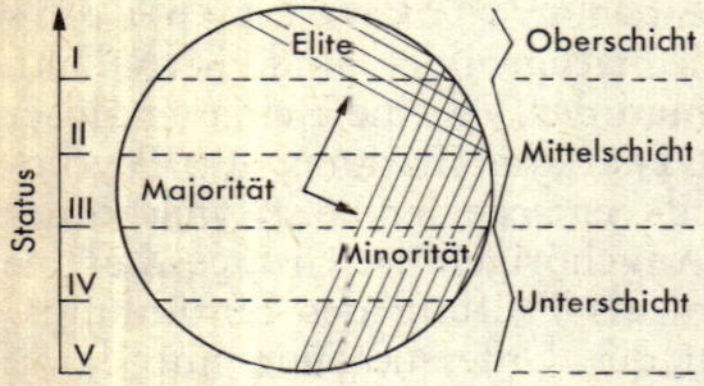

Abb. 71: Die Anteile von Majorität und Minorität an den Bevölkerungsschichten

Am sorgfältigsten studiert wurden die einschlägigen Probleme in den USA, d. h. im Falle der Neger-Minorität (etwa 10 Prozent der Bevölkerung) und der jüdischen Minorität (etwa 4 Prozent). In einzelnen Teilen des Landes befinden sich auch die Katholiken (17 Prozent) in der Minoritätsposition; verschwindend klein ist bereits die Indianer-Minorität (0,3 Prozent) geworden. Die Erforschung des Minoritätsproblems steht vorwiegend im Dienste der humanitären Absicht, die ungerechte Verfemung von Menschen auf Grund ihrer Gruppenzugehörigkeit aus der Welt zu schaffen und allen Staatsbürgern die gleichen Lebenschancen einzuräumen. Das Problem erscheint dabei einmal unter dem soziologischen Aspekt und zum andern unter dem psychologischen, wobei der letztere bisher genauer untersucht wurde als der erstere. Man geht dabei von der Frage nach der Beschaffenheit derjenigen Majoritätsangehörigen aus, die zu den Minoritätspersonen besonders negativ eingestellt sind.

In einem Sozialsystem, das sich aus einer Majorität und einer Minorität zusammensetzt, sind vier *Einstellungen* (bzw. *Stereotype*, → Meinungsforschung) zu beachten: die beiden Selbstbilder *(Autostereotype)* der Gruppen und die beiden Fremdbilder *(Heterostereotype)*, d. h. wie die Minori-

tätspersonen von den Majoritätspersonen beurteilt werden, und umgekehrt, wie jene diese sehen. Die vier Stereotype hängen insofern miteinander zusammen, als das Bild des verfemten Außenseiters vom Selbstbild der Majorität überstark abgehoben zu werden pflegt bzw. sogar in eine Gegensatzrelation zu diesem gebracht wird, während das Selbstbild der unterdrückten Minorität nicht selten gewisse Züge von dem Bild übernimmt, das die Majorität von ihr entwirft (Neger-Haß bei Negern, Antisemitismus bei Juden). Am wenigsten bekannt ist die Erscheinungsform der Majorität in den Augen der Minorität, z. B. das Bild der ›Goyim‹ aus der Sicht der jüdischen Minorität.
Aggressive Stereotype entspringen nur selten der persönlichen Erfahrung, viel öfter berufen sie sich auf ›Erfahrungen im allgemeinen‹; sie erweisen sich damit als Produkte eines kulturellen Lernens, das meist schon früh (vor dem 10. Lebensjahr) stattfindet und damit zum Bestandteil der im Zuge eines kulturspezifischen → Sozialisierungsprozesses erworbenen *Selbstverständlichkeiten* wird. Bei manchen Minoritäten sind die ungünstigen ›Erfahrungen im allgemeinen‹ allerdings auch nicht völlig zu bestreiten: so stammen z. B. in den USA beinahe 23 Prozent der Straftaten von Negern, obwohl deren Anteil an der Gesamtbevölkerung nur bei 10 Prozent liegt; die Gruppe ist also in der Kriminalstatistik und ebenso in der Statistik für manche Geisteskrankheiten überstark repräsentiert. Dieser Befund stellt aber keine Rechtfertigung für die geringschätzige Beurteilung dieses Segments der Bevölkerung dar, da er selbst bereits das Resultat dieser Beurteilung sein dürfte. Werden die Bildungs-, Berufs- und Wohnmöglichkeiten einer unterdrückten Minorität verschlechtert, so führt dies auf dem Wege eines verhängnisvollen circulus vitiosus zur Überrepräsentation dieser Gruppe in der Elendsstatistik (Unbildung, Arbeitslosigkeit, geringe Tauglichkeit, Kriminalität und Krankheiten) und unter Umständen zu einer Selbstbeschränkung ihres *Anspruchsniveaus* auf untergeordnete Stellungen. Der Leidtragende dieser Entwicklung ist zum Teil die Majorität selbst, bzw. das Sozialsystem als Ganzes.
Auf seiten der Majorität finden sich Anti-Minoritäts-Haltungen besonders häufig bei Personen, deren Wesen dem *›autoritären Syndrom‹* (*T. W. Adorno* u. a., 1950) entspricht. Als dessen Bestandteile werden aufgezählt: 1. Konventionalismus (Unterwürfigkeit gegenüber der anonymen Autorität des ›man‹, zwanghafte Konformität, Mißtrauen gegenüber jeglichem Außenseitertum); 2. Ablehnung des Gemüts und der produktiven Phantasie als ›weichlich‹, ›weibisch‹ und ›realitätsfern‹; 3. Auffassung der Welt und des Lebens schlechthin als bedrohlich und feindselig; 4. Neigung zu überspitzten Gegensätzen, vor allem

zur kategorialen Unterscheidung zwischen ›stark‹ und ›schwach‹, ›männlich‹ und ›weiblich‹ (Bewunderung der ›Macht‹ um ihrer selbst willen und Verachtung der ›Schwäche‹); 5. Starrheit des Denkens (Unfähigkeit, ein Problem in der Schwebe zu belassen, Tendenz zur voreiligen Akzeptierung von Klischee-Lösungen); 6. pharisäische Selbstgerechtigkeit in Fragen der Sittlichkeit, namentlich in geschlechtlicher Hinsicht; 7. die Neigung, eigene verdrängte Regungen auf andere zu projizieren und für deren Haupttriebfeder zu halten; 8. Kindheitserlebnisse mit Eltern, die wenig Gemütswärme zu bieten hatten, die dafür aber die Forderung unbedingten Gehorsams erhoben.

Adorno und seine Mitarbeiter nehmen an, daß dieses Syndrom auch zur Übernahme totalitärer (faschistischer) Ideologien prädestiniert. Die von ihnen zur diagnostischen Erfassung ›potentieller Faschisten‹ entwickelte Einstellungsskala (*›F-Skala‹*) wird zur Zeit in der Literatur noch sehr lebhaft diskutiert (*R. Christie* und *M. Jahoda*, 1954). Es handelt sich hier wahrscheinlich nicht um ein in sich homogenes, eindimensionales Einstellungskontinuum. Zu unterscheiden ist auch zwischen nicht-autoritären Persönlichkeiten und anti-autoritären, wobei die letzteren in mancher Hinsicht den autoritären Persönlichkeiten ähneln.

Die Aktivierung der potentiell-autoritären Einstellung und der Anti-Minoritäts-Haltung erfolgt häufig nach dem Schema der *›Enttäuschungs-Aggressions-Hypothese‹* (*J. Dollard* u. a., 1939): persönliche Enttäuschungen, deren wahre Ursachen entweder nicht zu erkennen oder nicht zu beheben sind, führen zu aggressivem Verhalten gegenüber angenommenen Schuldigen (*›Sündenböcken‹*) bzw. zu einer Pseudo-Revanche in Richtung des geringsten Widerstandes. Diese Ableitung des Impulses wird durch das Vorhandensein einer geringer bewerteten und mehr oder minder wehrlosen Minorität erleichtert, sofern deren Angehörige als solche deutlich zu erkennen sind (Hautfarbe, Gesichtsschnitt, Sprechweise, Kleidung). In Zeiten der allgemeinen Not (Wirtschaftskrise, Krieg) verstärken sich daher in der Regel die Anti-Minoritäts-Haltungen.

Die sozialpsychologische Analyse geht von der Unterscheidung zwischen Eliten und Minoritäten (im engeren Sinn) aus. Eliten (z. B. der Adel) sind kleine Teilgruppen und daher Minoritäten (im weiteren Sinne). Das ihnen von der Majorität zugeschriebene Wesensbild pflegt aber sehr positiv getönt zu sein und dem Idealbild der Gesamtgruppe nahezukommen. Im einzelnen dürfte es sich auch hier vielfach um *Vorurteile* handeln, gegen die aber die Betroffenen kaum Grund zu protestieren haben. In Umbruchzeiten (Revolutionen) kann eine bisher bevorrechtete Minderheit in die Position einer benachteiligten Minorität gedrängt werden, wobei das entsprechende Stereotyp unter Umständen radikal umschlägt. Zwischen dem Bild der Elite und dem einer unterprivilegierten Minorität besteht ein polares Spannungsverhältnis, das den Gedanken nahelegt, die Kennzeichnung einer mißliebigen Minorität diene in erster Linie dem Ausschluß ihrer Angehörigen von einer möglichen Eliteposition.

Diese Überlegung erscheint darum wichtig, weil durch fremdartige Erscheinung auffällige Personen an sich eine recht günstige Chance besitzen, dank dieser Außergewöhnlichkeit zu besonderem Ansehen zu gelangen. Im Falle einer zahlenmäßig schwachen Minorität ist daher die Übernahme einer Eliterolle durch sie leicht denkbar. Handelt es sich jedoch um zahlenmäßig stärkere Minoritäten, so pflegt die Abwehr dieser Möglichkeit so zu erfolgen, daß die Andersartigkeit der betreffenden Gruppe stärker betont wird. Auf diese Weise wird die Majorität daran gehindert, sich und ihre Wünsche mit den Minoritätspersonen zu identifizieren (→ Gruppendynamik). Man kann daher unbeliebte Minoritäten als verhinderte Eliten bezeichnen (*P. R. Hofstätter*, 1954); dieser Hypothese entspricht die Tatsache, daß die Anti-Minoritäts-Einstellung meistens ambivalent ist, d. h. neben der lauten Ablehnung auch teilweise verdrängte positive Züge enthält. Besonders auffällig ist die geschlechtliche Attraktion, die von Angehörigen verfolgter Minoritäten ausgeht und die diesen dann im Sinne eines Abwehrmanövers als besondere sexuelle Begier und Leichtfertigkeit zur Last gelegt zu werden pflegt.

Der Abbau von Anti-Minoritäts-Vorurteilen wird auf dem Wege einer Erhöhung des *Kontakts* zwischen den Bevölkerungsgruppen (gemeinsame Wohngegend und Schulen, gemeinsamer Wehrdienst) angestrebt. Er ist um so eher möglich, je weniger Anlaß es in einer Bevölkerung zur Umsetzung von Enttäuschungen in Aggressivität gibt. Man muß sich jedoch darüber im klaren sein, daß die Entspannung von Anti-Minoritäts-Einstellungen ein Prozeß ist, der längere Zeit in Anspruch nimmt.

Neurose. Der von dem schottischen Arzt *W. Cullen* (1776) geprägte Begriff ›Neurose‹ bezeichnet Erscheinungen, die man heute meist als ›funktionelle Nervenkrankheiten ohne organischen Befund‹ definiert, wobei die Berechtigung fraglich bleibt, mit der man in Abwesenheit organisch lokalisierbarer Schäden von ›Nerven‹-Krankheiten oder auch überhaupt von ›Krankheiten‹ spricht. Diese Gepflogenheit findet ihre Begründung in einer sozialen Konvention, derzufolge ›Leidenden‹ im allgemei-

nen die ›*Krankenrolle*‹ (*T. Parsons*, 1951) eingeräumt und die Partnerrolle des Arztes zugeordnet wird. Das gesellschaftlich anerkannte Kranksein impliziert ein Anrecht auf Schonung und die Enthebung von manchen Pflichten; ferner beinhaltet es das Zugeständnis, daß vom Patienten nicht erwartet werde, er könne sich aus eigenem sozusagen einen Ruck geben und wieder gesund werden.
Am wichtigsten dürfte sein, daß, wer als ›krank‹ bezeichnet wird und wer sich selbst so betrachtet, im allgemeinen (mit Ausnahme der Geschlechtskrankheiten) von der persönlichen *Verantwortung* für seinen Zustand befreit wird. Er kann nichts dafür! Das soziale System unserer Selbstverständlichkeiten negiert damit seiner anti-magischen Tendenz gemäß die Möglichkeit eines Zusammenhanges zwischen Krankheit und Schuld; es distanziert auf diese Weise den Patienten von seinem Leiden. Ob dies sachlich zu Recht geschieht, ist gerade im Fall der sog. *Psychoneurosen* keineswegs sicher. So spricht *S. Freud* z. B. in einem seiner ältesten Systementwürfe (1895) von der ›Urlüge des Hysterikers‹ (πρῶτον ψεῦδος), eine Auffassung, die neuerdings *L. S. Kubie* (1952) und *O. H. Mowrer* (1953) weiterentwickelt haben. In der Tat widerspricht die tiefenpsychologische Beschäftigung mit Neurosen in ihren Resultaten deren Unterordnung unter den biologischen Krankheitsbegriff so sehr, daß Freud (1927) zugunsten der sog. *Laienanalyse* (psychotherapeutische Betätigung von Nichtmedizinern) plädierte. Zu einem anderen Ergebnis führt jedoch die Erwägung, daß Neurotiker fast ausnahmslos in ihrem Verhältnis zur menschlichen Mitwelt gestört sind, und daß die Übernahme bzw. die Zubilligung der sozialen Krankheitsrolle als ein erster Schritt zu ihrer Wiedereinfügung in das System sozialer Relationen aufgefaßt werden kann.
Zum Unterschied von den sog. → *Psychopathien*, in denen sich unkoordinierte Triebregungen ohne hemmende *Angst* asozial ausleben (z. B. in manchen Arten der *Kriminalität* und der *Süchtigkeit*), erfassen Neurosen jeweils nur einen Teil der Persönlichkeit, gegen den sich die intakte Rest-Persönlichkeit zur Wehr setzt (*H. Hoff*, 1956). Der Neurotiker besitzt – anders als das Opfer einer → *Psychose* – Einsicht in die Tatsache (wenn auch nicht in den Ursachenzusammenhang) seines leidhaften Sonderzustandes (›*Krankheitseinsicht*‹). Es treten bei ihm Angstgefühle und Aggressionen auf, zu deren Beherrschung ein übermäßiger Aufwand an seelischer Spannkraft erforderlich ist.
Prinzipiell geht jede Neurose auf Situationen zurück, in denen dem Organismus die Verarbeitung der auftretenden *Affekte* mißlang; die Umkehrung, daß nämlich jede solche Situation zur

Neurose führe, gilt jedoch nicht. Sofern sich dabei zwischen den ausgelösten Symptomen und den auslösenden Affekten kein verstehbarer Zusammenhang herstellen läßt, spricht man mit *Freud* von ›*Aktualneurosen*‹ bzw. von ›*vegetativen Neurosen*‹ (*Schreckneurose, Neurasthenie* und *Angstneurose*). Als ›*Psychoneurosen*‹ bzw. ›*Abwehrneurosen*‹ werden hingegen Syndrome bezeichnet (wie z. B. *Hysterie, Phobie* und *Zwangsneurose*), die das Ergebnis einer abwegigen Verarbeitung von Antriebserlebnissen sind, und deren Symptome sich als Versuche zur Herstellung eines Kompromisses in einer Situation des → *Konflikts* zwischen *Appetenz* und *Aversion* verstehen lassen. In einer seiner letzten Schriften (1938) bezeichnet Freud als allgemeinen Charakter der Psychoneurosen, »daß in bezug auf ein bestimmtes Verhalten zwei verschiedene Einstellungen im Seelenleben der Person bestehen, einander entgegengesetzte und unabhängig voneinander, (deren) eine dem Ich angehört, die gegensätzliche als verdrängt dem Es« (→ Tiefenpsychologie). Konfliktsituationen dieser Art, bei denen es fast immer zu intensiven Angsterlebnissen kommt, können sich im Verlauf aller menschlichen Strebungen ergeben, besonders häufig treten sie aber – zumindest unter den Bedingungen der abendländischen Kultur um die Jahrhundertwende – im Sexual-Bereich auf. Die psychoanalytische Lehre von den Neurosen hat sich daher auf diesen die Praxis beherrschenden Hauptfall eingestellt.

Den drei Formen der Aktualneurose gemeinsam ist eine akute oder (im Fall der Neurasthenie) chronische Gleichgewichtsstörung im Bereich der vegetativen Steuerung, d. h. zwischen *Sympathicus* und *Parasympathicus* (→ Gefühle). Die Schreckneurose, die auch bei Tieren beobachtet wird, folgt einem einmaligen intensiven *Schreckerlebnis* (z. B. gelegentlich einer Naturkatastrophe oder im Kriege: *Granatschock*); es kommt dabei zu einer akuten *Sympathikotonie* (Pulsbeschleunigung, Unruhe, zeitweilige Verwirrtheit, Schreckstarre usw.), die in der Regel nach einigen Tagen, spätestens nach einigen Wochen oder Monaten abklingt, sofern das Primärsymptom nicht bei dazu disponierten Personen durch hysterische Symptome abgelöst wird.

Die von *G. M. Beard* (1878) beschriebenen Erscheinungsbilder der Neurasthenie lassen sich auf den gemeinsamen Nenner der ›*reizbaren Schwäche*‹ bringen; sie sind durch eine herabgesetzte Schwelle für äußere und innere Reize (gesteigerte Empfindlichkeit), durch eine labile Lage des vegetativen Gleichgewichts (weite Schwankungen des Blutdrucks und der Schlagfrequenz des Herzens, Verdauungsstörungen, Kopfschmerzen, Schlaflosigkeit) sowie durch die psychischen Symptome der

übermäßigen Affektbereitschaft, der vorzeitigen geistigen Ermüdbarkeit, der mangelhaften Konzentrationsfähigkeit und der hypochondrisch-depressiven Verstimmung charakterisiert. Die Patienten führen ihren Zustand meist auf ›*Überanstrengung*‹ zurück, jedoch verwechseln sie dabei in der Regel Ursache und Wirkung, d. h. sie verkennen, daß das Gefühl des Überanstrengtseins oft selbst schon ein Symptom ist. Im Sinne des Wortes Neurasthenie an eine ›Schwäche der Nerven‹ zu denken, scheint abwegig, jedoch hat *C. v. Monakows* Theorie viel für sich, daß nämlich die Schutzeinrichtungen des nervösen Zentralorgans (die sog. ›hämo-enzephale Barriere‹ bzw. die ›Blut-Liquor-Schranke‹) gegen die im Blutstrom kreisenden Hormone (z. B. Adrenalin und Azetylcholin) versagen (›durchlässig werden‹). Es kommt daher bei an sich normalen Emotionen zu einer übermäßigen zentralen Reaktion, die im Sinne eines circulus vitiosus auf das innersekretorische System und auf den Blutchemismus zurückwirkt.
Nach *Freuds* Ansicht wird das neurasthenische Syndrom durch Stauungen der sexuellen Antriebe (inadäquate Libidoabfuhr z. B. bei Coitus interruptus und manchmal auch bei Masturbation) verursacht. Diese Annahme scheint aber eher im Zusammenhang mit dem Syndrom der Angstneurose berechtigt zu sein, dessen Kardinalsymptom der schlagartig und ohne verstehbare Ursache einsetzende akute *Angstanfall*, das Gefühl der unmittelbaren Lebensbedrohung, der Vernichtung und des völlig hilflosen Verlassenseins (›*Kakonkrise*‹ nach *Monakow*) ist. An die Stelle des zwischen zehn und sechzig Minuten dauernden Anfalles können auch *Angstäquivalente* treten: quälende Trockenheit im Mund, dranghafter Durst (*Polydipsie*), Urindrang (*Polyurie*), Schweißausbrüche, anfallsweise Diarrhöe, nächtlicher Heißhunger, entsetztes Aufschrecken aus dem Schlaf (*pavor nocturnus*, vor allem bei Kindern) und grobschlägiger Tremor (›*Muskelwogen*‹, namentlich bei Abkühlung). Von allgemeiner Bedeutung für die Entstehung der Angstneurose dürfte ein Zustand der *Gewissensangst* sein, der zwar häufig aber keineswegs immer an sexuelle Triebstauungen anknüpft. Bei der Therapie der Aktualneurosen kommt es zunächst auf eine Herabsetzung der vegetativen Erregbarkeit durch Ruhigstellung des Sympathicus (medikamentös z. B. durch Gaben von Bellergal oder Anirrit) an; darauf muß aber zur Vermeidung psychoneurotischer Sekundärreaktionen eine psychotherapeutische Behandlung folgen.
Die Psychoneurosen gehen fast ausnahmslos auf Konflikte zwischen den triebhaften Ansprüchen des *Es* und der im Zuge des → Sozialisierungsprozesses ausgebildeten Gewissensinstanz des

Überich zurück. An die Stelle der beiden theoretisch denkbaren Extremlösungen (ungehemmte Durchsetzung der Triebregungen einerseits und der moralische Verzicht auf diese andererseits) treten *Kompromisse*, in denen das Gefühl der Unschuld bzw. der moralischen Sauberkeit bewahrt, aber gleichzeitig eine teilweise und entstellte Erreichung der Triebziele ermöglicht wird. *F. Alexander* hat (1927) diesen Sachverhalt prägnant formuliert: »Das Überich straft, statt zu verbieten. Das Ich leidet, statt zu verzichten.«

Zur Herstellung des Kompromisses dienen die von S. Freud und in systematischer Durchführung von seiner Tochter Anna *Freud* (1936) als ›*Abwehrmechanismen*‹ bezeichneten Verhaltensstrategien, von denen allerdings nicht nur der Neurotiker, sondern auch der im klinischen Sinne normale Alltagsmensch bis zu einem gewissen Grade Gebrauch macht: *Verdrängung* (das Nicht-wahr-haben-Wollen einer Intention oder eines Erlebnisses), *Rationalisierung* (nachträgliche Scheinbegründungen für Aktionen), *Substitution* (Verschiebung des Affekts auf Ersatzobjekte), *Sublimation* (Überführung primitiver Triebregungen in sozial hoch bewertete Tätigkeiten), *Projektion* (Zuschreibung eigener, widersprochener Regungen an andere Personen, z. B.: nicht ich hasse oder begehre die Person X, sondern sie haßt oder begehrt mich), *Identifizierung* (man schlägt sich auf die Seite des Angreifers oder der die eigenen Ansprüche versagenden Autorität und macht sich dabei deren Gebote zu eigen), Wendung der Aggression nach innen (Selbsthaß bei Melancholikern und manchen Minoritätsangehörigen), *Überkompensation* (Wettmachen eines Minderwertigkeitsgefühls durch besondere, meist verkrampfte, oft aber erfolgreiche Anstrengungen; besonders im System *A. Adlers* betont, → Tiefenpsychologie). Als spezifisch neurotisch sind zwei weitere Abwehrmechanismen anzusprechen: die *Regression* und die *Konversion*. Bei der ersteren handelt es sich um die Reaktivierung ontogenetisch älterer, den frühen Kindheitsphasen entsprechender Verhaltensmuster. Als Konversion bezeichnet man die Umwandlung psychischer Spannungen und Konflikte in körperliche Symptome, wie sie namentlich in der Hysterie stattfindet, wobei z. B. der Wunsch, eine Situation und ihre Anforderungen nicht wahrnehmen zu müssen, eine funktionelle Sehstörung (hysterische *Amaurose*) zeitigen kann.

Die Hysterie (ὑστέρα = Gebärmutter) wurde ursprünglich nur dem weiblichen Geschlecht zugeschrieben, jedoch sind männliche Fälle seit dem 17. Jh. bekannt; ihre Häufigkeit steht zu der weiblicher allerdings im Verhältnis von etwa 1 : 2. Dieses symptomatisch ungemein reiche, aber auch wechselvolle Zustandsbild wird heute in vollentwickelter Form nur recht selten beobachtet. Seine Symptome liegen teils auf vegetativem Gebiet (Erbrechen, Appetitsschwund, eingebildete Schwangerschaft, Genitalblutungen, Stigmen), teils auf zentralnervösem (Sensibilitätsstörungen, Blindheit, Taubheit, Verlust bestimmter Erinnerungen, Lähmungen, Stimmlosigkeit, Gesichtszuckungen, Muskelkrämpfe usw.). Das selten gewordene dramatische Bild des *großen hysterischen Anfalls* (Hinsinken, Schaukrämpfe, Schleuderbewegungen der Arme, Muskelraserei, bogenhafte Vorwölbung des Unterleibes bei Rückenlage = ›Arc-en-cercle-Stellung‹) verdankt sein Verschwinden möglicherweise der durch *Charcot* und *Freud* geleisteten Aufklärungsarbeit, d. h. dem Umstand, daß seine Affinität zum Geschlechtsakt kaum mehr übersehen werden kann. Damit verliert aber das Symptom seine Eignung zur kompromißhaften Darstellung eines Konflikts; es sinkt vom geheimnisvollen Symbol zur leicht durchschaubaren Allegorie herab und erspart daher weder Angst- noch Schuldgefühle. Von organisch bedingten Zustandsbildern unterscheiden sich hysterische in der Regel dadurch, daß ihre sensorischen und motorischen Störungen nicht den anatomischen Innervationsverhältnissen, sondern anatomischen Populärvorstellungen (›*Körperschema*‹ nach *P. Schilder*, 1923) entsprechen. Manche Reflexe, von denen die subjektive Anatomie nichts weiß, bleiben daher erhalten. Hysterische Symptome sind aber keine bloßen Vortäuschungen, d. h. ihr Auftreten und Verschwinden läßt sich nicht willentlich intendieren. Die Konversion ins Organische führt häufig zu einer *Affektverarmung* des hysterischen Patienten, zu Gleichgültigkeit und Apathie, die Charcot als ›la belle indifférence des hystériques‹ bezeichnete. Gelegentlich (aber selten) kommt es auf Grund der hysterischen *Amnesie* (Erinnerungsstörung) auch zu einer *Spaltung oder Verdoppelung der → Persönlichkeit*, wobei der Mensch X sich einmal als die Person A und das andere Mal als die Person B fühlt und gibt.

Zwei weitere Erscheinungsformen der Psychoneurose, die häufig gekoppelt auftreten, sind die *Phobie* (Furcht vor bestimmten Objekten, Situationen und Tätigkeiten) und die *Zwangsneurose* (innere Nötigung zur Durchführung gewisser objektiv zweckloser, in ihrem Ablauf meist streng ritualistisch geregelter Handlungen und Denkbewegungen). Die phobische Furcht (nicht eigentlich ›Angst‹, da sie einen spezifischen Gegenstand besitzt) verwandelt Wunschregungen in ihr Gegenteil; begehrte Erlebnisse und vieles, was mit ihnen zusammenhängt, werden zum Anlaß von Ekel, Abscheu und Besorgnis. Vor dem Forum der Vernunft sind Phobien (z. B. die Furcht vor dem Überqueren von Straßen und Plätzen, ›*Agoraphobie*‹)

grundsätzlich inappellabel, d. h., daß ›das gute Zureden‹ sich als aussichtslos erweist. Dasselbe gilt von den Denk- und Handlungsformen, die ›*Anankasten*‹ (Zwangsneurotiker) sich auferlegen, z. B. dem *Waschzwang*. Beide Gruppen neigen allerdings zur Verheimlichung *(Dissimulation)* ihrer Lebensschwierigkeiten, die sich meistenteils als Regressionen auf frühkindliche Stufen (namentlich die sog. *anale Phase* der Unterwerfung unter die Reinlichkeitsordnung) deuten lassen. Von hier aus ergibt sich eine enge Nachbarschaftsbeziehung zwischen Phobie und Zwangsneurose einerseits und den sog. *Perversionen* des Geschlechtslebens andererseits; das gilt besonders von *Homosexualität, Masochismus* (Lust am Empfang von Schmerzen), *Sadismus* (Lust an der Zufügung von Schmerzen), *Fetischismus* (Lusterregung durch Gegenstände, z. B. Kleidungsstücke), *Exhibitionismus* und *Voyeurtum* (Lust beim passiven oder aktiven Betrachten sexueller Szenen).
Erbliche Dispositionen zur Neurose (→ Anlage und Umwelt) lassen sich kaum ausschließen, jedoch ist zu berücksichtigen, daß die Kinder neurotischer Eltern auf dem Wege der Identifikation mit diesen zur Neurose prädestiniert werden können. Nach der zweifellos richtigen Auffassung *Freuds* gehen weitaus die meisten Psychoneurosen auf Erlebnisse und Phantasien in der ersten Kindheit (bis zum 6. Lebensjahr) zurück, wenn auch ihre Symptome erst viel später (manchmal allerdings schon unter dem Druck des *Pubertäts*konflikts) zum Vorschein kommen.

Normalitätsbegriff. Bei Aussagen über die Erscheinung und das Verhalten eines Individuums drängt sich früher oder später fast immer die Frage auf, ob dieses als ›normal‹ oder vielleicht als ›abnorm‹ zu betrachten sei; ihre Beantwortung ist darum so schwierig, weil wir im täglichen Leben mindestens drei teilweise voneinander abweichende Begriffe der Normalität verwenden. Es geht dabei jeweils um die Herstellung eines Bezuges zwischen dem Einzelfall und einer Beurteilungs-Norm:
1. Die *statistische Norm* identifiziert Normalität und Häufigkeit. Wo es sich um Merkmalsverteilungen handelt, die dem Typus der Gaußschen Glockenkurve (→ Statistik) entsprechen, wird der Mittelbereich der Variationsreihe als ›normal‹ bezeichnet, der obere und der untere Extrembereich dagegen als anomal. In diesem Sinne sind z. B. auch gewisse Gebrechen und Sinnesdefekte normal, sofern sie in einer Bevölkerungs- oder Altersgruppe häufig genug vorkommen. Hinsichtlich statistischer Normen besteht ein fließender, bloß ›quantitativer‹ und nicht ›qualitativer‹ Unterschied zwischen normalen und anomalen Erscheinungen sowie meistens die Möglichkeit der Ab-

weichung in zwei verschiedenen Richtungen, d. h. ›nach oben‹ (z. B. bei hoher Intelligenz) und ›nach unten‹ (bei niedriger Intelligenz). Im Gefolge *Freuds* stellt man sich auch psychische Abnormitäten (→ *Neurose*, → *Psychose* und *Kriminalität*) als nur graduell von der Normalität verschieden vor.

2. Die *ideale Norm* definiert einen Zustand der Vollkommenheit, dessen Erreichung manchmal — aber nicht immer — als möglich, stets aber als wünschenswert betrachtet wird. Bezogen auf die Erscheinungen und das Verhalten des Individuums kommt ihr daher ein *Aufforderungscharakter (K. Lewin)* zu. Im Sinne der Tugendlehre des *Aristoteles* (›Nikomachische Ethik‹) hält die ideale Norm jeweils die ›richtige Mitte‹ zwischen dem Zuviel und dem Zuwenig ein, ohne daß dabei etwas über die Häufigkeit der Realisierung dieses Zustandes ausgesagt würde. Die Größe der Abweichung von einer idealen Norm mag sich zwar quantitativ ausdrücken lassen (z. B. das Maß der Unpünktlichkeit eines Menschen), im Prinzip wird aber

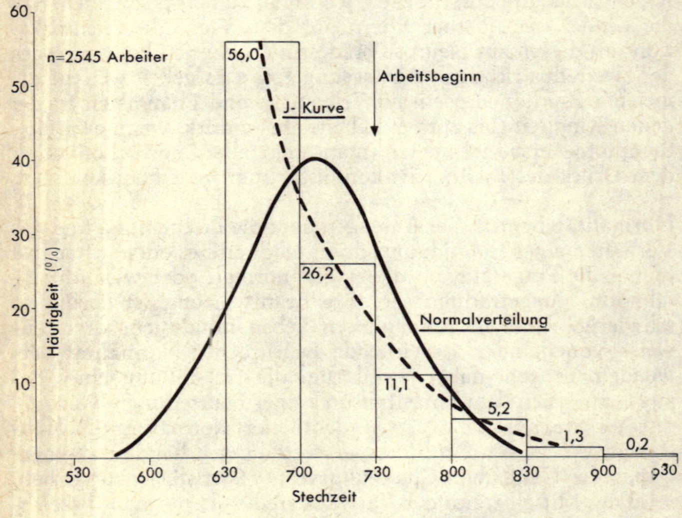

Abb. 72: Die J-Kurve (nach F. H. Allport)

der Unterschied zwischen normal und abnorm als ein solcher von qualitativer Natur aufgefaßt. Soziale Systeme jeder Größenordnung bedienen sich idealer Normen zur Steuerung des Verhaltens ihrer Angehörigen, von denen sie in einzelnen Daseinsbereichen absolute, in anderen nur eine weitgehende Konformität verlangen (→ Völkerpsychologie). Die Wirksamkeit eines institutionellen Zwanges zu normgerechtem Verhalten läßt sich vielfach daran erkennen, daß die Ereignisverteilung dem Typus einer sog. ›*J-Kurve*‹ (*F. H. Allport*, 1934) entspricht. Zur Veranschaulichung diene die Pünktlichkeit der Arbeiter eines industriellen Betriebes, in dem der Arbeitsbeginn auf 7.30 Uhr festgesetzt ist (Abb. 72). Rechnet man etwa 15 Minuten auf den Weg vom Eingangstor bis zum Arbeitsplatz, so ergibt sich aus der Verteilung der Stechzeiten, daß etwa 75 Prozent der Beschäftigten zeitgerecht eintreffen. Die zum Vergleich eingezeichnete Gaußsche *Normalverteilung* läßt erkennen, daß es sich hier wie in zahlreichen analogen Fällen um eine institutionelle Beschränkung der Variationsweite handelt.

3. Die *funktionale Norm* verzichtet auf die Herstellung eines Bezuges zwischen den Erscheinungs- und Verhaltensweisen des Individuums und denen der Allgemeinheit einerseits (statistische Norm) oder einer absoluten Wertlehre andererseits (Idealnorm); sie definiert als ›normal‹ vielmehr den einem Einzelwesen hinsichtlich seiner Zielsetzungen und Leistungen gemäßen Zustand. Während z. B. die ideale Norm die Feiertagsarbeit untersagt und die statistische Betrachtungsweise deren relativ geringe Häufigkeit feststellen kann, mag es zu den Besonderheiten einer bestimmten Persönlichkeit gehören, daß diese gerade an Feiertagen gern, erfolgreich und ohne ihre Gesundheit zu schädigen schafft, so daß diese Arbeitszeit für sie unter dem funktionalen Aspekt als normal anzusprechen wäre. Die Anerkennung funktionaler Normen charakterisiert viele utopische Sozialgebilde, die sich meistens unter die Devise der Freiheit des Individuums stellen; sie erfolgt jedoch in Gemeinschaften, die auf längere Dauer funktionieren, nur in einem sehr geringen Umfange.

Statistische und ideale Normen hängen insofern miteinander zusammen, als die erlebte Schwere des Verstoßes gegen eine ideale (sittliche) Norm der Seltenheit solcher Abweichungen proportional zu sein pflegt. Läßt man z. B. eine Reihe von Straftaten nach der Größe des Abscheus ordnen, den man ihnen gegenüber empfindet, so entspricht diese Rangreihe einerseits ihrer kriminalstatistischen Häufigkeit und andererseits auch dem Ausmaß der für sie verhängten Strafen ziemlich genau (*J. Bernard*, 1949, → forensische Psychologie). Nehmen aus besonderen Gründen gewisse Delikte zeitweilig stark zu (z. B. Käufe auf dem schwarzen Markt in den Nachkriegsjahren), dann wird auch die Beurteilung ihrer Strafwürdigkeit zusehends milder. Zwischen der Wirksamkeit der Verhaltenskontrolle durch ideale Normen und der Häufigkeit des normgerechten Verhaltens besteht ein Interdependenz-Verhältnis. Auch wer selbst gegen eine bestimmte Norm nicht verstößt, dürfte angesichts deren häufiger Übertretung an ihrer absoluten Gültigkeit zu zweifeln beginnen. Daher geht die Publizität von Verhaltensweisen, die idealen Normen zuwiderlaufen (z. B. *Kriminalität*, geschlechtliche *Perversionen*, *Alkoholismus*), meistens (ohne dies freilich immer zu beabsichtigen) auf Kosten der Gültigkeit eben dieser Normen. In diesem Sachverhalt wurzelt der Streit um die sog. *Kinsey-Reporte*, in denen die teilweise sehr erhebliche Häufigkeit normwidriger Verhaltensweisen im Sexualleben (*Homosexualität*, vor- und außerehelicher Geschlechtsverkehr usw.) berichtet wurde.

Der statistischen Norm verwandt ist die *subjektive Norm* des Betrachters, der auf Grund des seiner Erfahrung zugänglichen Wirklichkeitsausschnittes neutrale Bezugspunkte, das sog. ›*Adaptationsniveau*‹ (→ Psychophysik), bildet. Die Laboratoriumsexperimente von *H. Helson* (1948) und *D. M. Johnson* (1955) zeigen, daß sich bei der Beurteilung von Gegenständen und Ereignissen nach deren Größe, Schwere, Güte usw. in der Regel ein neutraler Wert (z. B. die Kategoriengrenze zwischen ›gut‹ und ›schlecht‹) einstellt, der bei objektiv meßbaren Merkmalen ziemlich genau dem geometrischen Mittel der zu beurteilenden Gegenstände entspricht. Wir haben allen Grund zu der Annahme, daß die Regel auch dort zutrifft, wo menschliche Verhaltensweisen als ›anständig‹, ›gesund‹ und im weitesten Sinne als ›normal‹ bezeichnet werden. Im Bewußtsein des Betrachters gibt es daher jeweils zwischen wertvollen und wertwidrigen Erscheinungsformen einen neutralen Bereich, in den z. B. die ›kleinen Sünden des Alltags‹, aber auch neurotische und psychopathische Absonderlichkeiten geringen Ausmaßes (›normale‹ Zwangshandlungen, abergläubische Wahnvorstellungen usw.) fallen.

In eigenartiger Weise verflechten sich die drei Begriffe der Normalität in dem schon von *Aristoteles* postulierten Zusammenhang zwischen *Genialität* und *Psychose* (vor allem *Melancholie* und *Epilepsie*), der in neuerer Zeit besonders von *C. Lombroso* (›Genio e follia‹, 1864) und von *W. Lange-Eichbaum* (1928) behauptet wurde; *K. Birnbaum* (1924) und *E. Kretschmer* (1929) messen der ›hysterischen Veranlagung‹ für die schöpferische Tätigkeit besondere Bedeutung zu. Dagegen betont *G. Révész* (1952) wohl zu Recht, daß »die Anzahl der angeblich psychopathischen und geistesgestörten Genies bei weitem nicht zur Aufstellung einer Korrelation zwischen Genie und abnormer geistiger Konstitution ausreicht ... Die Gegenbeispiele sind so zahlreich, daß man eher geneigt ist, geradezu die entgegengesetzte Behauptung aufzustellen, daß nämlich unter den genialen Menschen nur ganz ausnahmsweise solche vorkommen, die an Geisteskrankheiten gelitten haben«.

Im statistischen Sinn sind die Genialen per definitionem ›anomal‹, das besagt aber noch keineswegs, daß sie auch aus dem Rahmen der idealen bzw. der funktionalen Norm herausfallen müssen. Es kann aber leicht geschehen, daß auch dieser Anschein erweckt wird, weil aus dem Leben eines Genialen Details bekannt werden (z. B. Zornausbrüche, schwermütige Anwandlungen, Liebeserlebnisse), die beim Gros der Bevölkerung zwar kaum seltener sind, die aber nicht eigens berichtet werden. Hinzu kommt allerdings die soziale *Außenseiter-Stellung* mancher Genialer, die diese einerseits leicht in eine menschliche Notlage treibt und die sie andererseits zu bevorzugten Zielscheiben für die *Projektion* sowohl positiver wie negativer Einstellungen der Betrachter werden läßt (→ Gruppendynamik).

In der klinischen Psychologie empfiehlt sich größte Zurückhaltung bei der Bezeichnung eines Menschen als ›abnorm‹, da sie die Besonderheit eines Zustandsbildes meist nicht wesentlich aufklärt, dafür aber den so Charakterisierten subjektiv in eine soziale Sonderrolle versetzt. Nicht selten besteht der erste Beitrag, den eine *psychologische Beratung* zur Versöhnung eines Menschen mit seinem Leben zu leisten vermag, in dem Hinweis darauf, daß seine Probleme keineswegs so ganz außergewöhnlich sind. Menschen, die mit sich selbst und ihrer Welt uneins sind, neigen in der Regel zu übertriebenen Vorstellungen hinsichtlich der Distanz, die sie vom Gros ihrer Mitmenschen trennt.

Pädagogische Psychologie. Bis in die jüngste Vergangenheit bestand ein so enger Zusammenhang zwischen Pädagogik und Psychologie, daß beide Fächer häufig in der Person eines Lehrstuhlinhabers vereinigt wurden. In Anbetracht der fortschreitenden Spezialisierung auf beiden Gebieten und des Anwachsens der Studentenzahl würde diese Praxis heute zu einer völlig unzumutbaren Überbelastung führen, obwohl sich die Grenze zwischen den beiden Disziplinen nicht völlig scharf ziehen läßt. Gemeinsame Anliegen bestehen mindestens auf vier Problemgebieten der Psychologie: 1. die *Entwicklungspsychologie* des Kindheits- und Jugendalters; 2. das Studium der *Lernvorgänge;* 3. die Konstruktion von *Begabungstests;* 4. die *Sozialpsychologie kleiner Verbände,* z. B. der Schulklassen. Dazu gesellt sich in steigendem Maße das heilpädagogische Interesse an der Beratung Heranwachsender in Konfliktsituationen *(›Psychagogik‹).* Ein sehr erheblicher Teil der Lehrmeinungen, die in den Bestand der Psycho-

logie eingegangen sind, stammt auf diesen Gebieten ursprünglich von Forschern, deren primäres Interesse der Pädagogik galt.
Die Verselbständigung des Spezialgebietes der pädagogischen Psychologie erfolgte unmittelbar vor dem Ausbruch des ersten Weltkrieges durch die beiden dreibändigen Werke des Deutschen *E. Meumann* (›Vorlesungen zur Einführung in die experimentelle Pädagogik und ihre psychologischen Grundlagen‹, 1911–1914) und des Amerikaners *E. L. Thorndike* (›Educational Psychology‹, 1913–1914). Sozialgeschichtlich betrachtet markieren sie den Moment, in dem die Gültigkeit des traditionellen Leitbildes der Erziehung in der abendländischen Kultur zweifelhaft zu werden begann; an seine Stelle sollte die aus Experimenten gewonnene Sachkunde treten. Damals ließ sich allerdings nur undeutlich erkennen, daß die *Erziehung* ein Prozeß ist, dessen Gestaltung unter zwei verschiedenen und nicht aufeinander reduzierbaren Aspekten erfolgt: einmal unter dem der rationalen Zweckmäßigkeit und zum anderen unter dem eines sozialen Wunschbildes, das die jeweilige Elterngeneration in ihren Nachkommen zu realisieren bestrebt ist.
Der hauptsächliche Gegenstand der pädagogischen Psychologie ist jene Phase des → Sozialisierungsprozesses, in der das Kind allmählich aus der engeren Familiengemeinschaft in die weitere Erwachsenengemeinschaft übergeht. Sämtliche Kulturnationen vermitteln diesen Übergang durch eine eigene, als ›*Schule*‹ bezeichnete Institution, deren fünf Funktionen im Primitivstamm durch die sog. *Initiationsriten* wahrgenommen werden: 1. die Unterweisung im Sachwissen; 2. die Abhärtung bzw. Entwöhnung von der elterlichen Fürsorge; 3. die Bestimmung des gesellschaftlichen Status nach Maßgabe des erreichten Bildungsniveaus; 4. die Loyalitätsbindung an den ›Stamm‹ auf dem Wege der ›Einweihung‹ in dessen ›Geheimnisse‹ (besser: mit dem Tabu-Charakter ausgestattete Selbstverständlichkeiten); 5. die Bildung von Gruppen (›Jahrgangsgemeinschaften‹), durch die der Abstand zwischen den einzelnen Familien und Schichten der Erwachsenengesellschaft überbrückt und verringert wird.
Das moderne Schulalter erstreckt sich allerdings über mehr als ein Jahrzehnt, während die Übergangsphase im Primitivstamm nur Wochen oder höchstens Monate in Anspruch nimmt. Das hat seinen Grund einmal in der Komplexität des Sachwissens, dessen Aneignung notwendig geworden ist, und zum anderen auch darin, daß sich die technisierten Gesellschaften die Freistellung eines wesentlichen Bevölkerungsteiles von der Produktion der zum Lebensunterhalt erforderlichen Sachgüter leisten können. Damit ist aber einerseits die klare Grenzziehung zwischen Kindheit und Erwachsenenalter und zum anderen die Ab-

stimmung des Zeitpunktes der gesellschaftlichen Anerkennung des Erwachsenseins auf die Geschlechtsreife verlorengegangen. Die Problematik der *Pubertät* als eines sozialen und nicht bloß biologischen Phänomens dürfte aus dieser zeitlichen Verschiebung resultieren. Dem seitens der Gesellschaft ohne eine klare Rollendefinition gestalteten Zwischenzustand des Heranwachsenden (›Flegeljahre‹, ›Backfischalter‹ usw.) versuchen die verschiedenen Erscheinungsformen der ›*Jugendkultur*‹ (bündische Jugend, Teen-ager-tum, Halbstarken-Organisationen usw.) von innen her eine Struktur zu geben. Hier liegen sowohl Möglichkeiten, die genützt werden sollten, als auch Gefahren.

Während sich die ältere pädagogische Psychologie fast ausschließlich mit der Eigenart des Schülers und mit den Methoden seiner Bildung beschäftigte, wird für die neuere Forschung der *Lehrer* bzw. die Lehrerin zu einem nicht minder wichtigen Problem, dessen begriffliche Formulierung aber noch auf größte Schwierigkeiten stößt. Es gibt vielleicht kaum einen anderen Beruf, der sich einer ähnlich großen Anzahl verschiedener und einander zum Teil sogar widersprechender Bedingungsstrukturen einfügen muß: 1. Eigengesetzlichkeit des Lehrstoffes; 2. Technik seiner Vermittlung (Darlegung und Erweckung des Interesses); 3. Einstellung auf die persönlichen und altersbedingten Eigenarten der Schüler; 4. menschliche Vorbildwirkung; 5. dynamische Rolle im Gefüge der Schulklasse (Autorität und Disziplin sowie deren Grenzen); 6. Stellung im hierarchischen System der Schule; 7. Stellung gegenüber den Eltern (Anstreben einer Kooperation); 8. Sündenbockrolle für die erzieherische Selbstunsicherheit des Zeitalters; 9. Notwendigkeit eines Privatlebens.

Persönlichkeit. ›*Persona*‹ bedeutet im Lateinischen ursprünglich die Maske des Schauspielers (*H. Rheinfelder,* 1928). Das Wort ist vielleicht dem griechischen ›Prosopon‹ und dem etruskischen ›Phersu‹ stammverwandt; bei seiner Ableitung von ›per-sonare‹ (hindurchtönen) dürfte es sich hingegen ebenso um eine Volksetymologie handeln wie bei der von ›per-se-una‹ (eine Einheit für sich). *Cicero* (um 60 v. Chr.) verwendet den Ausdruck bereits in mindestens vier übertragenen Bedeutungen: 1. wie jemand erscheint, aber nicht wirklich ist; 2. die im Leben gespielte Rolle; 3. die dazu erforderlichen Eigenschaften; 4. Ansehen und Würde. Im Sinne einer ausgezeichneten Individualität ist auch von den drei göttlichen Personen die Rede; ebenso versteht sich der *Goethe*sche Vers aus dem West-Östlichen Diwan: »... höchstes Glück der Erdenkinder sei nur die Persönlichkeit.« Auch die Möglichkeit, vor Gericht eine Rolle zu spielen und damit vor dem Gesetz eine ›Person‹ zu sein, ist ur-

sprünglich eine Auszeichnung, deren nach dem justinianischen Kodex z. B. Sklaven nicht teilhaftig werden konnten.
Die Masken des antiken Theaters oder der japanischen Noh-Spiele, ebenso wie die vieler kultischer Volksgebräuche, besitzen eine Reihe von Eigentümlichkeiten, die zum Teil auch dem Begriff der Persönlichkeit anhängen: 1. sie sind starr, d. h. sie bleiben im Gang der Handlung (des Lebens) unverändert; 2. ihre Anzahl ist auf kaum mehr als ein Dutzend typischer Formen begrenzt; 3. sie werden verstanden, d. h. sie erwecken im Beschauer eine Erwartung hinsichtlich des rollenmäßigen Geschicks ihres Trägers; 4. sie versinnbildlichen die Entrückung ihres Trägers von den alltäglichen Bedingtheiten seines Lebens in eine allgemein gültige, schlechthin menschliche (›exemplarische‹) Existenz. Als ein bedeutungtragendes Zeichen ist die ›persona‹ – die Maske sowohl wie die Persönlichkeit – eine symbolische Form und damit ein geistiges Gebilde. Diesem Aspekt trägt die aus dem 6. Jh. stammende Definition des *Boethius* Rechnung (»persona est substantia individua rationalis naturae«), deren sich auch die scholastische Tradition (z. B. *Thomas von Aquin*) bedient.
Das Spannungsvolle dieser Begriffsbildung liegt darin, daß das seiner Natur nach allgemeine und abstrakte Zeichen jeweils nur auf konkrete (individuell-eigenartige) Erscheinungen bezogen werden kann. Auch die mit Hilfe einer als perfekt gedachten psychologischen Diagnostik erschlossene ›Persönlichkeit‹ eines Einzelwesens würde dadurch zum Wesensbild einer Anzahl dann voneinander nicht mehr unterscheidbarer Individuen; die vollständig erkannte Persönlichkeit wäre prinzipiell nicht mehr einmalig. Von alters her verwahrt sich deshalb das auf seine Eigenart pochende Individuum gegen die Möglichkeit einer restfreien Erfassung der Persönlichkeit; kurz und bündig formuliert diesen Sachverhalt *Goethe:* »Individuum est ineffabile« (unaussprechbar). Dem steht die nüchterne theoretische Überlegung gegenüber, daß zur Sicherung der individuellen Eigentümlichkeiten selbst einer sehr großen Anzahl von Menschen (N = 10 Milliarden = 10^{10}) nur eine relativ geringe Anzahl (n) voneinander unabhängiger Merkmale (Faktoren) erforderlich ist, von denen jedes in k unterscheidbaren Stufen vorkommt: k^n = N. Sofern k zwischen den Grenzen von 3 und 10 liegen sollte, würden 10 bis 21 Faktoren ausreichen; für k = 2 (jedes Merkmal ist entweder vorhanden oder abwesend) gelangt man zu n = 33. Die *Faktorenanalyse* (→ Statistik) von Persönlichkeitsunterschieden führt in der Tat zu Zahlen von dieser Größenordnung: *J. P. Guilford* und seine Mitarbeiter (1943, 1949) unterscheiden 10 bis 13 Faktoren, *R. B. Cattell* (1950) 16 Faktoren, die von diesen Autoren ihren *Persönlich-*

keitsfragebogen zugrunde gelegt werden. Merkwürdigerweise ist die Anzahl der in kultischen Schauspielen verwendeten Maskentypen sowie auch die der astrologischen Tierkreistypen von der gleichen Größenordnung. Es ist daher vielleicht nicht ganz abwegig, wenn man an das Bestehen sehr alter Menschheitserfahrungen denkt, wonach sich die Vielfalt der individuellen Erscheinungsweisen auf ein ziemlich kleines System von Grundeigenschaften abbilden bzw. durch dieses veranschaulichen läßt.

J. P. Guilford und *W. S. Zimmerman* (1949) zählen die folgenden Persönlichkeitsfaktoren auf: 1. Aktivität; 2. Selbstbeherrschung; 3. Durchsetzungsfähigkeit; 4. Geselligkeit; 5. emotionale Stabilität; 6. Sachlichkeit; 7. Freundlichkeit; 8. Introversion des Denkens; 9. Bereitschaft zur sozialen Zusammenarbeit; 10. Männlichkeit gegenüber Weiblichkeit. Dieses System scheint ebensowenig wie die anderen der Fülle der erlebbaren Persönlichkeitsunterschiede heute noch wirklich Rechnung tragen zu können. Im wesentlichen dürfte das aber daran liegen, daß sie nur zur Beschreibung des zeitlichen Querschnittbildes bestimmt sind, das sich dem momentanen Betrachter darbietet. In diesem Sinne befriedigt *M. A. Mays* (1932) in der amerikanischen Psychologie vielfach übernommene Gleichsetzung der Persönlichkeit mit dem Eindruck, den diese auf andere macht (›social stimulus value‹). Dabei bleibt aber der dem Persönlichkeitsbegriff eigene Bezug auf den zeitlichen Längsschnitt unberücksichtigt; auch die starre persona-Maske imponiert ja als eine Konstanz im Wandel der Begebenheiten. Unter dem Aspekt der Kontinuität hat *Ch. Wolff* (›Psychologia rationalis‹, 1734) die Persönlichkeit als ein Wesen definiert: »quod memoriam sui conservat (das ein Gedächtnis seiner selbst bewahrt), hoc est meminit, se esse idem illud, quod ante vel isto fuit statu (sich erinnert, früher wie auch jetzt ein und dasselbe gewesen zu sein)«. Das *Selbstbewußtsein,* in dem ein Wesen »sich in allen seinen mannigfachen Zuständen als ein und dasselbe betrachtet«, betonen auch *J. Locke* (1690) und *J. F. Herbart* (1824). Persönlichkeit wird dadurch zu einem unmittelbaren Innesein, das keiner begrifflichen Ausgliederung bedarf oder auch nur fähig wäre und für dessen Erfassung der äußere Beobachter kaum wirklich zuständig ist. Schwierigkeiten erwachsen dieser Auffassung aus der Tatsache, daß wesentliche Bereiche des eigenen Selbst von der Bewahrung im → *Gedächtnis* zeitweilig ausgeschlossen (›verdrängt‹) sein können, ohne dadurch freilich ihre Lebensbedeutung zu verlieren. Darüber hinausgehend läßt sich mit einiger Berechtigung sogar sagen, zur Persönlichkeit eines Menschen gehöre auch, was er von sich selbst abhebt und als in einem Widerspruch zu seiner Natur stehend empfindet. In die Symbolik der Masken übersetzt sich diese These durch den Hinweis darauf, daß jede einzelne Maske ihre Bedeutung erst im Kontrast zu anderen gewinnt. In diesem Sinne wäre die persona auch das, was jemand nicht zu sein glaubt oder vorgibt, aber doch ist.

Von innen her gesehen ist die Persönlichkeit der Gegenstand, aber zugleich auch das Resultat eines Aktes der *Selbstdeutung*. In objektiver Sicht reicht aber weder das eigene Urteil (›Selbstbewußtsein‹) noch das des Betrachters (›social stimulus value‹) zur Erfassung der Persönlichkeit aus; was diese, jeder für sich, jeweils als solche ansprechen, stellt vielmehr eine Hypothese dar hinsichtlich des gemeinsamen Nenners, auf den sich einerseits die eigenen Erlebnisse und andererseits die dem Betrachter zugänglichen Stellungnahmen eines Individuums bringen lassen. Zum Unterschied von den starren Masken ist die Persönlichkeit daher nur der Intention nach, nicht aber in Wirklichkeit, jemals vollständig und als ein abgeschlossenes Ganzes gegeben. Diesem Umstand tragen *R. Heiß* (1947), *H. Thomae* (1951) u. a. durch die Betonung des ›Prozeßcharakters‹ der Persönlichkeit Rechnung. Dabei unterscheidet sich ein Prozeß von einer chaotischen Zufalls-Folge dadurch, daß sich sein jeweils nächstes Stadium auf Grund der vorausgehenden mit einiger Sicherheit (›folgerichtig‹) voraussagen läßt. In diesem Sinne befindet sich die Persönlichkeit stets im Werden; es gilt aber von ihr auch zum Teil das *Hebbel*sche Wort »Was einer werden kann, das ist er schon«, bzw. sie erfüllt *Pindars* ethischen Imperativ: »Werde, der du bist!« *A. Wellek* hat auf diesen Sachverhalt mit Nachdruck hingewiesen. In einer auf *Heraklit* zurückgehenden Formulierung erscheint die Persönlichkeit als das ›Schicksal‹ (Dämon) eines Menschen, d. h. als die im Augenblick mit erheblicher Wahrscheinlichkeit erkennbare Vorwegnahme seiner zukünftigen Entwicklung.

Ihre empirische Konkretisierung findet diese Vorstellung in den beiden Behauptungen, daß es einerseits wesensbestimmende und allmählich ausreifende Erbanlagen gibt, und daß andererseits die Auffassungs- und Lernleistungen des Individuums kumulativen Charakter (›memoria‹ im Sinne *Wolffs*, ›Apperzeptionsmasse‹ im Sinne *Herbarts*) besitzen. In den ›Wahlverwandtschaften‹ kann *Goethe* (1809) daher feststellen: »Was einem jeden Menschen gewöhnlich begegnet, wiederholt sich mehr als man glaubt, weil seine Natur hierzu die nächste Bestimmung gibt . . . Und so finden wir die Menschen, über deren Veränderlichkeit so viel Klage geführt wird, nach vielen Jahren zu unserem Erstaunen unverändert und nach äußeren und inneren unendlichen Anregungen unveränderlich.« Dieser Beobachtung entspricht das Symbol der starren Maske; sie stellt zudem die Voraussetzung der *charakterologischen Diagnostik* dar, die ihrem Wesen nach immer eine mit Wahrscheinlichkeitsimplikationen operierende Prognostik ist. Auch die Möglichkeit eines kontinuierlichen Selbstbewußtseins ergibt sich aus der Folgerichtigkeit des Persönlichkeitsprozesses. Daß es sich dabei aber um einen Prozeß und nicht schlechthin um eine Konstanz handelt, belegt die Tatsache der (ungefähren) Datiertheit unserer Erinnerungen, d. h. deren Ordnung nach den Kategorien von früher und später.

Die Tatsache, daß auch das vom eigenen Ich jeweils Abgehobene zur Persönlichkeit gehört, findet ihre am weitesten ausholende Verwertung im Begriff der phänomenalen Umwelt bzw. der ›*Eigenwelt*‹ des Individuums (→ Anlage und Umwelt); die Welt, wie sie diesem erscheint, wird dabei zu einem Spiegel von dessen Eigenart. Indem wir mit jemandem über Dinge und Geschehnisse (Kunstwerke, politische Ereignisse usw.) sprechen, gewinnen wir fast zwangsläufig einen Eindruck von der Art und Weise seiner Betrachtung und damit von seiner Persönlichkeit (→ Interessen). Das individuelle ›Weltbild‹, das ein Mensch entwickelt, ist von seinem Wesen ›durchtönt‹, wobei allerdings seine persona unter Umständen in eben dem Maße konventionell und schablonenhaft sein kann wie seine Anschauungen. Diese oftmals als ›phänomenologisch‹ bezeichnete These unterscheidet sich von der philosophischen *Phänomenologie E. Husserls* (1859–1938) durch ihren subjektivierenden bzw. relativistischen Grundzug; sie stellt eine Weiterentwicklung umwelts- *(J. v. Uexküll)* und gestalttheoretischer *(K. Koffka, K. Lewin)* Ansätze dar (*L. K. Frank*, 1939; *P. Lecky*, 1945; *R. Leeper*, 1935; *R. B. Mac Leod*, 1947; *M. Merleau-Ponty*, 1945; *G. Murphy*, 1947; *D. Snygg* und *A. W. Combs*, 1949; *M. Sherif* und *H. Cantril*, 1947).

Für die Persönlichkeitsdiagnostik ergibt sich von hier aus die Möglichkeit einer Erfassung der individuellen Eigenart auf Grund der Besonderheit des individuellen Weltbildes, die namentlich da in Erscheinung tritt, wo dieses nicht oder nur minimal der sozialen Standardisierung unterliegt, z. B. also gegenüber an sich sinnlosen aber deutbaren Reizkonfigurationen (Tintenklecks-Deutungen nach *H. Rorschach*, Wolkenbilder nach *W. Stern* usw.) bzw. gegenüber mehrdeutigen Bildern (›TAT‹ nach *H. A. Murray*; projektive → Tests).

Grundsätzlich stehen der *Persönlichkeitsdiagnostik* drei Zugänge offen: 1. unter dem Aspekt des Betrachters (Leistungsproben, anatomische und physiologische Merkmale, Ausdrucksbewegungen, objektive Daten des Lebenslaufs); 2. unter dem Aspekt der Selbstdeutung (Fragebogen); 3. unter dem phänomenologischen Aspekt (Aussagen über die Erscheinungs-

weise der Welt, Schilderungen der Traumwelt). Die außerordentliche Schwierigkeit der Persönlichkeitsdiagnostik liegt jedoch darin, daß sie es — anders als die Leistungs- und Begabungsdiagnostik — mit Bewährungssituationen zu tun hat, die selbst unscharf umrissen sind. Eine Leistungsdiagnose bestätigt sich, wenn die für eine bestimmte Tätigkeit auf Grund von Tests ausgewählten Probanden dieser in einem höheren Prozentsatz gerecht werden als eine Gruppe unausgelesener Anwärter. Für Aussagen über die Persönlichkeit stehen Kriterien dieser Art kaum zur Verfügung; das Lernen an den Erfolgen und Mißerfolgen eines diagnostischen Verfahrens wird dadurch sehr verzögert.
Als keineswegs verläßlich erweist sich die Zustimmung des Probanden zu dem durch den Psychologen von ihm entworfenen Persönlichkeitsbild; dieses pflegt ihn auch dann in erheblichem Maße zu befriedigen, wenn es aufs Geratewohl aus einer Urne gegriffen wurde (*R. Meili*, 1928; *H. Krüger* und *K. Zietz*, 1933; *H. Bauer*, 1950; *E. Kanizsa*, 1953). Von dieser Tatsache zehrt die charakterologische Scharlatanerie sehr üppig. Ob das Einverständnis der Bekannten des Probanden mit dem über diesen erstellten Persönlichkeitsgutachten wesentlich verläßlicher ist, steht zur Zeit noch nicht fest. Die Forschung ist deshalb auf zwei Wege angewiesen: 1. auf die Ermittlung der individuellen Gemeinsamkeiten größerer, meist im klinischen Sinne zusammengefaßter Gruppen (z. B. ›Zwangsneurotiker‹), deren charakterologische Homogenität aber durchaus problematisch ist; 2. auf die Entwicklung von Syndromgruppen innerhalb des diagnostischen Materials, deren Zuordnung zu den im Alltag gebräuchlichen und daher auch für den Laien bedeutungsvollen Persönlichkeitsbildern erst einem nächsten Schritt vorbehalten bleibt.
Weder die Fachterminologie noch die Alltagssprache unterscheiden mit hinlänglicher Schärfe zwischen den Begriffen ›Persönlichkeit‹ und ›*Charakter*‹ (griech.: Gepräge). Das zweite Wort ist jedoch weniger ausschließlich auf die Eigenart menschlicher Individuen bezogen, da gewisse Eigenschaften auch als ›charakteristisch‹ für leblose Gegenstände bezeichnet werden können. Im deutschen Schrifttum herrscht der Ausdruck ›*Charakterologie*‹ vor, während sich die etwas schleppende Bezeichnung ›Persönlichkeitspsychologie‹ erst im Zuge der Nachkriegsannäherung an die amerikanische Psychologie einbürgerte.

Phantasie. *Aristoteles* leitet das Wort Phantasie vom Licht (φάος) ab; er meint damit wahrnehmungsnahe *Vorstellungen*, deren sich das → *Denken* als Repräsentanten der Wirklichkeit bedient. Diese letztere Behauptung blieb nicht unbestritten, da zumindest beim Erwachsenen ein sehr großer Teil des um die Lösung von Problemsituationen bemühten Denkens in der durch die → *Sprache* vertretenen Wirklichkeit verläuft und deshalb nur geringe Anschaulichkeit besitzt. Ziemlich uneingeschränkt gilt jedoch, daß das von konkreten Aufgaben entlastete Denken vorwiegend mit bildhaften Vorstellungen operiert, die in erster Linie der Welt des → *Gesichtsinns* entnommen oder angeglichen sind, neben denen es aber auch auf anderen Sinnesgebieten Phantasien gibt.

Daß auch der normale Erwachsene Phantasie und Wahrnehmung nicht immer leicht unterscheidet, beweisen nicht nur zahlreiche *Zeugenberichte* des Alltags und vor Gericht (→ forensische Psychologie), in denen ›Dichtung und Wahrheit‹ einander durchdringen, sondern auch recht einfache Experimente. So forderte z. B. die amerikanische Psychologin *C. W. Perky* (1910) ihre Vpn (Studenten mit erheblicher Schulung in der Selbstbeobachtung) dazu auf, sich das Bild eines Apfels lebhaft zu vergegenwärtigen, um es — sozusagen — vor sich auf einem Mattglas-Schirm zu entwerfen. Ohne Wissen der Vpn wurde von der anderen Seite mit geringer Intensität auf den Schirm tatsächlich das Bild eines Apfels projiziert; die Vpn hielten dieses aber für ihre bloße Vorstellung. Im Zustand der → *Hypnose* können andererseits suggerierte Vorstellungen den Erlebnischarakter echter Wahrnehmungen gewinnen; auch im → *Traum* erscheint die Phantasiewelt meistens, aber nicht immer als völlig real. Zwischen den optischen Nachbildern und den Vorstellungsbildern kennt man die sog. *eidetischen Anschauungsbilder* (*V. Urbantschitsch, E. R. Jaensch,* → Typenlehre), deren Details manche Personen (vorwiegend Kinder und Jugendliche) so ablesen können, als betrachteten sie ein ihnen wirklich dargebotenes Bild. Zur Prüfung dieser Anlage verwendet man daher Vorlagen mit zahlreichen Einzelheiten, die kurzfristig (etwa für ¹/₂ Minute) exponiert werden. Um eine andere, ebenfalls der Wahrnehmung sehr nahestehende Gruppe von Vorstellungen handelt es sich bei den *Synästhesien* (z. B. ›*Farbenhören*‹), die entweder einen akustischen Reiz mit einer optischen Vorstellung oder einen optischen Reiz mit akustischen Vorstellungen verknüpfen (→ *Assoziation*). Berühmt ist *E. T. A. Hoffmanns* Schilderung des Kleides des Kapellmeisters Kreisler, »dessen Farbe in cis-Moll geht« und dem ein »Kragen aus E-Dur-Farbe« aufgesetzt ist. Aus der Physiologie wissen wir schließlich, daß die zentralen Sinnessphären im Cortex auch in inadäquater Weise (etwa durch direkte elektrische Reizung) erregt werden können, und daß es dann zu wahrnehmungsartigen Eindrücken kommt. Ausgehend von sehr verschiedenen theoretischen Modellen haben mehrere Forscher (u. a. *S. Freud* und *E. R. Jaensch*) angenommen, beim Kleinkind bestehe ursprünglich noch gar keine klare Trennung zwischen Wahrnehmungs- und Vorstellungswelt; erst die Bestätigung der auf Wahrnehmungen gegründeten Aktionen durch ihren erwarteten Erfolg führe zu deren Unterscheidung von bloßen Vorstellungsbildern. Im *Spiel-* und *Märchenalter* gehen die einen noch leicht in die anderen über; das Kind kann sich noch in die Rolle des Königs versetzen, wie es ja auch dazu bereit ist, den Frosch in einen Prinzen zu verwandeln und mit dem Bächlein Zwiesprache zu halten. Uns Erwachsene erfüllt die Tatsache des Verlustes dieser Welt mit einer tiefen Wehmut, die der Mythos von der Vertreibung aus dem Paradies ausgestaltet hat; von uns her gesehen war sie »zu schön, um wahr zu sein«. Der Wunsch, in sie zurückzukehren, meldet sich aber immer dann an, wenn die wahre Welt zu ernsthaft wird, um schön zu sein.

Das idealisierte Selbstbild des Erwachsenen unterschätzt jedoch die Bedeutung, die der Phantasie in seiner Welt zukommt. Auch in ihr kann man sich über die Grenzen der Realität hinwegsetzen und Situationen anschaulich vorwegnehmen, die sich vielleicht niemals einstellen werden. Das gilt für die Belange des Lebens, etwa die Vorbereitung auf eine wichtige Begegnung im Beruf, nicht weniger als für die theoretischen des Wissenschaftlers, der sehr oft aus einer angenommenen Ordnung der Dinge (*›Hypothese‹*) Konsequenzen deduziert, die dann unter Umständen seinen empirischen Nachweismethoden zugänglich sind. In noch einfacherem Sinne gilt dies von vielen Bewegungsvollzügen, die »eingehüllt (sind) in Bilder des Verlaufs und des dabei zu erwartenden Sacherfolges« (*A. Gehlen*, 1940, in Anlehnung an *M. Palagyis* Lehre von den *›virtuellen Bewegungen‹* und den *›Bewegungsphantasien‹*, 1926). Wer als Bastler, Ingenieur, Politiker oder Forscher an der Welt der Gegebenheiten herumprobiert, vertraut sich dabei meistens der Führung durch Phantasien an. Trotzdem gesteht sich das aus der puritanischen Askese *Calvins* hervorgegangene Leitbild des Menschen in der technischen Zivilisation die positive Bedeutung der Phantasie nur ungern ein. Das Resultat dieser gewollten Ernüchterung scheint freilich ein ganz unmäßiger Appetit auf qualitativ recht dürftige Phantasien zu sein, die sich zudem noch oft als ›realistisch‹ ausgeben müssen (*›Kitsch‹* in Literatur und Film). Dagegen gehört die veredelnde Ausgestaltung der Phantasiewelt einer Gemeinschaft zu den vornehmsten Aufgaben ihrer Künstler (z. B. der Dichter).

Nicht in bündiger Weise läßt sich einstweilen die Frage beantworten, ob die Phantasie hinsichtlich ihres Grades und ihrer Eigenart als eine besondere Begabung aufzufassen ist, oder ob es sich dabei bloß um das Ausmaß handelt, in dem die frühkindliche Einheit von Vorstellung und Wahrnehmung bzw. von Spiel und Arbeit trotz des Druckes erzieherischer Maßnahmen bewahrt wurde. Die diagnostische Psychologie bedient sich der Phantasien ihrer Probanden, die sie durch mehrdeutige Reizvorlagen herausfordert (›*projektive Methoden*‹, → Tests), unter der Annahme, daß in ihnen Strebungen zur Geltung kommen, die sich in der realen Welt und im sachlichen Gespräch nur schwer zeigen können. Den Ausgangspunkt für diese Bemühungen stellt *Freuds* Analyse des → *Traumes* dar, den er als eine dem *Lustprinzip* folgende *Wunscherfüllung* auffaßte. Sofern dabei allgemein-menschliche und nicht nur individuelle Anliegen zutage treten, spricht man von ›*Urphantasien*‹. Die unkontrollierte Hingabe an Einbildungen wird als ›*Phantastik*‹ bzw. als ›*autistisches Denken*‹ bezeichnet; sie stellt eine Wurzel des *Lügens* (›*pseudologia phantastica*‹) und seiner gemilderten Formen (Aufschneiden, Renommieren, ›Jägerlatein‹ usw.) dar. Nach dem Stimmungsgehalt ihrer Zukunftsphantasien unterscheidet man zwischen *Optimisten* und *Pessimisten.*

Prägung. Der von *K. Lorenz* (1935) definierte Begriff leitet sich von Erfahrungen *O. Heinroths* (1910) her, wonach Vögel (namentlich Gänse, Enten und Dohlen) kurz nach dem Ausschlüpfen eine Phase durchlaufen, in der sie auf bestimmte Auslöser für arteigene *Instinkthandlungen* (z. B. das Hinter-der-Mutter-Herlaufen der Jungtiere, sexuelles Werbeverhalten) fixiert werden. In der natürlichen Lebenssituation gehen diese Eindrücke fast immer von Artgenossen (meistens vom Muttertier) aus, künstlich (in einem Inkubator) gebrütete Vögel können aber eine Prägung auf Tiere einer anderen Art, auf Menschen und auch auf leblose, aber in Bewegung versetzte Gegenstände (Kissen, Luftballons usw.) empfangen. Der für eine solche Prägung fruchtbare Moment liegt in den ersten 24 Stunden; in manchen Fällen genügt dazu bereits eine Begegnung von nicht mehr als zehn Minuten (*A. O. Ramsay* und *E. H. Heß*, 1954), es scheint jedoch weniger auf die Dauer anzukommen als auf den Grad der eigenen Aktivität des geprägten Tieres. Deshalb kann als sehr wahrscheinlich gelten, daß Prägung überhaupt nur in Phasen der gesteigerten *Emotionalität* zustande kommt; hat sie aber einmal stattgefunden, so erweist sie sich als äußerst stabil, vielfach sogar als irreversibel. Sie erstreckt sich auch auf Verhaltensweisen, die zur Zeit der Prägung noch gar nicht ausgereift sind, wie z. B. das geschlechtliche Werbeverhalten. Die *Fixierung* erfolgt meist nicht auf ein individuelles Objekt, sondern auf eine Klasse einander mehr

oder minder ähnlicher Gegenstände, z. B. auf Menschen im allgemeinen. Verschiedene Funktionen können auf verschiedene Auslöser fixiert werden, z. B. die Nachlaufreaktion auf einen Menschen, die sexuelle Reaktion hingegen auf eine dritte Art.
Außer bei Vögeln (jedoch auch da nicht bei allen Arten) wurde Prägung bei Fischen und Insekten beobachtet; ob das Phänomen bei Säugetieren ebenfalls auftritt, ist noch ungewiß. Von Herdentieren (Schafen und Rehen z. B.) wird jedoch berichtet, daß durch Menschen aufgezogene Jungtiere später nicht mehr den Anschluß an ihre Artgenossen fanden. *Lorenz* glaubt auch beim Menschen (etwa in der fetischistischen Fixierung des Sexualverhaltens) einen ähnlichen Mechanismus annehmen zu dürfen. Beinahe wörtlich entspricht dem Modell die sog. ›Liebe auf den ersten Blick‹. Vermutlich erfolgt die Fixierung des artspezifischen Vogelgesanges auf dem Wege der Prägung.
Die Einordnung des Phänomens in die Reihe der Lernerscheinungen ist schwierig, da es weder dem Schema des → *bedingten Reflexes* noch dem des → *Lernens am Erfolg* genau entspricht. Die Prägung erfolgt nahezu schlagartig, während die uns besser bekannten Lernvorgänge sich kumulativ, im Zuge mehrfacher Wiederholungen vollziehen. Es sind aber auch im Rattenexperiment Fälle bekannt geworden, in denen eine einmalige Reizbegegnung zu einer sehr stabilen Verhaltenstendenz führte (›One-trial-learning‹ nach *B. B. Hudson*, 1950). Eine der herrschenden → *Lerntheorien* (*E. R. Guthrie*, 1935, 1952) nimmt sogar an, daß die Ausbildung von *Assoziationen* immer nur nach dem Alles-oder-nichts-Gesetz und daher auf Grund einer einzigen Begegnung vor sich gehe. Eine Bestätigung dieser Annahme scheinen die Ergebnisse von *V. Voeks* (1954) und *K. J. Hayes* (1953) zu enthalten. Auch *B. F. Skinner* berichtet (1953) Fälle, in denen das Verhalten von Versuchstieren (erwachsener Tauben) durch eine einzige Reizbegegnung plötzlich und nachhaltig verändert wurde. Als ›*canalization*‹ bezeichnet *G. Murphy* (1947) einen irreversiblen, d. h. nicht der *Extinktion* unterworfenen Lernvorgang, durch den die Befriedigung von Bedürfnissen auf bestimmte Reizvoraussetzungen eingestellt wird. Dieser Begriff enthält allerdings das Merkmal der Plötzlichkeit nicht. Möglicherweise gibt es aber für einzelne Lernleistungen bestimmte ›*kritische Phasen*‹, in denen sie sehr viel leichter als in anderen und unter Umständen auch schlagartig erfolgen können. Es liegt nahe, den von *Freud* beschriebenen Vorgang der traumatischen Fixierung als eine Prägungserscheinung aufzufassen. Im Lebenslauf lange nachwirkende Erlebnisse der frühesten Kindheit wurden nicht nur beim Menschen im Zuge der → *Psychotherapie* bekannt, es gibt dafür auch Analoga aus dem Tierreich, so

zeitigen zum Beispiel Hungerperioden in den ersten zwei Lebenswochen bei erwachsenen Ratten eine sehr starke Tendenz zur Futterspeicherung, zum sog. Hamstern *(J. McV. Hunt*, 1941, *›Hoarding-behavior‹)*.
Die bildhafte Vorstellung, die mit dem Begriff der Prägung verknüpft ist, steht selbst schon am Anfang aller Beschäftigungen mit dem Lernen; so vergleicht schon *Aristoteles* die Erinnerung dem ›Eindruck‹, den ein Siegelring im Wachs hinterläßt. Das Wort *›Engramm‹* (die Gedächtnisspur, wörtlich: das ›Eingeschriebene‹, nach *R. Semon*, 1904) und die Analogie des Beschreibens einer leeren Wachstafel (›Tabula rasa‹) knüpfen an diese Vorstellung an.

Psychische Hygiene. Anweisungen zur glücklichen und gesunden Gestaltung des Lebens bilden einen wesentlichen Teil des Schrifttums aller Zeiten; sie finden sich bei den Weisen des alten China *(Konfuzius* und *Lao-tse)*, bei den Indern *(Buddha)*, in der klassischen Antike (vor allem bei *Epikureern* und *Stoikern*) nicht weniger als in der christlichen Tradition (anfangend mit den Evangelien und hinauf bis zu den Trostbüchern des Mittelalters, wie z. B. der ›Nachfolge Christi‹ des *Thomas von Kempen*) und in sehr reichlicher Anzahl auch in unserer eigenen Gegenwart. Neben den religiösen Inhalten finden sich in diesen Büchern fast immer Anliegen, die heute der psychischen Hygiene zugerechnet werden. Nahezu jede Form der Planung für ein ideales Gemeinwesen (beginnend mit den Büchern *Moses* und mit *Platons* Staatsutopie) enthält Vorschriften zum Schutz sowohl der körperlichen wie der seelischen (›moralischen‹) Gesundheit. Das Wort ›psychische Hygiene‹ taucht jedoch erst um die Mitte des 19. Jh. auf. Der Begründer des psychiatrischen Lehrstuhles an der Universität Wien, der Dichter Ernst Freiherr von *Feuchtersleben* (1806–1849), veröffentlichte 1838 ein Büchlein ›Zur Diätetik der Seele‹, das der Entwicklung einer Lehre von den Mitteln galt, »wodurch die Gesundheit der Seele selbst bewahrt wird«. Etwa um die gleiche Zeit (1843) erschien das Wort ›Mental Hygiene‹ erstmalig als Titel eines Buches des amerikanischen Arztes *W. Sweetser* (1797–1875), dessen These dahin lautete, daß »die wirkliche Ursache vieler Krankheiten ein im eigenen Innern verwurzelter Kummer ist, den nur geistige Einflüsse zu lindern vermögen«. Zwei Jahre zuvor (1841) hatte eine Lehrerin aus Boston, Dorothea *L. Dix* (1802–1887), ihren ›Kreuzzug‹ gegen die menschenunwürdige Behandlung Geisteskranker in den Pflegeanstalten (und vielfach Gefängnissen) des Landes begonnen, bei dem sie bald die Unterstützung der Quäkergemeinde (Society of Friends) fand. Diese drei Ansätze rückten das seelische Leid

in die Nachbarschaft der körperlichen Krankheiten, deren Vorbeugung die Aufgabe hygienischer Maßnahmen ist.
Die moderne psychohygienische Bewegung setzt mit *C. W. Beers* (1876—1943) ein, der im Anschluß an einen im Jahre 1900 erlittenen ›Nervenzusammenbruch‹ drei sehr turbulente Jahre in verschiedenen Heil- und Pflegeanstalten der USA verbrachte. Sein mitreißend geschriebener Erlebnisbericht (›A mind that found itself‹, 1908) führte dank der tatkräftigen Unterstützung durch den aus der Schweiz eingewanderten Psychiater *A. Meyer* (1866—1950) zur Organisation dieser Bewegung, deren erster internationaler Kongreß 1930 in Washington stattfand, und zur Gründung der ›*World Federation for Mental Health*‹ (London, 1948), der bisher mehr als vierzig Länder beigetreten sind. Grundsätzlich stellt die Psychohygiene den Versuch dar, die Milieufaktoren des modernen Lebens mit der Belastungsfähigkeit des Menschen in Einklang zu bringen.
Die Dringlichkeit des Anliegens ergibt sich daraus, daß »in Westeuropa und den USA psychiatrische Betten etwa 42 Prozent und 56 Prozent aller besetzten Betten in Spitälern ausmachen ... Vielleicht achtmal so viele Menschen leiden zugegebenermaßen an einer *Neurose* oder an Charakterstörungen ... in Großbritannien konnte gezeigt werden, daß 30 Prozent aller vom Arbeitsplatz abwesenden Arbeiter in der Industrie wegen psychischer und nicht wegen physischer Krankheiten fehlten« (*J. R. Rees*, 1953). In den Vereinigten Staaten schätzt die National Association for Mental Health (1952), daß von je zwölf neugeborenen Kindern eines (das sind 8 Prozent) irgendwann einmal im Laufe seines Lebens wegen seelischer und geistiger Störungen der Anstaltsbehandlung bedürfen wird.
Das Programm, das *Beers* und *Meyer* 1908 aufstellten, enthält die folgenden Hauptpunkte: »Sorge für die Erhaltung der geistigen Gesundheit, Verhütung der Geistes- und Nervenkrankheiten und der Defektzustände, Vervollkommnung der Behandlung und Pflege der Geisteskranken, Überwachung der Schwachsinnigen und Epileptiker und ihre Einschaltung ins Berufsleben, Bereitstellung und Verbreitung zuverlässiger Aufklärung über alle einschlägigen Fragen, besonders über die Bedeutung der psychischen Anomalien für die Probleme der Erziehung, des Wirtschaftslebens, der Kriminalität und überhaupt der menschlichen Verhaltensweisen. Diese Aufgaben sollen erfüllt werden durch Förderung der sozialen Fürsorge, Mitwirkung bei der Einrichtung psychohygienischer *Beratungsstellen*, Ausbildung von Pflege- und Fürsorgepersonal, Zusammenwirken mit allen in Betracht kommenden öffentlichen und privaten Wohlfahrtseinrichtungen.« Auf Grund der hauptsächlich durch *Freud* entwickelten Gedanken geht es in der

modernen Psychohygiene vor allem um die Vermeidung von seelischen Überbelastungen und Fehlentwicklungen in der frühesten *Kindheit*, d. h. noch vor dem Schuleintritt, sowie — in zweiter Linie — um die Entspannung der im *Pubertätsalter* häufig auftretenden *Konflikte.* Dazu kommt die Beratung Erwachsener in Lebenskrisen oder beim Auftauchen des Gefühls der Unheimlichkeit in der Welt, das sehr oft eine drohende Erschütterung des seelischen Gleichgewichts ankündigt und von dem pathologische Entwicklungen (*Süchtigkeiten, Selbstmordimpulse,* Zerrüttungen des Familienlebens usw.) nicht selten ihren Ausgang nehmen. Besonders dringliche Probleme bestehen auf dem Gebiet der *Altersfürsorge (Geriatrie).* Nach dem in den USA entwickelten Muster setzt sich der Stab einer typischen ›Mental Health Clinic‹ aus je einem Psychiater, Psychologen und Fürsorger zusammen, die gemeinsam — als ein ›Team‹ — jeden einzelnen Fall behandeln bzw. beraten. Der Personalbedarf solcher Kliniken, von denen man jeweils eine für etwa 100 000 Personen in der Bevölkerung anstrebt, läßt sich zur Zeit noch in keiner der modernen Industrienationen (in den USA z. B. nur zu etwa 40 Prozent) befriedigen.

In wesentlichen Punkten sieht sich die psychische Hygiene ähnlichen Aufgaben gegenüber wie die konfessionelle *Seelsorge,* die aber — bedauerlicherweise — den Zugang zur Gewissensnot der städtischen Bevölkerung nach der Erschütterung des Vertrauensverhältnisses im ausgehenden 19. Jh. vielfach noch nicht wiedergefunden zu haben scheint. Die ›Mental Hygiene Clinic‹ ist im Grunde eine Institution der verweltlichten Seelsorge. Gerade in dieser Säkularisierung liegen aber Probleme eigener Art, wie z. B. das der Sinngebung des Lebens ohne Bezugnahme auf einen absoluten Begriff des Guten. Früher oder später geht es in jeder Beratung Jugendlicher oder Erwachsener um deren Grundeinstellung zum Dasein und zu ihrer eigenen Rolle in diesem; auf Fragen dieser Art gibt es aber keine im eigentlichen Sinn ›wissenschaftlichen‹ Antworten. Inwiefern eine tiefenpsychologische Massenaufklärung der Bevölkerung und die dadurch angestrebte *›Legitimisierung der Neurose‹ (H. Hoff,* 1953) wirklich zu begrüßen ist, läßt sich zur Zeit noch nicht entscheiden. Ohne Zweifel wagt man sich hier an eine sehr radikale Umgestaltung der *Selbstverständlichkeiten* der abendländischen Kultur heran. Dabei taucht z. B. die Frage auf, ob im Falle einer solchen Legitimisierung die Neurose nicht ihren Sinn in der unbewußten Dynamik des Seelenlebens verlieren müßte, wenn nämlich der Bußcharakter des von ihr verursachten Leides gänzlich verlorenginge. Sollte es dazu kommen, wäre unter Umständen mit einem kulturellen Wandel im Erscheinungsbild der Neurose zu rechnen, möglicherweise mit

einer erheblichen Zunahme → *psychosomatischer Störungen.*
Zur Ermittlung des präventiven Erfolges psychohygienischer Einrichtungen sind in der letzten Zeit eine Reihe von Großuntersuchungen in amerikanischen Städten angelaufen, deren Resultate aber erst in ein bis zwei Jahrzehnten zu übersehen sein werden. Es handelt sich dabei im wesentlichen um die Beobachtung der → Entwicklung zweier einander anfänglich möglichst genau angeglichener Gruppen von Kleinkindern, deren eine (bzw. deren Elternschaft) mit allen Mitteln der Psychohygiene betreut wird, während die andere sich und ihrem natürlichen Milieu mehr oder minder selbst überlassen bleibt.

Psychopathie. Als ›*moral insanity*‹ (›moralischen Schwachsinn‹) beschrieb der englische Psychiater *J. C. Prichard* (1835) »eine Form der geistigen Zerrüttung, bei der die intellektuellen Funktionen kaum oder überhaupt nicht geschädigt sind, während die Störung vor allem oder zur Gänze auf den Gebieten des Fühlens, des Temperaments und der Gewohnheiten liegt. Diese Fälle zeigen eine seltsame Perversion und Entartung des moralischen oder des aktiven geistigen Prinzips; die Fähigkeit zur *Selbstbeherrschung* ist verlorengegangen oder sehr verringert, und das Individuum ist außerstande, sich im Leben anständig und geziemend zu benehmen.« Von *J. L. A. Koch* (1891) stammt dafür der Ausdruck der ›psychopathischen Minderwertigkeit‹. *H. Hoff* sieht (1956) »im Psychopathen ein Individuum ohne hemmende *Angst*, asozial, mit mächtigen Aggressionen und ungehemmten, unkoordinierten Triebregungen, ohne Tendenz zur höheren Entwicklung und ohne Streben nach sozialer Einordnung . . . Vor allem ist der Psychopath ein Individuum, das *Liebe* nicht kennt und das innere Spannungen nicht ertragen kann.« Es handelt sich um Persönlichkeiten, »die an ihrer *Abnormität* leiden und an deren Abnormität die Gesellschaft leidet« (*W. Solms,* 1955).
Wesentlich weiter faßt *K. Schneider* (1934) den Begriff bei seiner Aufzählung von zehn Typen der Psychopathie: 1. *Hyperthymiker* (betriebsame, gesellige, wortgewandte und praktische Menschen mit wenig Tiefgang und Verläßlichkeit); 2. *Depressive* (mürrische Pessimisten und Skeptiker mit der Neigung zur hypochondrischen Selbstbeobachtung); 3. *Selbstunsichere,* ›komplizierte‹ Naturen, die mit ihren Erlebnissen nicht fertig werden und die zu Skrupeln bzw. sogar zu Zwangskrankheiten neigen; 4. *Fanatiker* (Querulanten, Sektierer, ›Weltbeglücker‹ usw.); 5. *Geltungsbedürftige* (exzentrische Renommisten, Aufschneider, Scheinheilige und Lügner); 6. *Stimmungslabile* (launenhafte Menschen, deren Stim-

mungsschwankungen oftmals periodisch erfolgen, die von einer Tendenz zum raschen Satthaben stabiler Gegebenheiten und von einem Drang zur Veränderung beherrscht werden, der sie für *Süchtigkeiten* anfällig macht); 7. *Explosible* (reizbare Naturen mit Neigung zu impulsiven Gewaltakten und jähen Kurzschlußreaktionen); 8. *Gemütlose*, deren Brutalität sich unbehindert durch Mitleid, Scham, Ehrgefühl oder Gewissen ausleben kann; 9. *Willenlose*, die ohne Halt und als schwunglose Ja-Sager leicht verführbar sind; 10. *Asthenische*, d. h. Menschen mit geringer körperlicher und manchmal auch charakterlicher Belastbarkeit.

Diese Typen kommen selten rein zur Beobachtung; einzelne von ihnen erinnern an psychotische und neurotische Zustandsbilder, wie denn überhaupt dem Begriff der Psychopathie eine völlig scharfe Prägung im Schrifttum fehlt. Manche Autoren beziehen auch sexuelle *Perversionen*, *Süchtigkeiten* und die sog. *Monomanien* (z. B. Wandertrieb = *Poriomanie*, Quartalsäufertum = *Dipsomanie*, Brandstifterei = *Pyromanie* und Stehltrieb = *Kleptomanie*) mit ein. *Prostituierte* werden ebenfalls häufig als Psychopathen betrachtet.

Sämtlichen Formen der Psychopathien gemeinsam scheint eine Schwäche des Bezugs auf die Wertordnung zu sein, die das menschliche Zusammenleben voraussetzt. Es liegt daher nahe, an eine Störung in der Ausbildung des normativen Gleichgewichts (bzw. des *Überich*, nach *Freud*, → *Sozialisierungsprozeß*) zu denken. In der Tat haben sehr viele Psychopathen eine verwahrloste Jugend durchlebt, in der die Möglichkeit dazu fehlte, am elterlichen Vorbild ein Verhaltensideal zu entwickeln. Diese milieutheoretische Erklärung reicht jedoch allein nicht aus, da erbliche Belastung bei Psychopathen recht häufig ist. Unabhängig davon können im frühen Kindesalter überstandene entzündliche Erkrankungen des Gehirns *(Enzephalitis)* zu moral-insanity-artigen Formen führen.

Hinsichtlich ihrer therapeutischen Behandlung stellen Psychopathen ein Sonderproblem dar, weil es bei ihnen kaum gelingt, in der Einzelanalyse ein wirksames *Übertragungsverhältnis* herzustellen. Als aussichtsreicher erweisen sich die Formen der *Gruppentherapie* sowie auch ›*Kinderdörfer*‹ und ›boys-towns‹, in denen psychopathische Jugendliche zur Ausbildung einer ihr Verhalten verpflichtenden Sozialordnung Gelegenheit haben.

Psychophysik. Die im wesentlichen auf *G. Th. Fechner* (1801–1887) zurückgehende Tradition der Psychophysik beschäftigt sich mit den gesetzmäßigen Relationen zwischen den meßbaren Gegebenheiten der ›physikalischen‹ Umwelt und deren erlebtem (›psychischem‹) Abbild; sie konfrontiert dabei Reize (S, von ›stimulus‹) und Empfindungen, die als Reaktionen (R) auf diese gedeutet werden können. Die einfachste der möglichen Beziehungen zwischen beiden Größen – R = S – scheitert an drei bereits in der vorwissenschaftlichen Alltagserfahrung gegebenen Phänomenen: 1. Reize von geringer Intensität bleiben oft unbemerkt, d. h. es entspricht ihnen keine Empfindung bzw. der Organismus reagiert nicht auf sie (Begriff der ›*absoluten Schwelle*‹, vorbereitet bei *Leibniz* und *Herbart*). 2. Reize der gleichen Modalität, die sich nur um kleine Beträge unterscheiden, werden als gleich empfunden (Begriff der ›*Unterschiedsschwelle*‹). 3. Der empfundene Abstand zwischen zwei Reizen der gleichen Modalität variiert mit deren Größe oder Intensität; das Unterscheidungsvermögen ist schärfer, wenn es sich um zwei kleine Reize handelt, gröber im Falle zweier großer Reize. Der aus tausend Mitwirkenden bestehende Chor eines Sängerfestes klingt z. B. nur um weniges lauter als ein Chor von hundert Personen (Relativität der ›*eben merklichen Unterschiede*‹).

Die entscheidende Anregung zum Aufbau der Psychophysik ging von den Untersuchungen des Physiologen *E. H. Weber* (1795–1878) über den *Tastsinn* (1834) aus. Sie ergaben, daß der eben noch merkliche Unterschied zwischen zwei Gewichten (Δ S) in einem näherungsweise konstanten Verhältnis zu der Größe des Bezugsgewichts (S) steht: $\frac{\Delta S}{S} = \text{const.}$ (›*Webersches Gesetz*‹). Der Quotient belief sich in Webers eigenen Untersuchungen auf k = $^1/_{40}$ = 0,025 (vgl. Abb. 75), d. h. daß zwei Gewichte von 40 und 41 Gramm eben noch voneinander unterschieden werden können. Der genaue Zahlenwert hängt von der Empfindlichkeit der einzelnen Vpn, von deren → Aufmerksamkeit, Übung und (negativ) Ermüdung sowie von den Bedingungen der Untersuchung ab. Die in Tab. 10 wiedergegebenen *Schwellenwerte* (k) vermitteln daher nur einen ungefähren Eindruck von den in Frage kommenden Größenordnungen:

Beurteilung	k	Beurteilung	k
Tonhöhe	0,003	Länge von Strecken	0,025
Proportionen von Rechtecken	0,010	Lautstärke	0,088
Helligkeit	0,016	Druck auf die Haut	0,140
Gewichte (gehoben)	0,019	Geschmacksintensität	0,250
		Geruchsintensität	0,350

Tab. 10

Im Geltungsbereich des Weberschen Gesetzes ergibt sich der Betrag des von einem Grundreiz (S_1) eben noch unterscheidbaren Vergleichsreizes derselben Modalität zu: $S_2 = S_1 \cdot (1+k)$, bzw. $S_3 = S_1 \cdot (1+k)^2$ und allgemein: $S_{n+1} = S_1 \cdot (1+k)^n$. Der Exponent n bemißt die Anzahl der in einem Reizkontinuum unterscheidbaren Einzelreize. Eine überschlägige Berechnung der Anzahl der nach ihrer Tonhöhe (= Schwingungsfrequenz) unterscheidbaren *reinen Töne* (→ Gehörsinn) im Frequenzbereich zwischen 100 Hz und 10 000 Hz zeigt unter der vereinfachenden Annahme von k = const. = 0,003:

$$n = \frac{\log 10\,000 - \log 100}{\log 1{,}003} = \frac{4{,}0000 - 2{,}0000}{0{,}0013} = 1538.$$

Die geringste eben noch hörbare Schallenergie verhält sich zu der größten, etwa der eines Donnerschlages, wie eins zu einer Billion ($1 : 10^{12}$); da der Webersche Quotient auf diesem Gebiet im Durchschnitt k = 0,088 beträgt, können wir etwa 325 Abstufungen der Lautstärke unterscheiden. Die Gesamtanzahl der unterscheidbaren reinen Töne, die nur nach Frequenz und Intensität variieren, wird auf 340 000 geschätzt (*S. S. Stevens* und *H. Davis*, 1938). Ungefähr von der gleichen Größenordnung ist die Anzahl der nach Wellenlänge, Intensität und Sättigung unterscheidbaren *Farbtöne* (→ Gesichtsinn).

Webers Behauptung, daß der eben merkliche Reizzuwachs in einem konstanten Verhältnis zum Grundreiz steht, wurde von Fechner (1850) in eine Beziehung zwischen dem infinitesimalen Reizzuwachs (δ S) und dem (von Fechner hypothetisch angenommenen) infinitesimalen Empfindungszuwachs (δ R) übertragen; er gelangte auf diesem spekulativen Weg zu der ›*Fundamentalformel*‹: $\delta R = c \frac{\delta S}{S}$, deren Integration die sog. ›*Maßformel*‹ liefert: $R = K + c \cdot \log S$ (›*Fechnersches Gesetz*‹). Da der Logarithmus einer Größe sehr viel langsamer ansteigt als diese selbst, postuliert Fechners Gesetz eine Entsprechung zwischen der arithmetischen Reihe der Empfindungen (R) und der geometrischen Reihe der ihnen zugrunde liegenden Reizgrößen (S) im Sinne von Abb. 73.

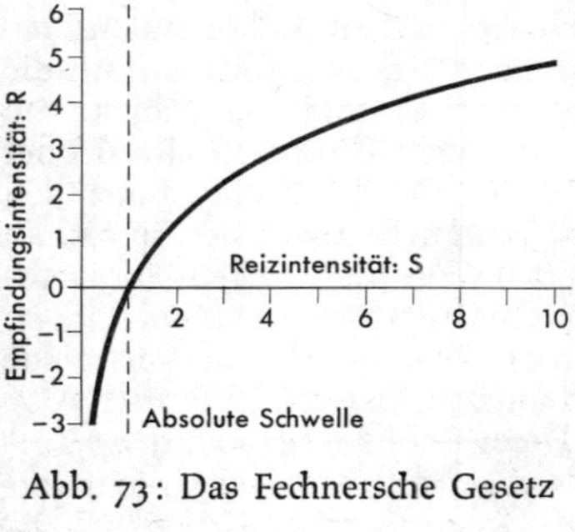

Abb. 73: Das Fechnersche Gesetz

Sowohl das Webersche als auch das Fechnersche Gesetz (ein ›Weber-Fechnersches Gesetz‹ gibt es nicht!) haben sich in der empirischen Forschung als bloße Approximationen der tatsächlichen Sachverhalte erwiesen; sie gelten meist nur im Mittelbereich eines Reizkontinuums, der allerdings für praktische Zwecke und im Alltagsleben am wichtigsten zu sein pflegt. Die Verhältnisse liegen auf den einzelnen Sinnesgebieten verschieden, doch folgen die Abweichungen der beobachteten Daten (gestrich. Kurven) von den theoretisch vorausgesagten (ausgezogene Gerade) im allgemeinen dem aus Abb. 74 ersichtlichen Trend. Die empirische Abhängigkeitsbeziehung zwischen R und log S läßt sich als das Integral der Normalverteilung, als eine sog. *Ogive* (→ Statistik) auffassen; dieser Umstand legt eine ›*statistische Theorie der Psychophysik*‹ nahe (*W. J. Crozier*, 1940), dergemäß sich die Reizbarkeit in der Population der am Zustandekommen einer Empfindung beteiligten

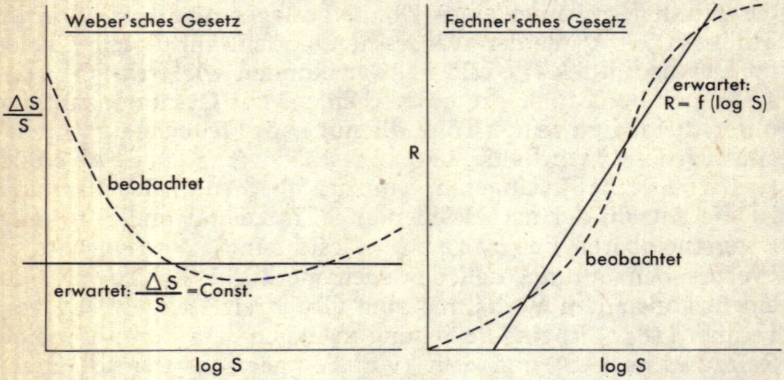

Abb. 74: Theorie und Beobachtung in der klassischen Psychophysik

nervösen Elemente nach dem Modell der Gauß-Kurve verteilt. Es scheint sich somit um eine Überlagerung des Fechnerschen Gesetzes durch ein Wahrscheinlichkeitsprinzip zu handeln.

Die grundlegende Relation zwischen R und log S hat eine Reihe verschiedener Deutungen herausgefordert, da es sich bei Reizen (S) und Reaktionen (R) ja nur um die dem Beobachter zugänglichen Endglieder eines durch mehrere Stadien verlaufenden Prozesses handelt. Zwischen sie schieben sich mindestens noch die Aktivierung im nervösen Substrat (A) und die subjektiven Empfindungen (E), die eine Vp entweder durch ein Urteil oder durch eine motorische Reaktion (z. B. durch das Einstellen eines Anzeigers) zum Ausdruck bringt. Es fragt sich somit, an welcher Stelle dieses Prozeßschemas (S→A→E→R) die logarithmische Transformation stattfindet. Die von *G. E. Müller, H. Ebbinghaus, E. B. Titchener, R. Pauli* u. a. vertretene ›physiologische Theorie‹ denkt an den ersten Abschnitt: A = f (log S), die ›psychophysische Theorie‹ *Fechners* an den zweiten: E = f (log A), die von *Wundt* und *Th. Lipps* entwikkelte ›psychologische Theorie‹ im Sinne einer Relativität der Urteile an den dritten Abschnitt: R = f (log E). Zur Zeit spricht fast alles zugunsten der physiologischen Deutung, da wir aus zahlreichen Tierversuchen wissen, daß sich die Intensität von Reizen auf die Frequenz (F) der elektrischen Impulse in den sensorischen Nerven (→ Reiz und Reaktion) nach dem logarithmischen Prinzip abbildet: F = f (log S).

Zur Bestimmung der in die Theorie der Psychophysik eingehenden Größen, namentlich der absoluten Schwelle und der Unterschiedsschwellen, dienen hauptsächlich drei Methoden, die auf *Fechner* und *G. E. Müller* zurückgehen:

1. Die *Herstellungsmethode* verlangt von der Vp die Manipulation eines variablen Reizes, bis dieser einem vorgegebenen Standard-Reiz gleich erscheint. Vielfach wird statt der Herstellung die Auswahl aus einer Anzahl von Vergleichsreizen gefordert. Die Vp nimmt mehrere Bestimmungen vor, aus deren Verteilung sich das arithmetische Mittel als der ›*subjektive Gleichwert*‹ und die Streuung (σ) bzw. der sog. wahrscheinliche Fehler: wF = 0,6745 σ als Maß der Unterschiedsschwelle errechnen lassen. Die Differenz zwischen dem subjektiven Gleichwert und dem Standard-Reiz wird als ›*konstanter Fehler*‹ bezeichnet.

2. Die *Grenzmethode* wird sowohl zur Ermittlung der absoluten Schwelle wie der Unterschiedsschwelle verwendet. Das Verfahren besteht in einer Veränderung (Vergrößerung oder Verringerung) eines Reizes durch den Versuchsleiter. Die Vp gibt an, wenn sie (bei aufsteigender Darbietung) den Reiz wahrnimmt bzw. (bei absteigender Darbietung) nicht mehr wahrnimmt. Unterschiedsschwellen werden dadurch bestimmt, daß die Vp zu melden hat, sobald der durch den Versuchsleiter veränderte Reiz (S_v) einem konstanten Vergleichsreiz (S_0) zu entsprechen scheint. Sie hat dabei drei Urteilskategorien zur Verfügung, je nachdem ob ihr der variable Reiz als kleiner oder größer erscheint als der Vergleichsreiz oder als diesem gleich.

3. Am häufigsten verwendet wird die *Konstanzmethode* (von *Fechner* als ›Methode der richtigen und der falschen Fälle‹ bezeichnet). Zur Bestimmung der Unterschiedsschwelle kombiniert man den Bezugsreiz (S_0) mit jedem der Vergleichsreize (S_v). Die Paare werden in unregelmäßiger Folge zur Beurteilung geboten. Die Vp hat bei jedem Paar zu entscheiden, ob der Vergleichsreiz größer oder kleiner (lauter oder leiser, schwerer oder leichter usw.) ist als der Bezugsreiz; bisweilen wird auch eine dritte Urteilskategorie (›gleich‹) zugelassen. Abb. 75 stellt die Häufigkeit der Urteile dar, in denen Vergleichsreize zwischen 88 und 108 Gramm als schwerer ($S_v > S_0$), leichter ($S_v < S_0$) und als einem Standardgewicht von S_0 = 100 Gramm

gleich ($S_V = S_0$) bezeichnet wurden. Die S-förmig geschweifte Funktion für die ersten beiden Urteilskategorien wird nach einem Vorschlag von *F. M. Urban* als ›*psychometrische Funktion*‹ bezeichnet; ihr Verlauf kommt dem einer *Ogive* (→ Statistik) meist sehr nahe. Der scheinbare Gleichwert liegt im Schnittpunkt der beiden psychometrischen Funktionen bei 96,8 Gramm; es handelt sich in diesem Experiment somit um einen konstanten Fehler von 3,2 Gramm. Die Mittelwerte der beiden Funktionen liegen bei 94,5 und 99,2 Gramm; zwischen ihnen erstreckt sich das sog. *Unsicherheitsintervall* (4,7 Gramm), dessen Halbwert (2,35 Gramm) als Unterschiedsschwelle verwendet wird. Daraus ergibt sich in guter Übereinstimmung mit den Weberschen Resultaten $k = \frac{2.35}{100} = 0{,}024$.

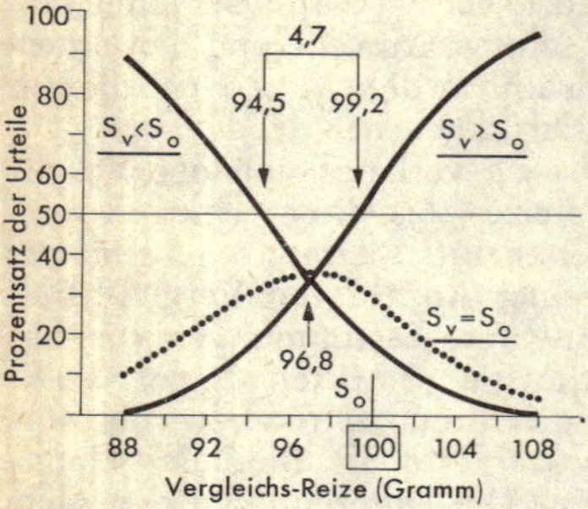

Abb. 75: Die Konstanzmethode

Außer der Ermittlung von Schwellenwerten gilt das Interesse der Psychophysik hauptsächlich der Konstruktion sog. *Empfindungsskalen* bzw. der Feststellung der genauen Form des funktionalen Zusammenhanges zwischen R und S. Am häufigsten wird dabei die ›*Methode der mittleren Abstufung*‹ verwendet. Die Aufgabe der Vp besteht in der Herstellung (bzw. in der Auswahl) eines Reizes (S_m), der empfindungsmäßig genau in die Mitte zwischen zwei vorgegebene Reize (S_1 und S_2) fällt. Sofern das Fechnersche Gesetz gilt, muß der Betrag von S_m dem geometrischen Mittel der beiden anderen Reize entsprechen: $S_m = \sqrt{S_1 \cdot S_2}$. Der subjektive Mittelwert zwischen den beiden Beleuchtungsstärken von $S_1 = 10$ Einheiten und $S_2 = 1000$ Einheiten läge somit bei $S_m = 100$ Einheiten und nicht beim arithmetischen Mittel von 505 Einheiten. Diese Voraussage bewährt sich meist recht gut. Werden mehrere Reize zur Beurteilung dargeboten, so pflegt das geometrische Mittel der Reizreihe (auch wenn dieses selbst durch keinen der Reize vertreten ist) als der neutrale Bezugspunkt zu funktionieren, hinsichtlich dessen die Reize als ›groß‹ bzw. ›klein‹ kategorisiert werden (›Theorie des *Adaptationsniveaus*‹ von *H. Helson*, 1947; *D. M. Johnson*, 1955).

Für eine Reihe von Reizdaten wurden in den letzten Jahren nach diesem oder einem ähnlichen Prinzip Empfindungsskalen entwickelt, z. B. für die subjektive Tonhöhe (*S. S. Stevens* und *J. Volkmann*, 1940), Lautstärke (S. S. Stevens, 1936), Gewichtseindrücke (*R. S. Harper* und S. S. Stevens, 1948), Geschmacksintensitäten (*W. R. Lewis*, 1948), Helligkeiten (*R. M. Hanes*, 1949), Anzahlen (*E. H. Taves*, 1941), Zeitlängen (*L. W. Gregg*, 1951), Temperaturen (*C. M. Herget*, *L. P. Granath* und *J. D. Hardy*, 1941), Schmerz (J. D. Hardy, *H. G. Wolff* und *H. Goodell*, 1948) usw. Wesentliche Beiträge zur Skalentheorie haben *T. W. Reese* (1943), *C. H. Coombs* (1952) und S. S. Stevens (1957) geliefert.

Während die klassische Psychophysik ihrem Namen entsprechend jeweils subjektive Größen mit physikalischen Daten konfrontiert und jene im Bezug auf diese der Messung zugänglich macht, bemüht sich die neuere Psychophysik um die Gewinnung von Maßstäben innerhalb des rein subjektiven Bereichs. Der erste Schritt dazu erfolgte in Anlehnung an die klassische Psychophysik durch *L. L. Thurstone* (1929) auf dem Gebiet der *Einstellungsmessung* (→ Meinungsforschung). Neuere Versuche bemühen sich um eine Quantifizierung der Urteilskategorien, die in freien Schätzungen zur Anwendung kommen, z. B. der Reihe ›sehr begabt‹, ›begabt‹, ... ›unbegabt‹ (*A. L. Edwards*, 1952; *J. P. Guilford*, 1954).

Unmittelbar an die Konstanzmethode der klassischen Psychophysik knüpft die *Methode des Paar-Vergleichs* an (*J. Cohn*, 1894; L. L. Thurstone, 1927), bei der den Vpn die zu beurteilenden (n) Gegenstände in sämtlichen $\frac{n \cdot (n-1)}{2}$ Paarkombinationen vorgeführt werden. Ihre Aufgabe ist es, bei jedem Paar zu entscheiden, welchem seiner Glieder eine bestimmte Eigenschaft (z. B. ›wohlschmeckend‹, ›beliebt‹ oder ›gemütvoll‹ zu sein) in höherem Maße zukommt. Aus der Matrix der Urteile läßt sich eine quantitativ gestufte Reihe der Beurteilungsgegenstände errechnen. In einfacherer Form hat diese Methode bereits *Fechner* (1876) zur Auffindung ästhetischer Regelhaftigkeiten verwendet. Beim Proportionsvergleich von Rechtecken erwiesen seine Ergebnisse die Bevorzugung des *›goldenen Schnitts‹*, demzufolge sich der kleinere Teil zum größeren so verhält wie dieser zum Ganzen: $1 : x = x : (1-x)$, daher $x^2 + x = 1$; bei Rechtecken ist dieser Fall realisiert, wenn deren Breite 61,8 Prozent der Länge (bzw. Höhe) ausmacht.

Nachdem es für mehrere Jahrzehnte nahezu zum guten Ton gehörte, die klassische Psychophysik für völlig ›abgetan‹ zu halten und daher ihre Methoden gar nicht erst zu erlernen, ist in der Gegenwart auf diesem Gebiet ein starkes Anwachsen des Interesses festzustellen.

Psychose. Zustandsbilder, bei denen es zeitweilig oder für längere Dauer zum mehr oder minder vollständigen Verlust des *Orientierungsvermögens* in der realen Umwelt kommt *(›Verrücktheit‹)*, werden als Psychosen bezeichnet und dadurch — nicht ganz scharf — von anderen Störungen des Erlebens und des Verhaltens abgehoben, in denen das Bild der realen Welt größtenteils erhalten bleibt (→ *Neurose*, → *Psychopathie*, → *psychosomatische Störungen*). Es handelt sich dabei um eine in sich sehr uneinheitliche Gruppe von Krankheiten *(Geisteskrankheiten)*, die unter dem Gesichtspunkt ihrer Entstehung in zwei Untergruppen zerlegt wird: 1. *exogene* oder *organische Psychosen*, deren Auftreten mit pathologischen Veränderungen des Gehirns gekoppelt ist; 2. *endogene* oder *konstitutionelle Psychosen*, die vorwiegend erbbedingt zu sein scheinen (→ Anlage und Umwelt) und bei denen sich bisher am Gehirn anatomische oder physiologische Besonderheiten noch nicht mit hinlänglicher Sicherheit haben nachweisen lassen. Diese Unterscheidung hat sich in der klinischen Diagnostik eingebürgert, sie befriedigt aber in theoretischer Hinsicht nur wenig, da seelische Alterationen ohne körperliche Veränderungen schwer vorstellbar sind (→ *Leib-Seele-Problem*) und überdies die Wirkung der bei den endogenen Psychosen angenommenen *Erbfaktoren* (Gene) kaum anders als im Sinne eines chemischen Vorganges verstanden werden kann.

Sofern die sog. endogenen Psychosen *(manisch-depressives Irresein* und *Schizophrenie)* nicht als ebenfalls organisch bedingte Zustandsbilder aufgefaßt werden (aber in noch unaufgeklärter Weise), geraten diese in die Nachbarschaft der *Psychoneurosen*, wobei im Sinne der *Psychoanalyse* an Störungen im Ablauf der frühesten Entwicklungsperioden (*orale* und frühe *anale Phase*, Differenzierung von *Ich* und *Es*) bzw. an *Regressionen* auf diese Phasen zu denken ist. Die psychotherapeutischen Bemühungen um endogene Psychosen, wie sie im letzten Jahrzehnt unternommen wurden (*P. Federn*, 1943; *H. S. Sullivan*, 1947; *M. Sechehaye*, 1947; *F. Fromm-Reichmann*, 1951; *H. Schultz-Hencke*, 1952; *J. N. Rosen*, 1953; *G. Benedetti*, 1955; → *Psychotherapie*), stützen sich auf die Annahme, daß der Psychotiker nicht wie der Neurotiker dazu imstande ist, unannehmbare Triebansprüche zu verdrängen; er spaltet diese vielmehr als selbständige Bewußtseinssysteme *(›Stimmen‹)* ab und geht dabei der Kohärenz seines Wesens verlustig.

Die exogenen Psychosen lassen sich hinsichtlich der Art der sie bedingenden Krankheitsprozesse und Schädigungen in fünf Gruppen einteilen:

1. *Infektionskrankheiten,* z. B. Entzündungen des Gehirns und seiner Häute (Enzephalitis, Meningitis), progressive Paralyse (als Folgeerscheinung einer syphilitischen Infektion, die etwa 20 Jahre nach dieser bei ca. 0,5 Prozent der Patienten auftritt), Verwirrtheitszustände im Gefolge von Typhus und Malaria.
2. *Vergiftungszustände,* z. B. durch *übermäßigen Alkoholgenuß* (Betrunkenheit, pathologischer Rausch, Delirium tremens, Halluzinose der Trinker, Korsakowsche Psychose), durch *Rauschgifte* und *gewerbliche Schädigungen* (Metalle, Gase), bzw. *Intoxikationen* durch innere Vorgänge des Organismus (Verwirrtheitszustände während des Wochenbetts, Laktationspsychose).
3. *Degenerative Veränderungen* des Gehirns (Verletzungen oder abnorme Wachstumsvorgänge, z. B. senile Demenz, Altersmelancholie, Folgeerscheinungen von Tumoren).
4. Störungen der *bioelektrischen Aktivität* der Gehirnzellen: epileptische Anfälle sowie ihre auch bei Normalen nicht seltenen Äquivalente, z. B. kurzdauernde Absencen, migräneartige Attacken, anfallsartige Launenhaftigkeit und Reizbarkeit bei Kindern, optische und akustische Halluzinationen, Depersonalisationserlebnisse, Pseudoerinnerungen (›déjà vu‹, ›déjà entendu‹, ›déjà vécu‹, gemeinsam als ›fausse reconnaissance‹ bezeichnet, wobei vorübergehend der Eindruck entsteht, eine objektiv neue Situation schon einmal erlebt zu haben).
5. Störungen im Bereich des *endokrinen Systems* (Hypophyse, Epiphyse, Schilddrüse, Epithelkörperchen, Thymusdrüse, Bauchspeicheldrüse, Nebennieren, Keimdrüsen), z. B. das *endokrine Psychosyndrom* (nach *M. Bleuler,* 1954), prämenstruelle und klimakterische Spannungs- und bisweilen Verwirrtheitszustände.

Die Aufteilung des Gebiets der endogenen Psychosen in zwei große Gruppen ist das Werk der Systematiker der Psychiatrie um die Jahrhundertwende gewesen (*K. L. Kahlbaum,* 1843 bis 1909; *E. Kraepelin,* 1855–1926; *E. Bleuler,* 1857–1939). Ihre Berechtigung wird heute zwar vielfach bezweifelt, jedoch ist an ihre Stelle bisher noch keine allgemein anerkannte Neuordnung getreten. Man unterscheidet zwischen *zirkulären Psychosen,* bzw. dem manisch-depressiven Irresein, und den *Schizophrenien* (Dementia praecox, Hebephrenie, Katatonie und Paranoia). Diesen beiden Gruppen ordnete *E. Kretschmer* (1921) zwei Grundformen des Körperbaus zu (etwa 65 Prozent der Manisch-Depressiven sind *Pykniker,* mindestens 50 Prozent der Schizophrenen sind *Leptosome;* → *Typenlehre*). Beide Gruppen sind jedoch in sich recht uneinheitlich.

Die zirkuläre Psychose (›folie maniaco-mélancholique‹ nach *T. Bonet*, 1684) umfaßt zwei Krankheitsbilder, die miteinander nach einer schon ins 6. Jh. *(Trallianus)* zurückgehenden Erfahrung häufig (aber keineswegs immer!) abwechseln, den als *Manie* bezeichneten Zustand der Übersteigerung des Lebensgefühls, verbunden mit abnormem Betätigungsdrang, ununterbrochenem Redefluß und beschleunigtem, rasch wechselndem Vorstellungsverlauf, einerseits und die depressive Verstimmung der *Melancholie* andererseits, die durch pessimistische Lebenserwartungen, Selbstvorwürfe, Verzweiflungsgefühle, Impulse zum Selbstmord sowie eine Hemmung des Denkens, Sprechens und Handelns charakterisiert wird. Die Krankheit setzt meistens im vierten bis fünften Lebensjahrzehnt ein, und zwar vorwiegend bei Personen, die bis dahin aufgeschlossen und gesellig *(extravertiert)* wirkten. Ein Zusammenhang mit Störungen der Stoffwechselvorgänge ist wahrscheinlich, aber in seinen Einzelheiten noch nicht näher bekannt. Leichte Veränderungen des ausgeglichenen Normalzustandes in Richtung auf das manische Syndrom zu werden als *Hypomanie* bezeichnet.
Schon im Jahre 1674 beschrieb der englische Hirnanatom *T. Willis* »junge Leute, die als Kinder lebhaft, intelligent und originell waren, um dann im Anschluß an die Pubertät in einen Zustand der Dumpfheit hinüberzuwechseln«. Diese von *B. A. Morel* (1860) als ›dementia praecox‹ und von *E. Hecker* (1871) als ›Hebephrenie‹ (von ἥβη = Jugendalter) bezeichnete Krankheit wurde von *E. Bleuler* (1911) mit einer Reihe anderer Zustandsbilder (Katatonie und Paranoia) zur ›Gruppe der Schizophrenien‹ zusammengefaßt. Der Ausdruck *›Spaltungsirresein‹* (von σχίζειν = spalten) bekundet einmal den Verlust der inneren Einheitlichkeit einer Person (›Schisma‹ und *›intrapsychische Ataxie‹* nach *E. Stransky*, 1903) und zum andern deren Abspaltung von der sozialen Gemeinschaft, für deren Mitglieder das schizophrene Verhalten und Denken schlechthin unverständlich und uneinfühlbar sind. Der soziale Kontakt reißt auch dadurch ab, daß Schizophrene häufig eine durch Wortneubildungen und Formenzerfall *(›Wortsalat‹)* charakterisierte Privatsprache entwickeln; sie leben in sich hinein *(›Autismus‹)* und wirken nach außen daher oft kalt oder gleichgültig. Ihre subjektive Umwelt ist ganz auf sie selbst konzentriert (*›sensitiver Beziehungswahn‹* nach *E. Kretschmer*), wobei illusionäre Umdeutungen im Sinne des Verfolgtwerdens von ›Stimmen‹ und des Beeinflußtwerdens durch magische Mittel (Strahlen, Elektrizität, fremde Gedanken usw.) vorkommen. Die einzelnen *Wahnideen* entspringen gewöhnlich einer Unheimlichkeitsstimmung, die sich bis zur

Vorstellung des Weltunterganges steigern kann; sie schließen sich meist zu einem bizarren System zusammen, aus dem sich für den Patienten bisweilen eine blasphemische Erlöser- und Prophetenrolle ergibt.

In ihrem Verhalten sind Schizophrene sehr unberechenbar, Perioden der völligen Gehemmtheit (*›Stupor‹*) stehen neben solchen gesteigerter Aktivität (manierierte Gesten und Gebärden), neben automatenhafter Nachahmungssucht (*›Echolalie‹* und *›Echopraxie‹*), neben Haltungsperseverationen (*›Katalepsie‹* und *›Katatonie‹*) und neben der tobsüchtigen Triebentladung in schweren Erregungszuständen. Der allgemeine *Negativismus* der Patienten geht oft bis zur völligen Nahrungsverweigerung. Mehrfach beschrieben wurde die ›archaisch-primitive‹ Eigenheit des schizophrenen Denkens (*A. Storch*, 1922), dessen Tendenz zur Verdinglichung (*Reifikation*) von Zeichen und Symbolen (→ Sprache) sowie eine gewisse Affinität zum bildnerischen Ausdruck (*H. Prinzhorn*, 1922; *I. Jakab*, 1956). Vor Ausbruch der eigentlichen Erkrankung gelten viele Schizophrene als scheu, unsicher, empfindlich und als eigenbrötlerisch (*introvertiert*); Übergangsformen zur Normalität gelten oft als *›Sonderlinge‹* im positiven wie im negativen Sinne, deren Lebenslauf durch Unstetigkeit und Kontaktarmut gekennzeichnet ist. Neuere Untersuchungen (vgl. das Symposium des Milbank memorial fund, 1952, und das von *R. G. Heath* herausgegebene Sammelwerk, 1954) legen die Vermutung nahe, daß es sich bei der Schizophrenie im Grunde um toxische Störungen des Zellstoffwechsels handeln könnte; dafür spricht auch die Tatsache, daß gewisse Giftstoffe (Meskalin, Lysergsäure) bei Normalen vorübergehend schizophrenieartige Zustandsbilder auslösen.

In den modernen Industrieländern nimmt die Anzahl der Geisteskranken stärker zu als die Gesamtbevölkerung; diese Erscheinung dürfte sich aber vor allem aus dem Ansteigen der durchschnittlichen Lebensdauer erklären lassen (*H. Goldhamer* und *A. Marshall*, 1953). Die Altersgruppen über 50 zeigen nämlich eine weit stärkere Belastung mit Psychosen als jüngere. Rückschlüsse auf das besonders Ungesunde des Lebens in der technischen Zivilisation – häufig wird auf die *Reizüberfütterung* des Individuums und auf die Ruhelosigkeit des Lebens hingewiesen – dürften daher kaum berechtigt sein.

Psychosomatische Störungen. »In einem gängigen Lehrbuch der inneren Medizin finden sich rund 350 Krankheiten verzeichnet ...; wenn wir nun noch die anderen Disziplinen hinzunehmen, kommen wir bei vorsichtiger Schätzung auf etwa 2000 Krankheiten, die wir beim Menschen kennen. Von den 350 in-

neren Krankheiten haben 70 eine bekannte Ursache. So dürfen wir schließen, daß 1500 Krankheiten beim Menschen vorhanden sind mit unbekannter Ursache« (*A. Jores*, 1956). Es hätte nicht viel Sinn, wollte man an die Stelle der unbekannten jeweils eine psychische Ursache setzen; aber auch dieses Verfahren unterschätzte wohl noch die Bedeutung der ›psychogenen‹ Mitbedingung von Organstörungen, da z. B. die *Tuberkulose* zweifelsfrei einen organischen Urheber besitzt, den von Robert *Koch* 1882 entdeckten Tuberkelbazillus, die Gleichgewichtslage des Organismus aber doch entscheidend dafür ist, ob und wann es zum Ausbruch der Schwindsucht kommt, wie diese verläuft und welche Heilungschancen sie besitzt (*H. Huebschmann*, 1952; *W. Hollmann*, 1954; vgl. den Roman ›Der Zauberberg‹, 1924, von Thomas *Mann*).
Im Entwurf impliziert der Begriff der psychosomatischen Störungen, die *Freud* als *›Organneurosen‹* und als *›vegetative Neurosen‹* bezeichnete, das Modell einer Wechselwirkung zwischen Seele und Körper (→ *Leib-Seele-Problem*). Auf dem Boden der Parallelismus-Theorie sowohl wie auf dem der Identitätstheorie ist es eigentlich unzulässig, von psychogenen Ursachen zu sprechen. Diese Einschränkung bezieht sich jedoch nur auf den ätiologischen Aspekt, nicht aber auf die Tatsache, daß gewissen mehr oder minder eng lokalisierten Organstörungen Veränderungen der psychophysischen Gesamtpersönlichkeit entsprechen können. In diesem Sinne deuten schon die antiken Ärzte der ersten christlichen Jh. (z. B. Aretaeus und Galenus) den Zusammenhang zwischen Pneumonie und seelischer Alteration als einen ›consensus‹ bzw. als ›Sympathie‹. Dieser letztere Begriff wurde auch von der romantischen Medizin des 18. und des frühen 19. Jh. (*W. Leibbrand*, 1937) und bis zu *H. Maudsleys* ›Physiology and pathology of the mind‹ (1867) verwendet. Ihn legten vor allem die Beobachtungen der *Affekt*zustände nahe, in denen körperliche Erscheinungen aufs engste mit Erlebnissen und Verhaltensweisen gekoppelt sind (→ Gefühle), wobei der als *Sympathicus* bezeichnete Teil des vegetativen Nervensystems bald (*B. Winslow*, 1732) als der Vermittler (eines Teiles) der Sympathiewirkungen erkannt wurde; er bezog von daher seinen Namen. Die Quellschrift der modernen Psychosomatik stellt eigentlich Friedrich *Schillers* Dissertation aus dem Jahre 1780 dar, in der u. a. am Beispiel des *Heimwehs* der physische Kräfteverfall erläutert wird. Bei Schiller findet sich auch die bedeutungsvolle Feststellung, daß das Frösteln des seiner Schuld bewußten Übeltäters und das des fiebernden Patienten die gleiche Erscheinung sei. Von hier ist es nicht mehr weit zu der heute allerdings völlig abgelehnten Behauptung des Psychoanalytikers G.

Groddeck (1913), daß Fieber im Zuge einer Infektionskrankheit als sexuelle Erregung und der verstärkte Blutzustrom zu einem Organ als die Verschiebung einer Erektion zu deuten sei. Unabhängig von der Auflösung des Leib-Seele-Problems lassen sich psychosomatische Störungen als Syndrome auffassen, die an normale Erscheinungen des akuten Affekts erinnern, die aber als (meist) chronische Leiden aus dem Emotionalzusammenhang herausgelöst wurden. Zum Unterschied von den Symptomen der *Konversionshysterie* (→ *Neurose*) geht es hier nicht um die kompromißhafte Dar- und Entstellung eines Triebanspruchs, der sich durch einen verstehenden Deutungsakt erschließen ließe, sondern um ursprüngliche, unselbständige Phasen des Affektablaufs, die dank des *›Entgegenkommens der Organe‹ (Freud)* eben an den Stellen chronisch geworden sind, wo dafür bereits eine ererbte oder umweltbedingte Schwäche als Voraussetzung bestand. Psychosomatische Störungen enthalten daher selbst keinen Sinnbezug (*E. Glover*, 1949). Man kann sie auch nicht deuten oder verstehen, es sei denn, daß sich dem psychosomatischen Syndrom eine neurotische Reaktionsweise überlagert hat.

Als in erheblichem Maße psychisch bedingte Krankheitsbilder werden zur Zeit die folgenden angesprochen: gastrointestinale Störungen (Gastritis, Magen- und Darmgeschwüre, übermäßiger oder wesentlich herabgesetzter Appetit, nervöses Erbrechen, Diarrhöe, Obstipation), Asthma, rheumatische Arthritis, Kreislaufstörungen (›Herzneurose‹, erhöhter Blutdruck und Gefäßtonus = ›essentielle Hypertonie‹, Ohnmachtsanfälle infolge eines plötzlichen Absinkens des Blutdrucks = ›Synkope‹, äußerst schmerzhafte Krampf-Verengungen der Koronararterien, die den Herzmuskel mit Blut versorgen = ›Angina pectoris‹), Überfunktion der Schilddrüse (›Hyperthyreoidie‹, ›Schock-Basedow‹, Kropf), Zuckerkrankheit (›Diabetes mellitus‹ infolge unzureichender Insulinproduktion in der Bauchspeicheldrüse), Hautleiden (Urtikaria, Akne, Pruritus), Menstruationsstörungen, Migräne, Allergien und die Lungentuberkulose.

Es gibt eine Reihe von Versuchen, jedem dieser Krankheitsbilder einen besonderen *Persönlichkeitstypus* zuzuordnen (*F. Dunbar*, 1954); in Anbetracht der forschungstechnischen Dürftigkeit der meisten dieser Untersuchungen scheinen ihren Ergebnissen gegenüber aber starke Vorbehalte am Platz. *F. Alexander* weist darauf hin (1951), daß die Korrelate zu den psychosomatischen Syndromen nicht in Strukturbildern der Persönlichkeit, sondern in unterbewußten Emotional-Konstellationen gesucht werden müssen. Danach scheint es zweifelhaft, ob man die Gruppe der Personen, die später einmal z. B. rheumatische Beschwerden haben werden, schon vor dem Auftreten dieses Störungsbildes als einen charakterologisch auch nur einigermaßen homogenen Typus auffassen darf. Nach Entfaltung des Syndroms ist allerdings damit zu rechnen, daß die Gemeinsamkeit der Beschwerden auf dem Wege über den Lebensstil, den sie den Patienten nahelegen oder sogar aufzwingen, typenbildend wirken könnte. Die in der Literatur gebotenen Typenschilderungen scheinen am ehesten noch zugunsten der von *H. Eppinger* und *L. Heß* (1910) vorgenommenen Unterscheidungen zwischen *Sympathikotonikern* und *Vagotonikern* zu sprechen. Die ersteren werden in ihrem Verhalten als willentlich gestrafft, energisch, ernst und ruhelos geschildert, die letzteren als ruhig, passiv, gemütsbetont und manchmal etwas schlaff. Fälle von Allergien (auch Asthma) finden sich häufig (aber nicht immer!) auf seiten der Vagotoniker, da das beim allergischen Anfall in übermäßiger Weise in die Blutbahn ausgeschiedene Gewebshormon Histamin ein Vagusstoff ist, der seinerseits zur Erweiterung der peripheren Blutgefäße und damit zur Senkung des Blutdrucks führt.

Da psychosomatische Störungen einzelne Komponenten des Affektgeschehens verselbständigen und chronisch fixieren, erscheint es notwendig, bei der Behandlung solcher Störungen auf die jeweilige Affektlage des Patienten besondere Rücksicht zu nehmen und z. B. nach Kräften Situationen zu vermeiden, in denen die betreffenden Affektkomponenten auch beim Normalen besonders angeregt zu werden pflegen. Dringt man in die Persönlichkeit des Patienten tiefer ein, so erhebt sich meistens die Frage danach, wie dieser auf die im Leben nun einmal unvermeidlichen *Schuldgefühle* reagiert, ob er sich diesen z. B. passiv und melancholisch hingibt (vagotone Reaktionen) oder ob er sie durch eine krankhafte Aktivitätssteigerung zu übertönen versucht (sympathikotone Reaktion). Beim Vorliegen konstitutioneller Voraussetzungen (vegetativer Unausgeglichenheit) kann jede der beiden Reaktionsformen sogar zum plötzlichen Tode führen (z. B. der ›*psychogene Tod*‹ bei Asthmatikern, nach *A. Jores*, 1956).

In den sog. Primitivgesellschaften ereignet sich das Dahinsterben als Folge eines *Tabubruches* nicht selten. Auch im Bereich der technischen Zivilisation hat es viel für sich, hinter den psychosomatischen Syndromen nach unbewältigten oder nur zum Schein bewältigten Schuldgefühlen zu suchen. Die Auseinandersetzung mit diesen kann entweder durch religiöse Beratung und deren sakramentale Gnadenmittel *(Beichte, Buße)* erfolgen oder auch auf dem Wege eines tiefenpsychologisch geführten Gesprächs. Prinzipiell ist *Jores* zuzustimmen, der Krankheit als einen selbstzerstörerischen Akt auffaßt, der »vorzugsweise – aber nicht ausschließlich (Infektionskrankheiten) –

dann vollzogen wird, wenn das Leben aus äußeren (Gefangenschaft) oder inneren Gründen (spezifisch menschliche Krankheiten) keine Möglichkeit zur Selbstentfaltung mehr hat oder diese an dem natürlichen Ende des Lebens vollendet ist«.

Psychotherapie. Nach amerikanischen Schätzungen bedürfen etwa 5—10 Prozent der Gesamtbevölkerung einer psychotherapeutischen Hilfe, da ihre Lebensschwierigkeiten durch die Betätigung neurotischer *Abwehrmechanismen* (→ *Neurose*) für die private Einflußnahme (Zuspruch und Beratung) von Familienangehörigen, Freunden, Berufskameraden, Lehrern usw. kaum mehr zugänglich sind. In den Industrieländern Europas ist die Bereitschaft zur Übernahme der neurotischen *Krankenrolle* und damit die zur Wahl einer psychotherapeutischen Partnerrolle zwar im Augenblick wahrscheinlich noch geringer als in den USA; es besteht jedoch der Eindruck, daß sie in etwa dem gleichen Maße zunimmt wie die Anteilnahme weiterer Bevölkerungsschichten am mittelständischen Lebensstil der Großstädte. Diese Vermutung gründet zum Teil in den sorgfältigen statistischen Untersuchungen, die *A. B. Hollingshead* und *F. C. Redlich* (1953) im Stadtgebiet von New Haven (Connecticut) angestellt haben. Aus diesen ergibt sich (Tab. 11), daß Neurosen in der soziologischen Schicht des gehobenen Mittelstandes (II) besonders häufig auftreten. Dieser Schicht gehören 8,4 Prozent der Normalbevölkerung, aber 19,6 Prozent der Neurotiker an; das Verhältnis liegt daher bei 1 : 2,3 (Klammerwerte in Tab. 11). Die *Psychose* ist hingegen vorwiegend ein Phänomen der wirtschaftlich am wenigsten günstig gestellten Bevölkerungsteile (V; Relativwert = 2,5). Soziale Unterschiede bestehen auch hinsichtlich der Behandlungsart (etwa 1/4 der Neurotiker in der untersten Schicht wird bloß mit pharmakologischen Beruhigungsmitteln behandelt) und auch im Falle einer Einzeltherapie (z. B. Psychoanalyse) für deren mittlere Dauer.

Schicht	Prozentuale Verteilung			Einzelpsychotherapie von Neurosen	
	Normale	Neurosen	Psychosen	Häufigkeit (%)	Mittl. Dauer (Monate)
I	3,2	2,2 (0,7)	0,7 (0,2)		
II	8,4	19,6 (2,3)	3,0 (0,4)	97	15
III	22,6	25,6 (1,1)	10,1 (0,4)	84	10
IV	47,4	39,0 (0,8)	40,4 (0,9)	75	10
V	18,4	13,6 (0,7)	45,8 (2,5)	59	8

Tab. 11

Die therapeutischen Methoden lassen sich in vier große Gruppen einteilen, von denen allerdings die erste nicht im eigentlichen Sinn als psychotherapeutisch anzusprechen ist:

1. *Organische Therapie*, in deren Bereich Ruhekuren, Massage, Diathermie, Faradisation, Heilbäder, pharmakologische Beruhigungsmittel, *Schocktherapie* mittels Insulin, Cardiazol oder Elektrizität, chirurgische Eingriffe, wie z. B. die Durchtrennung der Leitungsbahnen zwischen dem Stirnlappen und dem Zwischenhirn (frontale *Lobotomie*) sowie Ausschneidungen im Bereich des vegetativen Nervensystems (Sympathektomie und Vagotomie) gehören. Noch im letzten Jahrzehnt seines Lebens hielt *Freud* (vgl. *E. Jones*, 1953) es für nicht unwahrscheinlich, daß in Zukunft Neurosen auf medikamentösem Wege und ohne eigentliche Psychotherapie geheilt werden würden. Diese Möglichkeit besteht zwar zur Zeit noch nicht, es wäre aber angesichts neuerer Erfahrungen mit der chemischen Beeinflussung psychotischer Zustandsbilder falsch, sie unberücksichtigt zu lassen.

2. *Suggestivtherapien*, und zwar indirekte *Suggestion* durch eindrucksvolle aber unspezifische Heil- und Beruhigungsmittel (›*Placebo*-Effekt‹), direkte Suggestion im Wachzustand, die ihrer Intention nach intellektuell aufklärende *Persuasionstherapie* von *P. Dubois* (1907), die *Autosuggestions*methode von *F. Coué* (1924; Selbstzusprache: »Es geht mir täglich in jeder Hinsicht besser und besser«) und neuerdings das *›positive Denken‹ (N. V. Peale)*, Suggestionen im Zustand der → *Hypnose*. Der Autosuggestion verwandt sind die ursprünglich zumeist auf religiöser Basis entwickelten *Meditationsübungen* (›Willensschulung‹), durch die Veränderungen des Muskeltonus und der vegetativen Gleichgewichtslage erzielt werden (*Yoga* des Hinduismus, *Relaxationstherapie* nach *A. P. Call*, 1891, und *E. Jacobson*, 1929, ›*autogenes Training*‹ nach *J. H. Schultz*, 1932).

3. *Expressive Therapien*, bei denen durch übermäßige Angstentwicklung aufgestaute Affektspannungen abreagiert werden: *Katharsistherapie* von *Breuer* und *Freud* (neuerdings auch als *Hypnoanalyse* bezeichnet), *Narkoanalyse*, Gelegenheit zum Austoben, *Spieltherapie* (namentlich mit Kindern).

4. *Dialektische Therapien*, bei denen sich das *Selbstbild* des Patienten im Zuge von Rede und Gegenrede so umformt, daß es die schattenhaften (›verdrängten‹), meist angstbesetzten Bereiche des eigenen Wesens in sich aufzunehmen imstande ist: *Psychoanalyse* sowie die abgeleiteten Verfahren von *A. Adler* und *C. G. Jung*, *Logotherapie (V. E. Frankl)*, *Daseinsanalyse (L. Binswanger, M. Boß, V. E. v. Gebsattel)*, *Non-direktive Beratung (C. R.*

Rogers), Gruppentherapie (S. R. Slavson), Psychodrama (J. L. Moreno).

Die Unterscheidung der vier Gruppen läßt sich allerdings nicht ganz scharf durchführen, da die meisten Methoden mehr als einen Wirkungsaspekt besitzen; in keiner fehlt z. B. das suggestive Element völlig.

Die neuere Psychotherapie beginnt mit den *›magnetischen‹ Kuren F. A. Mesmers* (1779), bei denen krisenhafte Affektausbrüche (Lachen, Weinen, Krampfzustände, Ohnmachtsanfälle usw.) eintraten. Es kam dabei auch nicht selten zu einer erotischen Fixierung der Patienten auf den Therapeuten, eine Erfahrung, von der in *Mozarts* Oper ›Cosi fan tutte‹ (1790) der reizvollste Gebrauch gemacht wird. Aus den magnetischen Kuren entwickelte sich der namentlich in der zweiten Hälfte des 19. Jh. in Frankreich intensiv gepflegte Hypnotismus (*A. A. Liébeault, H. Bernheim, J. M. Charcot;* die Hauptwerke der beiden letzten — vier stattliche Bände — wurden von *Freud* zwischen 1886 und 1894 ins Deutsche übersetzt), ferner die Gruppentherapie (an den Sitzungen Mesmers nahmen in der Regel mehrere Personen teil) und vor allem die als *›Katharsis‹* (= ›Reinigung‹ im Sprachgebrauch der Hippokratischen Ärzte und der von *Aristoteles* in der ›Poetik‹ vorgetragenen Wirkungsanalyse der Tragödie) bezeichnete Therapie des Wiener Arztes *J. Breuer* (1842—1925; → Gleichgewichtsinn). Unter Hypnose wurden dabei die Symptome hysterischer Patienten bis zum Zeitpunkt ihres erstmaligen Auftretens zurückverfolgt; die Wiederherstellung dieses Zustandes war in der Regel von einer Intensivierung des Symptoms begleitet, das danach aber meist verschwand. In den ›Studien über Hysterie‹ (1895) haben Breuer und Freud diese Form der Therapie an Hand von fünf weiblichen Fällen beschrieben, von denen der von Breuer in den Jahren 1880—1882 behandelte Fall der ungewöhnlich intelligenten Patientin ›Anna O.‹ historische Bedeutung besitzt. Wie *E. Jones* (1953) ausführt, war sie (*B. Pappenheim,* 1859—1936) die eigentliche Entdeckerin der Methode; von ihr stammt auch deren Bezeichnung als einer ›talking cure‹ (= Besprechungskur).

Die Erfahrung, daß sich in einzelnen Fällen kein hypnotischer *Rapport* herstellen läßt, und wohl auch die in seiner eigenen Natur begründete Abneigung gegen die Rolle des Hypnotiseurs veranlaßten *Freud* dazu, die Hypnose ganz aufzugeben. An ihre Stelle trat ein Wachzustand, in dem sich die Patienten völlig ihren Einfällen — mögen diese auch scheinbar noch so ungeordnet, sinnlos und unter Umständen anstößig sein — zu überlassen haben. Es wird ihnen aufgetragen, alles, was ihnen in den Sinn kommt, auszusprechen (*›analytische Grund-*

regel‹) und gelegentlich auch zu Einzelheiten, namentlich zu Traumelementen, frei zu assoziieren. Das Verfahren wird dadurch zu einem dialektischen, daß Patient und Therapeut sich gemeinsam um die Deutung dieser Einfälle bemühen, wobei diese als Kompromißbildungen zwischen aktuellen oder in der frühen Kindheit stattgehabten Erlebnissen und Wunschphantasien einerseits und im Augenblick wirksamen Abwehrerregungen (Scham, Angst, allgemein als ›*Widerstände*‹ bezeichnet) andererseits aufgefaßt werden. An die älteren hypnotischen Verfahren erinnert nicht nur das äußere Arrangement der Behandlung, bei der die Patienten meist auf einem Sofa liegen, der Therapeut sich aber außerhalb ihres Blickfeldes befindet, sondern auch das Auftreten starker affektiver, positiver und negativer, Zuwendungen des Patienten zum Therapeuten. Man bezeichnet diese als ›*Übertragung*‹ und nimmt an, daß es sich um Gefühlsregungen handelt, die ursprünglich anderen Personen, vor allem den Eltern, galten, zu deren Stellvertreter nun aber der Psychotherapeut in unbewußter Weise gemacht wird. Überraschende Ähnlichkeiten bestehen zwischen dem psychoanalytischen Verfahren und einer therapeutischen Methode der Antike, die *Aristophanes* in der Komödie ›Wolken‹ (um 425 v. Chr.) mit karikaturistischer Übertreibung schildert und dem *Sokrates* zuschreibt.
Freud hat mehrfach betont, daß jede Behandlungsmethode, die auf den beiden Phänomenen des Widerstandes und der Übertragung basiert, als ›*Psychoanalyse*‹ zu bezeichnen sei, da sich in ihnen sowohl die augenblickliche als auch die in früheren Lebensabschnitten wirksame psychische Dynamik der Patienten darstelle. Die Heilwirkung des Verfahrens beruht wesentlich auf der Entschärfung von Konfliktstoffen, die sich daraus ergibt, daß der Patient diese bewußt als Lebensrealitäten ins Auge zu fassen lernt, statt sie in den Schattenbereich des Unbewußten abzudrängen. Diesen Sachverhalt hat bereits *Nietzsche* (›Götzendämmerung‹, 1888) durch die prägnante Formulierung vorweggenommen: »Wofür wir Worte haben, darüber sind wir auch schon hinaus.« Es bleibt dabei allerdings unbestimmt, ob das Haben-der-Worte *(›Einsicht‹)* als Voraussetzung der Heilung aufzufassen ist, oder ob vielleicht das Bewußtwerden verdrängter Inhalte nur die Entspannung der Affektlage anzeigt. Neuere, auf der → *Lerntheorie* fußende Interpretationen des psychotherapeutischen Geschehens (*E. J. Shoben*, 1949; *J. Dollard* und *N. E. Miller*, 1950; *P. R. Hofstätter*, 1952; *O. H. Mowrer*, 1953) denken an eine Interdependenz dieser beiden Vorgänge; die Entspannung der Affektlage erleichtert die Einsicht und diese selbst ermöglicht eine weitere Entspannung.

Die Unterschiede zwischen den einzelnen tiefenpsychologischen Behandlungsweisen (die Therapien von C. G. *Jung* und A. *Adler* sowie *Existenz-* und *Daseinsanalytik*) beziehen sich hauptsächlich auf die Aspekte, unter denen die Deutung der vom Patienten beigebrachten Einfälle und Träume sowie die Strukturierung seines Selbstbildes angestrebt wird. In diesem Punkt hängt das gewählte Verfahren sehr stark von der Weltanschauung des Therapeuten ab. Das gilt auch für die von C. R. *Rogers* (1942) entwickelte Methode, die das Deuten auf ein Minimum (die akzentuierende Nachformulierung der Aussagen des ›Klienten‹ durch den Berater; ›*client-centered-therapy*‹) beschränkt, da sie darauf vertraut, daß der Patient das seinem Wesen adäquate Selbstbild von sich aus finden wird, sofern ihm nur die Möglichkeit geboten wird, sich in einem Milieu des verständnisvollen Wohlwollens auszusprechen. Eine Steigerung des Sich-Aussprechens zum dramatischen Dialog beinhaltet das sog. *Psychodrama*, das der Wiener Arzt J. L. *Moreno* aus Erfahrungen mit dem sog. Stegreiftheater (1923) entwickelte. Die *Gruppentherapie* endlich gibt dem Patienten die Möglichkeit, seine Übertragung auf mehrere (meistens 5–6) Personen zu verteilen und sein Selbstbild in der Auseinandersetzung mit diesen zu gestalten. Im Prinzip bemühen sich sämtliche dialektische Methoden um die Herstellung einer sozialen Partner-Relation; sie tragen damit dem Umstand Rechnung, daß jede Neurose durch den Verlust sozialer Bezüge charakterisiert ist.

Die klassischen Psychoanalysen *Freuds* erstreckten sich oftmals über sehr lange Zeiträume, d. h. über mehrere Jahre mit fünf bis sechs Sitzungen in der Woche; noch heute sind Behandlungen im Umfang von 2000 Sitzungen keine Seltenheit. Versuche zur Beschleunigung des Verfahrens (›*aktive Therapie*‹) stammen von W. *Stekel* und aus der Schule F. *Alexanders* in Chicago; bei diesen Verfahren steuert der Therapeut in größerem Maße Deutungen bei, die vom Patienten selbst noch nicht gefunden wurden.

Angesichts der Vielheit der in den letzten drei bis vier Jahrzehnten ausgebildeten Formen der Therapie ist es überraschend, wie geringfügig sich die *Heilungserfolge* der einzelnen Methoden voneinander unterscheiden. H. J. *Eysenck* stützt sich (1952) auf fünf Statistiken mit zusammen 760 Fällen von Neurosen, die psychoanalytisch behandelt wurden, und auf neunzehn Statistiken mit zusammen 7293 nach verschiedenen anderen Methoden (›eklektisch‹) behandelten Fällen. Als ›geheilt‹, ›wesentlich gebessert‹ und ›gebessert‹ werden im Durchschnitt der psychoanalytischen Studien 44 Prozent (Spanne: 39 %–67 %) bezeichnet, in den eklektischen Studien 64 Prozent (Spanne: 41 %–77 %). *K. E. Appel* und seine Mitarbeiter verwerten (1953) zwölf Berichte mit zusammen 4131 Neurosefällen, die nach den verschiedensten Methoden für mindestens drei Monate behandelt wurden; der Durchschnittserfolg liegt bei 67 Prozent (Spanne: 55 %–87 %). Diese Erfolge übertreffen die nicht-tiefenpsychologischer Verfahrensweisen (Ruhekuren, Beruhigungsmittel, guter Zuspruch, Milieuwechsel usw.) keineswegs (vgl. das auf amerikanische Erfahrungen gestützte Sammelreferat von *P. R. Hofstätter*, 1957). Allerdings sind auf diesem Gebiet statistische Angaben nur mit sehr geringer Genauigkeit möglich, da für die Bewertung der Einzelfälle hinsichtlich ihrer ›Schwere‹ und bezüglich des Grades ihrer Heilung keine Vergleichsmaßstäbe zur Verfügung stehen. Letzten Endes läßt sich aber die Beurteilung der Leistungsmöglichkeiten einer Methode und ihrer eventuellen Überlegenheit über andere Methoden nur an Hand von Erfolgsstatistiken durchführen. Diese Betrachtungsweise steht jedoch in einem oft recht krassen Widerspruch zu der auf das Einzelindividuum bezogenen Orientierung vieler Psychotherapeuten, die bisweilen sogar die Zusammenfassung der Einzelfälle nach Syndromgruppen (Hysterien, Zwangsneurosen usw.) für irreführend halten.

Auf die Tatsache, daß beinahe 30 Prozent der Patienten eine tiefenpsychologisch geführte Behandlung vorzeitig abbrechen, weist die von *R. P. Knight* (1941) zusammengestellte Statistik (Tab. 12) hin. Als mutmaßliche Gründe kommen dafür das spontane Verschwinden der Symptome (Remissionen), die finanzielle Belastung, das Überhandnehmen von Widerständen und Angst sowie die negative Übertragung (Abneigung gegen den Therapeuten und Verlust des Vertrauens zu ihm) in Betracht. Die Tabelle zeigt außerdem die sehr unterschiedlichen Erfolgschancen des Verfahrens bei den einzelnen diagnostischen Kategorien.

Diagnose	Gesamtanzahl	Vorzeitig abgebrochen (%)	Prozentsatz der geheilten und wesentlich gebesserten Fälle	
			von Behandelten	im ganzen
Organneurosen	55	42	78	45
Psychoneurosen	534	28	63	45
Charakterneurosen	111	25	57	42
Sprachstörungen	15	20	50	40
Sexualstörungen	47	27	42	34
Chron. Alkoholismus	28	32	37	25
Psychosen	151	39	25	15

Tab. 12

Soweit es um Neurosen im engeren Sinne geht, erscheint die zur Zeit mehrfach, z. B. von *Appel* und seinen Mitarbeitern (1953), vertretene Anschauung berechtigt, daß unspezifische und nahezu allen Formen der psychotherapeutischen Bemühung gemeinsame Faktoren für den Behandlungserfolg verantwortlich gemacht werden müssen. Diese Faktoren lassen sich wie folgt aufzählen: Vertrauensbindung an einen Helfer, Atmosphäre des verstehenden Wohlwollens, Möglichkeit der Aussprache, Auflockerung des Denkstils durch Entlastung von logischen Anforderungen, Abreagieren von Handlungsimpulsen im Medium des Gesprächs, In-Frage-Stellen des gewohnten Selbstbildes. Auskunft darüber, wie diese Faktoren zweckmäßig angesetzt werden können, dürfte von einer Theorie des psychotherapeutischen Prozesses zu erwarten sein, an deren Gestaltung im Augenblick sowohl Lern-Psychologen wie Sozialpsychologen beteiligt sind. Obwohl die Theorie erst in einzelnen Ansätzen vorliegt, ist doch schon damit zu rechnen, daß sie mindestens fünf Postulate enthalten wird: 1. Es handelt sich beim psychotherapeutischen Prozeß um einen Ablauf innerhalb eines Systems sozialer Partnerrollen (Paar oder Gruppe); 2. der Patient befindet sich in einem Lernvorgang, der zur Klärung und Lösung seines aktuellen Lebensproblems führen soll; 3. das Lernen erfolgt im Zuge eines Agierens mit Worten und an den Erfolgen, die diese beim Partner auslösen; 4. das Vorstellungsbild des eigenen Wesens und der Umwelt wird durch diesen Lernvorgang umgestaltet; 5. das Selbstbild korrespondiert mit Einstellungen im Bereich der zentralnervösen und der vegetativen Steuerung des Organismus.

Reiz und Reaktion. Biologisch betrachtet spielt sich das gesamte Bewußtseinsgeschehen zwischen den *Rezeptor-* und den *Effektororganen* unseres Körpers ab. Ereignisse außerhalb und innerhalb des Körpers, die einen Rezeptor aktivieren, heißen Reize. Die Folgen der Aktivierung eines Effektors nennt man Reaktionen, obwohl sie besser als Aktionen bezeichnet würden, da das Wort ›reagieren‹ bereits eine feste und als solche bekannte Zuordnung der Tätigkeit eines Effektors zu der eines Rezeptors voraussetzt. Die Vorstellungen, mit deren Hilfe man sich den Zusammenhang zwischen den am Körper nachweisbaren Vorgängen und den seelischen Prozessen verständlich zu machen versucht, konstituieren das sog. → *Leib-Seele-Problem*, das selbst mehr in den Rahmen der Philosophie als in den der empirischen Psychologie oder den der Biologie gehört. Auf dem Boden dieser Disziplinen lassen sich bloß die Bedingungen studieren, unter denen → *Bewußtsein* auftritt, nicht aber dessen eigentliches Wesen.

Reiz und Reaktion

Die Effektor-Ereignisse zerfallen in zwei große Klassen; es handelt sich entweder um die Kontraktion von Muskeln oder um die Ausscheidung chemischer Substanzen. Letzten Endes dürften sich auch die Muskelkontraktionen als chemische Zustandsänderungen in Geweben beschreiben lassen. Für die Aktivierung von Rezeptoren kommen im Prinzip sämtliche Formen der physikalisch-chemischen Energie in Frage: die kinetische Energie bewegter Körper, die Schwere-, Flieh- und Trägheitskräfte, die kinetische Energie der ungeordneten Bewegung von Atomen und Molekülen (Wärme), elektromagnetische Wellen, chemische Energie. Allerdings besitzen Organismen nach Maßgabe ihres Bau- und Lebensplanes (*J. v. Uexküll*, → Anlage und Umwelt) nur für einzelne Energieformen und unter diesen nur für einzelne ihrer Variationsbereiche (→ Psychophysik) Rezeptoren,

Reiz	Rezeptor	Empfindung	Mögliche Bedeutung
Elektromagn. Wellen (Länge $\leq 10^{-5}$ cm)	–	–	–
Elektromagn. Wellen 10^{-5}–10^{-4} cm	Retina	Farben, Helligkeiten	Gegenstände, Personen
Elektromagn. Wellen 10^{-4}–10^{-2} cm	Hautzellen	Wärme, Kälte	Feuer, Eis
Mechanische Schwingungen 20 – 20 000 Hz	Inneres Ohr: Schnecke	Tonhöhe, Lautstärke, Klänge und Geräusche	Stimmen, Musikinstrumente
Druck	Hautzellen	Berührung	Metalle und Gewebe
Kopfbewegung	Inneres Ohr: Vestibularapparat	Gleichgewicht	Stürzen, Drehung
Chemikalien in wäßriger Lösung	Geschmackszellen	süß, sauer, bitter, salzig	Speisen
Chemikalien im gasförmigen Zustand	Riechzellen	Gerüche	Blumen
Chemische u. mechan. Zustandsänderungen des inneren Milieus	Zellen in den Eingeweiden	Druck, Spannung	Hunger, Durst
Hohe Energiebeträge jeder Art	Freie Nervenendigungen	Schmerz	Wunden, Erkrankungen

Tab. 13

obwohl sie natürlich der Wirkung sämtlicher Energieformen, auch der für sie nicht bemerkbaren (z. B. Röntgen- und Korpuskelstrahlen), ausgesetzt sind. Tab. 13 (nach *R. Stagner* und *T. F. Karwoski*, 1952) gibt eine Zusammenstellung der wichtigsten Reiz-Rezeptoren-Kopplungen.

Auf dem einfachsten Niveau der Phylogenese vereinigen sich Rezeptor- und Effektor-Funktionen noch in einer einzigen Zelle, die sowohl *Irritabilität* (Reizempfänglichkeit) wie *Kontraktilität* (Möglichkeit der Formveränderung) besitzt. Die spätere Differenzierung führt zur Aufteilung dieser beiden Funktionen auf die *Sinnesorgane* einerseits und die *Muskeln* andererseits sowie zur Ausgliederung einer dritten, dazwischen geschalteten Funktion, der die Erregungsleitung von den Rezeptoren zu den Effektoren obliegt. Drei Stadien dieser Entwicklung zeigt Abb. 76. Bild A stellt ein einzelnes Segment des Körpers eines Schwammes dar, das sich zu kontrahieren und damit die Pumparbeit des Organismus zu leisten vermag; es handelt sich um einen Urmuskel, der — wie auch noch die Muskeln unseres eigenen Körpers — ein gewisses Maß an Irritabilität besitzt. In Bild B ist die Aufteilung der beiden Funktionen bereits erfolgt und in Bild C auch schon die Zwischenschaltung eines Leitungssystems in der einfachsten Form einer einzigen *Ganglien*- oder *Nervenzelle (Neuron)*. Von diesem Moment an kann man zwischen einer *sensorischen (afferenten* oder *zentripetalen) Erregungsleitung* (vom Rezeptor zum *Adjustor-Neuron*) und einer *motorischen (efferenten* oder *zentrifugalen) Leitung* (vom Adjustor-Neuron zum Effektor) unterscheiden.

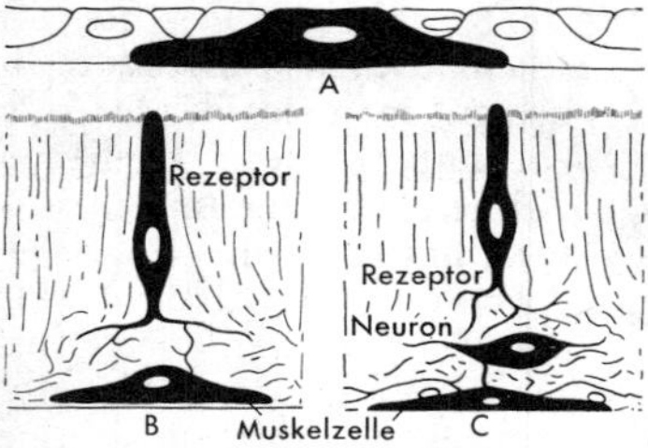

Abb. 76: Die Evolution der Steuerungseinrichtungen des Verhaltens (nach G. H. Parker, 1919)

Abb. 77 zeigt die aus einem sehr kleinen *Zellkörper* (0,01 bis 0,15 mm), *Achsenfortsatz (Axon* oder *Neurit)* und Verzweigungen *(Dendriten)* bestehende *Nervenzelle*, die Verbindung zwischen zwei Neuronen *(Synapse)* und die zwischen einem besonders langen Achsenfortsatz (er kann bis zu einem Meter lang werden und ist in der Regel mit einer Mark- bzw. *Myelin-Schicht* umgeben) und den Muskelfasern. Was wir als ›*Nerven*‹ bezeichnen, sind Bündel, die bis zu eintausend oder mehr Neuriten enthalten. Das Bild gibt allerdings nur einen recht dürftigen Eindruck von der überaus komplizierten Struktur der Synapse, in der die Endverzweigungen der Dendriten einer Nervenzelle den Körper und die Dendriten einer anderen berühren. Eine und vielleicht die wichtigste Aufgabe der Synapsen ist die Bestimmung der Richtung des Erregungstransports im Nerven; sie wird dadurch gewährleistet, daß Impulse stets nur von den Endverzweigungen auf den Zellkörper, dem sie anliegen, übergehen können, aber nie umgekehrt. Ob es sich dabei um eine elektrische oder eine chemische Wirkung handelt, steht noch zur Debatte. In schematischen Darstellungen bedient man sich der in Abb. 80 (unten) wiedergegebenen Zeichen, um die Impulsrichtung anzudeuten.

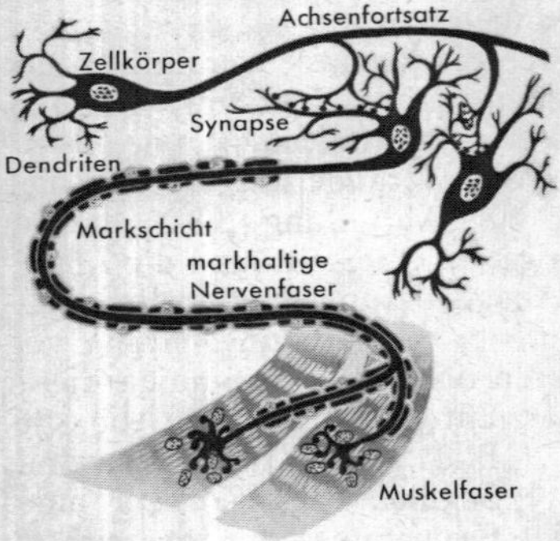

Abb. 77: Der Aufbau der Nervenzelle und ihre Verbindungen mit anderen Nervenzellen und mit Muskeln (nach D. D. Wickens und D. R. Meyer, 1955)

Auf die Frage nach der Natur des in den Nervenfäden geleiteten Erregungszustandes gibt es zwei bestimmt unrichtige Antworten und leider noch keine ganz befriedigende. Als unmöglich erweist sich einerseits der Vergleich der Neuriten mit Kanälen, in denen Flüssigkeiten oder Gase (*spiritus animales*, → Leib-Seele-Problem) strömen (so dachte noch *A. v. Haller*, 1747), und andererseits der mit elektrischen Leitungsdrähten (*J. Müller*, 1846). Beiden Auffassungen widerspricht die erstmalig von *H. Helmholtz* (1852) ermittelte *Geschwindigkeit des Impulstransports*, die zwischen 1 und 120 m pro Sekunde (das wären im Höchstfall nahezu 450 km pro Stunde) liegt. Für die Strömung von Flüssigkeiten und Gasen in sehr engen ›Röhren‹ (Durchmesser: 0,001–0,020 mm) sind diese Werte zu hoch, für die von Elektrizität hingegen zu niedrig. Im Gefolge J. Bernsteins (1871) stellt man sich den Erregungszustand in Nervenfasern als eine vorübergehende Veränderung in deren Randschicht *(Membran)* vor, die allmählich von einer Stelle auf die nächste übergreift, während sich an der einen Stelle nach einiger Zeit wieder der ursprüngliche Zustand einstellt. Im Ruhezustand ist die Membran für Ionen selektiv durchlässig (semipermeabel); an ihrer Außenseite konzentrieren sich die positiven Ionen, an der Innenseite die negativen. Wird eine Faser jedoch verletzt oder gereizt, so kommt es zu einem Ausgleich dieses elektrischen Spannungsgefälles bzw.

zur Depolarisation der Membran (*W. Ostwald*, 1890; *J. Bernstein*, 1902; *R. S. Lillie*, 1922). Durch lokale elektrische Stromwirbel (›*eddy currents*‹, *A. L. Hodgkin*, 1937) breitet sich die Depolarisation längs der Faser aus; es scheint, daß dieser Vorgang der Reizleitung in einem Nerven entspricht. Mit elektrischen Meßgeräten läßt er sich als ein zweiphasiger *Aktionsstrom* registrieren (Abb. 78).

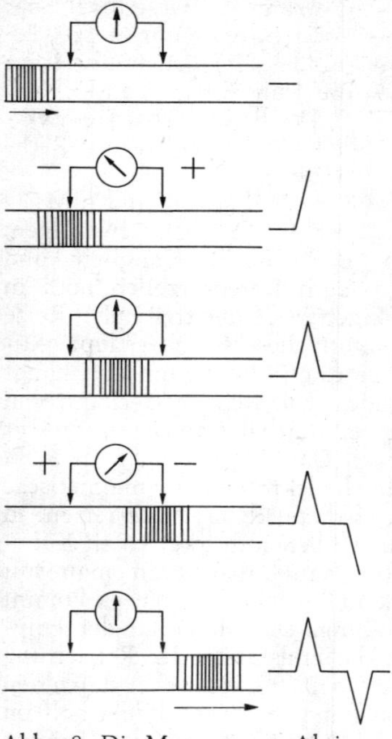

Abb. 78: Die Messung von Aktionsströmen in Nervenfasern
links: der Durchgang einer Erregungswelle unter den Elektroden eines Voltmeters
rechts: die Entstehung eines zweiphasigen Strombildes
(nach E. Gardner, 1952)

Im Falle der Erregung folgen Ganglienzellen dem *Alles-oder-Nichts-Gesetz*, d. h. daß das Ausmaß ihrer Reaktion auf einen Reiz nur insofern von dessen Intensität abhängt, als diese einen kritischen Schwellenwert überschreiten muß. Trifft das zu, so antwortet das Neuron mit Potentialschwankungen, deren Energie aus ihm selbst und nicht von der des auslösenden Reizes stammt. Den Hergang einer solchen Reaktion zeigt in schematischer Darstellung Abb. 79. Am auffälligsten ist der als *Spitzenpotential* bezeichnete (negative) Ausschlag, dem lokale Prozesse geringeren Umfangs vorausgehen und auf den negative und positive Nachpotentiale folgen. Während des Spitzenpotentials und kurz danach ist eine Ganglienzelle für neue Reize völlig unerregbar (›*absolute refraktäre Phase*‹), darauf folgt eine kurze Periode der übernormalen und eine längere der unternormalen Erregbarkeit. Die absolute refraktäre Phase dauert etwa eine Millisekunde, der Gesamtvorgang nimmt bis zu einhundert Millisekunden in Anspruch. Aufeinander folgende Reize müssen daher mindestens einen Abstand von einer Millisekunde einhalten, um von derselben Nervenfaser geleitet werden zu können. Diese Tatsache ist vor allem

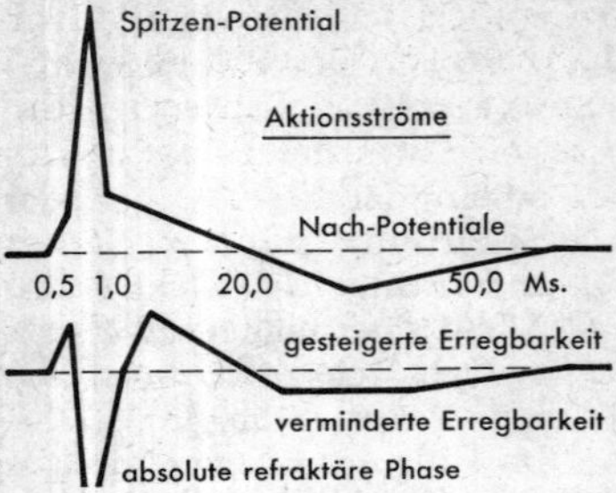

Abb. 79: Der Erregungsverlauf in einem Neuron

für die Physiologie des → *Gehörsinnes* von Bedeutung, da es sich hier ja um Impulsfrequenzen handelt, die zum Teil wesentlich über 1000 Schwingungen pro Sekunde (Hz) liegen; ihr trägt die von *E. G. Wever* und *C. W. Bray* (1930) entwikkelte ›*volley-theory*‹ Rechnung.

Ch. Bell (1811) und *J. Müller* (1838) konnten zeigen, daß einzelne Ganglien- und auch Rezeptorzellen noch in einer zweiten Hinsicht von der Eigenart der sie treffenden Reize weitgehend unabhängig sind; sofern diese sie überhaupt aktivieren und die Erregung sich in eine Empfindung umsetzt, hängt die Qualität dieser Empfindung nicht vom Reiz, sondern nur von der Art des Rezeptors bzw. der Leitungsbahn ab *(Prinzip der spezifischen Sinnesenergie)*. Das Auge kann man z. B. durch Lichtstrahlen, aber auch durch elektrische und magnetische Felder sowie mechanisch und auf chemischem Wege reizen, in jedem Fall entstehen Licht- und Farbeneindrücke; einen Kältepunkt der Körperoberfläche (→ Hautsinne) kann man mit Wärme oder auch durch Druck und Säuren reizen, es kommt stets nur zu einer Kälteempfindung. Die Modalität der Empfindung wird somit nur durch die Endstation der Reizleitung im → Gehirn *(Thalamus* und *Cortex)*, nicht aber durch den Reiz selbst bestimmt. Die Intensität von Reizen bildet sich im allgemeinen auf die Aktivität von Neuronen nach dem Prinzip ab, daß die *Impulsfrequenz* in den Neuronen dem Logarithmus der Reizintensität proportional ist (*R. Granit*, 1955, → Psychophysik).

Zwischen Reiz und Reaktion liegt eine Zeitspanne, die als *Reaktionszeit (Latenzzeit)* bezeichnet wird; es ist dies die am ehesten der direkten Messung zugängliche Variable, mit der es die Psychologie zu tun hat und mit der sie sich auch schon seit *F. W. Bessel* (1822) beschäftigt. Ihre Werte erstrecken sich von etwa 30 Millisekunden (Ms), z. B. für den *Patellarsehnenreflex* (→ bedingter Reflex), bis hinauf zu 2000 Ms (*psychogalvanisches Phänomen*, → Gefühle) und noch mehr (20 Sekunden z. B. bei Erröten und Erblassen). Innerhalb dieser Grenzen liegen die gebräuchlichen Laboratoriumsversuche, wie das Niederdrücken einer Taste beim Angehen von Licht oder beim Ertönen einer Glocke (140–250 Ms), das Lesen eines vorgezeigten Wortes (350—550 Ms), die Benennung vorgezeigter Gegenstände des täglichen Lebens (600—800 Ms), *Wahlreaktionen*, bei denen mehrere Reize in spezifischer Weise beantwortet werden sollen (200—1000 Ms), freie → *Assoziationen* (von 1200 Ms aufwärts) und andere mehr. Es fragt sich, wie diese große Variationsbreite der Reaktionszeiten zu erklären ist. Wenn wir von Unterschieden der → *Aufmerksamkeit* absehen, so ergeben sich zunächst vier einfache Abhängigkeiten: 1. von der Art des Rezeptororgans (Zeitbedarf für die Transformation des Reizes in nervöse Impulse, im Falle des Auges etwa 40 Ms); 2. von der Art der Leitungsbahn (die Impulsgeschwindigkeit ist näherungsweise der Quadratwurzel aus dem Durchmesser der Nervenfaser proportional); 3. von der Art des Effektors (Zeitbedarf für die Aktivierung eines Muskels, bei Handreaktionen etwa 50 Ms); 4. von der Intensität des Reizes (die Reaktionszeit ist näherungsweise dem Logarithmus der Reizintensität umgekehrt proportional).

Die Faktoren erklären aber noch keineswegs, warum z. B. das reflektorische Emporschnellen des Unterschenkels als Beantwortung eines Schlages gegen die Kniescheibe (Patellarsehnenreflex) nur 30 Ms auf sich warten läßt, während die willkürliche Ausführung dieser Bewegung oder ein entsprechender → *bedingter Reflex* 400—450 Ms beanspruchen (*H. Schlosberg*, 1928). Grundsätzlich müssen wir daran festhalten, daß niemals Zeit vergeht, ohne daß nicht etwas geschähe, d. h. ohne den Transport nervöser Erregung in Leitungsbahnen. Einer längeren Reaktionszeit entspricht daher immer eine längere, durch eine größere Anzahl von Synapsen unterbrochene Leitungsbahn. Diese Überlegungen führen zu dem in Abb. 80 (in sehr vereinfachter Darstellung) veranschaulichten *Niveau-Schema der Reizbeantwortung*. Wo die Aufgabe der Vp darin besteht, unter mehreren Reizen oder Aktionsmöglichkeiten eine Auswahl zu treffen, hängt der dafür erforderliche Zeitaufwand von der

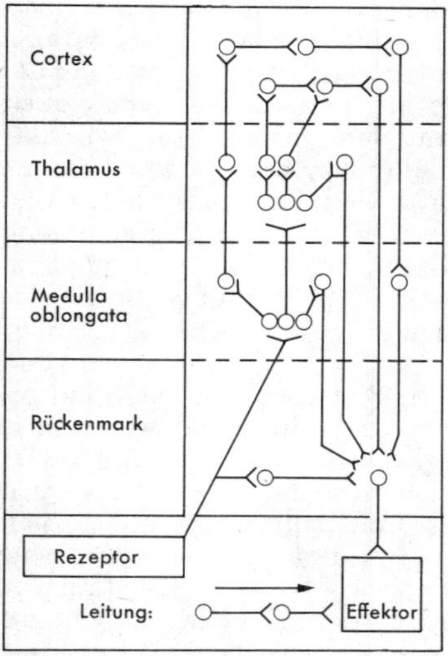

Abb. 80: Vier Niveaus der Reizbeantwortung

Anzahl der möglichen Reize und Reaktionen sowie von deren Häufigkeit ab. Diesen Sachverhalt hat in den letzten Jahren die sog. → *Informationstheorie* sehr deutlich erfaßt. Wahrscheinlich haben wir damit zu rechnen, daß bei schwierigen Wahlen auf dem kortikalen Niveau ein reger Impulstransport zwischen verschiedenen Neuronen, evtl. auch in *geschlossenen Neuronenkreisen* (vgl. Abb. 30, → Gedächtnis), stattfindet.

Schichtenlehre. Aussagen über die → *Persönlichkeit* bzw. den *Charakter* eines Menschen zielen auf eine Vereinheitlichung der Vielfalt der an ihm feststellbaren Merkmale ab; sie suchen für diese den kleinsten gemeinsamen Nenner. Dieses Bemühen könnte zur Bildung blasser Schablonen führen, würde es nicht durch die Feststellung der *Konflikt*momente ergänzt, welche die Einheitlichkeit eines Charakters jeweils in Frage stellen. Auch die Besinnung auf das eigene Wesen zeigt uns, daß wir kaum jemals ganz und uneingeschränkt das sind, was wir der Hauptsache nach zu sein vermeinen oder gar beabsichtigen. Der Mutige kann die Anwandlungen der Furcht nicht überhören, der Gläubige nicht die des Zweifels, und der Sittenreine, dessen ›Geist‹ willig ist, nicht die Versuchungen des ›Fleisches‹. Zur begrifflichen Darstellung dieser Widersprüche in jedem der drei Aspekte, unter denen die Persönlichkeit erfahren wird (Selbstbild, Erscheinung vor anderen und Bild der Welt), bedient man sich von alters her des Prinzips der vertikalen Unterteilung der personalen Einheit in mehrere mit teilweiser Selbständigkeit ausgestattete Bereiche oder Schichten. Insofern die Konfliktspannung innerhalb der Persönlichkeit, der *›Lebenszwiespalt‹* (nach *R. Heiß*, 1936), schlechthin menschlichen und nicht bloß individuellen Charakter trägt, besteht Veranlassung dazu, diese Teilstrukturen in allgemeiner Weise zu formulieren. In der neueren Psychologie ist die Ausgestaltung dieses Modells vor allem mit dem Namen *E. Rothacker* (geb. 1888) verbunden.

Der aristotelische Kosmos, dessen Bild die christliche Schultradition des Mittelalters übernahm, stellt ein in vielfacher Weise nach Schichten und Sphären gegliedertes System dar. Zuunterst liegt die gestaltlose Materie, zuoberst der Geist, dazwischen Dinge, Lebewesen und die Seele. Innerhalb des psychologischen Bereichs unterscheidet *Aristoteles* die allen Lebewesen eigene *›vegetative Seele‹*, die *›animalische Seele‹* (mit der sinnlichen Wahrnehmung, dem Begehren und der Fähigkeit zur willkürlichen Bewegung) und die *›vernünftige Seele‹* als das Prinzip des Denkens und des Wollens. In ähnlicher Weise trennt *Platon* die Begierde (›Epithymia‹) von Mut und Willen

(›Thymos‹) und vom Verstand (›Logistikon‹), wobei er den drei Bereichen einmal verschiedene Regionen des Körpers (Unterleib, Brust und Kopf) und zum andern, in der Außenwelt, die drei Stände (Sklaven, Krieger und die Herrscher-Philosophen) zuordnet. Nicht viel anders verläuft im Denken der hellenistischen Mysterien (Neuplatonismus und Gnosis) die auch dem Apostel *Paulus* (R. *Reitzenstein*, 1927) vertraute Grenzlinie zwischen dem sinnlichen ›Fleischesmenschen‹ (σαρκικός), dem natürlichen ›Seelenmenschen‹ (ψυχικός) und dem begnadeten ›Geistesmenschen‹ (πνευματικός).

Die Dreizahl der Bereiche (Leib, Seele und Geist) ergibt sich aus dem Erlebnis des ethischen Konflikts, an dem das Wissen um das anstrebenswerte Gute und das wertblinde Lustverlangen (›Pflicht und Neigung‹ in der Sprache der deutschen Klassiker) beteiligt zu sein pflegen. In der von beiden Seiten her bedrängten Mittelposition befindet sich die ›Seele‹ oder in *Freuds* Version des Modells (1923) das *›Ich‹* gegenüber dem triebhaften *›Es‹* und dem moralischen *›Überich‹* (→ Tiefenpsychologie). Den Wächtern in Platons Staatsutopie vergleichbar führt das Ich die Befehle des Herrschers (des Überichs als der im → *Sozialisierungsprozeß* verinnerlichten Autoritätsfigur) aus, während es gleichzeitig die Revolte der Sklaven (das Aufbegehren des Es) abwehrt. Die drei Schichten sind daher hierarchisch (vertikal) geordnet, wobei in Anlehnung an die uralte Tradition der *Raumsymbolik* ›oben‹ (oder auch ›hoch‹) mit ›gut‹ und ›unten‹ (oder auch ›tief‹) mit ›schlecht‹ übersetzt wird. Der Lebenszwiespalt zwischen ›Drangwelt‹ und ›Fähigkeitswelt‹ (nach R. *Heiß*) wird allerdings erst im Zuge der Entwicklung des Einzelwesens möglich, nachdem dieses nämlich zur Ausbildung eines Überich bzw. zur Akzeptierung verbindlicher Normen gelangt ist. In diesem Sinne ergibt sich somit auch eine Übertragung der Raumsymbolik in die Dimension der Zeit: Früher = tiefer = mehr triebhaft, gegenüber später = höher = mehr rational. Zur Illustration dieser raum-zeitlichen Verschränkung bieten sich die Schichtsysteme der Geologie und das Ringsystem eines Baumquerschnitts an. In beiden Fällen sind ältere → Entwicklungsstadien erhalten geblieben und nicht vollständig in den Prozeß der Weiterentwicklung eingeschmolzen worden. Etwas Ähnliches gilt von den im Zuge der Phylogenese (Stammesentwicklung) ausgebildeten Abschnitten des Zentralnervensystems. Schon P. J. G. *Cabanis* differenzierte (1799) drei Niveaus: Rückenmark und Stammhirn als das vitale Regulationszentrum, das Zwischenhirn als den Ort der primären (automatisierten) Integration sensorischer und motorischer Impulse und das Neuhirn als Voraussetzung des planmäßigen Handelns (vgl. Abb. 80, → Reiz und Reaktion). Die

Neurologen J. Hughlings *Jackson* (1835–1911) und C. S. *Sherrington* (geb. 1857) erkannten, daß die ›höheren‹ und in ihrer Funktion labileren Zentren vorwiegend einen hemmenden Einfluß auf die ›niedrigeren‹ ausüben. Auch L. *Klages* übernimmt diese Modellvorstellung, wenn er dem ›Geist als Widersacher der Seele‹ sein vierbändiges Hauptwerk (1929–1933) widmet. Gewisse neurologische und psychiatrische Erfahrungen sprechen dafür, daß auch beim Funktionsabbau infolge von Verletzungen oder unter medikamentöser Einwirkung (Alkohol, Insulinschock) ältere Systeme der Verhaltensregulation bzw. tiefere Schichten wieder dominant werden können (›*Regression*‹ im Sinne *Freuds*).
Unter Verzicht auf die Kennzeichnung einer Mittelschicht sprechen E. *Stransky* (1904) von ›*Thymopsyche*‹ und ›*Noopsyche*‹, F. *Kraus* (1919) von ›*Tiefenperson*‹ und ›*Kortikalperson*‹ sowie mit *Ph. Lersch* (1938) viele Psychologen von einem ›*endothymen Grund*‹ im Gegensatz zum ›*noetischen Oberbau*‹. Besonders reich ausgegliedert ist das System E. *Rothackers* (1938), der innerhalb der weitgehend unbewußten Tiefenperson vier Schichten unterscheidet: 1. ›Leben in mir‹, 2. ›Tier in mir‹, 3. ›Kind in mir‹, 4. ›emotionale Schicht‹, und auf seiten der Kortikalperson zwei weitere Bereiche, 5. ›Persönlichkeit‹, 6. ›Ich‹. Die Tiefenperson müsse, so meint er, »wie ein selbständiges Wesen betrachtet werden . . ., das, zwar durch andere Zentren unterdrückt, dennoch innerhalb der Verhaltungen der Gesamtperson in zahllosen Fällen noch unmittelbar sich auslebt, in anderen Fällen aber zu den vom Ich geregelten Gesamtreaktionen die tragende Substanz beisteuert«. Dieses Verhältnis kennzeichnet er mit dem in vielen Mythologien anzutreffenden und auch von *Platon* verwendeten Symbol von Roß und Reiter. Nach N. *Hartmann* (1935, 1940) sind die Seinsschichten (Anorganisches, Lebendiges, Seelisches, Geistiges) dadurch charakterisiert, daß die jeweils höhere (›Reiter‹) von der niedrigeren, stets stärkeren, getragen wird (›Roß‹), dieser gegenüber aber trotzdem frei ist, um ihrem eigenen Determinationstypus zu folgen.

Sozialisierungsprozeß. Jede Gesellschaftsordnung *(Kultur)* sieht sich dem Problem gegenüber, die Kinder ihrer Angehörigen so aufzuziehen, daß sie dem kulturspezifischen Wunschbild der Erwachsenen mit der Zeit möglichst ähnlich werden. Der sich über mehr als ein Jahrzehnt erstreckende Vorgang der Erziehung wird in der Psychologie als Sozialisierungsprozeß bezeichnet; eine seiner Phasen ist Gegenstand der → *pädagogischen Psychologie.* Es handelt sich dabei um die Schaffung und Nutzung von Gelegenheiten, in denen Lernen

nach den Prinzipien des → bedingten Reflexes und des → Lernens am Erfolg des eigenen Tuns stattfindet.
In traditionsgeleiteten Kulturen gibt es in der Regel eine Reihe von Ansichten über Formen und Wirkung von Erziehungsmaßnahmen, die mit dem Charakter der *Selbstverständlichkeit* ausgestattet sind und daher kaum der empirischen Bestätigung bedürftig erscheinen. Russische Bauern pflegen ihre Kinder z. B. während der ersten neun Lebensmonate fest zu bandagieren und dadurch ihre Bewegungsfreiheit zu restringieren. Das geschieht, um das Kind davon abzuhalten, sich in seiner (angeblichen) naturhaften Wildheit selbst Schaden zuzufügen. Die Zuni-Indianer erwarten von der gleichen Maßnahme, daß das Kind auf dem geraden Pfad der Tugend festgehalten wird. In Polen erhofft man von dieser Behandlung die Ausbildung eines starken Charakters (R. *Benedict*, 1949). Keine dieser Hypothesen dürfte sich in wissenschaftlicher Weise belegen lassen; dieser Mangel wird aber kaum empfunden, da die Strategien der Kinderaufzucht selbst zum festen Bestand der kulturellen *Tradition* gehören. Wie schwierig eine solche Beweisführung wäre, ist im Zusammenhang mit der von den Ethnologen G. *Gorer* und J. *Rickman* (1949) aufgestellten Behauptung deutlich geworden, daß die Bandagierungen (*›swaddling‹*) in einem Kausalzusammenhang mit der Unterwürfigkeit des russischen Bauern stehe. Kulturen, deren traditionelle Selbstverständlichkeiten fragwürdig geworden sind, bemühen sich um eine wissenschaftliche Gestaltung des Sozialisierungsprozesses; es kommt dabei allerdings leicht zu einer Unstetigkeit des Verfahrens, wie wir diese aus dem regen Wandel der Erziehungsmaximen in der großstädtischen Gesellschaft des Abendlandes während der letzten 50 Jahre kennen.
Wesentlich beeinflußt wurde die Theorie des Sozialisierungsprozesses durch die psychoanalytische Lehre S. *Freuds*, die das Hauptgewicht auf die Ereignisse der ersten Lebensjahre legt (→ Entwicklung). Nach dieser Auffassung prägen im Säuglingsalter (*›orale Phase‹*) und im Zusammenhang mit der Reinlichkeitsdressur (*›anale Phase‹*) erworbene Erfahrungen den Charakter (→ Typenlehre). Der passive orale Typus wird als unselbständig, bequem und optimistisch geschildert; er soll über glückliche Saugerfahrungen verfügen. Saugenttäuschungen führen zum oral-sadistischen Typus, dessen Grundhaltung pessimistisch und sarkastisch (›bissig‹) ist. Dem übermäßig strengen und frühzeitigen *Reinlichkeitstraining* wird nachgesagt, daß es die Entstehung des analen Typus begünstige, der sich durch die Eigenschaftstrias von Ordnungsliebe (bis zur Pedanterie), Sparsamkeit (bis zum Geiz) und Hartnäckigkeit (bis zum Trotz) beschreiben läßt. Weniger umstritten als diese Hy-

pothesen ist Freuds Hinweis auf die Tendenz des Kindes zur *Identifikation* mit dem gleichgeschlechtlichen Elternteil. Auf diese Weise werden Grundzüge des Lebensstils übernommen und die elterlichen Gebote und Verbote ins eigene Innere verlegt (›introjiziert‹), aus dem sie dann als ›Stimme des Gewissens‹ bzw. als ›*Überich*‹ zu wirken vermögen. Anschauungen und Maximen, die der Heranwachsende sich vollständig zu eigen gemacht hat, erscheinen ihm als unumstößliche, naturgemäße und gottgewollte *Selbstverständlichkeiten*. Dies gilt vor allem von den *Tabu-Regulativen* des Lebens, z. B. von der *Inzestscheu*. Man kann hier tatsächlich von Lehren sprechen, die ›in Fleisch und Blut übergehen‹; Verstöße gegen sie rächen sich bei den sog. Primitiven nicht selten unmittelbar an Fleisch und Blut (Tabutod), bei Modernen dürften sie nicht unwesentlich zur Genese → *psychosomatischer Störungen* beitragen.
Als eines der Hauptresultate des Sozialisierungsprozesses ist die Entwicklung eines *normativen Gleichgewichtssystems* anzusprechen, das sich dem biologischen Gleichgewicht überlagert. Letzteres reguliert das Verhalten im Hinblick auf die Deckung des → Bedarfes und der Bedürfnisse (Nahrung, Kälteschutz, Schlaf usw.), während das erstere darüber entscheidet, welche Aktionen als ›tunlich‹ oder sogar als überhaupt ›denkbar‹ empfunden werden. Der Genuß gewisser Speisen mag z. B. den Bedingungen des normativen Gleichgewichts widersprechen, obwohl diese an sich für die organische Bedarfsdekkung durchaus geeignet wären. Am tiefsten beeinflußt den Heranwachsenden wohl die Einführung in die Welt einer bestimmten → *Sprache*, durch die ihm ein Schema für die Ordnung der Sach- und Personenwelt vermittelt wird (→ Bewußtsein).
Grundsätzlich ist der Sozialisierungsprozeß als ein Vorgang aufzufassen, in dem früheres Lernen auf die Möglichkeit eines späteren Lernens durch positiven oder negativen *Transfer* (begünstigend oder hemmend) nachwirkt (→ Lernen am Erfolg). Seine Analyse wird aber durch die große Anzahl der ineinander verzahnten Lernprozesse sehr erschwert. Es läßt sich daher z. B. nicht mit Sicherheit feststellen, ob der Bandagierung des Säuglings tatsächlich die ihr zugeschriebene, formende Rolle zukommt oder nicht vielleicht den verbalen Kommentaren, die das ältere Kind mit anhört, wenn ein kleineres entsprechend gewickelt wird. Mit dem Wissen, daß es selbst ebenso behandelt wurde, könnte sich die Gewißheit verbinden, dadurch auf den ›rechten Weg‹ gebracht worden zu sein. Auch die Erlebnisse der oralen und der analen Phase stellen nicht bloß Erfahrungen des Kindes dar, sondern auch solche der Pflegepersonen, vor allem der Mütter, die unter Umständen deren Verhalten zu steuern

vermögen, um erst auf diesem Wege auf das Kind zurückzuwirken.

Der Versuch einer korrelativen Erfassung des Zusammenhangs zwischen den Strategien der Aufzucht (Brust- oder Flaschenfütterung, Alter und Schärfe der Entwöhnung, Fütterung nach Stundenplan oder nach Bedarf, Zeitpunkt und Nachdrücklichkeit der Reinlichkeitsdressur usw.) und Persönlichkeitsmerkmalen hat bisher zu sehr widersprechenden Ergebnissen geführt. Das gilt sowohl von Untersuchungen, die sich auf die Angehörigen einer einzigen Kultur beschränkten (*H. Orlansky*, 1949; *W. H. Sewell*, 1952; *C. A. Barnes*, 1952; *R. R. Sears* u. a., 1953), als auch von vergleichend-ethnographischen Untersuchungen (*J. W. M. Whiting* und *I. C. Child*, 1953). Völlig ungeklärt ist in dem Zusammenspiel der Faktoren bisher die Bedeutung des Erbeinflusses (→ Anlage und Umwelt). Im ganzen läßt sich daher zur Zeit noch keine ›wissenschaftliche‹ Methode für eine Gestaltung des Sozialisierungsprozesses angeben; diese dürfte daher auch weiterhin stark auf traditionelle Annahmen gestützt werden, deren Funktion nicht zuletzt darin zu erblicken ist, daß sie die Entwicklung von Angst auf seiten der Pflegepersonen, namentlich der Mütter, abschwächen (*A. S. Sullivan*, 1953).

Die prinzipielle Schwierigkeit bei einer Planung des Sozialisierungsprozesses liegt darin, daß es sich hier um eine Planung auf sehr lange Sicht, auf mehrere Jahrzehnte hinaus, handelt. Das Neugeborene des Jahres 1957 wird im wahrsten Sinne für das Jahr ›1984‹ (*G. Orwell*, 1949), d. h. ungefähr für sein 27. Lebensjahr, erzogen. In Kulturen, die einem schnellen Wandel unterworfen sind, ist aber die Beurteilung des Bedarfsstandes in der Zukunft durchaus problematisch. Man darf daher vermuten, daß die im Augenblick mit Erziehungsaufgaben betraute Erwachsenengeneration bei ihren Maßnahmen erheblichen Unsicherheitsgefühlen ausgesetzt ist; das scheint ganz besonders stark im Bereich der *Schule* zu gelten. Die Kompromißlösung der Zukunft dürfte in der Verbindung einer konservativ orientierten Grunderziehung mit vielfältigen Einrichtungen zur spezialisierenden Nacherziehung (*›Erwachsenenbildung‹*) bestehen.

Darüber hinaus besitzen mit dem Apparat der Massenkommunikation ausgestattete Zivilisationen die Möglichkeit einer relativ kurzfristigen Umerziehung der Bevölkerung durch Zeitung, Rundfunk, Kino und Fernsehen. Das als *Propaganda* bezeichnete Verfahren wird meist zur Erreichung politischer Umorientierungen eingesetzt, wobei es in der Regel auf Gegenmaßnahmen stößt, die es in den Verruf gebracht haben, als würden in der Propaganda nur Unwahrheiten verbreitet. Diese

Begriffsbestimmung entspricht aber gewiß nicht dem Ursprung des Wortes in der von Papst Gregor XV. begründeten ›Congregatio de propaganda fide‹ (1622), deren Aufgabe die missionarische Ausbreitung des Christentums ist. Der Sache nach ist aber die Schwarz-Weiß-Zeichnung von ›guter‹ Erziehung und ›schlechter‹ Propaganda nicht notwendig. Die beiden Unternehmen ergänzen einander vielmehr in dem Sinne, daß die Erziehung ein normatives Gleichgewicht fixiert, wo noch keines ausgebildet ist, und die Propaganda dieses verändert, sofern seine Lage als unzweckmäßig erscheint. So kann z. B. einer nationalistisch orientierten Erziehung eine Propaganda zugunsten der Schicksalsgemeinschaft übernationaler Großräume nachfolgen. Ganz allgemein gilt, daß der Sozialisierungsprozeß durch drei Instanzen gesteuert wird, durch die Erziehung im Elternhaus, durch den Unterricht in der Schule und durch die Propaganda, wobei die letztere mitunter auch auf eine Umgestaltung häuslicher Erziehungsmaßnahmen (Aufklärung über deren mögliche Folgen) und des schulischen Unterrichts *(Kulturpolitik)* einwirken kann.

Sprache. Nach einem Ausdruck *W. v. Humboldts* (1767 bis 1835) ist die Sprache sowohl überpersönliches Ergon (franz. ›la langue‹, engl. ›language‹) wie individuelle Energeia (›das Sprechen‹, ›la parole‹, ›speech‹); sie bildet sich im Vollzug, der selbst wieder vom Gebilde her gesteuert wird. Jede Sprache besteht aus sinnlich wahrnehmbaren Zeichen, die jeweils unter drei Aspekten (*K. Bühler*, 1934) zu betrachten und zu verstehen sind: sie geben einen Zustand oder eine Absicht des Senders kund *(Ausdruck, Symptom)*, sie beeinflussen den Empfänger *(Appell, Signal)*, und sie teilen etwas über Gegenstände und Sachverhalte mit *(Darstellung, Symbol)*. Die Zeichen selbst können gehört *(Lautsprache, Musik)* oder auch gesehen *(Schrift, Gesten, Flaggensprache)*, mit dem Tastsinn gefühlt (*Klopfzeichen, Blindenschrift, Tänze der Bienen* im dunklen Innenraum des Stocks) und gerochen (*Duftmarken* zur Kennzeichnung tierischer Reviere) werden.

In der philosophischen und wissenschaftlichen Reflexion gilt der Mensch von alters her als *das* sprachbegabte Wesen, während Märchen und Mythen auch eine Sprache der Tiere kennen. Beide Auffassungen treffen teilweise zu, da zahlreiche Tierarten zwar einen Zeichenverkehr *(Kommunikation)* besitzen, dieser aber nur unmittelbar verhaltensrelevante Gegenstände und Sachverhältnisse darzustellen vermag. Zeichen, die ihrerseits wieder auf Zeichen hinweisen, scheint in der Tat nur der Mensch zu verwenden; er allein besitzt daher wohl die Möglichkeit einer

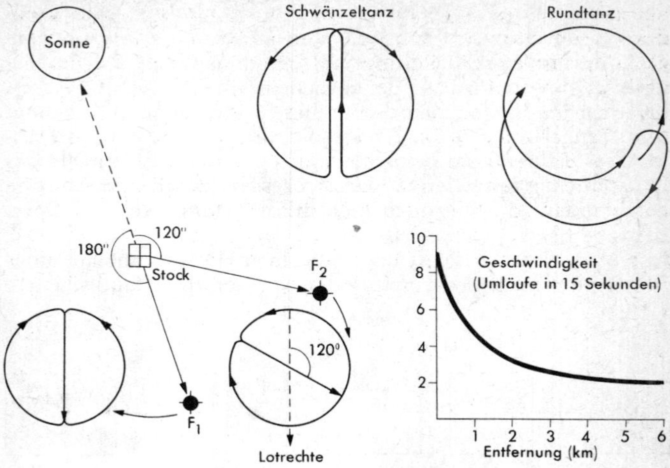

Abb. 81: Das Kommunikationssystem der Bienen (nach K. v. Frisch)

›*Metasprache*‹, d. h. des Sprechens von der Sprache, z. B. des Definierens ihrer Zeichen.

Zu welch erstaunlichen Abstraktionsleistungen Tiere trotzdem fähig sind, veranschaulichen die überaus interessanten Untersuchungen *K. v. Frischs* an Bienen. Die Mitteilung eines Futterplatzes (Abb. 81) erfolgt durch Tänze an den vertikalen Wabenflächen des Stockes, durch die drei Sachverhalte ausgedrückt werden: 1. die Qualität des Futters (durch den mitgebrachten Blütenduft); 2. die Entfernung der Fundstelle (durch den *Rundtanz* bei Entfernungen bis zu 100 m und darüber hinaus durch den *Schwänzeltanz*, wobei dessen Geschwindigkeit der Distanz umgekehrt proportional ist); 3. die einzuschlagende Richtung bezogen auf den Stand der Sonne (durch die Lage der Mittelachse des Tanzes im Verhältnis zur Senkrechten). Die Anweisung zur Auffindung der Futterstelle F2 lautet daher: »Drehe dich um einen Winkel von 120° gegen die Richtung der Sonne und fliege eine Strecke von bestimmter Länge!« Diese Form der Kommunikation erfordert die Übersetzung eines optischen Sachverhalts in der Umwelt des Stockes in einen taktilen Sachverhalt innerhalb des Stockes. Das Zeichen geht daher aus der Darstellungsintention durch einen *Verschlüsselungs*prozeß beim Sender (›*Encoding*‹) hervor, der seinerseits beim Empfänger einen Prozeß der *Entschlüsselung* (›*Decoding*‹) notwendig macht. Der Gesamtvorgang läßt sich auf das allgemeine Schema jeder Kommunikation bringen (Abb. 82). Verständigung ist nur insofern möglich, als Verschlüsselung und Entschlüsselung aufeinander eingestellt sind. Im Falle der Bienensprache und wohl der Tiersprachen im allgemeinen dürfte diese Abstimmung erbbedingt sein (angeborene *›Auslöser-Schemata‹*, → Ausdruckskunde), während sie beim Menschen im wesentlichen als das Resultat eines langwierigen Lernprozesses aufzufassen ist. Eben darin scheint die spezifisch menschliche Möglichkeit des Sprechens zu liegen.

Das obige Schema liefert uns auch einen Hinweis auf die möglichen Störungen des bereits erlernten Sprachgebrauchs. Diese

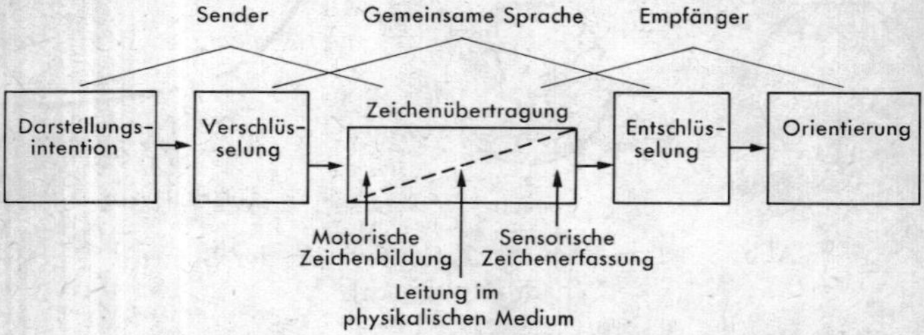

Abb. 82: Schema eines Kommunikationssystems

können entweder peripherer Natur sein (Störungen der motorischen Zeichenbildung, etwa durch Lähmung der Sprechmuskeln, *Artikulationsstörungen, ›Anarthrie‹* und in leichteren Fällen *›Dysarthrie‹*) sowie Störungen der sensorischen Zeichenauffassung (z. B. Taubheit) oder auch von zentraler Natur (gestörte Verschlüsselung, *›motorische Aphasie‹*, oder gestörte Entschlüsselung, *›sensorische Aphasie‹*). Beide Formen kommen einem mehr oder minder vollständigen Verlust der gemeinsamen Sprache gleich, der sich auf eine der zwei Grundfunktionen des Schlüssels beschränken kann, entweder auf die Auswahl der Einzelzeichen *(›nominale Aphasie‹)* oder auf deren Kombination *(›syntaktische Aphasie‹, Agrammatismus‹)*. In anatomischer Hinsicht (Abb. 83) scheint der Verschlüsselungsapparat *(›motorisches Sprachzentrum‹)* in einem Teil der unteren Stirnwindung (*›Brocasches Zentrum‹*, 1861) angelegt zu sein, der Entschlüsselungsapparat *(›sensorisches Sprachzentrum‹)* hingegen im hinteren Drittel der oberen Schläfenwindung (*›Wernickesches Zentrum‹*, 1874); beide bei rechtshändigen Personen auf der linken Seite. Diese Lokalisationen sind aber grob und auch nicht unbestritten (*H. Head*, 1926); sie geben uns vor allem keinen Aufschluß über die Lage des Systems, durch das Verschlüsselung und Entschlüsselung aufeinander abgestimmt werden.

Die Einordnung der als *Stottern* bezeichneten Sprachschwierigkeit (krampfartige Reduplikation von Konsonanten) in das Schema gestaltet sich zur Zeit noch schwierig. Eine erbliche Disposition ist nicht unwahrscheinlich; aus bisher ungeklärten Gründen findet sich das Stottern beim männlichen Geschlecht zwei- bis fünfmal so häufig wie beim weiblichen. Die Störung

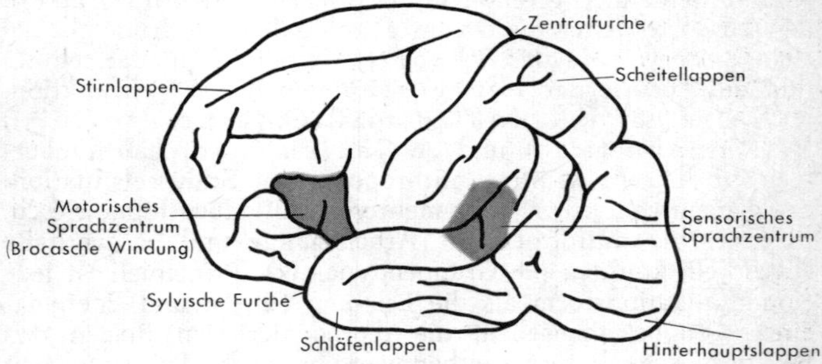

Abb. 83: Grobe Lokalisation des motorischen und des sensorischen Sprachzentrums (nach E. Scharrer)

tritt meistens (in etwa 85 Prozent der Fälle) vor dem achten Lebensjahr auf. In der frühen Sprechentwicklung ist gelegentliches Stottern durchaus normal; erfolgt auf dieses aber eine peinliche Reaktion der Erwachsenen oder älterer Spielkameraden, so kann es zur Assoziation starker Angsterlebnisse mit einzelnen Lautbildungsakten kommen. Ganz besonders ungünstig wirkt sich dann die geringschätzige Bezeichnung des Sprechers als eines ›Stotterers‹ aus. *W. Johnson* (1946) und *E. M. Lemert* (1951) glauben, daß durch sie das gelegentliche und meist unbemerkte Reduplizieren zu einem pathologischen Symptom ausgestaltet wird. Für die Therapie werden allgemein *Entspannungsübungen* (evtl. *autogenes Training*, → Psychotherapie) sowie Übungen im absichtlichen Stottern unter Variation der betroffenen Laute empfohlen.

Die Betrachtung des individuellen *Spracherwerbs* geht zweckmäßigerweise von der Mittelposition des Diagramms aus, d. h. vom Vorgang der Zeichenübertragung. In ihm überschneiden einander motorische und sensorische Vollzüge im Sinne des *Regelkreis-Prinzips* (→ Lernen am Erfolg): indem wir agieren, empfinden wir die eigene Tätigkeit und deren Resultate; indem wir perzipieren, stellen wir uns motorisch darauf ein. Als Voraussetzung für diese Lernverschränkung

ist einmal die gerade beim menschlichen Kleinkind stark ausgeprägte Tendenz zur spontanen Lautbildung anzusehen und zum anderen die besondere Leistungsfähigkeit des menschlichen → Gehirns (*Enzephalisationshöhe*, → Entwicklung).
Die Frage nach dem *Ursprung der Sprache* im Menschengeschlecht ist seit der Antike nicht zum Stillstand gekommen. Die im einzelnen aufgestellten Hypothesen lassen sich unter dem Gesichtspunkt der drei Sprachaspekte ordnen und auch wohl miteinander vereinigen: die *Interjektionstheorie* der ›Urworte‹ leitet diese vom emotionalen Ausdruck ab, die *onomatopoetische Theorie* von der Klangdarstellung und die Theorie der *Lautgesten* von der Appellfunktion. *A. Noiré* (1877), *K. Voßler* (1923), *O. Jespersen* (1925), *H. Ammann* (1929) und *A. Gehlen* (1950) haben überdies auf die sehr wichtige ›anthropologische Schlüsselsituation‹ des gemeinschaftlichen Tuns mehrerer Individuen hingewiesen, in der sich Lautformen für Arbeitsgänge und Sachverhalte entwickeln konnten (→ Gruppendynamik). Prinzipiell ist jede Kommunikationsform als die Leistung (Ergon und Energeia) einer Gruppe anzusehen, die reproduzierbaren Reizen den Bedeutungsgehalt von Zeichen verleiht. Diese Leistung steht zum Teil unter dem Einfluß natürlicher Bedingungen (Lehre von der *Natur-Richtigkeit der Namen*), sie kann aber auch in beliebiger Weise (Lehre vom *Konventionscharakter der Namen*) erfolgen. Die erste Möglichkeit hat schon *Platon* im Dialog ›Kratylos‹ skizziert, sie wurde in neuerer Zeit als *›Sprachphysiognomik‹* vor allem von *E. M. v. Hornbostel* (1927), *H. Werner* (1932), *E. Fenz* (1940) und *H. Strehle* (1956) ausgearbeitet. Die meisten Sprachforscher betonen jedoch, daß es sich bei den Wörtern im Sinne der sophistischen Position des Altertums in erster Linie um willkürliche Zeichen handelt.
Wie schwierig die hier zu fällende Entscheidung im Einzelfall ist, veranschaulicht Abb. 84. Ein Großteil der Erwachsenen unseres Sprachgebiets bezeichnet ohne Zögern die obere der beiden von *W. Köhler* entworfenen Figuren als ›Maluma‹ und die untere als ›Takete‹, ebenso wie sie lächelnd dem Vers Morgensterns zustimmen, daß die Möwen alle aussehen, »als ob sie Emma hießen«. Offenbar haben wir nie gelernt, wie ›Maluma‹ aussieht; wir hätten somit an eine naturgegebene Ähnlichkeit zwischen der optischen Gestalt und einer Klanggestalt zu denken, die uns bei der Auswahl des richtigen Namens leitet. *F. W. Irwin* und *E. Newland* fanden aber (1940) bei fünf Paaren von nach dem gleichen Prinzip angelegten Figuren, daß die für den Erwachsenen nahezu selbstverständlichen Namenszuordnungen erst allmählich im Laufe des Lebens, zwischen dem 4.

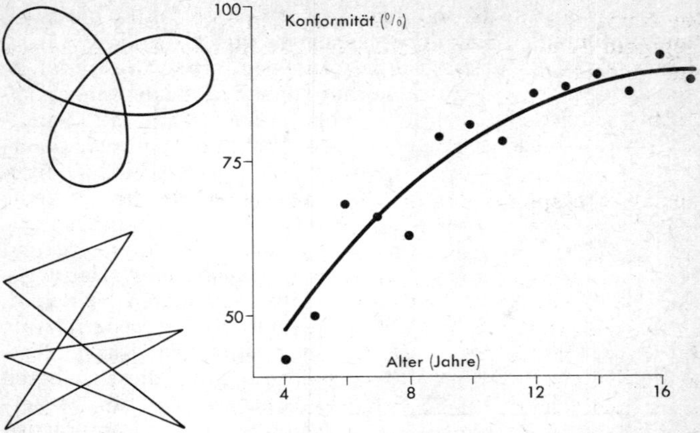

Abb. 84: Dinge und ihre Namen. ›Maluma‹ oder ›Takete‹

und dem 16. Lebensjahr, erworben werden. 4–5jährige Kinder bezeichnen die runde Figur noch ungefähr ebensooft als ›Maluma‹ wie als ›Takete‹ (Konformität = 50 Prozent). Sollte es sich also doch um ein Lernen handeln? Dieses könnte z. B. auf indirektem Weg erfolgen (*Transfer*, → Lernen am Erfolg), etwa durch die zunehmende Vertrautheit mit der *Klangsymbolik* der Muttersprache, um dann von deren Wörtern auf sinnlose Lautgebilde zu generalisieren. Der schlüssige Beweis zugunsten dieser Annahme steht noch aus; es bedürfte dazu der Erfahrungen in einer Sprachgemeinschaft, in der die Benennung der beiden Figuren in anderer Weise erfolgte als in unserer eigenen.

Die klassischen Theorien des Sprachursprungs beschäftigen sich fast ausschließlich mit der Zuordnung von Namen zu Gegenständen, Sachverhalten und Vorgängen, d. h. mit dem *Vokabularium* der Sprache. Sie treffen damit aber nur ein mittleres Niveau in deren mehrschichtigem Aufbau; unterhalb der Wörter liegen die *Phoneme* (Lautqualitäten mit bedeutungsmäßiger Differenzierung), oberhalb die *Sätze* bzw. die Regeln für die Kombination von Wörtern *(Syntax)*. Die Eigenart einer Sprache wird durch alle drei Stufen bestimmt. Die Kindersprache beginnt zwar mit einzelnen Wörten (sog. ›*Ein-Wort-Sätzen*‹), damit ist aber noch keineswegs ausgemacht, daß auch die urmenschliche Sprachschöpfung auf dem Wortniveau einsetzte. Nicht unmöglich ist die Vorstellung längerer Lautreihen, aus denen erst später Wörter abstraktiv ausgegliedert wurden. *O. Jespersen* schildert (1925) die primitiven Sprecher als »Wesen, die in einem fort vergnügt dahinplapperten, ohne sich um den Sinn der einzelnen Wörter viel zu kümmern«. Unter dem Gesichtspunkt der → *Informationstheorie* ließe sich daher an ein System mit hochgradiger Redundanz denken.

In physikalischer Hinsicht besteht die Lautsprache aus Schallwellen verschiedener Frequenz (Tonhöhe) und Amplitude (Lautstärke). Das Durchschnittsspektrum (für die englische Sprache) zeigt ein Intensitätsmaximum zwischen 300 und 400 Hz und nur relativ geringe Intensitäten im Bereich der höheren Frequenzen (Abb. 85, ausgezogene Kurve). Tatsächlich sind diese höheren Frequenzen aber für das Verständnis des Gesprochenen sehr viel wichtiger als die intensitätsstarken niedrigen Frequenzen. Werden z. B.

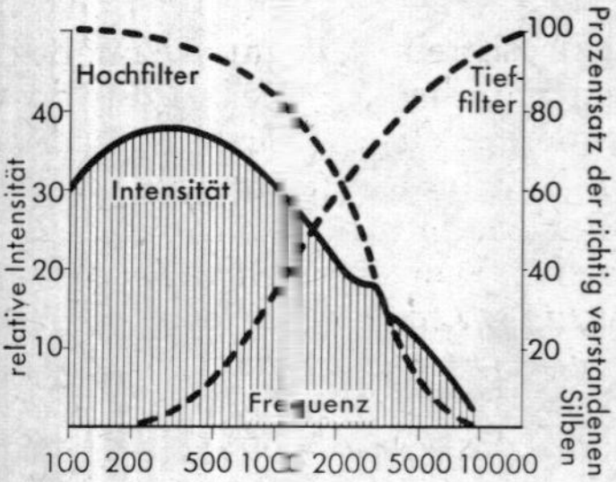

Abb. 85: Das Lautspektrum der Sprache

durch ein elektrisches Filter nur die über 1000 Hz gelegenen Frequenzen durchgelassen (›Hochfilter‹), so versteht der Hörer immerhin noch 90 Prozent der dargebotenen sinnlosen Silben; ist er hingegen auf die Frequenzen unterhalb von 1000 Hz beschränkt (›Tieffilter‹), so sinkt seine Identifikationsleistung auf bloß 35 Prozent. Dieses scheinbar paradoxe Ergebnis kommt dadurch zustande, daß die vorwiegend durch höhere Frequenzen charakterisierten *Konsonanten* für das Sprachverständnis wichtiger sind als die *Vokale*. Man macht sich davon leicht einen Begriff beim Vergleich der folgenden beiden Lautreihen:

KNSNNTN – SND – WCHTGR – LS – VKL
OOAE – I – IIE – A – OAE

Der Sinn der ersten Reihe läßt sich mit einiger Mühe rekonstruieren, während dies in der zweiten Zeile völlig unmöglich ist. Die Konsonanten stellen allerdings auch sehr viel höhere Anforderungen an die Beherrschung des etwa aus 72 Muskelpaaren bestehenden Sprechapparates als die Vokale. Beim Ein-Monat-Kind kommen daher auf einen Konsonanten im Durchschnitt fünf Vokale; das Verhältnis von 1 : 1 wird im Alter von 30 Monaten erreicht; Erwachsene gebrauchen mehr Konsonanten als Vokale. Die beim Sprecher und Hörer erforderliche Leistung der Ver- und Entschlüsselung läßt sich mit Hilfe der → Informationstheorie ungefähr abschätzen; in Anbetracht der geringen Anzahl von Alternativen ist der Informationsgehalt des Teilsystems der Vokale sehr viel geringer (etwa halb so groß) als der H-Wert des Teilsystems der Konsonanten.

Der Umfang des Vokabulariums eines gebildeten Erwachsenen (Abiturienten) wird mit 20 000–250 000 Wörtern beziffert. Der weite Abstand zwischen diesen beiden Schätzungen ergibt sich aus dem Unterschied zwischen Wörtern, die man selbst verwendet, und solchen, deren Bedeutung einem bloß bekannt ist. Etwa 60 Prozent der gesprochenen Sprache und 45 Prozent der geschriebenen konzentrieren sich auf kaum mehr als 200 Wörter. Das sog. *Zipfsche Gesetz* beschreibt mit guter Annäherung für alle bisher untersuchten Sprachen die Verteilung der Worthäufigkeiten: Ordnet man die einzelnen Wörter nach der Häufigkeit ihrer Verwendung (F) in eine Reihe mit den Rangplätzen R, so gilt die einfache Beziehung: $F \cdot R = \text{const.}$ Ein Maß für den Gebrauch verschiedener Wörter gibt der *Diversifikations-Quotient* (›type-token-ratio‹, *W. Johnson*, 1941; *J. W. Chotlos*, 1944; → Assoziation), d. h. der Bruch $\frac{\text{Anzahl der verschiedenen Wörter}}{\text{Gesamtzahl der gebrauchten Wörter}}$. Im Zeitungsenglisch werden z. B. unter 44 000 Wörtern 6000 verschiedene Wörter gezählt, der Quotient liegt somit bei $\frac{6}{44} = 0{,}14$. Bei gleicher Vorbildung pflegen intelligentere Personen einen höheren Diversifikationsquotienten zu erreichen als weniger intelligente, schizophrene Patienten einen niedrigeren als normale Vpn. Viele *Intelligenztests*, z. B. die von *Binet* und *Wechsler* enthalten Aufgaben, auf Grund deren sich die Größe des einer Person zur Verfügung stehenden Vokabulariums bestimmen läßt. Die Weite des Wortschatzes korreliert außerordentlich stark (Werte von $r = 0{,}80$ werden berichtet) mit dem Intelligenzquotienten. Zu diagnostischen Zwecken empfahl *A. Busemann* (1925) einen *Aktionsquotienten*, der im wesentlichen auf dem Zahlenverhältnis zwischen Tätigkeitswörtern (Verba) und Eigenschaftswörtern (Adjektiva) basiert.

Die charakterologische Verwertung des *Sprechausdrucks* (*O. Rutz*, 1908; *E. Sievers*, 1912; *H. Schulte*, 1929; *E. Drach*, 1926; *J. D. Rieffert*, 1932; *M. Keilhacker*, 1940) betrachtet diesen hinsichtlich der Merkmale von Melos, Rhythmus, Tempo, Lautheit, Klangfarbe usw. *F. Trojan* bezeichnet (1952) als *›Akueme‹* die Gesamtheit der Merkmale, durch die sich ein psychischer Zustand lautlich auswirkt; er unterscheidet nicht weniger als 40 Akueme. Daß selbst der Laie aus der Sprechweise eines Menschen sehr viel von dessen Eigenart (Körperproportion, Temperament, Intelligenz) heraushört, haben die Radioversuche von *H. Herzog* (1935) und die Zuordnungsversuche von *M. Bonaventura* (1935) erwiesen (→ Ausdruckskunde).

W. v. Humboldt bezeichnet (1836) »die Sprache (als) das bildende Organ des Gedankens«; wir können diesen Satz in die

Behauptung überführen, daß vom Mittelbereich des Kommunikationsschemas ausgehend das Funktionsgefüge der Ver- und Entschlüsselung aufgebaut wird und daß, indem dies geschieht, sich allmählich die gedanklichen Systeme der Darstellungsintention und der Orientierung entwickelten. Im Zuge dieses Vorganges werden die konkreten Lautgebilde zu abstrakten Anzeichen, über die nunmehr auch lautlos, d. h. bloß im → *Denken*, verfügt werden kann.
Die Mahnung, das Wort sei nicht das Ding, sondern bloß ein konventionelles Zeichen und um seiner selbst willen nicht mehr als ein bloßer Hauch (›flatus vocis‹ im Sinne des mittelalterlichen Nominalismus), richtet sich gegen den magischen Gebrauch der Sprache bzw. von darstellenden Zeichen im allgemeinen. Trotzdem gelten in allen Gesellschaften besondere Schutzbestimmungen für Zeichen; man darf den Namen Gottes — aber auch den des Teufels — »nicht eitel nennen«, die Nationalfahne muß nach Maßgabe bestimmter zeremonieller Regeln behandelt werden, das Ausstechen der Augen auf der Photographie eines nahen Angehörigen erfüllt uns mit tiefstem Unbehagen, die detailgerechte Beschreibung obszöner Handlungen wird als kaum weniger widerwärtig empfunden als deren reale Ausführung. Diese Einstellungen gehören der Normalbreite an, es trennt sie aber nur ein kurzer Schritt von dem bizarren Verhalten einzelner Geisteskranker, z. B. eines schizophrenen Patienten, der die Namen seiner Lieblingsspeisen auf ein Blatt Papier schrieb, um diese sodann mit Genuß zu verzehren (›*Reifikation*‹ von Zeichen). Das Wort ist nicht das Ding, aber das Ding als Gegenstand unseres → *Bewußtseins* bekommen wir in erster Linie durch das Wort in den Griff; eben darum tendieren Worte und Zeichen im allgemeinen zu einer über ihren abstrakten Begriffsinhalt hinausgehenden Bedeutsamkeit.
Besondere Aufmerksamkeit verdient die im Anschluß an die Sprache entwickelte Gewohnheit, sämtliche mit dem gleichen Wort belegten Gegenstände und Personen als einander in wesentlichen Zügen gleich zu betrachten. So verrät uns z. B. die Aussage »X ist ein Bergsteiger (bzw. Sozialist, Preuße, Rechtsanwalt, Neurotiker usw.)« tatsächlich vom Wesen des X nur recht wenig, da es in jeder der genannten Gruppen einen sehr weiten Spielraum möglicher Erscheinungs- und Verhaltensweisen gibt. Wir neigen aber dazu, die Binnenvariabilität der sprachlich gebildeten Gruppen zu unter- und dafür die Abstände zwischen den Gruppen zu überschätzen. Mit Nachdruck auf diese sehr allgemeine Tendenz zur Urteilsverzerrung hingewiesen zu haben, ist das Verdienst der ›*Semantizisten*‹ (*A. Korzybski*, 1933; *S. I. Hajakawa*, 1949).

Statistik. Da die Möglichkeiten der direkten *Messung*, wie schon *Kant* (›Metaphysische Anfangsgründe der Naturwissenschaften‹, 1786) hervorhob, in der Psychologie sehr eng begrenzt sind (am ehesten läßt sich noch der Zeitbedarf zur Erledigung von Aufgaben messen, → Reiz und Reaktion), ist man zur *Quantifizierung* von Aussagen vorwiegend auf das primitivere Verfahren der Auszählung (z. B. der Träger eines qualitativ oder quantitativ gekennzeichneten Merkmals) angewiesen. Dabei werden Angaben über die Häufigkeit gewonnen, mit der Ereignisse einer bestimmten Art (z. B. richtige Lösungen eines Problems) unter bestimmten Bedingungen auftreten. Der zur Behandlung von Häufigkeiten entwickelte Apparat ist die *Statistik*. Sie leitet sich von der mathematischen Theorie der *Wahrscheinlichkeit* her, da unter der Annahme gleichbleibender Bedingungen die bisher festgestellte Häufigkeit eines Ereignisses die Wahrscheinlichkeit seines Auftretens in der Zukunft abzuschätzen gestattet. Dieser Gedanke entstammt einmal den Erfahrungen mit Glücksspielen (beginnend mit einem 1477 in Venedig erschienenen Kommentar zu Dantes ›Divina Commedia‹) und zum anderen kaufmännischen Bemühungen um das Versicherungswesen (z. B. Sterblichkeitstabellen, *J. Graunt*, 1661, aus denen ein Feldgeistlicher Friedrichs des Großen, *J. P. Süßmilch*, 1741, auf »die göttliche Ordnung in den Veränderungen des menschlichen Geschlechts« und *A. Wagner*, 1864, auf »die Gesetzmäßigkeit in den scheinbar willkürlichen menschlichen Handlungen« zu schließen versuchten).

Die Entwicklung der mathematischen Wahrscheinlichkeitslehre erfolgte durch *Pascal* in einem Briefwechsel mit *Fermat* (1654), *J. Bernoulli* (1713), *De Moivre* (1733), *Gauß* (1809) und *Laplace* (1812). Auf die drei zuletzt genannten geht das Denkmodell der sog. ›Gaußschen *Normalverteilung*‹ (nach ihrer Form auch ›Glockenkurve‹ genannt, Abb. 86) zurück, dessen sich der englische Vererbungsforscher *F. Galton* (1822–1911) und der belgische Astronom und Sozialstatistiker *A. Quetelet* (1796–1874) als erste im Zusammenhang mit psychologischen Problemen bedienten. Der nächste Schritt in der Ausgestaltung der statistischen Methoden, die quantitative Bestimmung von Zusammenhangs-Relationen (*Korrelationen*), ist *A. Bravais* (1846), *Galton* (1886) und *K. Pearson* (1896) hinsichtlich des sog. Produkt-Moment-Koeffizienten und *C. E. Spearman* (1904) hinsichtlich des Rang-Koeffizienten zu danken. *Fechner* (gest. 1887) war ebenfalls, wie seine posthum (1897) erschienene ›Kollektivmaßlehre‹ zeigt, im Besitz dieses Begriffes, den er aber bei der Beschäftigung mit psychologischen Problemen nicht verwendet zu haben scheint. Die neuere Entwicklung der Forschungsstatistik, in deren Zuge eine wesentliche Bereicherung der experimentellen Möglichkeiten (›experimental design‹) erfolgte, ist das Werk des Engländers *R. A. Fisher* (1925, 1935), → Experiment.

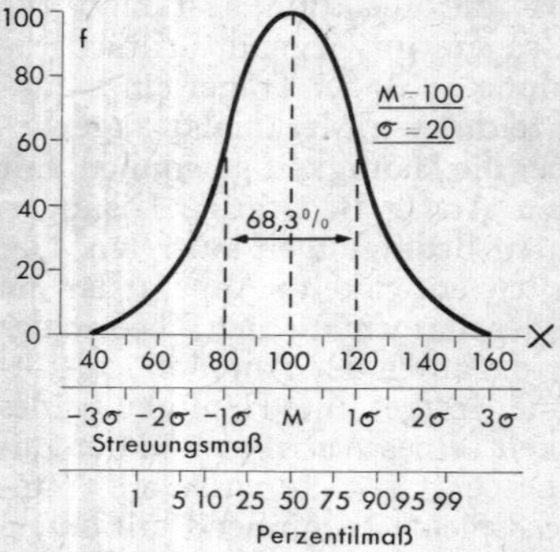

Abb. 86: Die Gaußsche Normalverteilung

Das Interesse der Psychologie an der Statistik stammt aus zwei Tätigkeitsbereichen, aus der auf deutschem Boden entwickelten → Psychophysik und aus der hauptsächlich im angelsächsischen Bereich beheimateten Theorie der → Tests. Daß es sich in beiden Fällen vielfach um durchaus analoge Probleme der Relation zwischen Wahrnehmung und Gegenstand handelt, wurde erst ziemlich spät bemerkt (*J. P. Guilford*, 1936, 1950; *C. I. Mosier*, 1940).

Das Hauptanliegen der Forschungsstatistik ist der Nachweis der Regelmäßigkeit und Ordnung im Geschehen. Sie hat es daher immer wieder mit der Frage zu tun, ob in den Ergebnissen von → Beobachtungen und → Experimenten auftretende Unterschiede und Zusammenhänge als das bloße Spiel des Zufalls aufgefaßt werden können oder ob sie zu Schlußfolgerungen berechtigen. Diese Entscheidung läßt sich in einer empirischen Wissenschaft stets nur mit größerer oder geringerer Sicherheit (›*Verläßlichkeit*‹) treffen, niemals aber ganz sicher. In der statistischen Praxis werden daher verschiedene Verläßlichkeitsniveaus (α) definiert; am gebräuchlichsten sind das 5-Prozent-Niveau ($\alpha = 0{,}05$) und das 1-Prozent-Niveau ($\alpha = 0{,}01$). Dem letzteren entspricht die Annahme, daß ein beim Vergleich von zwei Versuchsgruppen beobachteter Unterschied von (mindestens) einer bestimmten Größe bei 100 Wiederholungen des Experiments (unter den gleichen Bedingungen) nur einmal aufträte, wenn der bloße Zufall am Werk wäre und daher tatsächlich zwischen den beiden Versuchsgruppen kein Unterschied bestünde. Genügt die Größe eines Unterschiedes dem 1-Prozent-Niveau der Verläßlichkeit, dann werden wir bei der Zurückweisung der Zufallshypothese (›*Nullhypothese*‹) unter 100 gleichartigen Fällen nur einmal ein Fehlurteil abgeben, d. h. die Nullhypothese, die einen Realunterschied von der Größe Null behauptet, irrtümlich zurückweisen (›Fehler der ersten Art‹ nach *J. Neyman* und *E. S. Pearson*, 1933). ›Fehler der zweiten

Art‹ begehen wir, wenn wir die Nullhypothese irrtümlich akzeptieren, weil der beobachtete Unterschied nicht unserem Verläßlichkeitskriterium genügte. Darüber, wie oft und in welchem Prozentsatz (β) der Entscheidungen wir diese Irrtumsmöglichkeit auf uns nehmen, belehrt uns das Verläßlichkeitsniveau nicht. Es läßt sich aber zeigen, daß Fehler der zweiten Art um so wahrscheinlicher werden, je stärker wir uns gegen Fehler der ersten Art (durch die Festsetzung eines niedrigen Wertes von α) schützen. Sollen die Wahrscheinlichkeiten beider Fehler klein gehalten werden, dann bedarf es einer vergleichsweise größeren Anzahl (n) von Beobachtungen. Überlegungen dieser Art gestatten im voraus eine näherungsweise Abschätzung der für die Bearbeitung eines Problems erforderlichen Anzahl der Beobachtungen bzw. der Vpn.

Im Prinzip verfährt jede sich statistischer Hilfsmittel bedienende Untersuchung so, daß hinsichtlich der zu beobachtenden Ereignisse eine Hypothese aufgestellt wird, bzw. eine Nullhypothese formuliert wird, deren Widerlegung *(Falsifikation)* man erwartet. Die Nullhypothese mag z. B. dahin lauten, daß sich zwischen dem Verhalten von Vpn in den Situationen X und Y kein Unterschied ergeben wird oder daß zwischen ihren Verhaltensweisen in den beiden Situationen kein korrelativer Zusammenhang besteht.

Einige Methoden der statistischen Arbeit illustriert das folgende Beispiel an Hand der Anzahl der von 5 Vpn in einer Minute beobachteten Umschläge des Neckerschen Würfels (vgl. Abb. 54, → Gestaltpsychologie). Die Reizvorlage wurde in zwei Größen dargeboten; die X-Werte (Tab. 14) beziehen sich auf eine Bild-

1	2	3	4	5	6	7	8	9	10	11	12	13
Vpn	X	Y	X^2	Y^2	$X \cdot Y$	R_x	R_y	(R_x-R_y)	$(R_x-R_y)^2$	Y′	(Y′-Y)	$(Y'-Y)^2$
A	6	6	36	36	36	1	2,5	—1,5	2,25	4,80	—1,20	1,44
B	8	5	64	25	40	2	1	1,0	1,00	5,90	0,90	0,81
C	10	6	100	36	60	3	2,5	0,5	0,25	7,00	1,00	1,00
D	12	8	144	64	96	4	4	—	—	8,10	0,10	0,01
E	14	10	196	100	140	5	5	—	—	9,20	—0,80	0,64
Σ	50	35	540	261	372				3,50			3,90

Tab. 14

höhe von 18 cm (›klein‹), die Y-Werte auf eine solche von 58 cm (›groß‹). Die Nullhypothese wurde im obigen Sinne formuliert (Fehlen eines Unterschiedes, Fehlen eines Zusammenhanges, → Experiment). Da für die weitere Rechnung erforderlich, wurden auch die Quadrate der Umschlagszahlen (X^2 und Y^2) sowie deren Produkte ($X \cdot Y$) in die Tabelle aufgenommen.

Unser Material wird durch die folgenden statistischen Maßwerte charakterisiert:

1. *Durchschnittswerte* (arithmetische Mittel)

$$M_x = \frac{\Sigma X}{n} = \frac{50}{5} = 10{,}00;\ M_y = 7{,}00$$

2. Die *Streuungen* der einzelnen Maßzahlen um ihren Durchschnittswert

$$\sigma_x = \sqrt{\frac{\Sigma (X\text{-}M_x)^2}{n}} = \frac{1}{n}\sqrt{n\ \Sigma X^2 - (\Sigma X)^2} = \frac{1}{5}\sqrt{5 \cdot 540 - 50^2}$$

$$= 2{,}83;\ \sigma_y = 1{,}79$$

3. Die *Unsicherheit* der beiden Durchschnittswerte

$$\sigma_{Mx} = \frac{\sigma_x}{\sqrt{n\text{-}1}} = \frac{2{,}83}{\sqrt{4}} = 1{,}42;\ \sigma_{My} = 0{,}90$$

4. Die *Korrelation* zwischen den X- und Y-Werten

a) Produkt-Moment-Koeffizient

$$r_{xy} = \frac{n\ \Sigma XY - \Sigma X \cdot \Sigma Y}{\sqrt{n\ \Sigma X^2 - (\Sigma X)^2} \cdot \sqrt{n\ \Sigma Y^2 - (\Sigma Y)^2}} = \frac{1860\text{—}1750}{14{,}14 \cdot 8{,}94}$$

$$= \frac{110{,}00}{126{,}41} = 0{,}87$$

b) Rang-Koeffizient

$$Rho_{xy} = 1{,}00 - \frac{6\ \Sigma\ (R_x - R_y)^2}{n \cdot (n^2 - 1)} = 1{,}00 - \frac{6 \cdot 3{,}50}{5 \cdot 24} = 0{,}82$$

In diesem Falle, wie auch im allgemeinen, stimmen die beiden Koeffizienten recht gut überein (0,87 und 0,82).

Korrelationskoeffizienten liegen immer zwischen den Grenzen $-1{,}00$ und $+1{,}00$. Der Wert von $r_{xy} = 0{,}00$ entspräche der Nullhypothese, daß zwischen den Variablen X und Y kein linearer Zusammenhang besteht. Die Möglichkeit eines kurvilinearen Zusammenhanges wird dadurch jedoch nicht ausgeschaltet; man benötigt dazu den sog. *Korrelations-Bruch.* Eine Reihe korrelativer Beziehungen des Intelligenzquotienten (IQ) zu anderen Variablen gibt Tab. 15. Bei der kausalen *In-*

Variable	r
Binet-Test : Wechsler-Test	0,85
Vater : Kind	0,50
Mutter : Adoptivkind	0,20
Testleistung : Schulnoten	0,55
Testleistung : Kopfumfang	0,14
Testleistung : Körpergröße	0,03
Testleistung : Intensität der ›autoritären Einstellung‹ (F-Skala)	−0,48

Tab. 15

terpretation von Korrelationen sind mindestens drei Möglichkeiten im Auge zu behalten: a) X bewirkt Y; b) Y bewirkt X; c) sowohl X als Y werden von einer noch unbekannten Variablen Z bewirkt. Den letzten Fall dürften wir in dem Umschlag-Beispiel vor uns haben; bei der hypothetischen Variablen Z könnte es sich um dispositionelle Eigenheiten der zentralen Sehrinde (→ Gehirn) handeln.

5. Die Unsicherheit des Unterschiedes zwischen den beiden Mittelwerten M_x und M_y

$$\sigma_{(Mx\text{-}My)} = \sqrt{\sigma_{Mx}^2 + \sigma_{My}^2 - 2 \cdot r_{xy} \cdot \sigma_{Mx} \cdot \sigma_{My}}$$
$$= \sqrt{2{,}83 - 2{,}21} = 0{,}79$$

Der substraktive, den Korrelationskoeffizienten enthaltende Terminus unter der Wurzel fiele weg, wenn die X- und Y-Werte nicht von den gleichen Vpn stammten:

$$\sigma_{(Mx\text{-}My)} = \sqrt{\sigma_{Mx}^2 + \sigma_{My}^2} = 1{,}68$$

6. Die Verläßlichkeit des Unterschiedes zwischen den beiden Mittelwerten: $t = \frac{Mx - My}{\sigma_{(Mx\text{-}My)}} = \frac{3{,}00}{0{,}79} = 3{,}80$

Die Differenz zwischen den beiden Mittelwerten ist beinahe viermal so groß wie ihre Unsicherheit; aus der *Gosset*schen Tafel für die Funktion t (Tab. 16) erfahren wir dazu, daß dieser an bloß 5 Vpn erhobene Unterschied auf dem 5-Prozent-Niveau eine verläßliche Aussage über die Verschiedenheit der beiden Mittelwerte gestattet; es bedarf dazu nur eines Wertes von t = 2,80. Die t-Tafel verwendet an Stelle der Anzahlen (n) den statistischen Begriff der ›*Freiheitsgrade*‹ (FG); für unser Problem gilt FG = 4, für das nächste FG = 8 und für das Korrelationsproblem FG = 3. Hätte es sich in den beiden Versuchsreihen (X und Y) nicht um die gleichen Vpn gehandelt, wäre die erhaltene Differenz der Mittelwerte auf dem 5-Prozent-Niveau nicht verläßlich gewesen: $t = \frac{3{,}00}{1{,}68} = 1{,}78$ (für 8 FG).

t-Werte nach *Gosset* (Pseudonym: ›Student‹)

FG	3	4	5	8	10	20	100	∞
$\alpha = 0{,}05$	3,2	2,8	2,6	2,3	2,2	2,1	2,0	1,96
$\alpha = 0{,}01$	5,8	4,6	4,0	3,4	3,2	2,8	2,6	2,58

Tab. 16

7. Die Verläßlichkeit des Korrelationskoeffizienten:

$$t = \frac{r_{xy}}{\sqrt{1 - r_{xy}^2}} \sqrt{n-2} = \frac{0{,}87}{0{,}49} \sqrt{3} = 3{,}08$$

Aus der t-Tafel ergibt sich, daß dieser Wert zur Sicherung der Behauptung einer positiven Korrelation zwischen X und Y nicht ausreicht; für FG = 3 hätte es eines Wertes von t = 3,2 bedurft. Die Nullhypothese kann daher nicht auf dem 5-Prozent-Niveau zurückgewiesen werden. Selbstverständlich wird man eine Untersuchung der vorliegenden Art grundsätzlich nicht bloß mit 5 Vpn in Angriff nehmen; bei z. B. 24 Vpn wäre auch ein Wert von $r_{xy} = 0{,}40$ bereits von Null unterscheidbar.

8. Die *Voraussage* der Y-Werte auf Grund der bekannten X-Werte erfolgt mit Hilfe der sog. *Regressions-Gleichung.* Die vorausgesagten Y-Werte werden als Y′ bezeichnet:

$$(Y'-M_y) = r_{xy}\,\frac{\sigma_y}{\sigma_x}\,(X-M_x) = (Y'-7) = 0{,}87\,\frac{1{,}79}{2{,}83}\,(X-10)$$

und daher: $Y' \doteq 1{,}50 + 0{,}55\,X$. Die so errechneten Werte gibt Spalte 11 der Tab. 14; sie sind mit den Y-Werten der dritten Spalte zu vergleichen.

9. Die Tauglichkeit der X-Werte zur Voraussage der Y-Werte (die ›*diagnostische Valenz*‹ der X-Werte) bestimmt sich nach der Höhe der Korrelation r_{xy}. Kennten wir entweder die X-Werte oder deren Zusammenhang mit den Y-Werten nicht, so verführen wir im großen und ganzen am besten, wenn wir für jede Vp einen durchschnittlichen Y′-Wert (= M_y) prognostizierten. Der dabei entstehende Fehler läßt sich durch die Streuung der Y-Werte ($\sigma_y = 1{,}79$) bemessen. Soll sich unsere auf die Korrelation $r_{xy} = 0{,}87$ gestützte Voraussage als ein besseres Verfahren erweisen, dann muß der in analoger Weise definierte Schätzungsfehler (σ'_y) kleiner als σ_y sein. Das trifft zu: $\sigma'_y = \sqrt{\frac{\Sigma\,(Y-Y')^2}{n}} = \sqrt{\frac{3{,}90}{5}} = 0{,}88$. Für den Schätzungsfehler gilt auch die Beziehung: $\sigma'_y = \sigma_y \sqrt{1 - r_{xy}{}^2} = 1{,}79 \cdot 0{,}49 = 0{,}88$. Es kann nunmehr angenommen werden, daß die tatsächlichen Y-Werte mit einer Wahrscheinlichkeit von 0,68 in das Intervall von $Y' \pm \sigma'_y$ fallen.

Meßbare Merkmale, an deren Zustandekommen zahlreiche voneinander unabhängige Faktoren beteiligt sind, zeigen eine Verteilung, die dem Modell der Gaußschen *Normalkurve* entspricht (Abb. 86); ihre Gleichung lautet:

$$f = \frac{n}{\sigma\sqrt{2\pi}} \cdot e^{-\frac{z^2}{2}},$$

wobei $\pi = 3{,}14\ldots$; $e = 2{,}71\ldots$ und $z = \frac{X-M_x}{\sigma_x}$. Dieses Modell beschreibt die Verteilung vieler psychischer Merkmale in guter Annäherung, z. B. des Intelligenzquotienten. Es werden jedoch auch von der Normalkurve stark abweichende Verteilungen angetroffen (z. B. schiefe Verteilungen, J-Kurven, vgl. Abb. 72, → Normalitätsbegriff, Poisson-Verteilungen, → Betriebspsychologie, usw.). Bei ihnen ist in der Regel die Interpretation zulässig,

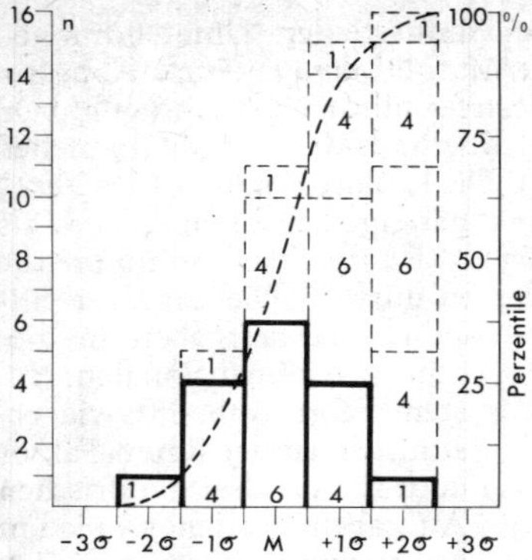

Abb. 87: Die Ogive der Normalverteilung

daß die am Zustandekommen des betreffenden Merkmals beteiligten Faktoren nicht in unabhängiger Weise zur Wirkung kamen. Das Integral der Gaußschen Verteilung ergibt die S-förmig geschwungene Funktion der sogenannten ›Ogive‹ (Abb. 87).

Die Analyse der Korrelationen zwischen mehreren Variablen (z. B. der in verschiedenen Tests durch die gleichen Vpn erreichten Leistungswerte) wird als *Faktorenanalyse* bezeichnet. Sie wurde hauptsächlich durch *C. E. Spearman* (1863–1945) und *L. L. Thurstone* (1887–1955) entwickelt. Der Methode liegt die Annahme zugrunde, daß eine Reihe miteinander korrelierende Merkmale auf einen oder mehrere gemeinsame Faktoren zurückgehen (vgl. Abb. 60, → Intelligenz). Zu ermitteln ist (a) die Anzahl der gemeinsamen Faktoren, (b) deren Eigenart und (c) die Bedeutung jedes Faktors für die einzelnen Merkmale *(›Gewichtszahlen‹)*. Das von *L. L. Thurstone* (1935) angegebene Verfahren der multiplen Faktorenanalyse wird am häufigsten verwendet. Es stellt die Korrelation zwischen den Variablen X und Y durch die Summe der Produkte der Gewichtszahlen der einzelnen Faktoren ($F_1 \ldots F_i$) dar: $r_{xy} = F_{1x} \cdot F_{1y} + F_{2x} \cdot F_{2y} + \ldots + F_{ix} \cdot F_{iy}$. Für die beiden Aufgaben ›Punktieren‹ (B) und ›Ortsfindung‹ (E) in Tab. 17 ergibt sich daher: $r_{be} = 0{,}39 \cdot 0{,}74 + 0{,}52 \cdot 0{,}01 = 0{,}29$.

Variable	Korrelationen							Gewichtszahlen	
	A	B	C	D	E	F	G	F1	F2
A Linienführung	–	0,48	0,55	0,44	0,34	0,41	0,43	0,52	0,55
B Punktieren	0,49	–	0,47	0,31	0,29	0,29	0,29	0,39	0,52
C Ziel-Punktieren	0,55	0,47	–	0,34	0,43	0,32	0,36	0,48	0,55
D Kopieren	0,41	0,31	0,38	–	0,54	0,52	0,48	0,74	0,04
E Ortsfindung	0,39	0,29	0,36	0,55	–	0,54	0,44	0,74	0,01
F Blockzählen	0,38	0,29	0,35	0,54	0,54	–	0,46	0,73	0,00
G Linienverfolgen	0,39	0,31	0,37	0,47	0,47	0,47	–	0,64	0,11

Tab. 17

Zur Illustration diene der bei industriellen Untersuchungen vielfach verwendete Test von *MacQuarrie* (vgl. Abb. 19, → Betriebspsychologie). Er besteht aus sieben Teilaufgaben, deren Korrelationen (Tab. 17) oberhalb der Diagonale stehen (nach *C. H. Goodman*, 1947). Die Faktorenanalyse (des Verf.) führte auf zwei voneinander unabhängige Faktoren, die sich als ›räumliches Vorstellungsvermögen‹ (F_1) und als ›feinmotorische Kontrolle‹ (F_2) interpretieren lassen dürften. Die Lage der einzelnen Testaufgaben in diesem zweidimensionalen System zeigt Abb. 88; wie ersichtlich, ist der Raum-Faktor auch für die drei motorischen Aufgaben, bei denen es ja um wahrnehmungsgeleitete Tätigkeiten geht, von Bedeutung. Unterhalb der Diagonale in Tab. 17 befinden sich die aus den Gewichtszahlen der letzten beiden Spalten zurückgerechneten Korrelationen; ihr Vergleich mit den ursprünglichen Korrelationen (oberhalb der Diagonale) gestattet die Abschätzung der Güte der faktorenanalytischen Lösung. Im Durchschnitt unterscheiden sich die einander entsprechenden Werte nur um den geringen Betrag von ± 0,02.

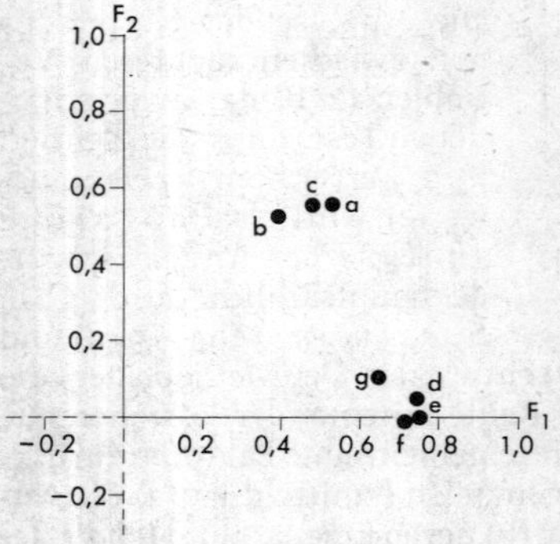

Abb. 88: Zweidimensionales Faktorensystem

Die Faktorenanalyse wurde ursprünglich im Bereich der Intelligenztests entwickelt; sie hat hier zur Identifikation von mindestens einem Dutzend voneinander unabhängiger Faktoren geführt, → Intelligenz. Etwas Ähnliches gilt nahezu von allen umgangssprachlichen Bezeichnungen für Begabungen und Charakterzüge (Musikalität, manuelle Geschicklichkeit, persönliches Tempo usw.) sowie von den sog. sozialen Einstellungen (→ Meinungsforschung); sie alle haben sich als multi-faktorielle und daher in sich nicht homogene Gebilde erwiesen. Der Einwand, daß die auf statistischem Wege gewonnenen Faktoren ›Kunstprodukte der Rechnung‹ und daher bedeutungslos seien, kann heute als erledigt gelten, da sich mit der gleichen Methode auch auf biologischem Gebiet bestimmte Wuchstendenzen haben isolieren lassen (→ Typenlehre).

Die neuere Entwicklung der statistischen Methodik, wie sie vor allem in den angelsächsischen Ländern zu beobachten ist, führt in folgende Richtungen:

1. Die Verwendung von Korrelationskoeffizienten zur Bestimmung der *Ähnlichkeit* zwischen Merkmalsträgern (*Q-Analyse; W. Stephenson, C. R. Rogers, P. R. Hofstätter* u. a.). Die Faktorenanalyse solcher Korrelationen stellt einen neuen Ansatz auf dem Gebiete der → Typenlehre dar.
2. Die Korrelation aufeinanderfolgender Maßwerte in Zeitreihen (*›Autokorrelationen‹*) zur Bestimmung des Ausmaßes der Nachwirkung von Ereignissen und etwaiger Ablaufs-Rhythmen.
3. Die Analyse des Streuungsquadrats (σ^2) zur Ermittlung der Verläßlichkeit von Unterschieden in kleinen Versuchsgruppen (*›analysis of variance‹, R. A. Fisher, A. L. Edwards,* → Experiment).
4. Die Entwicklung statistischer Probeverfahren, die von der Art der Merkmalsverteilung unabhängig sind (*›non-parametrische Methoden‹*).
5. Die Konstruktion statistischer Modelle für Abläufe, deren einzelne Stadien nicht notwendig, sondern nur mit einer gewissen Wahrscheinlichkeit aufeinander folgen (*›stochastische Prozesse‹*).

Tests. Der Terminus ›mental tests‹ wurde von dem amerikanischen Psychologen *McK. Cattell* (1890) eingeführt; man bezeichnet damit Situationen, in denen ein diagnostisch relevantes Verhalten der zu untersuchenden Personen (der Probanden) herausgefordert wird. Ein Test besteht daher im Prinzip aus zwei Komponenten, einmal aus der verhaltenauslösenden Reizgegebenheit (›Aufgabe‹) und zum anderen aus den Anweisungen zur Interpretation des Verhaltens bzw. zur Durchführung des Rückschlusses von diesem auf die zu ermittelnden Eigenschaften, Fähigkeiten, Charakterzüge, Neigungen usw.
Die Prähistorie der Testmethodik kann in den *Initiationsriten (Jünglingsweihen)* der Primitivgesellschaften erblickt werden, in denen sich fast immer Proben finden, an Hand deren die Eignung eines jugendlichen Stammesgenossen für die mit dem Erwachsenen-Status verbundenen Rechte und Pflichten beurteilt wird. Das Hauptgewicht liegt dabei auf Charaktereigenschaften, wie etwa Mut und Selbstbeherrschung (z. B. Ertragen von Schmerzen), sowie auf der verstandesmäßigen Begabung (z. B. *Rätselraten*, das auch in Mythos und Sage vorkommt: Ödipus und die Sphinx, Turandot usw.). Anknüpfend an diese Bräuche hat *Platon* im Dialog vom Staat (III,413) ein Auswahlverfahren für die Wächter (Krieger) des idealen Gemeinwesens beschrieben, in dessen Verlauf diese auf verschiedenen Altersstufen in Situationen versetzt werden, die Selbstdisziplin, Mut und Unbestechlichkeit auf die Probe stellen.

Ähnliche Anweisungen finden sich im Alten Testament (→ Wehrpsychologie). Charakteristischerweise entwickelt sich die Testidee im Bezug auf bedeutungsvolle Bewährungssituationen (Einsatz im Ernstfall des Kampfes), für deren Voraussage die sich im zivilen Alltag einstellenden Beobachtungsgelegenheiten nicht ausreichen. In diesem Sinne hat die Testpsychologie auch in den beiden Weltkriegen wesentliche Impulse erhalten (zum Beispiel die Entwicklung des *›Army-Alpha‹-Intelligenztests* in den USA, 1917, sowie die sehr ausgedehnten Untersuchungen während des zweiten Weltkrieges, vgl. *J. P. Guilford*, 1947).

Die Ansätze zu den heute noch gebräuchlichen Tests finden sich gegen Ende des 19. Jh., vor allem im anthropometrischen Laboratorium, das Sir Francis *Galton* 1882 in London begründete (Prüfungen der Sinnesschärfe, der Reaktionszeit und des Vorstellungsverlaufs). Aus dieser Zeit datieren auch die Bemühungen von Psychiatern (*A. Oehrn*, 1889; *K. Rieger*, 1889; *E. Kraepelin*, 1895; *G. C. Ferrari*, 1896) und Kriminalbiologen (der Schule *C. Lombrosos*) um die Feststellung intellektueller Unterschiede zwischen Personengruppen. Im Rahmen der Schule tauchen *Intelligenztests* mit *H. Münsterberg* (1891), *T. L. Bolton* (1891), *J. A. Gilbert* (1894) und *H. Ebbinghaus* (1897) auf. Das Vorbild nahezu aller neueren Intelligenztests schuf *A. Binet* (1857–1911) in seinen gemeinsam mit *V. Henri* und später mit *Th. Simon* (1905) durchgeführten Untersuchungen zum Problem der diagnostischen Erfassung minderbegabter Schulkinder. Die nach Altersnormen (*›Intelligenzalter‹*) abgestufte Testreihe wurde in den Jahren 1908 und 1911 erweitert und verbessert. Adaptationen für deutsche Bedürfnisse stammen von *O. Bobertag* (1914), *H. Biäsch* (1939), *E. Hylla* (1951), *I. Norden* (1953, das sog. *›Binetarium‹*) und *J. Kramer* (1954) sowie von *H. R. Lückert* (1957, in Anlehnung an die von *L. M. Terman* und *M. A. Merrill*, 1937, durchgeführte *›Stanford-Revision‹* des Binet-Tests).

Allgemeine Zustimmung fand der Vorschlag *W. Sterns* (1911), wonach die intellektuelle Begabung eines Probanden durch den *›Intelligenzquotienten‹*: $\text{IQ} = 100 \, \frac{\text{Intelligenzalter}}{\text{Lebensalter}}$ bestimmt wird. Dem allmählichen Aufhören der durch Tests erfaßten Entwicklung der → Intelligenz trägt man dadurch Rechnung, daß man bei allen Probanden, deren Alter 16 Jahre überschreitet, den Nenner des Bruches konstant gleich 15 Jahre setzt. Als durchschnittlich begabt (IQ = 100) erscheint somit ein jugendlicher Proband, dessen Intelligenzalter seinem Lebensalter genau entspricht. Die Verteilung des Intelligenzquotienten nach

Binet (Stanford-Revision) und *D. Wechsler* in einer unausgelesenen (amerikanischen) Population zeigt Tab. 18.

IQ	Bezeichnung	Häufigkeit (%)	
		Stanford-Binet	Wechsler
mehr als 129	Überragende Intelligenz	4,4	2,2
120–129	Höhere Intelligenz	8,2	6,7
110–119	Gut-normale Intelligenz	18,1	16,1
90–109	Durchschnittl. Intelligenz	46,5	50,0
80– 89	Schwach-normale Intelligenz ohne eigentl. Anomalie	14,5	16,1
70– 79	Leichte Debilität, Grenzfälle	5,6	6,7
wenig. als 70	Schwachsinn	2,7	2,2

Tab. 18

Die Ausweitung des Binetschen Ansatzes vollzog sich in drei Richtungen: 1. durch die Erweiterung des Begriffes des Intelligenzalters zu dem des *Entwicklungsalters* (*A. Gesell*, 1925; *Ch. Bühler* u. *H. Hetzer*, 1932 u. 1950; *L. Schenk-Danzinger*, 1953); 2. durch die Aufgliederung des globalen Begriffes der Intelligenz auf mehrere teilweise voneinander unabhängige Funktionen, wie z. B. in den *analytischen Intelligenztests* nach *L. L. Thurstone* (1938), *D. Wechsler* (1939, 1949; deutsche Bearbeitungen durch das Hamburger Psychologische Institut: HAWIE, 1955, HAWIK, 1956), *R. Meili* (1930) und *R. Amthauer* (1953); 3. durch die Schaffung *sprach-freier Intelligenztests*, z. B. Einlege- und Zusammenlegespiele (›form boards‹ und ›puzzles‹, nach *E. Seguin*, 1866; *R. Pintner* und *D. G. Paterson*, 1917), Linien-Labyrinthe (nach *S. D. Porteus*, 1924, vgl. Abb. 19, → Betriebspsychologie), Würfelzusammensetzung (nach *S. C. Kohs*, 1923), die zusammen in der Testreihe von *G. A. Arthur* (1930) und größtenteils auch schon in den sog. ›*Army-Beta-Tests*‹ der USA (1917) vorkommen; ferner Tests, die Abstraktionsleistungen an geometrischen Figuren verlangen (z. B. die ›progressiven Matrizen‹ von *J. P Raven*, 1938, 1947).
Allein auf dem Gebiete der Begabungsforschung wurden bis heute mehrere Tausend verschiedene Tests entwickelt. Die von *G. H. Hildreth* im Jahre 1939 zusammengestellte Bibliographie enthält bereits 4279 Tests und Beurteilungsskalen, der Nachtrag vom Jahre 1946 vermehrt diese auf über 5000. Eine Übersicht vermitteln die von *O. K. Buros* (seit 1938) herausgegebenen Jahrbücher.

Außer durch Leistungsproben läßt sich diagnostisch relevantes Verhalten auch durch Aufgaben herausfordern, die dem Probanden eine ziemlich freie und spontane Betätigung an relativ wenig strukturierten Gegebenheiten erlauben. Diese Tests dienen in erster Linie nicht der Erfassung spezifischer Begabungen, sondern der Gewinnung eines Charakterbildes (→ *Persönlichkeit*). Am bekanntesten unter ihnen sind zwei Deutungsaufgaben, bei denen entweder Tintenkleckse (nach *H. Rorschach*, 1921, Abb. 89) oder einigermaßen rätselhafte Bilder (›*Thematic Apperception Test*‹, TAT, nach *H. A. Murray*, 1935, 1943, Abb. 90) vorgelegt werden. Andere Tests verlangen die Sympathiewahl von Reizen (Porträtphotos nach *L. Szondi*, 1947, Farben nach *M. Lüscher*, 1949), die zeichnerische Entwicklung einfacher Bildelemente (nach *E. Wartegg*, 1939, Abb. 91) sowie die spielerische Verwendung von Material (›*Mosaik-Test*‹ von *M. Lowenfeld*, 1929; ›*Welt-Test*‹ von *M. Lowenfeld*, 1939, und *Ch. Bühler*, 1949; ›*Scenotest*‹ von *G. v. Staabs*, 1940; ›*Farbpyramiden-Test*‹ von *M. Pfister* und *R. Heiß*, 1951). Nach einem Vorschlag von *L. K. Frank* (1939) werden diese Verfahrensweisen als ›*projektive Tests*‹ bezeichnet, da sich in ihnen die Innerlichkeit des Probanden, namentlich dessen → Phantasie- und Impulsleben, ungewollt in den Akten der Deutung, Wahl und Gestaltung auf das Testmaterial abbilden und somit nach außen verlegen (projizieren oder objektivieren) soll. Diese diagnostische Hypothese ist an sich sehr plausibel, jedoch läßt sich ihre Bestätigung nur schwer in exakter Weise er-

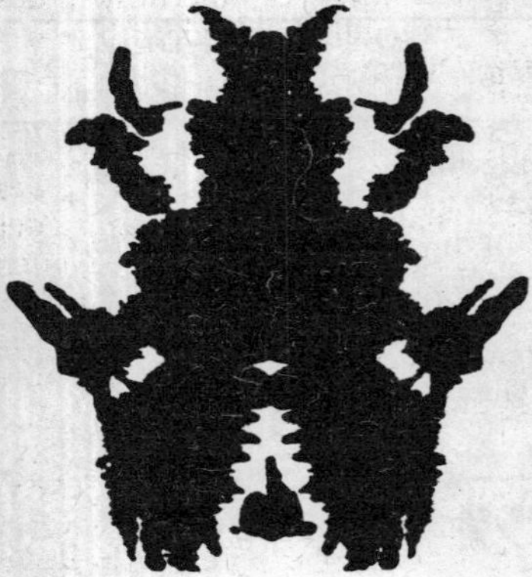

Abb. 89: Eine Deutungsvorlage nach Art der Rorschachschen Tintenkleckse

Abb. 90: Ein Bild aus dem TAT

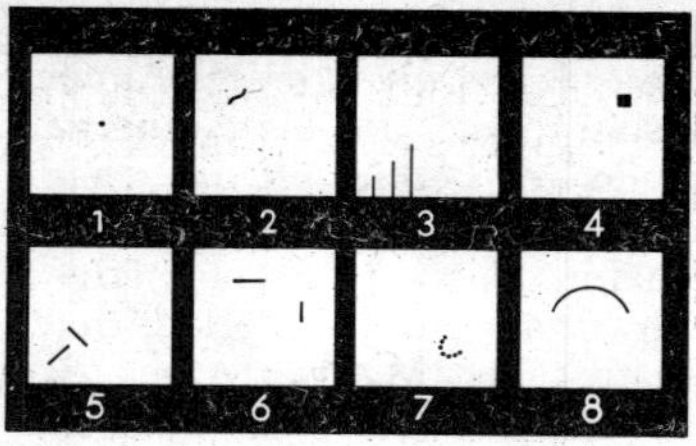

Abb. 91: Zeichenvorlage des Wartegg-Tests

bringen, da dazu eine vom Testverhalten unabhängige Kenntnis der Innerlichkeit des Probanden erforderlich wäre. Die Interpretation projektiver Tests ist zur Zeit noch in einem sehr hohen Maße vom Einfühlungsvermögen des Diagnostikers abhängig; der Einwand, daß sie bisweilen unkritisch erfolge, ist des öfteren geäußert worden. Die Forschung befindet sich auf diesem Gebiete in lebhafter Entwicklung (s. das von *E. Stern* [1954] herausgegebene Handbuch).
Als ein großer Vorteil der projektiven Methoden kann der Umstand gelten, daß diese für den Probanden kaum zu durchschauen sind. Dessen etwaige Täuschungsabsichten, z. B. das Bestreben, sich in ein ›gutes Licht‹ zu setzen, haben daher nur recht geringe Aussicht auf Erfolg. Gerade in diesem Punkt sind sie vor allem den *Fragebogen (›Persönlichkeitsinventaren‹, ›Questionnaires‹)* überlegen. Zur Aufdekkung innerer Unausgeglichenheit (›neurotischer Tendenzen‹) entwickelte *R. S. Woodworth* (1918) eine Serie von 116 Fragen für den Gebrauch bei den Rekrutenuntersuchungen der amerikanischen Wehrmacht. Die weitere Ausgestaltung dieses Verfahrens erfolgte durch *G. W. Allport* (1928, Dominanzstreben), *R. G. Bernreuter* (1935) und *H. M. Bell* (1934); im Augenblick finden das von *J. C. Mc Kinley* und *S. R. Hathaway* geschaffene *›Minnesota Multiphasic Personality Inventory‹* (MMPI) mit 550 Fragen (1942, 1951) sowie das *›Temperament Survey‹* von *J. P. Guilford* und *W. S. Zimmerman* (1949) mit 300 Fragen vielfach Verwendung. Für den deutschsprachigen Gebrauch stehen der nach dem Vorbild des MMPI entwickelte *›Persönlichkeits-Interessen-Test‹* (P.-I.-Test) von *E. Mittenecker* und *W. Toman* (1951) mit 214 Fragen und der *›Maudsley-Persönlichkeitsfragebogen‹* von *H. J. Eysenck* (1953) mit 56 Fragen zur Verfügung.
Unbeschadet ihrer Zugehörigkeit zu den drei Hauptgruppen von Tests (Leistungsproben, projektive Tests, Persönlichkeitsfragebogen) sind an jede diagnostische Methode drei Anforderungen zu stellen. Diese muß 1. verschiedene Probanden voneinander unterscheiden, sie muß dies 2. in verläßlicher Weise und 3. in diagnostisch relevanter Weise tun. Die Ermittlung dieser drei Eigenschaften eines Tests bezeichnet man als dessen *›Eichung‹* oder *›Standardisierung‹*.

Die *Verläßlichkeit* (›*reliability*‹) eines Tests bestimmt sich nach dem Ausmaß, in dem dieser bei wiederholter Anwendung auf ein und dieselbe Persönlichkeit, die man innerhalb kurzer Zeitspannen als unveränderlich betrachtet, das gleiche Resultat liefert. Wer heute bei einer Intelligenzprüfung als überdurchschnittlich begabt erscheint, soll dies auch bei nächster Gelegenheit tun. Im technischen Sinn wird die Verläßlichkeit durch die Korrelation (→ Statistik) der Maßwerte bei zwei Durchführungen der Probe an einer Anzahl von Probanden definiert (r_{xx}). Dieses direkte Verfahren empfiehlt sich aber in der Regel nicht, da Erinnerungsnachwirkungen kaum auszuschließen sind. Zur Feststellung des Wertes von r_{xx} dient daher entweder der Vergleich mit einer Parallelform des gleichen Tests oder die Korrelation zwischen den beiden Hälften des Tests bei dessen einmaliger Anwendung. Im allgemeinen werden Verläßlichkeitskorrelationen verlangt, die den Wert von $r_{xx} = 0{,}85$ nicht unterschreiten sollen. Die Berechtigung dieser Forderung erhellt aus der Überlegung, daß der wahre Maßwert eines Probanden in einem Intervall liegt, dessen Weite durch die Beziehung $\sigma_i = \sigma_x \sqrt{1 - r_{xx}}$ gegeben ist. Beträgt z. B. die Streuung (σ_x) des Stanford-Binet-Tests 16,4 IQ-Einheiten und dessen Verläßlichkeit $r_{xx} = 0{,}91$, so ergibt sich $\sigma_i = \pm\ 4{,}92$, das sind rund 5 IQ-Einheiten. Würde daher für einen Probanden ein Wert von IQ = 103 gefunden, so liegt der wahre Wert (mit einer Wahrscheinlichkeit von etwa 68 Prozent) zwischen 98—108. Bei einer geringeren Verläßlichkeit von $r_{xx} = 0{,}64$ würden sich diese Grenzen auf 93—113 erweitern, damit würden aber bereits die Maßwerte von fast der Hälfte aller Probanden ununterscheidbar.

Als ›*diagnostische Valenz*‹ (*validity*) eines Tests bezeichnet man die Korrelation zwischen dessen Resultaten und den Werten der Variablen (›*Kriterium*‹), die der Test anzuzeigen oder vorauszusagen bestimmt ist. Der Idealfall ($r_{xy} = 1{,}00$) wäre bei einer Eignungsprüfung von Lehrlingen erreicht, wenn deren auf Grund des Tests erstellte Rangreihe genau der entspräche, die sich bei der Betrachtung ihrer späteren Berufsleistungen ergibt. Die Erfahrung lehrt, daß auch sehr sorgfältig durchgebildete Tests nur selten diagnostische Valenzen besitzen, die über $r_{xy} = 0{,}60$ liegen. Das mit größter Mühe ausgearbeitete Einstellungsverfahren für die Pilotenlaufbahn der amerikanischen Luftwaffe erreichte z. B. während des zweiten Weltkrieges nur eine diagnostische Valenz von 0,46 (bezogen auf das Kriterium des erfolgreichen Trainingsabschlusses; *L. G. Humphreys*, 1955). Im Anschluß an das von *H. C. Taylor* und *J. T. Russell* (1939) entwickelte Tafelwerk läßt sich die praktische Bedeutung der diagnostischen Valenz eines Tests veranschaulichen (Tab. 19).

Diagnostische Valenz	0,00			0,30			0,50			0,70		
Eignung	+		−	+		−	+		−	+		−
Ausgelesene	E	NE	E	E	NE	E	E	NE	E	E	NE	E
50	10	190	40	20	180	30	30	170	20	40	160	10
100	20	180	80	37	163	63	52	148	48	69	131	31
200	40	160	160	66	134	134	88	112	112	112	88	88
300	60	140	240	90	110	210	114	86	186	144	56	156
500	100	100	400	135	65	365	155	45	345	180	20	320
700	140	60	560	168	32	532	182	18	518	196	4	504
1000	200	0	800	200	0	800	200	0	800	200	0	800

Tab. 19

In den mit den Buchstaben E und NE überschriebenen Spalten finden sich die Anzahlen der Probanden, die eingestellt bzw. nicht eingestellt werden. Zugrunde gelegt wurde die Annahme, daß sich in einer unausgelesenen Population von 1000 Berufsanwärtern 200 geeignete Personen (= 20 Prozent) befinden. Wählen wir nunmehr an Hand eines Tests, der z. B. eine diagnostische Valenz von $r_{xy} = 0{,}50$ besitzt, 200 Personen aus, und zwar natürlich diejenigen von den 1000 Probanden, die in dem Test am besten abschneiden, so ergibt sich das folgende Bild: Unsere ausgelesene Gruppe enthält 88 Geeignete und 112 Ungeeignete (= 44 Prozent Geeignete); andererseits befinden sich aber unter den zurückgewiesenen 800 Probanden ebenfalls noch 112 Geeignete (= 14 Prozent der Zurückgewiesenen). In der Tat haben wir mehr Geeignete abgelehnt als angenommen. Besitzt unser Test eine diagnostische Valenz von $r_{xy} = 0{,}70$, so erlaubt er uns die Bildung einer ausgelesenen Gruppe von 200 Personen, in der sich der Prozentsatz der Geeigneten auf 56 Prozent beläuft, wonach immer noch unter den Zurückgewiesenen 11 Prozent Geeignete verbleiben. Dieses Ergebnis bleibt weit hinter der Idealvorstellung von der Leistungsfähigkeit eines ›guten‹ Tests zurück; es ist jedoch mit dem einer aufs Geratewohl ($r_{xy} = 0{,}00$) erfolgten Zulassung zu vergleichen, bei der nur 40 Geeignete, aber 160 Ungeeignete in die ausgelesene Gruppe kämen und daher 160 Geeignete abgelehnt würden. Der Prozentsatz der Geeigneten beliefe sich in der ausgewählten Gruppe auf bloß 20 Prozent. Sämtliche 200 Geeignete sind nur dann zu erfassen, wenn man überhaupt auf eine Auswahl verzichtet und alle 1000 Bewerber, damit freilich auch 800 Ungeeignete, einstellt. Durchaus unrealistisch und laienhaft wäre es, wenn man von einem ›guten‹ Diagnosemittel eine Auswahl erwarten wollte, die nur Geeignete und diese vollständig erfaßt. Das gilt auch für Verfahren, die nicht rational durchkonstruiert sind, sondern sich, wie die sog. *Intuition*, auf Anmutungen und auf das nicht näher spezifizierte Gefühl des Diagnostikers verlassen. Ihre Valenz wird zwar in der Regel nicht quantitativ bestimmt, jedoch dürfte sie kaum höher liegen als die geeichter Tests.

Die diagnostische Valenz von Tests läßt sich im Falle der Begabungsprüfung am leichtesten ermitteln, da hier die Kriterium-Variable (z. B. der Trainingserfolg) ziemlich gut definiert zu sein pflegt. Persönlichkeitstests (projektive Verfahren und Fragebogen) sind hingegen meist auf Kriterien angewiesen, die selbst weniger präzise und mitunter auch weniger verläßlich sind (z. B. Beurteilungen durch Bekannte, psychiatrische Diagnosen usw.). Dieser Sachverhalt erschwert einerseits die Konstruktion solcher Tests und zum anderen die Beurteilung ihrer Leistungsfähigkeit ganz außerordentlich. Vielfach behilft man sich daher mit der Charakterisierung typischer Formen des Testverhaltens (Symptome und Gruppen von diesen, d. h. *Syndrome*), wobei deren diagnostische Relevanz zunächst offen bleibt. Die Deutung eines Verhaltenssyndroms mag sich dann z. B. daraus ergeben, daß dieses in einzelnen Gruppen von Probanden (Geschlechts-, Alters-, Berufs- und Krankheitsklassen) häufiger auftritt als in anderen.

Tiefenpsychologie. Zwischen den einander zum Teil heftig befehdenden Schulrichtungen der *Psychoanalyse*, der *Individualpsychologie*, der *komplexen Psychologie* und anderen bestehen drei Gemeinsamkeiten, die ihre Zusammenfassung unter einem Gruppennamen rechtfertigen: 1. verdanken sie ihre wesentlichen Anregungen dem Lebenswerk *S. Freuds* (1856–1939); 2. suchen sie den »Schlüssel zur Erkenntnis vom Wesen des bewußten Seelenlebens ... in der Region des Unbewußtseins« (*C. G. Carus*, ›Psyche‹, 1846); 3. bemühen sie sich um die Behebung konfliktbedingter Fehleinstellungen des Empfindens und Verhaltens (→ *Neurose*, → *Psychotherapie*). Die Zusammenschau dieser Richtungen empfiehlt sich auch deshalb, weil jede von ihnen in ihrer Art einseitig ist und daher der anderen, mit ihr konkurrierenden Ansätze zur Vervollständigung bedarf. Eine echte Verschmelzung der Richtungen ist wünschenswert, aber bisher noch nicht erfolgt; sie deutet sich jedoch z. B. darin an, daß die in den angelsächsischen Ländern als ›*Neofreudianer*‹ bezeichneten Autoren (*E. Fromm, K. Horney, H. S. Sullivan*) mit kaum geringerer Berechtigung auch als ›Neoadlerianer‹ aufgefaßt werden könnten.

Über tiefenpsychologische Ansätze aus der Zeit vor dem Auftreten Freuds orientieren die historischen Darstellungen von R. *Dalbiez*, M. *Dorer*, G. *Zilboorg* und G. W. *Henry*; sie reichen bis in die Antike zurück und finden sich in reicher Anzahl bei den unter romantischem Einfluß stehenden Denkern des 18. und 19. Jh. (*Novalis*, *Fechner*, *Herbart*, *Carus*, *Schopenhauer* und *Nietzsche*) sowie schon früher in den philosophischen Systemen des Rationalismus, z. B. bei *Leibniz* und *Spinoza*. Es scheint, daß die durchaus schöpferische Fortentwicklung dieser Ansätze durch *Freud* von zwei im wesentlichen soziologischen Voraussetzungen begünstigt wurde, einmal durch die Auflösung vieler traditioneller *Selbstverständlichkeiten* im Denken des gehobenen Mittelstandes um die Jahrhundertwende und zum anderen durch die Zugehörigkeit Freuds und vieler seiner frühesten Mitarbeiter zu einer dieser Tradition gegenüber relativ selbständigen (der jüdischen) Minorität. Keineswegs zu übersehen ist aber die Forscherpersönlichkeit Freuds, die wie kaum eine andere in der neueren Geschichte der Psychologie als genial bezeichnet werden darf. Aus dem im eigenen Leben erfahrenen neurotischen Leid (es handelte sich vermutlich um eine Phobie) entwickelte *Freud* im Zuge einer schonungslosen Selbstanalyse, die sich zum Teil (zwischen 1887 und 1902) im brieflichen Gedankenaustausch mit dem Arzte W. *Fließ* (1858–1928) abspielte, die Methode sowohl wie die Theorie der *Psychoanalyse*. K. *Horney* zählt (1951) deren von nahezu allen tiefenpsychologischen Schulen übernommene Fundamente auf: 1. Im Seelenleben herrscht eine nicht weniger strenge kausale *Determination* als im Bereich physikalischer Prozesse; nichts geschieht zufällig, auch wenn die Konstellation der Ursachen nicht immer zu erkennen ist. 2. Ein Großteil der tatsächlich wirksamen Antriebe des Denkens ist von unbewußter und emotionaler Natur. 3. → *Konflikt*situationen, in denen die seelische Spannkraft des Individuums überfordert wird, können dadurch zum Schein aufgelöst werden, daß einzelne der an ihnen beteiligten Regungen aus dem Bewußtsein verdrängt, aber im *Unbewußten* aufbewahrt werden. 4. Gegen die Bewußtmachung des Verdrängten richten sich *Widerstände*, die dazu bestimmt sind, dem Individuum die peinliche Einsicht in seine Konfliktsituation zu ersparen. 5. Die Herabsetzung der Widerstände im Spiel der Wachphantasie, im freien Assoziieren und im *Traum* bringt verdrängte Strebungen in den Bereich der bewußten Identifizierbarkeit und macht diese daher der Deutung zugänglich. 6. Die Vorgeschichte vieler zum Ausbruch von Neurosen führender Konflikte des Erwachsenen reicht in die Zeit der frühkindlichen Persönlichkeitsentwicklung zurück. 7. Die Begegnung mit

dem ärztlichen Partner in der psychotherapeutischen Situation aktualisiert ursprünglich auf andere Personen, z. B. die Eltern, gerichtete Einstellungen von großer Heftigkeit (*›Übertragung‹* von Liebe und Haß); sie wird dadurch prinzipiell belangvoller als ein bloßes Gespräch mit einem Fremden.
Freuds eigenes System wird heute oft als *›orthodoxe Psychoanalyse‹* bezeichnet. Es enthält außer den bereits aufgezählten Postulaten eine von den anderen Schulen größtenteils nicht übernommene dualistische Trieblehre (*›Libido‹* als der auf Lust und Fortpflanzung gerichtete Lebenswille und ihr auf die Zerstörung des eigenen oder des fremden Daseins gerichteter Gegenspieler, der *›Todestrieb‹*), ferner eine Rekonstruktion der frühkindlichen → *Entwicklung* (orale, anale, phallische Phase vor dem 6. Lebensjahr und danach bis zur *Pubertät* die sog. *Latenzzeit*) und schließlich eine Aufgliederung der Persönlichkeit in drei Instanzen (→ *Schichtenlehre*), das die Triebregungen verkörpernde *Es*, die Repräsentation der von Autoritätspersonen übernommenen Normen im *Überich* und das in der jeweiligen Gegenwart agierende, dem häufigen Widerstreit zwischen den beiden anderen Instanzen ausgesetzte *Ich*.
Neben persönlichen und zum Teil auch politischen Gründen war es vor allem die Annahme der Motivationskraft ›Libido‹, die zur Abspaltung anderer tiefenpsychologischer Richtungen führte. Schon die Zusammenarbeit Freuds mit dem Wiener Arzt *J. Breuer* (1842–1925) scheiterte daran, daß dieser die große Bedeutung nicht anzuerkennen bereit war, die Freud der *Sexualität* (im erweiterten Sinne) für die Entstehung von *Neurosen* zuschrieb. Schon kurz nach der Veröffentlichung der grundlegenden ›Studien über Hysterie‹ (1895), denen die Entwicklung der *Katharsis-Methode* (→ Psychotherapie) zu danken gewesen war, trennten sich die Wege der beiden Männer. Im Jahre 1911 zog sich Alfred *Adler* (1870–1937) zurück, um auf der Basis des von ihm als Grundtrieb postulierten *Macht- und Geltungsstrebens* die sog. *Individualpsychologie* zu schaffen. Ihm folgte im Jahre 1914 der Schweizer Psychiater *C. G. Jung* (geb. 1875) mit der Erweiterung des Libido-Begriffs zu dem einer allgemeinen Lebenskraft (etwa im Sinne des ›Élan vital‹ von *H. Bergson*) und der allmählichen Ausgestaltung der sog. *›komplexen‹* oder auch *›analytischen‹ Psychologie.* Die um die gleiche Zeit erfolgende Loslösung *W. Stekels* (1868–1940) beinhaltete keine Kritik an der Trieblehre Freuds, wohl aber eine Unzufriedenheit mit dessen zeitlich vielfach sehr weit (über mehrere Jahre) ausgedehntem therapeutischem Verfahren, das er durch ein aktiveres Vorgehen wesentlich (auf 3–6 Monate) ab-

zukürzen hoffte *(›aktive Psychoanalyse‹)*. Veranlassung dazu bot die eigene Erfahrung Stekels, der als Patient Freuds (wahrscheinlich 1901) in acht Sitzungen von neurotischen Schwierigkeiten befreit worden war. Ähnliche Ziele verfolgt zur Zeit die unter der Leitung *F. Alexanders* stehende psychoanalytische Schule in Chicago durch eine planmäßige Ausnutzung der Übertragungsdynamik. Nicht unbedenkliche Ansätze zur Intensivierung der therapeutischen Affektbeziehung (anfangs der Versuch einer asketischen Unterdrückung der Libido des Patienten, in späteren Jahren der zur Befriedigung von dessen ›neurotischem Liebesbedürfnis‹) veranlaßten die Distanzierung des einstmaligen Lieblingsschülers *S. Ferenczi* (1873–1933). Das Zerwürfnis mit *O. Rank* (1885 bis 1939) schloß sich an dessen Hypothese vom Ursprung der neurotischen *Angst* in der Geburtssituation (›Das *Trauma der Geburt*‹, 1924) an; es führte zu grundsätzlichen Unterschieden in Fragen der Theorie (Postulat einer schöpferischen Willenskraft, die den Künstler in höchstem Maße, den Neurotiker immerhin noch in einem höheren als den unbeschwerten ›Normalen‹ auszeichnet) und der Therapie. Nach den beiden in Wien beheimateten Schulen Freuds und Adlers hat *V. E. Frankl* (geb. 1905) eine ›dritte Wiener Schule‹ begründet *(›Existenzanalyse‹* bzw. *›Logotherapie‹)*, die den Patienten nicht zur bewußten Anerkennung seiner Triebhaftigkeit führen will, sondern zu der seiner ursprünglich geistigen Daseinsproblematik im Verhältnis zu den absoluten (›unbedingten‹) Realitäten (Gott, das Gute und der Tod). Im Sinne der drei Instanzen Freuds darf man dessen eigenes System als unter dem Aspekt des Es konzipiert auffassen, das Adlers und der sog. ›Neofreudianer‹ unter dem des Ich und das Frankls (zum Teil auch Jungs) unter dem des Überich.

Sowohl hinsichtlich der Zahl ihrer Anhänger als auch der Geschlossenheit des Systems kommt neben der psychoanalytischen Schule, deren Schwerpunkt sich in den dreißig Jahren vom europäischen Kontinent nach den angelsächsischen Ländern verlagerte, den Richtungen *Adlers* und *Jungs* die größte Bedeutung zu. Nach individualpsychologischer Meinung stammt alles menschliche Streben aus dem Erlebnis einer tatsächlichen oder auch nur eingebildeten *Minderwertigkeit* (›Minderwertigkeitskomplex‹, ›Organminderwertigkeit‹ und soziale Benachteiligung), die es zu kompensieren bzw. sogar über-zu-kompensieren versucht (Paradigma: der Stotterer *Demosthenes*, der sich durch energisches Training zum größten Redner seiner Zeit heranbildete). Sofern weibliche Personen sich dem männlichen Geschlecht unterlegen fühlen, kann es bei ihnen zur Entstehung eines kompensatorischen *›männlichen Protests‹*,

d. h. zur Ablehnung der kulturtypischen Frauenrolle kommen; diesem Sachverhalt Rechnung zu tragen war bei Freud der Begriff des ›Penisneides‹ ausersehen (→ Geschlechtsunterschiede). Der Neurotiker, so glaubt Adler, weicht dem tatsächlichen Nachweis seiner Tüchtigkeit durch ein *›Arrangement‹*, z. B. durch symptomatische Beschwerden, aus; er sichert sich dadurch Mitleid, Pflege und die Anerkennung seiner Hilfsbedürftigkeit *(›Flucht in die Krankheit‹)*. Neurosen brechen dann aus, wenn irgendeine Entscheidung oder Bewährungsprobe bevorsteht. Das Ziel der Therapie ist die Aufdeckung solcher Arrangements bzw. der in ihnen zum Ausdruck kommenden Lebensstrategie *(›Leitlinie‹)*, die schon in früher Jugend erlernt zu werden pflegt. Das Bemühen des Therapeuten gilt auch der Ermutigung des Patienten, dessen Selbstgefühl durch das Bewußtsein der unentrinnbaren Verbundenheit mit anderen Menschen *(›Gemeinschaftsgefühl‹)* so gestärkt werden soll, daß es überkompensatorischer Maßnahmen entraten kann. Individualpsychologisches Gedankengut findet sich häufig bei Erziehern, Jugend- und Berufsberatern, Heilpädagogen und in der Fürsorge für Verwahrloste und Kriminelle.
Die Entwicklungsrichtung der komplexen Psychologie *Jungs* wurde durch dessen starkes Interesse für die in Mythologie, Mystik, Alchimie und Astrologie auftretenden *Symbole* bestimmt. Diesen Forschungsweg kennzeichnen u. a. die beiden Buchtitel ›Wandlungen und Symbole der Libido‹ (1912) und ›Mysterium conjunctionis‹ (1955). Jung hält diese Symbole für bildhafte Aussageweisen des der ganzen Menschheit gemeinsamen *›kollektiven Unbewußten‹*, dessen Strukturelemente als *›Archetypen‹* (z. B. Drache, Schlange, strahlender Held, böser Geist, gute Fee, dienstbare Magd, grausame Amazone usw.) bezeichnet werden. Das persönliche Unbewußte enthält wie bei Freud verdrängte Strebungen und Möglichkeiten der eigenen Entfaltung, es wird als ein Komplement *(›Schatten‹)* des bewußten Selbstbildes aufgefaßt. Zwischen diesen beiden Formen des Unbewußten postulierte *L. Szondi* (geb. 1893) ein *›familiäres Unbewußtes‹*, aus dem heraus rezessive Erbanlagen die affektiven Entscheidungen eines Menschen (die Verteilung von dessen Sympathien und Antipathien, seine Partner- und Berufswahl sowie auch die Bildwahlen im triebdiagnostischen → Test Szondis) lenken sollen. In der Neurose erblickt Jung den Ansatz zu einer positiven, schöpferischen Leistung, deren Ziel die Selbstverwirklichung *(›Individuation‹)* des sich in einer Entwicklungskrise befindenden Menschen ist; dieser sucht nicht bloß Heilung, sondern das Heil (namentlich in der zweiten Lebenshälfte). Statt auf die frühkindliche Entwicklung rückschauend zu deuten (wie Freud)

oder einen unbewußten Lebensplan zu entlarven (wie Adler) richtet sich das therapeutische Gespräch Jungs prinzipiell auf die einem Menschen mögliche Zukunft; es bedient sich dabei vorwiegend der Auslegung *(›Amplifikation‹)* von *Traumbildern*, deren Symbolsprache es aber beibehält.
Von der in den einzelnen tiefenpsychologischen Schulen zur Zeit heranwachsenden zweiten Generation darf eine Verschmelzung bzw. eine Integration der in wahrscheinlich zunächst notwendiger Einseitigkeit entwickelten Theorien Freuds, Adlers und Jungs erwartet werden. Von nicht geringer Bedeutung ist die Annäherung zwischen der sog. ›akademischen Psychologie‹ und den tiefenpsychologischen Richtungen, die bereits auf den Gebieten der Persönlichkeitstheorie und der Diagnostik, der Lerntheorie und der Sozialpsychologie im Gange ist.

Traum. Sowohl die wissenschaftliche Forschung wie das zu allen Zeiten sehr rege Deutungsbedürfnis des Laien sind auf die Erinnerungen angewiesen, die beim Aufwachen oder später im Laufe des Tages die bloße Tatsache eines stattgehabten Traumes bzw. auch dessen Hergang aufbewahren. Es handelt sich dabei um Berichte über Erlebnisse, durch die diese aus der privaten Sphäre des Individuums in die kommunikative des Gesprächs, eventuell auch des besinnlichen Selbstgesprächs übersetzt werden. Ob und inwieweit die Träume selbst den Traumberichten gleichen, läßt sich in keiner Weise ermitteln; diesbezügliche Zweifel (*J. H. Masserman*, 1946) dürften aber am Platz sein im Hinblick auf die geringe Verläßlichkeit von Zeugenberichten (→ forensische Psychologie) und auf die Schwierigkeit der Schilderung des eigenen Zumuteseins.
In *Kants* ›Anthropologie‹ (1798) heißt es: »Man kann aber wohl für sicher annehmen, daß kein Schlaf ohne Traum sein könne, und wer nicht geträumt zu haben wähnt, seinen Traum nur vergessen habe.« Diese oft geäußerte Meinung wird auch heute noch häufig vertreten, obwohl es Personen gibt, die niemals geträumt zu haben versichern (nach einer Zählung von *De Sanctis:* 5 Prozent der Frauen und 15 Prozent der Männer); an ihre Träume erinnern sich jeweils 42 Prozent der Frauen und 23 Prozent der Männer. Zur Entscheidung läßt sich die Kantische Behauptung nur insofern bringen, als dem Traumerlebnis Körpervorgänge entsprechen, die objektiv registrierbar sind. Nach dem Auftreten eines physiologischen Syndroms sofort erweckte Vpn berichten wesentlich häufiger Träume, als wenn das Aufwecken zu einer anderen Zeit erfolgte. An die Stelle der in älteren Arbeiten verwendeten Traum-Indikatoren (feine Schwankungen des Blutdrucks nach G. *Jelgersma*, 1922; Aktionsstrom-Unruhe in der Fingermuskulatur taub-

stummer Vpn nach W. *Max*, 1935, sowie Hungerkontraktionen des Magens nach T. *Wada*, 1922, R. E. *Scantlebury* und T. L. *Patterson*, 1938) ist mit der bedeutsamen Untersuchung von E. *Aserensky* und N. *Kleitman* (1953) das sehr viel präziser registrierbare Phänomen der sog. REM-Phasen getreten, das sich an ganz bestimmten Stellen des Schlafverlaufs mit großer Regelmäßigkeit einstellt (N. *Kleitman*, 1963; W. C. *Dement*, 1965). Das Elektroenzephalogramm (EEG, → Gehirn) zeigt während des Schlafes einen sich in mehreren, je etwa 90 Minuten dauernden Wellen wiederholenden Verlauf (Abb. 92), dessen vier Stadien sich recht gut unterscheiden lassen. Beim Übergang von einer Periode zur nächsten beobachtet man im Stadium 1 schnelle Augenbewegungen bei geschlossenen Lidern (›rapid eye movements‹, daher: REM), ferner gesteigerte Atem- und Pulsfrequenz, eine Erschlaffung des Muskeltonus sowie häufig kleinschlägige Fingerbewegungen, kaum hingegen größere Körperbewegungen. Während der REM-Phasen (schraffierte Flächen in Abb. 92) geweckte Vpn berichten fast stets (zu über 80%) lebhafte Träume, deren Dauer (10 bis 25 Minuten) in etwa dem Zeitbedarf der erlebten Vorgänge entsprechen dürfte. Etwa ein Fünftel der gesamten Schlafzeit entfällt auf die vier bis fünf Träume einer Nacht; dies gilt offenbar auch für Personen, die nie oder höchst selten zu träumen glauben; von diesen kann daher angenommen werden, daß sie ihre Träume besonders schnell vergessen bzw. verdrängen (→ Neurose). Außerhalb der REM-Phasen führen Weckungen recht selten zu Erlebnisberichten; diese ähneln auch eher ›Gedanken‹ als ›Träumen‹. Die REM-Phasen sind bei Kleinkindern länger als bei Erwachsenen; sie wurden auch bei Säugetieren festgestellt. *Dement* berichtet, daß nach ›Traumentzug‹ (Aufwecken der Schläfer bei jedem Eintritt in eine REM-Phase) depressive Stimmungen und eine verstärkte Tendenz zum Auftreten von REM-Phasen zu beobachten sind. Vielleicht gehört somit das Träumen zu den primären Bedürfnissen (→ Bedarf und Bedürfnis).

Physiologisch gesehen stehen die REM-Phasen dem Wachzustand in vielfacher Weise näher als dem des Tiefschlafes. Die nach dem Vorgange E. *Kohlschütters* (1863) an den Intensität des erforderlichen Weckreizes gemessene Schlaftiefe ist in ihnen aber sehr groß, d. h. größer als in den EEG-Stadien 1 (beim Einschlafen), 2 und 3. Es sieht so aus, als erfolgte in den REM-Phasen eine Steigerung der Gehirnaktivität auf Grund interner Reize des Organismus. Nach dem von W. R. *Heß* (1938, 1947) skizzierten System der vegetativen Steuerung (→ Gefühle) besteht im Tiefschlaf eine Dominanz des vom Parasympathicus kontrollierten ›trophotropen‹ (mit Ernährung, Restitution und Wachstum befaßten) Systems, im Wachzustand

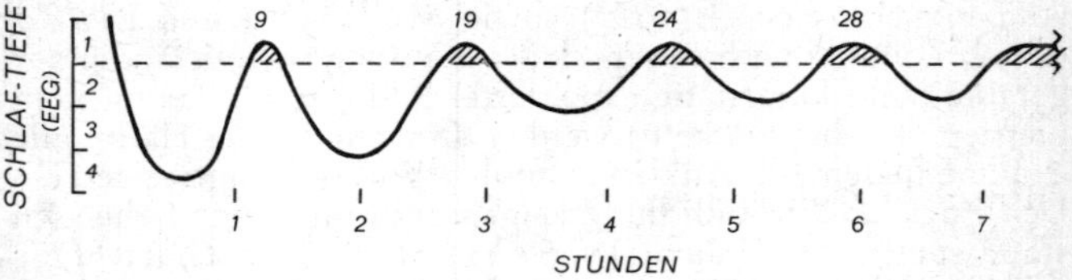

Abb. 92: Der typische Schlaf-Verlauf (schraffierte Flächen: REM-Phasen, in denen Träume auftreten; Dauer in Minuten) nach *W. Dement* und *E. Wolpert*, 1958.

hingegen eine solche des ›ergotropen‹ (auf Arbeits- und Kampfleistungen hin ausgerichteten) Systems. In den REM-Phasen ist der Organismus in vegetativer Hinsicht zwar bereits auf Aktivität eingestellt, jedoch fehlt ihm für diese noch die dem Wachzustand vorbehaltene sensomotorische Rückkoppelung, d. h. die Möglichkeit der durch Wahrnehmungen geleiteten Bewegungsvollzüge. Der in Träumen oft anzutreffende Aktivitätsüberschuß dürfte somit als eine halluzinatorische Kompensation für die reduzierten Aktionsmöglichkeiten des Organismus aufzufassen sein. Verwandte Zustände lassen sich auch während des Wachzustandes im Laboratoriumsversuch herstellen: *D. O. Hebb* brachte (1954) seine Vpn (meistenteils Studenten) in eine Situation der weitgehenden Abkapselung von äußeren Reizen und der völligen Inaktivität; bei ihnen stellten sich nach mehreren Stunden sehr lebhafte, vorwiegend unangenehme Anschauungsbilder von traumartigem Charakter ein. Ähnliche Erscheinungen treten auch bei Entspannungsübungen auf (*autogenes Training*; → Psychotherapie).
In den *Traumberichten* dominiert das optische und das akustische Sinnesgebiet, ersteres auch bei nach dem 5. Lebensjahr erblindeten Personen, während es bei Blindgeborenen ausfällt. Daraus ist zu schließen, daß das Bildmaterial des Traumes ursprünglich der Außenwelt entstammt und somit nicht rein autochthonen Urprungs sein kann. Die Sprache des Traumes (von germ. ›draugma‹ = Trugbild) ist in erster Linie eine Bildersprache, mit deren Hilfe innere Regungen sowie Empfindungen aus dem Bereich der übrigen Sinnesgebiete (Bewegung,

Druck, Schmerz, Temperatur usw.) durch anschauliche Äquivalente repräsentiert werden. Übersetzungsleistungen dieser Art lassen sich auch an Hand der experimentellen Weckreiz-Träume studieren. *O. Pötzl* (1917) sowie *Malamud* und *Linder* (1931) konnten nachweisen, daß am Vortag unvollständig aufgefaßte (z. B. kurzfristig exponierte) Bildreize im Traum komplettiert (›nachentwickelt‹) werden. In mehr als der Hälfte aller Träume finden sich Anklänge an den Vortag (›Tagesreste‹).
Den Zug zur Verbildlichung zeigen auch im hypnotischen Zustand suggerierte Träume (*K. Schrötter*, 1911, *G. Roffenstein*, 1924, *M. Nachmansohn*, 1925, *Farber* und *Fisher*, 1943); für das Wachbewußtsein peinliche, meist dem Sexualleben entstammende Vorstellungen werden dabei häufig in *Bildsymbole* übertragen (z. B. ›Schrank‹, ›Schloß‹ und ›Zimmer‹ für das weibliche Genitale, ›Speer‹, ›Schlüssel‹, ›Regenschirm‹ für das männliche). Diese Symbole (von συμβάλλειν = ›zusammenballen‹) finden sich bereits in der ältesten, heute noch ernstzunehmenden Anweisung zur Traumdeutung, den ›Oneirokritika‹ des *Artemidoros von Daldis* aus dem 2. nachchristlichen Jahrhundert (übersetzt v. *F. S. Krauß*, Wien 1881; dazu auch *W. Kurth*, in ›Psyche‹ 4, 1951); sie kommen auch in Mythen und Märchen, ferner in der Vulgärsprache (z. B. ›vögeln‹ für den Koitus) und schließlich sogar in der für den Alltagsgebrauch zugelassenen Sprache vor (z. B. ›Scheide‹ für das weibliche Genitale, ferner ›Frauen-Zimmer‹ und ›Schatz‹). Symbole sind jedoch zum Unterschied von bloßen Allegorien prinzipiell mehrdeutig, man wird ihnen daher durch eine schematische Übersetzung niemals völlig gerecht; daran scheitert der Versuch eines Symbol-Lexikons der Traumsprache. Die im Handel befindlichen Traumbücher angeblich ägyptischer und chaldäischer Provenienz gehen zum Teil tatsächlich auf alte Quellen zurück; es handelt sich dabei jedoch um eine stark verwilderte Tradition.
Momentane Störungen des Schlafgleichgewichts durch innere oder äußere Reize werden im Traum bildhaft dargestellt und dabei zugleich gedeutet, d. h. in Handlungszusammenhänge eingegliedert, wobei sich die aktuelle oder auch die allgemeine Lebensproblematik des Träumers auf die meist relativ unbedeutenden Ereignisse während des Schlafes projiziert. In diesem Sinne enthält jeder Traum eine Aussage über den Träumer selbst; er wird daher – nach *Freuds* Ausdruck – zur *›via regia‹* in dessen Unbewußtes. Aus diesen Erwägungen entspringen die psychologisierenden Bemühungen um eine Deutung des Traumes, d. h. um seine Übersetzung in das Kategoriensystem des wachen, zielstrebigen Verhaltens. Für die an sich ältere, nicht psychologisierende Auffassung des Traumes als

eines Verkünders des Schicksals (›*prophetische Träume*‹) besitzen wir auch heute noch kaum eine Bestätigung. Dabei ist jedoch nicht zu übersehen, daß die reale Zukunft in einem erheblichen Ausmaße mit unseren gegenwärtigen Wünschen, Sorgen und Vermutungen korrespondiert, und daß deren Darstellung im Traum gerade dann besonders wahrscheinlich ist, wenn wir uns diese im Wachbewußtsein nicht einzugestehen wagen. Auch die ersten, im Wachzustand noch übersehenen oder willentlich mißachteten Anzeichen von Krankheiten können im Traum deutlich werden. Sehr scharf pointiert diesen Aspekt des Traumes ein Ausspruch *Nietzsches* (Morgenröte, 1881): »In allem wollt ihr verantwortlich sein! Nur nicht für eure Träume. Welch elende Schwächlichkeit, welcher Mangel an folgerichtigem Mut. Nichts ist mehr euer eigen als eure Träume.«
Es scheint, daß in diesem Punkte *S. Freud* ähnlich empfand; ob er Nietzsches These kannte, läßt sich allerdings nicht ermitteln. Um vor allem sein eigenes seelisches Gleichgewicht wiederzugewinnen, unterzog er seine eigenen Träume für mehrere Jahre einer eingehenden und sehr schonungslosen Analyse, deren Methodik und Resultate er in der ›*Traumdeutung*‹ (1900) vorlegte. Die neuere Geschichte des Traumproblems beginnt mit diesem Werk, dessen Deutungsansatz fünf Voraussetzungen macht: 1. Der Traum ist ein Hüter des Schlafes. 2. Triebregungen finden in ihm eine mit dem Schlafzustand verträgliche, d. h. halluzinatorische, Erfüllung. 3. Über die Gestaltung des Traumes wacht eine Kontrollinstanz der Persönlichkeit (›*Zensur*‹), die vom moralischen Wachbewußtsein mißbilligte Regungen — namentlich solche sexueller und aggressiver Art — nur in einer durch die sog. ›Traumarbeit‹ unkenntlich gemachten Form zur Darstellung gelangen läßt. 4. Abgesehen von gewissen Angstträumen, in denen schreckhafte Erlebnisse wiederholt werden, ist daher bei jedem Traum zwischen dem chiffrierten ›*manifesten Traum*‹ und dem sog. ›*latenten Traumgedanken*‹ (Klartext der Triebansprüche) zu unterscheiden. 5. Freie → Assoziationen zu den einzelnen Elementen des Traumes ermöglichen dessen ›Deutung‹, d. h. die Rekonstruktion des Klartextes aus den Chiffren (›Bilderrebus‹) des manifesten Traumes.
Gegenüber der Wunscherfüllungs-Theorie Freuds stimmt der Umstand bedenklich, daß die Mehrzahl der Träume (es werden bis zu 70 Prozent angegeben) als unangenehm und bedrohlich erinnert zu werden pflegt. Das nicht gerade seltene Vorkommen sexueller (auch perverser und obszöner) Szenen im Traum tut der Wahrscheinlichkeit der Zensur-Hypothese erheblichen Abbruch. Das eigentliche Problem des Freudschen Ansatzes beinhaltet aber der Begriff des ›latenten Traumgedankens‹, d. h. die

Annahme, das Unbewußte wisse um seine eigenen Regungen genau Bescheid, so daß dem Traum nur mehr die Aufgabe einer kompromißhaften (allegorischen) Befriedigung dieser Strebungen zukomme. Da Freud im Grunde nur von sehr wenigen Triebregungen ausgeht (→ Tiefenpsychologie), nämlich von sexuellen Wünschen bezüglich des andersgeschlechtlichen Elternteils und aggressiven Tendenzen gegenüber dem gleichgeschlechtlichen (›Ödipuskomplex‹), ist das Bescheidwissen des Unbewußten im Rahmen seines Ansatzes nicht übermäßig verwunderlich; es wird dies allerdings in hohem Maße, wenn man eine größere Mannigfaltigkeit möglicher und voneinander unabhängiger Wunschziele ins Auge faßt. Gibt man die Vorstellung des Traumes als eines Befriedigungsersatzes auf, so läßt sich der manifeste Traum (bzw. der Traumbericht) als eine Darstellung von Regungen und Anmutungen auffassen, über die sich der Träumer im Augenblick noch auf keinem Niveau seiner Persönlichkeit im klaren ist und die daher auch noch nicht als konkrete Wünsche formuliert und wirksam werden können. An die Stelle des eindeutigen ›latenten Trauminhaltes‹ tritt damit das noch ungestaltete, suchende Erlebnis des »Ich weiß nicht, was soll es bedeuten«. Die Bilder des Traumes sind dann aber auch nicht Allegorien, die einen begrifflich bereits auskristallisierten Sachverhalt umschreiben, sondern echte Symbole, die einer begrifflich noch nicht zu fassenden Befindlichkeit habhaft zu werden trachten. Zwischen dem Traum und den Bemühungen um seine Deutung besteht daher ein Kontinuitätsverhältnis; diese dienen dem gleichen Anliegen wie der Traum selbst, der Klärung des eigenen Zustandes. Statt, wie Freud meinte, irreale Wunscherfüllungen zu verheimlichen und in Allegorien zu verwandeln, setzt der Traum durch deren symbolische Darstellung zur Enträtselung des vielschichtigen Systems der Strebungen an; er stellt dabei gerade das heraus, woran es dem bewußten Rechenschaftsbericht über unser Wesen mangelt (›*kontrapunktisches*‹ bzw. ›*kompensatorisches*‹ Prinzip nach *C. G. Jung*). In diesem Sinne kann wohl schon der Traum selbst – und nicht erst dessen psychotherapeutische Verarbeitung (Deutung) – als ein Beitrag zur Wiederherstellung des psychischen Gleichgewichts aufgefaßt werden. Dafür spricht auch die oft vermerkte Kontinuität des Traumlebens, d. h. die Weiterentwicklung von Themen in aufeinanderfolgenden Träumen; auf diese Beobachtung gründet das von *W. Stekel* (1935), *P. Bjerre* (1936) und *C. S. Hall* (1953) empfohlene Verfahren der ›*Seriendeutung*‹ von Träumen.

Die neuere *kognitive Theorie* des Traumes, derzufolge dieser zuerst einen Erkenntniswunsch und nicht einen Aktionswunsch des Träumers befriedigt, läßt die Unterscheidung zwi-

schen manifestem Trauminhalt und latentem Traumgedanken fallen. Sie wurde sehr stark durch das Werk von C. G. *Jung* und durch dessen Lehre von den kollektiven Ur-Symbolen (›*Archetypen*‹) der Menschheit beeinflußt (→ Tiefenpsychologie). Nach dieser Auffassung kommt dem Traum im psychotherapeutischen Gespräch die Funktion eines Hinweises auf relevante, aber noch schattenhaft unklare Themen der Persönlichkeitsentwicklung zu. Vielfach empfiehlt es sich daher auch gar nicht, Träume zu deuten, da die Anknüpfung an sie und die Beibehaltung ihrer bildhaften Ausdrucksweise zu einer Entlastung des Beratungsgespräches führt und damit Denkmöglichkeiten erschließt, die das den realen Geschehensmöglichkeiten verpflichtete Begriffsdenken nicht oder nur in sehr viel geringerem Maße besitzt. Nicht selten kommt es beim schematischen Gebrauch der Traumdeutung im Zuge längerer Analysen zu einer Korruption des Traumlebens, d. h. zur Einengung der Traumberichte auf die vom Therapeuten bevorzugten Deutungsaspekte.
Die Erklärung für die Häufigkeit, mit der aus Mythos und Folklore bekannte Geschlechtssymbole im Traum auftreten, dürfte in der verhältnismäßig einfachen Struktur des assoziativen Vorstellungsraumes liegen (→ Assoziation). Die meisten Begriffe, durch die wir unsere jeweilige Befindlichkeit charakterisieren (z. B. ›Liebe‹, ›Haß‹, ›Angst‹, ›Ermüdung‹ usw.), fallen nämlich auf Grund ihrer Ähnlichkeitsrelationen in ein zweidimensionales System (die F_1/F_2-Ebene der Abb. 7), innerhalb dessen sich ihre Lage durch den Bezug auf die Grundtypen ›männlich‹ und ›weiblich‹ eindeutig bestimmen läßt. Im Zuge des → Sozialisierungsprozesses entwickelt das Kleinkind wahrscheinlich eine Primitiv-Kategorisierung seiner Welt unter den beiden Aspekten von ›Vater‹ und ›Mutter‹; dieses Ordnungsgerüst scheint auch in den gefühlsmäßigen Anmutungen Erwachsener weiterzubestehen. Eine ganz besonders große Rolle spielt das System der Geschlechtssymbolik im Denken und Brauchtum mancher Primitivstämme (*J. Winthuis*, 1928, 1930); dabei wäre es aber völlig falsch, die sexuellen Anspielungen jeweils und immer für bare Münze zu nehmen. Ebenso wie im Traum wird hier Unsexuelles häufig durch Genitalsymbole (›länglich‹ für das Maskulinum und ›rund‹ für das Femininum) dargestellt. Diese Erkenntnis haben sich die jüngeren Schulen der Psychotherapie (→ Tiefenpsychologie) vielfach zunutze gemacht (C. G. *Jung*, V. E. *Frankl* usw.).

Typenlehre. Das Wort Typus (von griech. ›Schlag‹, ›Prägung‹ oder ›Muster‹) bezeichnet zweierlei: einerseits den Bestand an Merkmalen, der einer Anzahl von Individuen gemeinsam ist, und andererseits den (konstruierten) *Idealfall* eines Individuums, das alle diese Merkmale und nur sie besitzt. Die typologische Betrachtung geht jeweils davon aus, daß mehrere Individuen in ihrem Gesamtbild und nicht nur hinsichtlich eines einzigen Merkmals einander ähnlich erscheinen, während sie sich von anderen Individuen deutlich abheben. Diese zunächst eindrucksmäßig gewonnene Ordnung wird in der Regel durch die Definition eines Paares voneinander möglichst stark unterschiedener Typen fixiert; erst im Zuge der weiteren Ausgestaltung des Systems pflegt das einfache Polaritätsschema zu dem eines Typen-Dreiecks erweitert zu werden. Nur relativ selten ist die psychologische Typenforschung über einen solchen Dreier-Ansatz hinausgegangen (z. B. *E. R. Jaensch* u. *G. Pfahler*). Das typologische Verfahren empfiehlt sich stets zur anfänglichen Orientierung in einem Gegenstandsgebiet, dessen Merkmalsstruktur noch unbekannt ist. Hier leistet der nach Ähnlichkeitsgruppen zusammenfassende Blick etwas, wozu die messenden Verfahrensweisen zunächst noch nicht imstande sind. Die so gewonnene Ordnung erweist sich allerdings im späteren Verlauf der Forschung meistens als überprägnant, da sie die Variationsbreite der in einer Typengruppe vereinigten Erscheinungen meistens unterschätzt und dafür die Unterschiede zwischen den verschiedenen Typengruppen überschätzt. In der Normalbreite des Lebens sind *Mischtypen* sehr viel häufiger als reine Typen. Für die psychologische Diagnostik wird der typologische Gesichtspunkt dadurch wertvoll, daß er beim Vorliegen einer Anzahl typencharakteristischer Merkmale den Schluß auf das Vorhandensein anderer, ebenfalls dem Typusbild angehörender Merkmale nahelegt, obwohl diese bei der ersten Begegnung noch nicht in Erscheinung treten. In diesem Sinne stellt jede Typenzuordnung eines Probanden eine charakterologische Hypothese dar, die diesem mit größerer oder geringerer Wahrscheinlichkeit auf Grund der Feststellung einzelner Typenmerkmale gewisse andere, schwerer zu identifizierende Merkmale zuspricht (*P. R. Hofstätter*, 1940). Während sich die Menschenkenntnis des Alltags vielfach mit Vermutungen dieser Art begnügen kann, besteht für eine fachwissenschaftliche Diagnose immer die Verpflichtung zur Überprüfung der aus dem Typenbegriff abgeleiteten Annahmen. Andernfalls lieferte sie sich der unkritischen Verwendung sozialer *Stereotype* (→ Meinungsforschung) aus, deren Wesen in der übermäßig prägnanten Schilderung von Charakterbildern (z. B. *des* Rothaarigen) besteht. Die Fruchtbarkeit einer Typologie bemißt sich nach der Reichweite und dem Sicherheitsgrad der diagnostischen Schlüsse, die sie ermöglicht. Nach dem Ausgangspunkt ihrer Betrachtung lassen sich drei Hauptklassen von Typologien unterscheiden:

Körperbau-, *Wahrnehmungs-* und *Erlebnis-* sowie *Weltanschauungs-Typologien.*

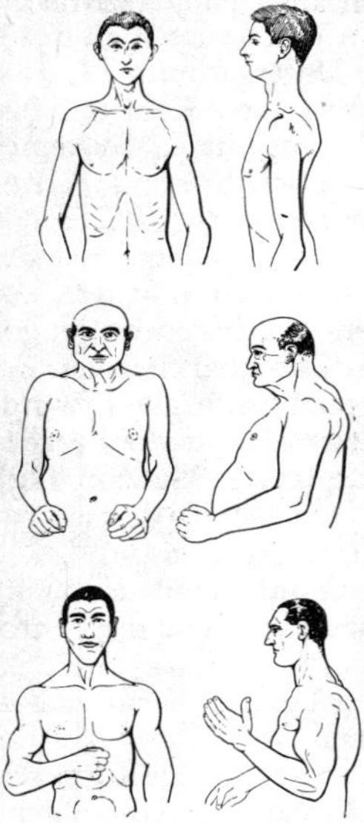

Abb. 93:
Die Kretschmerschen Konstitutionstypen oben: leptosomer Körperbautypus; Mitte: pyknischer Körperbautypus; unten: athletischer Körperbautypus

Aus der Antike stammen zwei typologische Ansätze, einmal die pseudophysiologische Lehre von den vier *Temperamenten*, die den Körpersäften zugeordnet wurden (Blut – *Sanguiniker*, gelbe Galle – *Choleriker*, schwarze Galle – *Melancholiker*, Schleim – *Phlegmatiker*), und zum anderen die Lehre von den zwei Haupttypen des Körperbaus, die *Hippokrates* (um 400 v. Chr.) mit spezifischen Todesursachen (Schlagfluß – *habitus apoplecticus*, Schwindsucht – *habitus phthisicus*) in Zusammenhang brachte. Beide Ordnungsansätze wurden in der Tradition aufbewahrt; die Temperamentenlehre ist sogar in den Sprachschatz des Alltags übergegangen, nachdem sich für mehr als 2000 Jahre fast ausnahmslos jede Anthropologie mit ihr beschäftigte. In diagnostischer Hinsicht ist sie jedoch ziemlich unfruchtbar, da die Zuordnung eines Menschen zu einem der vier Temperamente uns von diesem nichts weiter verrät, als was für diese Zuordnung bereits erforderlich ist. Anders steht es um die Habituslehre, deren moderne Ausgestaltung dem Psychiater *E. Kretschmer* (1921) zu danken ist; ihr Wert liegt in den Affinitäten, die zwischen dem Körperbau einerseits und Eigenheiten des Charakters andererseits bestehen.

Als prägnante Typen der Körperproportionen erscheinen der lang- und schmalwüchsige *Leptosome* (λεπτός = dünn), der breit- und rundwüchsige *Pykniker* (πυκνός = dicht) sowie der knochig-muskuläre *Athletiker* (Abb. 93), die unter verschiedenen Namen schon seit mehr als einem Jahrhundert in der Literatur beschrieben werden (Tab. 20). Einzelne Autoren (*L. L. Rostan* und *C. Sigaud*) denken dabei an das Vorwiegen bestimmter Funktionen (Verdauung, Muskelarbeit, Atmung), während andere (*W. H. Sheldon*) einen Zusammenhang mit den drei Keimblättern der *Embryonalentwicklung* und den aus ihnen gebildeten Organen des Körpers herstellen (äußeres Keimblatt = Ektoderm: Körperhaut, Nervensystem, Sinnesorgane; mittleres Keimblatt = Mesoderm: Kreislaufsystem und Muskulatur; inneres Keimblatt = Entoderm: Verdauungs- und Atmungsorgane). Die faktorenanalytische Untersuchung der zwischen verschiedenen Körpermaßen bestehenden Korrelationen (→ Statistik) führt zu drei- bis vierdimensionalen Systemen (*C. H. McCloy*, 1940; *P. R. Hofstätter*, 1943; *L. Rees* und *H. J. Eysenck*, 1945; *L. L. Thurstone*, 1946; *C. Burt*, 1947). Die beiden mächtigsten unter diesen voneinander unabhängigen Faktoren, der Länge-Faktor und der Fülle-Faktor, lassen sich leicht mit den hauptsächlichen Wuchstypen (lang — schmal, breit — rundlich) identifizieren. Zur quantitativen Bestimmung der anthropologischen Typenzugehörigkeit wurde eine Reihe von Index-Maßen entwickelt, z. B. der *Pignet-Index:* Körperhöhe (cm) — Brustumfang (cm) — Gewicht (kg), und der *Rees-Eysenck-Index:* $\frac{\text{Körperhöhe} \cdot 100}{\text{Brustbreite} \cdot 6}$; als sehr brauchbar hat sich der etwas komplizierter aufgebaute *Strömgren-Index* (1937) erwiesen, dessen Verwendung durch Nomogramme erleichtert wird.

Kretschmers bahnbrechende Leistung bestand darin, daß er eine vom Zufallsbild erheblich abweichende Verteilung der drei Hauptformen *endogener → Psychosen* auf die Körpertypen beobachtete. *Schizophrene* Patienten sind vorwiegend leptosom, an *manisch-depressivem Irresein* Leidende pyknisch und *Epileptiker* athletisch. Der Zusammenhang ist zwar keineswegs absolut, jedoch kann er als im statistischen Sinne gesichert betrachtet werden. Die Verhältnisse in dem von *K. Westphal* (1931) zusammengestellten Material von über 8000 Fällen zeigt Tab. 21. Die Klammerausdrücke in den einzelnen Zeilen entsprechen dem Zufallsmaß (d. h. dem Produkt der Zeilensumme und der Spaltensumme gebrochen durch die Gesamtsumme) der zu erwartenden Häufigkeit, mit dem die tatsächlich gefundene Häufigkeit zu vergleichen ist; in den umrandeten Zeilen liegt diese erheblich über jener, so daß der Rückschluß auf eine Affinität berechtigt erscheint.

Für die Normalpsychologie bedeutsam wurde diese Entdeckung Kretschmers durch die Konstruktion von Charaktertypen, die in abgeschwächter und daher mit den Ansprüchen des gesunden Alltags verträglicher Form gewisse Wesenszüge der endogenen Psychosen erkennen lassen. In Anlehnung an die Schizophrenie spricht man von einem schizothymen (σχίζειν = spalten, θυμός = Gemüt) Charakter, der seine Innenwelt von der Außenwelt des mitmenschlichen Kontakts abspaltet, so daß er oft starr, kühl oder scheu wirkt. Er schließt sich nur schwer auf bzw. an andere

Autor	Körperproportion		
	breit-rundlich	knochig-muskulär	lang-schmal
Hippokrates (400 v. Chr.)	h. apoplecticus	–	h. phthisicus
Hallé (1797)	Vaskuläres Temperament	Muskuläres Temperament	Nervöses Temperament
Rostan (1828) und Sigaud (1904)	t. digestif	t. musculaire	t. respiratoire
Beneke (1832)	t. carcinomatosus	Norma	t. scrofulo-phthisicus
Rokitansky (1850)	h. apoplecticus	Norma	h. asthenicus
Carus (1852)	phlegmatisch	athletisch	asthenisch-zerebral
De Giovanni (1870)	h. plethoricus	h. athleticus	h. phthisicus
Viola (1909)	Brachytypus t. makro-splanchnicus	t. normo-splanchnicus	Longitypus t. mikro-splanchnicus
Kretschmer (1921)	Pykniker Zyklothyme	Athletiker Visköse	Leptosome (Astheniker) Schizothyme
Conrad (1941)	Pyknomorphe	Hyperplastiker	Leptomorphe
Sheldon (1940)	Endomorphe Viszerotone	Mesomorphe Somatotone	Ektomorphe Zerebrotone

Tab. 20

Menschen an und bewahrt manchmal phantastische und wirklichkeitsfremde Regungen für sich. Unter den Schizothymen findet man feinsinnige Schwärmer, abstrakte Idealisten, weltflüchtige Romantiker, tragische Pathetiker, aber auch spannungserfüllte Fanatiker und kalte Rechner. An die heftigen Gemütserregungen des manisch-depressiven Irreseins erinnert der *zyklothyme* Charakter durch seine leichte Gefühlsansprechbarkeit und den oftmals raschen Wechsel der Stimmungslage (»himmelhoch jauchzend – zum Tode betrübt«). Es handelt sich um gesellige Menschen, die im Kontakt aufgeschlossen und gutherzig wirken, ohne daß sie dabei in ihrem gesunden Realismus das persönliche Interesse aus den Augen verlieren müßten. Tatkräftige Praktiker, sinnenfrohe Genießer, anschaulich beschreibende Empiriker, volkstümliche Redner und Humoristen gehören diesem Typus an. Bei weitem weniger scharf durchgezeich-

Körperbau	Geisteskrankheiten			Summe
	Schizophrenie	Manisch-depressives Irresein	Epilepsie	
Leptosom	2632 (2114)	261 (549)	378 (608)	3271
Pyknisch	717 (1085)	879 (282)	83 (312)	1679
Athletisch	884 (911)	91 (237)	435 (262)	1410
Dysplastisch	550 (652)	15 (170)	444 (187)	1009
Atypisch	450 (471)	115 (123)	165 (136)	730
Summe	5233	1361	1505	8099

Tab. 21

net ist das sog. *visköse* (zähflüssige) Temperament, das im Normalbereich den epileptischen Formenkreis repräsentieren soll. Es neigt zum starren oder auch ›sturen‹ Durchhalten mehr als zum stoßkräftigen und impulsiven Drauflosgehen; im allgemeinen wird es durch Bedächtigkeit und Kaltblütigkeit charakterisiert, doch kommt es bisweilen bei ihm zu explosiven Jähzornsausbrüchen. Unter den *Genialen* findet Kretschmer den Athletiker nur relativ selten, da er als Gewohnheitsmensch gern am Althergebrachten festhält; über seinem Wesen liege, so heißt es, der ›Geist der Schwere‹.

Seit etwa 30 Jahren bemüht sich die Forschung um eine Analyse der Unterschiede zwischen den Charaktertypen mit Hilfe experimenteller Methoden (*›experimentelle Typenpsychologie‹*). Die Ergebnisse dieser Untersuchungen faßt Tab. 22 zusammen; die erst 1936 von *E. Kretschmer* und *W. Enke* beschriebene Persönlichkeit des Athletikers hat in diesen Arbeiten nur geringe Beachtung gefunden. Betont zu werden verdient, daß sich diese Befunde auf den Vergleich von Extremgruppen beziehen; werden auch die Mischformen des Körperbaus berücksichtigt, so gelangt man nur zu recht geringfügigen Korrelationen zwischen den einzelnen Testleistungen und den morphologischen Indizes einerseits und zwischen den verschiedenen Testleistungen andererseits. Diese Tatsache hat namentlich in Kreisen der angelsächsischen Psychologie zu einer skeptischen Haltung gegenüber der Typenlehre geführt. In unausgelesenen Populationen verteilen sich sowohl die Körperbauindizes als auch die Maßwerte typendiagnostischer Tests fast

Funktion	Typus		Test
	Zyklothyme	Schizothyme	
Persönliches Tempo	langsam	schnell	Klopfversuch
Arbeitsweise	ungleichmäßig	gleichmäßig	Ergograph
Ermüdung	allmählich	plötzlich	"
Ablenkbarkeit	stark	gering	Reaktionsversuch
Spaltbarkeit	gering	groß	Mehrfachaufgaben
Vorstellungsverlauf	assoziativ	perseverativ	Assoziationsversuch
Aufmerksamkeitsumfang	weit	eng	Bourdon-Test
Wahrnehmungsrichtung	Farbsehen	Formsehen	Gedächtnis- u. Sortieraufgaben
Erregbarkeit	gering, schnell abklingend	groß, lang andauernd	Psychogalvanischer Reflex

Tab. 22

immer nach dem Bilde der Gaußschen Normalkurve (→ Statistik), so daß die Typenpole nur als Extreme kontinuierlich variierender Merkmale in Erscheinung treten.
Das Zustandekommen der Entsprechungen zwischen Körperbau und Charakter versucht Kretschmer aus den hormonalen Bedingungen des Wachstums und der Persönlichkeitsbildung zu erklären. Von seinem Schüler *K. Conrad* (1941) stammt eine sehr geistreiche Hypothese, die den pyknischen Habitus als eine Kinderform der Erwachsenenform des Leptosomen gegenüberstellt. Der Autor denkt in Analogie zu manchen Befunden der Tiergenetik (*R. Goldschmidt*, 1927) an die Wirksamkeit einer das Reifungstempo regelnden Genserie (→ Anlage und Umwelt). Bei relativ langsamem Tempo fixiert sich gegen Ende der Wachstumsperiode eine dem körperlichen und seelischen Habitus des Kindes noch weitgehend entsprechende Form (pyknisch-zyklothymes Wesen), während bei besonders schnellem Tempo die leptosom-schizothyme Form erreicht wird. Zwischen diesen beiden Extremen steht die ausgeglichene Proportion des *metromorphen Habitus*, als dessen endokrin bedingte Sekundärvariante Conrad den athletischen (hyperplastischen) Habitus versteht. Dieser spekulative Ansatz verträgt sich

sehr gut mit den Ergebnissen der experimentellen Typenpsychologie, etwa damit, daß die vorzugsweise *Farbbeachtung* eher bei Kindern als bei Erwachsenen und eher bei Zyklothymen als bei Schizothymen anzutreffen ist.

Die Auffassung der typischen Erwachsenenformen als fixierter Entwicklungsstadien teilt Conrads Ausgestaltung des Kretschmerschen Systems mit der von psychoanalytischer Seite entworfenen Charakterlehre, die den *Phasen* der → Entwicklung Persönlichkeitstypen zuordnet (*S. Freud*, 1908; *E. Jones*, 1918; *K. Abraham*, 1925; *W. Reich*, 1933; *E. Fromm*, 1947). Besondere Aufmerksamkeit wurde dabei dem sog. *analen Charakter* gewidmet, der auf die Problematik der Reinlichkeitserziehung im zweiten und dritten Lebensjahr zurückgehen soll (Unterwerfung unter eine befohlene Regel des Verhaltens, Selbstkontrolle, Erwerb der Kategorie ›rein‹ und ›unrein‹). Dieser Typus wird auch als *›sado-masochistisch‹* bezeichnet und durch die Eigenschaftstrias von Ordnungsliebe, Sparsamkeit und Ausdauer (bzw. negativ: Pedanterie, Geiz und Starrköpfigkeit) charakterisiert. Im neueren Schrifttum (*E. Fromm*, 1941; *T. W. Adorno*, 1950) wird der anale Typus mit der Neigung zu Anti-Minoritäts-Vorurteilen und zu faschistischen Ideologien in Zusammenhang gebracht und als *›autoritäre Persönlichkeit‹* geschildert (→ Minoritätsprobleme).

Im gleichen Jahr (1921) wie Kretschmers Werk über ›Körperbau und Charakter‹ wurden von *C. G. Jung* und *H. Rorschach* zwei weitere Typensysteme veröffentlicht, die einander sehr ähnlich sind. Beide Ansätze beziehen sich auf das Grundverhältnis des einzelnen zu seinem Selbst und zur Welt bzw. auf seinen *›Erlebnistypus‹*; sie unterscheiden nach innen gewandte, *›introvertierte‹* (bzw. ›introversive‹) Naturen von nach außen gerichteten *›extravertierten‹* (bzw. ›extratensiven‹) Menschen. Im einzelnen ähneln diese Typen den Kretschmerschen Formen der Schizothymie und der Zyklothymie ziemlich stark. Das gilt auch von *G. Pfahlers* Unterscheidung (1932) zwischen einem *›Typus der festen inneren Gehalte‹* und einem solchen der *›fließenden inneren Gehalte‹*. Dieser Polarität überlagern sich noch zwei weitere *›Erbfunktionen‹*, nämlich die Gefühlsansprechbarkeit (heiter — schwerblütig — kühl) und die Lebensenergie (groß — klein), so daß schließlich ein zwölfklassiges Ordnungsschema entsteht, dessen praktischer Wert aber gering ist. Der Nachweis, daß es sich hier wirklich um drei in sich homogene, unabhängige und vererbbare Funktionen handelt, kann nicht als erbracht gelten.

Gewisse Eigenheiten der Wahrnehmung gaben Anlaß zur Aufstellung von Typensystemen, in denen die *›analytische‹*

Ausrichtung auf das Detail von der ›*synthetischen*‹ bzw. ›ganzheitlichen‹ Ausrichtung auf Gestalten unterschieden wird (*V. Benussi, E. Meumann, N. Ach, F. Krueger, F. Sander, A. Wellek, W. Ehrenstein, G. S. Klein*). Als einen dieser Polarität übergeordneten Typus bezeichnet die Schule F. Kruegers den ›*gestaltungskräftigen Typus*‹.

Sehr weit ausgegliedert wurde der wahrnehmungstypologische Ansatz durch *E. R. Jaensch* (1883–1940) und seine Schule. Als Ausgangspunkt diente das ursprünglich von *V. Urbantschitsch* (1907) beschriebene Phänomen der ›subjektiv optischen Anschauungsbilder‹ bzw. der ›*Eidetik*‹. Namentlich unter Jugendlichen im Pubertätsalter findet man Personen, deren Erinnerungsvorstellungen besonders deutlichen und bildhaften, sozusagen wahrnehmungsmäßigen Charakter besitzen; sie lassen sich etwa den optischen Nachbildern vergleichen, die nach der Betrachtung eines hellen farbigen Lichts meist in Komplementärfarben aufzutreten pflegen (→ Gesichtsinn). Nach *W. Jaensch* (1929) gibt es zwei Typen von Eidetikern, deren einer die Anschauungsbilder willentlich hervorrufen und zum Verschwinden bringen kann, während sie beim anderen selbständig und nahezu zwanghaft auftauchen bzw. wieder vergehen. Auf Grund pharmakologischer Untersuchungen, deren Überprüfung noch aussteht, wurde eine Beziehung des ersten Typus zur Basedowschen Krankheit (Überfunktion der Schilddrüse), des zweiten zur Tetanie (Unterfunktion der an der Schilddrüse anliegenden Epithelkörperchen) behauptet. Zwischen diese beiden Pole schaltet *E. R. Jaensch* eine Reihe von ›*Integrationstypen*‹, die sich hinsichtlich der Lage ihres seelischen Schwerpunktes in ›Außenintegrierte‹ und ›Innenintegrierte‹ im Sinne des Kontinuums von Extraversion und Introversion unterscheiden. Jaensch stellt diesen Typen die sog. S-Typen (›*Synästhetiker*‹) gegenüber, die das Außen gleichsam von innen her subjektiv formen. Dieses System, das eine merkwürdige Mittelstellung zwischen Wissenschaft und Wahngebilde einnimmt, ist durch seine völlig unkritische Eingliederung in politische Ideologien (›Der Gegentypus‹, 1938) weitgehend diskreditiert worden.

Bei der Betrachtung des Kulturschaffens und der weltanschaulichen Positionen ergeben sich die sog. *geisteswissenschaftlichen Typologien*. Zahlreiche Ansätze gehen hier auf *Schillers* Unterscheidung zwischen ›naiven‹ und ›sentimentalischen‹ Dichtern zurück (1795), in der das Verhältnis zwischen Zyklothymie und Schizothymie bereits anklingt. Weitere Anregungen bot *Nietzsches* Gegenüberstellung von ›dionysischen‹ und ›apollinischen‹ Stilformen (1872). Neuere Einteilungsversuche stammen von *W. Dilthey* (Naturalismus, objektiver Idealismus und Idealismus der Freiheit als drei Typen der Weltanschauung; 1911) sowie von *K. Jaspers,* der einen Entwicklungsgang im Vorwalten typischer Geisteshaltungen sieht (1919): auf den Typus des Halts im traditionellen Gehäuse (Wertabsolutismus) folgt der nihilistisch-chaotische Mensch (Zweifel an den überkommenen Selbstverständlichkeiten) und endlich der Typus des enthusiastisch-dämonischen Menschen, der neue Wertungen schafft und damit den ersten Typus wieder ermöglicht.

Unmittelbar an *Dilthey* hat *E. Spranger* (1911, 1914) angeknüpft, um ›zeitlose Idealtypen‹ der Wertausrichtung zu entwickeln. Der Sechszahl der reinen Kulturwerte entsprechen bei ihm sechs Menschentypen, deren Bestreben der Verwirklichung je eines dieser Werte gilt: theoretische, ökonomische, ästhetische, soziale, religiöse und politische Menschen. In ähnlicher Weise finden sich diese sechs ›*Lebensformen*‹ schon bei dem Schweizer Erbforscher *A. de Candolle* (1873); möglicherweise gehen beide Systeme auf *Descartes'* (1650) Lehre von den sechs einfachen und ursprünglichen Leidenschaften (Erstaunen, Begehren, Freude, Liebe, Trauer und Haß) zurück. Faktorenanalytische Untersuchungen von Berufsinteressen (*P. R. Hofstätter,* 1943) zeigen ebenfalls eine sechsdimensionale Mannigfaltigkeit (→ Interessen). Obwohl sie im Entwurf nicht eigentlich dafür bestimmt war, hat sich Sprangers Typologie in Gestalt des von *G. W. Allport* und *P. E. Vernon* (1931, 1951) entwickelten Fragebogens (›study of values‹) für die Individualdiagnose als brauchbar erwiesen.

Die bisher geschilderten Typologien verdanken ihre Entstehung subjektiven Ähnlichkeitseindrücken, durch die jeweils eine ›Einheit in der Mannigfaltigkeit‹ *(Kant)* herausgehoben wird. Es handelt sich dabei um Ordnungsleistungen der Wahrnehmung, deren Auflösungsvermögen aber bestimmte Grenzen gesetzt sind. Über diese Grenzen hinaus führen statistische Verfahren, die interpersonale Ähnlichkeiten in der Form von Korrelationen zu erfassen gestatten. Diese Möglichkeit wurde bereits von *W. Stern* (1911) in seiner ›Differentiellen Psychologie‹ angedeutet; ihre Ausgestaltung erfolgte durch *C. Burt* und *R. C. Moore* (1912), *W. Stephenson* (1935, 1953), *P. R. Hofstätter* (1940) und *R. B. Cattell* (1952). Die Faktorenanalyse eines Systems von interpersonalen *Ähnlichkeitskorrelationen* (sog. *Q-Korrelationen,* → Statistik) führt zu Typen, die sich allerdings in der Regel nicht mit den aus der traditionellen Typenlehre bekannten zur Deckung bringen lassen. Dieser Umstand spricht aber nicht notwendig gegen das statistische Verfahren, da die im Schrifttum so ungemein beliebten typologischen Dichotomien sicher viel zu einfach konzipiert sind. In der Tat stehen ihnen eine Reihe völlig unsystematischer, offener Typologien gegenüber, deren sich die Alltagssprache bedient, wenn jemand als ein typischer Don Juan oder auch Spielverderber, Langstreckenläufer, Egoist, Diplomat, Sadist oder schließlich sogar als typischer Psychologe bezeichnet wird. Dieses freie Verfahren der Typenschilderung geht auf einen Schüler des Aristoteles, *Theophrast*, zurück.

Verstehende Psychologie. In *W. Diltheys* (1833–1911) programmatischem Aufsatz ›Ideen über eine beschreibende und zergliedernde Psychologie‹ (1894) findet sich die klassische Gegenüberstellung: »Die Natur erklären wir, das Seelenleben verstehen wir«. Durch sie werden die wesentlichsten Belange der Psychologie aus dem Rahmen der *Naturwissenschaften* herausgenommen und im Sinne der Unterscheidung von *W. Windelband* (1848–1915), *H. Rickert* (1863–1936) und *E. Rothacker* (geb. 1888) den *Geisteswissenschaften* zugeordnet. Die letzteren bezeichnet Windelband als *›idiographische‹* (das einzelne in seiner einmaligen Erscheinung erfassende) Disziplinen, die ersteren als *›nomothetische‹* (d. h. die Aufstellung allgemeiner Gesetze anstrebende). Die ›beschreibende Psychologie‹ ist zugleich eine verstehende und geisteswissenschaftliche Psychologie, die sich von dem Bild einer um die Elementaranalyse und die Erklärung bemühten Naturforschung – z. B. von der Psychologie *Wundt*scher Prägung – abhebt. Diese neukantianische Grenzziehung hat allerdings heute erheblich an Schärfe verloren, da sich die Naturwissenschaften weder mit der Tätigkeit des Zergliederns (sie haben z. B. den Feldbegriff entwickelt) noch mit der des Erklärens (sie verfahren vorwiegend beschreibend) identifizieren lassen. Als Hauptvertreter der verstehenden Psychologie gelten neben W. Dilthey: *E. Spranger* (geb. 1882), *K. Jaspers* (geb. 1883), *Th. Erismann* (geb. 1883), *H. Gruhle* (geb. 1880) und *A. Pfänder* (1870–1941). Die Praxis der deutschen Universitäten ist uneinheitlich, indem die Psychologie an einzelnen Hochschulen nur in der geisteswissenschaftlichen (philosophischen) Fakultät, an anderen nur in der naturwissenschaftlichen und wieder an anderen in beiden Fakultäten vertreten ist. Das Zuordnungsproblem selbst spielt auf deutschem Boden eine ungleich größere Rolle als in den meisten anderen Ländern. Vielfach gilt in diesen die geisteswissenschaftliche, verstehende Psychologie als eine typisch deutsche Erscheinung. Die parallele Entwicklung im Bereich der Soziologie ist vor allem mit den Namen *M. Weber* (1864–1920) und *M. Scheler* (1874 bis 1928) verknüpft. Starke Impulse für die verstehenden Disziplinen gab die *›Phänomenologie‹* *E. Husserls* (1859–1938).

Verstehende Psychologie

›*Verstehen*‹ heißt, etwas in seinem wesensgemäßen Zusammenhang erkennen, innerlich nachvollziehen (nachleben) und dabei seinen Sinngehalt erfassen bzw. durch einen ›sinnverleihenden Akt‹ mit dem Ordnungs- und Wertgefüge der erlebten Welt in Beziehung setzen. Zur Kennzeichnung einer besonderen wissenschaftlichen Methode wurde das Verstehen zuerst von *J. G. Droysen* in seinem ›Grundriß der Historik‹ (1868) gebraucht. Als verstehbar gelten besonders Motivationszusammenhänge, das bewußte zielstrebige Handeln und das geordnete Denken. Nach *E. Spranger* gibt es auch verstehbare Zusammenhänge »übergreifender Art«, die das »subjektive Leben bedingen, ohne unmittelbar in die subjektive Sinnerfahrung hineinzufallen« (›Die Psychologie des Jugendalters‹, 1924). Der einzelne wird in seiner persönlichen Eigenart *(›Struktur‹)* durch die übergreifenden Sinnzusammenhänge *(›Sinnbänder‹)* des ›*objektiven Geistes*‹ (der Kultur, der er angehört) in hohem Maße bedingt und geformt (→ Sozialisierungsprozeß): »Die Einzelseele ist von vornherein verschlungen in den objektiven Geist.« Diese Thesen werden — der Sache, wenn auch nicht der Form nach — von der vergleichenden → *Völkerpsychologie* weitgehend bestätigt. In der Tat bedient sich auch diese Disziplin in größerem Umfange, als dies eingeräumt zu werden pflegt, der verstehenden Methode, indem sie Sinn-Ganzheiten konstruiert, denen sich die Einzelbeobachtungen einfügen lassen.

Die Problematik des Verstehens als einer wissenschaftlichen Methode liegt in dessen subjektivem Wahrheitskriterium: Das Verständnis eines Phänomens zeigt sich in dem befriedigenden *Evidenzerlebnis* des Verstehenden an; er ist seiner Sache gewiß. Das schließt aber im Prinzip nicht die Möglichkeit aus, daß ein anderer Betrachter dieselben Erscheinungen in andersartiger Weise verstehen oder ebenfalls mit voller Überzeugung mißverstehen könnte.

Weder Dilthey noch Jaspers und Spranger konnte es entgehen, daß die das *Weltbild* (Denken) verschiedener Personen konstituierenden Sinnstrukturen charakteristische Unterschiede aufweisen. Sie gelangten daher zu einer → *Typenlehre der Weltanschauungen.* So entwarf z. B. *Jaspers* ein Entwicklungsschema, in dem aufeinander drei Phasen folgen: der Halt im festen Gehäuse einer Tradition, der chaotische Nihilismus und der dämonische Enthusiasmus, der eine neue Tradition zu begründen imstande sein mag. Die Anerkennung der Gleichberechtigung verschiedener Typen impliziert jedoch einen philosophischen Relativismus, der letzten Endes auch die Verbindlichkeit des Verstehens in Frage stellt. Es könnte nämlich sein, daß unter dem Aspekt einer von der Jaspersschen abweichenden

Weltanschauung auch das System der typischen Entwicklungsphasen eine andere Gestalt annimmt. Dafür gibt es konkrete Beispiele, etwa *A. Comte*, der den historischen Prozeß im Sinne der drei Stadien von theologischem, metaphysischem und positivistisch-wissenschaftlichem Denken rekonstruiert, oder *D. Riesman* (1950), der auf eine Phase der *Traditionsleitung* eine solche der *Innenleitung* (selbstbestimmt) und auf diese wieder eine der *Außenleitung* (durch das Urteil der Nachbarn) folgen läßt. Trägt man der möglichen Mehrdeutigkeit historischer Abläufe gebührend Rechnung, so ergibt sich hinsichtlich des Verstehens ein regressus in infinitum, d. h. daß die Bemühung um das Verstehen des Verständnisses niemals zur Ruhe kommt.

Die subjektive Rechtfertigung der verstehenden Methode liegt in dem Glauben an die Möglichkeit einer *Ideenschau* (z. B. im Sinne *Platons*) oder dessen, was *Goethe* »das Anschauen der inneren schaffenden Natur« genannt hat, das seinerseits auf das ›Urbildliche‹, ›Typische‹ und auf ›Urphänomene‹ gerichtet ist. Erlebnismäßig ist das Verstehen dem Akt der ›*Intuition*‹ und der von der → gestaltpsychologischen Schule betonten ›*Einsicht*‹ verwandt. In jedem der drei Fälle gelangt man zu einem Wissen, ohne im einzelnen die Operationen angeben oder nachvollziehen zu können, die zu diesem Wissen hinführen oder die es bestätigen. Ohne Zweifel gibt es auch in den Naturwissenschaften Erlebnisse des Verstehens, durch die Einzelbeobachtungen in geahnte Zusammenhänge eingefügt werden. Keine Art des forschenden Denkens kann wohl der Schau im ursprünglichen Sinne des Wortes, der ›Theorie‹ entraten, wenn sie Gesetzmäßigkeiten auf die Spur kommen will. Offenbar besteht daher zwischen Erklären und Verstehen gar kein echtes Verhältnis des Gegensatzes und des gegenseitigen Ausschlusses, sondern ein solches der fruchtbaren Kooperation; so gibt es z. B., wie *R. Heiß* (1956) sehr schön herausgearbeitet hat, ein ›mittelbares‹ Verstehen ›unter Zuhilfenahme von Erklärungen‹, dessen sich der psychologische Diagnostiker vorzugsweise bedient. Die Geister scheiden sich erst bei der Frage, ob das Verstehen einer weiteren Bestätigung bedarf oder ob es selbst schon als das Endergebnis des Bemühens anzusprechen ist. In diesem Punkte dürfte aber der Geisteswissenschaftler genauso schlecht beraten sein wie der Naturwissenschaftler, wenn er die Überprüfung der von ihm gewonnenen Einsichten vernachlässigen sollte.

Völkerpsychologie. Die Bemühungen um die Erfassung des seelisch-geistigen Gepräges von Großgruppen (Völkern) werden seit Mitte des 19. Jh. als Völkerpsychologie bezeichnet. Nach dem großartigen und noch nicht voll gewürdigten Ansatz des italienischen Philosophen *G. B. Vico* (1668–1744; ›Principi d'una scienza nuova d'intorno alla commune natura delle nazioni‹, 1725) haben sich vor allem *M. Lazarus* (1824–1903) und *H. Steinthal* (1823–1899) um die Entwicklung dieser Disziplin verdient gemacht, der sie in der ›Zeitschrift für Völkerpsychologie und Sprachwissenschaft‹ (20 Bände, 1859–1890) ein sehr einflußreiches Forum schufen. *W. Wundt* versuchte ihr in seinem monumentalen Alterswerk (›Völkerpsychologie‹, 10 Bände, 1900–1920) mit der ›Untersuchung der Entwicklungsgesetze von Sprache, Mythos und Sitte‹ einen systematischen Aufbau zu geben.

Der Gegenstand der älteren Völkerpsychologie ist der von *J. G. Herder* (1744–1803) geprägte und von *G. W. F. Hegel* (1770–1831) im System seiner Geschichtsphilosophie verankerte Begriff des ›*Volksgeistes*‹, mit dem das Überindividuelle der Angehörigen eines Volkes, wie es in Sprache, Religion, Mythos, Kunst, Rechtsordnung und Sitte zum Ausdruck kommt, bezeichnet wird. In der Tradition des deutschen Idealismus werden dafür auch die Termini ›*objektiver Geist*‹ (*H. Freyer*, 1923) und ›objektivierter Geist‹ (*N. Hartmann*, 1933) gebraucht. Gegen die platonisierende Tendenz zur Hypostasierung des Volksgeistes wandte sich auf sprachwissenschaftlichem Gebiet die Schule der positivistisch orientierten ›Junggrammatiker‹, vor allem *H. Paul* (1846–1921): »Alle psychischen Prozesse vollziehen sich in den Einzelgeistern und nirgends sonst. Weder Volksgeist noch Elemente des Volksgeistes, wie Kunst, Religion usw., haben eine konkrete Existenz, und folglich kann auch nichts in ihnen und zwischen ihnen vorgehen. Daher weg mit diesen Abstraktionen!« (Prinzipien der Sprachgeschichte, 1880.)

Die neuere Völkerpsychologie hat die philosophische Frage nach der Natur des objektiven Geistes ausgeklammert; sie richtet sich auf eine sachgemäße Beschreibung und Bedingungsanalyse der charakteristischen Erlebnis- und Verhaltensweisen verschiedener Großgruppen. Diese Bestrebungen werden teils von rein wissenschaftlichen Zielsetzungen geleitet, teils aber auch von praktischen, politischen, namentlich solchen der sog. *psychologischen Kriegführung* (z. B. der Frage nach der Belastungsfähigkeit von Nationen und ihrer Empfänglichkeit für *Propaganda* und nach deren möglichen Ansatzpunkten).

Im Zentrum der neueren Völkerpsychologie steht der Begriff der *Kultur*. Mit *R. Linton* (1945) versteht man darunter die Gesamtheit der erlernten Verhaltensweisen und der übernommenen Einstellungen, Wertsysteme und Kenntnisse, die von den Mitgliedern einer Großgruppe geteilt und tradiert werden. Der Begriff umfaßt die beiden von deutschen Autoren vielfach unterschiedenen Aspekte der Kultur und der Zivilisation. *O. Kroh* bezeichnet (1955) in Anlehnung an den ursprünglichen Wortsinn als Kultur die durch pflegerische Tätigkeit erfolgende Veredelung der Lebensbereiche; die notwendigen psychologischen Voraussetzungen für einen Kulturanfang erblickt er 1. im Aufforderungscharakter einer als veränderbar erscheinenden Welt und 2. im Streben nach der Umgestaltung des Vorgefundenen. *A. Gehlen* hat mit Nachdruck auf die eigenartige Situation des Menschen gegenüber dem Tier hingewiesen (1940, 1956): die instinktgemäße Einpassung des Tieres in eine ganz bestimmte Umwelt mangelt dem Menschen; er ist das ›nicht-festgestellte‹ (*Nietzsche*) und damit ›weltoffene‹ (*Scheler*) Wesen, das sich selbst ständig Aufgabe ist und das gegenüber allem — auch sich selbst — von sich aus Stellung nehmen muß. Kultur ist für Gehlen der Inbegriff der vom Menschen ins Lebensdienliche umgearbeiteten Natur; die Kulturwelt ist daher die eigentliche Welt des Menschen.

Aus der Nichtfestgestelltheit des Menschen ergibt sich die Möglichkeit verschiedener Kulturwelten, die zu verschiedenen Zeiten und an verschiedenen Orten bzw. von verschiedenen Großgruppen entwickelt und tradiert werden. Obwohl die Kultur einer Großgruppe der einer anderen mehr oder minder ähnlich sein kann, ist es doch (namentlich in der angelsächsischen Forschung) üblich geworden, jeder in ihrer Lebensgestaltung weitgehend autonomen Großgruppe ihre eigene Kultur zuzuschreiben. Vielfach werden auch die Termini Stamm, Nation, Gesellschaft und Kultur synonym verwendet. Die Frage nach dem Charakter eines Volkes verschmilzt daher mit der Frage nach der Eigenart seiner Kultur, in der sich die Individualcharaktere seiner Angehörigen ausdrücken und unter deren Bedingungen sie sich formen. Kultur als Ausdruck und Kultur als Bedingungsstruktur stellen zwei nicht aufeinander reduzierbare Aspekte dar, weil es in jeder Kultur eine Variation der Individualcharaktere und des individuellen Verhaltens gibt. Vom Charakter eines Volkes kann daher nur in Absehung von dieser Variation die Rede sein, indem die häufigsten Charakter- und Verhaltensformen der Individuen herausgegriffen werden. Im Sinne des statistischen Begriffs des Modus (des häufigsten Wertes in einer Verteilung) spricht man von der ›*Modal-Persönlichkeit*‹ eines Volkes (*C. Dubois*, 1944) bzw. von der ›*Basis-Struktur der Persönlichkeit*‹ (*A. Kardiner* und *R. Linton*, 1939).

Den Populär-*Stereotypen* recht nahe stehen die bis in die wissenschaftliche Gegenwart hereinreichenden Versuche, die Charakterzüge eines Volkes auf einen einzigen Nenner zu bringen. Der spanische Schriftsteller und Politiker *S. de Mada-*

riaga kontrastiert z. B. (1928) die Charaktere dreier Völker in der folgenden Weise: das Leben des Engländers sei auf ›fair play‹ abgestimmt, das des Franzosen auf ›le droit‹ und das des Spaniers auf ›el honor‹. Andere Autoren bedienen sich der von *Nietzsche* stammenden Typenbegriffe ›dionysisch‹ und ›apollinisch‹ zur Kennzeichnung von Kulturen *(R. Benedict)*, wieder andere adaptieren die psychiatrische Nomenklatur, indem sie etwa von ›paranoiden‹ und ›zwangsneurotischen‹ Kulturen sprechen (*H. Bonner*, 1953, läßt es offen, zu welcher dieser beiden Klassen er ›die Deutschen‹ zählen möchte), oder indem sie zwischen oral stigmatisierten Kulturen (China und Rußland) und anal stigmatisierten (Japan und Deutschland) unterscheiden (*W. La Barre*, 1945; *H. Dicks*, 1950). Derlei steht hart an der Schwelle pseudowissenschaftlichen Unfugs und zudem meist im Dienste propagandistischer Absichten.
Prinzipiell dürfte daran festzuhalten sein, daß jede Kultur – auch die scheinbar homogenste eines Primitivstammes – ein mehrdimensionales Gebilde ist, d. h. eine Anzahl voneinander unabhängiger Variationsmöglichkeiten besitzt. *R. B. Cattell* (1949) und *P. R. Hofstätter* (1951) haben daher die im Bereich der individuellen Persönlichkeitsforschung bewährte Methode der *Faktorenanalyse* (→ Statistik) auf das Problem des Kulturvergleichs übertragen. Die einzelnen Resultate scheinen im Augenblick noch weniger bedeutsam als der eingeschlagene Weg.
Auf nicht-statistische Weise bemüht sich das von *E. T. Hall* und *G. L. Trager* (1953) für die Zwecke des auswärtigen Amtes der USA (z. B. Ausbildung technischer Spezialisten für den Einsatz in den sog. ›unterentwickelten Gebieten‹) entwickelte Schema um eine Kulturanalyse. Es geht von der Annahme aus, daß jede Kultur eine Reihe struktureller Zentren besitzt, die miteinander in allen möglichen Beziehungen stehen können. Zehn solche Zentren werden aufgezählt: Umgang zwischen den Individuen, Gruppenbildung, Unterhaltsdeckung, Bisexualität, Raumordnung, Zeitordnung, Lernen, Spiel, Verteidigung und Technik. Das analytische Schema enthält sämtliche 100 Verbindungsklassen der zehn Zentren und stellt sozusagen eine Anweisung zur vollständigen (?) Beschreibung jeder möglichen Kultur dar; es macht allerdings noch keine Aussagen darüber, welche kulturellen Bestände miteinander kovariieren. Fragen dieser Art lassen sich an Hand der großzügig angelegten ethnographischen Kartei der Yale-Universität (›human relations area file‹, *G. P. Murdock*, 1950) in Angriff nehmen. Aus dieser Quelle sind bisher drei vergleichende Monographien hervorgegangen, die sich mit Familienordnungen (*G. P. Murdock*, 1949), Formen des Geschlechtslebens (*C. S. Ford* und *F. A.*

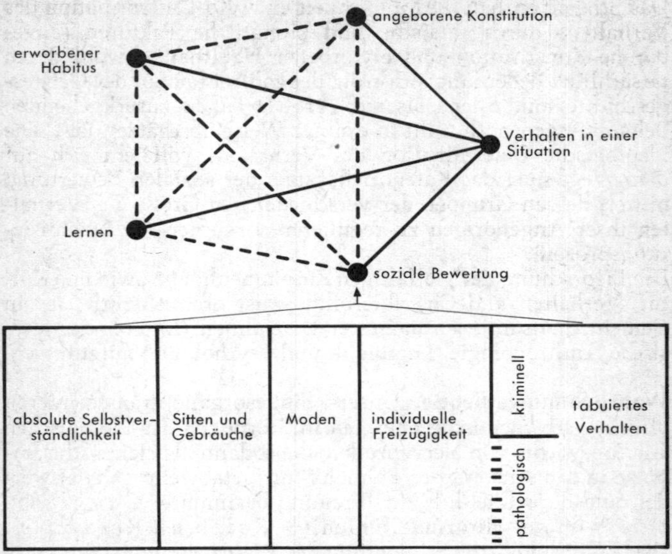

Abb. 94: Die Determination des Verhaltens

Beach, 1951) und den persönlichkeitsprägenden Einflüssen der frühkindlichen Erziehung (*J. W. M. Whiting* und *I. C. Child*, 1953) beschäftigen.

Die Bedingungsstruktur des individuellen Verhaltens in einer bestimmten Situation läßt sich am einfachsten durch ein Schema darstellen (Abb. 94), dessen vier Komponenten als in einem Verhältnis der Interdependenz stehend (strichlierte Linien) aufzufassen sind. So unterliegen z. B. die Lerngelegenheiten des Individuums der sozialen Bewertung (was, wann und wie gelernt werden soll), während das Individuum als sozial bewertendes Wesen u. a. von den Erfahrungen abhängig ist, die es im Laufe des Lernens angesammelt hat. Die soziale Bewertung von Verhaltensweisen kategorisiert diese im Sinne eines Fünfklassensystems, dessen Inhalte von Kultur zu Kultur variieren können. Der Zweikampf mit der Waffe als Mittel zur Wiederherstellung der angetasteten Ehre kann z. B. absolut geboten (selbstverständlich), gebräuchlich sein, einer kurzfristigen Mode entsprechen oder auch absolut verboten sein und dementsprechend entweder als kriminell oder als pathologisch betrachtet werden; er kann allerdings auch neutral betrachtet werden, so daß die Entscheidung darüber dem Individuum überlassen bleibt.

Das Schema enthält die Möglichkeit einer Ko-Determination des Verhaltens durch rassische und klimatische Faktoren (angeborene Konstitution und erworbener Habitus), obwohl deren tatsächliche Bedeutung sich trotz der zahlreichen, in der Geistesgeschichte mindestens bis auf *Aristoteles* zurückgehenden Behauptungen noch nicht in exakter Weise abschätzen läßt. Die ideologische Determination des Verhaltens vollzieht sich auf dem Wege über das Kategoriensystem der sozialen Bewertung, mittels dessen Gruppen der verschiedensten Größe das Verhalten ihrer Angehörigen zu regulieren versuchen (→ Sozialisierungsprozeß).
Die Erforschung der vielfältigen Zusammenhänge zwischen Kultur, Verhalten und Charakterbildung ist grundsätzlich als ein Gemeinschaftsanliegen mehrerer Disziplinen (Ethnologie, physische Anthropologie, Linguistik und Psychologie) aufzufassen.

Wahrnehmungstheorie. Unsere Sinnesorgane transformieren physikalisch-chemische Energien in Störungen des biologischen Gleichgewichts von Nervenzellen, die sodann als elektrische Impulse in den sensorischen Bahnen zentripetal weitergeleitet werden und die schließlich zur Erregung bestimmter *Ganglienzellen* in der Hirnrinde führen (→ *Reiz und Reaktion*). Diese physiologische Schilderung des Wahrnehmungsvorganges läßt nur schwer erkennen, wieso wir uns im Wachzustand stets Dingen, Lebewesen und Ereignissen gegenüber befinden, nicht aber bloß dem sehr feinkörnigen Mosaik isolierter Reize. Diese Kluft zu überbrücken ist das Anliegen der verschiedenen Wahrnehmungstheorien, als deren Vorläufer die schon aus dem Altertum stammenden Klagen der skeptischen Philosophen über die Unverläßlichkeit der Sinne anzusehen sind. Dabei taucht eine Reihe klassischer Probleme immer wieder in der Diskussion auf, z. B. das des Aufrecht-Sehens (obwohl doch das Netzhautbild auf dem Kopfe steht), das der scheinbaren Größe des Vollmondes (die abnimmt, wenn er vom Horizont aufsteigt, ›*Mondtäuschung*‹) und das des Vorraumes im Bade (der den eintretenden Gast warm anmutet, während er nach dem Bade kühl erscheint). Dazu kommen noch die zahlreichen *Täuschungen* hinsichtlich der scheinbaren Größe, Lage, Form und des Bewegungszustandes der wahrgenommenen Gegenstände, die im Laufe der letzten 100 Jahre demonstriert und eingehend studiert wurden.
Die dialektische Ausgangsposition der theoretischen Bemühungen läßt sich in den beiden Thesen fixieren, daß – einerseits – die Welt unserer Wahrnehmung kein getreues Abbild der wirklichen Gegebenheiten ist, und daß – andererseits – die im physiologischen Sinne wirklichen Gegebenheiten (Erregungsvor-

gänge in Neuronen) unserem Erleben durchaus fremd sind. Der Versuch, diese beiden Sachverhalte miteinander in Einklang zu bringen, führte zunächst zur Annahme kleinster, einfacher Elemente, der sog. *Empfindungen (sensations)*, aus denen sich die Dingwahrnehmungen derart zusammensetzen, daß die von den verschiedenen Sinnesorganen gelieferten Empfindungen miteinander und mit *Vorstellungen* – namentlich mit den beim Umgang mit den wahrgenommenen Dingen gesammelten Erfahrungen – verknüpft, d. h. assoziiert werden. Dieses von *Th. Reid* (1764) entworfene Modell entsprach durchaus dem naturwissenschaftlichen Denken seiner Zeit; es orientierte sich an der Chemie und an der Infinitesimalrechnung.

Es ist das historische Verdienst der → *Gestaltpsychologie*, klipp und klar gezeigt zu haben, daß es die hypothetisch angenommenen Elemente, die einfachen Empfindungen, gar nicht gibt. Die von den einzelnen Rezeptoren vermittelten Signale sind stets auf die gleichzeitigen und die kurz vorausgegangenen Ereignisse in den Rezeptororganen und in den zentralen Sinnessphären abgestimmt.

Die gestaltpsychologische Eliminierung des Begriffs der elementaren Empfindungen dürfte heute kaum jemand mehr rückgängig machen wollen und können. Keineswegs so einheitlich aber sind die Meinungen in dem zweiten Punkt der Diskussion; hier stehen einander vielmehr schon seit dem Beginn des 19. Jh. zwei Auffassungsweisen gegenüber, die man als *Empirismus* und als *Nativismus* bezeichnet. Die klassische Assoziationstheorie war im Grunde eine Lerntheorie der Wahrnehmung, die deren Struktur auf das Zusammenwirken der in der Vergangenheit eines Organismus angesammelten Erfahrungen zurückzuführen versuchte (Empirismus). Die Gestaltpsychologie hingegen präsentiert ein reines Gegenwartsmodell: Was mit den im Cortex einlangenden nervösen Impulsen geschieht, und wie eine Wahrnehmung ausfällt, das hängt allein von dem augenblicklichen Zustand eines Wesens, d. h. von dem in ihm bestehenden Spannungsfeld, ab. Zur Entstehung von Wahrnehmungen bedarf es daher auch keines vorgängigen Lernens (Nativismus).

Der Beweis für diese zweite These läßt sich wahrscheinlich in strenger Form überhaupt nicht erbringen, da der Einzelfall, in dem angesammelte Erfahrungen nicht zur Geltung kommen (wie z. B. in den von *K. Gottschaldt* entworfenen Figuren, aus denen an sich bekannte Teilkomplexe – etwa Zahlzeichen – nur mit großer Mühe herausgelöst werden können), noch keineswegs die Möglichkeit ausschließt, daß diese für andere Wahrnehmungsleistungen geradezu ausschlaggebend sein können (z. B. für die *Konstanzerscheinungen*, → Gesichtsinn). Stellt man auf die Gesamtheit aller Wahrnehmungsleistungen ab, so handelt es sich aber auch gar nicht um ein entweder (angeboren) oder (erlernt), sondern um ein sowohl als auch. Es gibt, wie die europäische *Verhaltensbiologie* (→ Anlage und Umwelt, → Ausdruckskunde) gezeigt hat, bei Tieren und Menschen *angeborene Auslöser-Schemata*, aber es gibt ohne Zweifel auch erlernte Formen der Zurechtfindung in der Welt, wie sie vor allem durch die Vertreter des amerikanischen → *Behaviorismus* untersucht wurden (→ Lerntheorie).

Als vorwiegend *nativistisch* orientiert lassen sich im Augenblick die Gestaltpsychologie, die → *Typenlehre* der Wahrnehmung und die sog. *Tonustheorie* (*H. Kleint*, 1940; *H. Werner* und *S. Wapner*, 1952; *H. A. Wilkin* u. a., 1954) bezeichnen; letztere erblickt im Spannungssystem des gesamten Muskelapparats (Tonus) die Instanz, welche den Wahrnehmungen ihre Struktur verleiht. Sehr viel reicher hat sich in der Gegenwart die *empiristische* Position ausgegliedert, deren sämtliche Richtungen sich aber auf die Gedankengänge von *H. Helmholtz* berufen können. Das sie einigende Band ist die Grundannahme, daß die Wahr-Nehmung aktiv und nicht bloß passiv funktioniert. Neben der behavioristischen Theorie *D. O. Hebbs* (1949) steht hier eine Reihe von Theorien, die das Für-Wahr-Nehmen als ein *Erwarten* auffassen, d. h. als ein An-nehmen und Vorweg-nehmen der Ergebnisse eines Handelns, das sich von dem im Wahrnehmungsakt erzeugten Bild der Welt leiten läßt (→ *Lernen am Erfolg*). Der wahrgenommenen Entfernung eines Gegenstandes entspricht damit – implicite – eine Aussage über die Chance, ihn z. B. mit der ausgestreckten Hand oder in einem einstündigen Fußmarsch zu erreichen. Was uns die Sinnesorgane von den Gegenständen vermitteln, sind daher Anzeichen, deren Verarbeitung in der Wahrnehmung man sich nicht viel anders vorstellt als die Verwertung klinischer Symptome durch den Diagnostiker. Dieses Modell liegt dem *Probabilismus E. Brunswiks* (1934, 1956), dem *Transaktionalismus* (*A. Ames*, 1953; *W. H. Ittelson* und *H. Cantril*, 1954), der *Hypothesentheorie* (*J. S. Bruner*, 1951; *L. Postman*, 1951) sowie den Überlegungen der *Kybernetiker* (*W. Pitts* und *W. S. McCulloch*, 1947) zugrunde. Als eine Variante der *Erwartungstheorie* lassen sich auch die Ansätze zu einer *Motivationstheorie* der Wahrnehmung (*G. Murphy*, 1947; J. S. Bruner und L. Postman, 1948) auffassen; in ihnen wird angenommen, daß das Bild der Umwelt jeweils vom → Bedarf und Bedürfnis des Wahrnehmenden her akzentuiert wird.

Wie *F. H. Allport* (1955) in seiner sehr wertvollen Zusammenschau der verschiedenen Wahrnehmungstheorien mit Recht betont, besitzen wir heute auf diesem Gebiet nur Partial-Theorien, die jeweils einzelnen seiner Teilbereiche angepaßt sind und die daher nur zum geringsten Teil einander gegenseitig ausschließen.

Wehrpsychologie. Im ›Buch der Richter‹ (7,1–8) werden zwei → *Tests* beschrieben, mit deren Hilfe Gideon auf Gottes Geheiß seine Mannschaft für den siegreichen Kampf gegen die Midianiter auswählte. Der erste bestand in einem öffentlichen Aufruf: »Wer blöde und verzagt ist, der kehre um! . . . da kehrten des Volkes um 22 000, daß nur 10 000 übrigblieben.« Im modernen Sinn handelt es sich dabei um ein Stück *Motivationsanalyse* (→ Bedarf und Bedürfnis). Die Anweisung zum zweiten Test hat den folgenden Wortlaut: »Führe sie hinab ans Wasser, daselbst will ich sie dir prüfen . . . Wer mit seiner Zunge Wasser leckt, wie ein Hund leckt, den stelle besonders; desgleichen, wer auf seine Knie fällt, um zu trinken . . . Da war die Zahl derer, die geleckt hatten aus der Hand zum Mund, 300 Mann . . . Und der Herr sprach zu Gideon: Durch die 300 Mann, die geleckt haben, will ich euch erlösen und die Midianiter in deine Hand geben; aber das andere Volk laß alles gehen an seinen Ort.« Der Sinn dieses Tests ist nicht völlig klar; es könnte sich um eine Auswahl unter dem Gesichtspunkt tierhafter Ursprünglichkeit (›wie ein Hund‹), ebensowohl aber auch um eine Probe der Selbstbeherrschung handeln. Bemerkenswert ist jedenfalls, daß sich die Anzahl der für den tatsächlichen Kampfeinsatz Geeigneten im Zuge dieser Auswahl auf kaum mehr als ein Prozent der Gesamtbevölkerung beschränkte; dieser Wert dürfte auch angesichts der Millionenheere des 20. Jh. einen recht brauchbaren Maßstab darstellen. Nach *Platons* Vorschlägen zur Auswahl der ›Wächter‹ (→ Tests) und nach einer gewiß sehr reichhaltigen, in ihren historischen Einzelheiten aber nicht mehr rekonstruierbaren Entwicklung von diagnostischen Kriterien aus dem praktischen Leben (z. B.: Mutig ist, wer einem ohne zu zwinkern in die Augen schauen kann) wurden gegen Ende des ersten Weltkrieges die ersten wehrpsychologischen Untersuchungsstationen eingerichtet, die sich in Deutschland vor allem mit der *Spezialistenauslese* (Kraftfahrer und Flugzeugführer) befaßten, während sie sich in den USA besonders um die Schaffung von *Intelligenztests* bemühten. Damals (1917) entstand der sog. Army-Alpha-Test, der nicht nur ein direkter Vorfahre der ›Armed forces qualifications Tests‹ (AFQT) des Jahres 1955 ist, sondern der auch bei der Entwicklung der in Deutschland während des

zweiten Weltkrieges verwendeten Untersuchungsmethoden für den Einsatz von Fremdarbeitern als Vorbild diente.
In den Jahren 1920–1931 gestaltete *J. B. Rieffert* (1883 bis 1956) als Leiter der deutschen Heerespsychologie ein Verfahren der *Offiziersanwärter-Auslese*, das dem sozialen Faktor der Bewährung in kleineren Gemeinschaften (→ *Gruppendynamik*) erstmalig und mit großem Geschick Rechnung trug; es wurde deshalb sowohl in England wie in den USA schon während des Krieges (ab 1942) ziemlich genau übernommen (vor allem in den OSS-Untersuchungen, die unter der Leitung *H. A. Murrays* standen). Ebenfalls auf Rieffert geht der systematische Einbau der → *Ausdruckskunde* in das Prüfverfahren zurück. Sein Amtsnachfolger, *M. Simoneit* (1931 bis 1943), versäumte es leider, diese ungemein fruchtbaren diagnostischen Ansätze durch eine saubere quantitative Methodologie zu ergänzen. Das sachlich berechtigte Nachkriegsurteil sowohl amerikanischer (*P. M. Fitts*, 1946; *H. L. Ansbacher*, 1949) wie englischer Fachleute (*D. R. Davis*, 1947) weist darauf hin, daß in der deutschen Wehrmachtspsychologie völlig unklare und zum Teil absurde Vorstellungen von der *diagnostischen Valenz* (→ Tests) ihrer Methoden bestanden.
Seit dem Ende des zweiten Weltkrieges hat sich die Wehrpsychologie in den angelsächsischen Ländern und wahrscheinlich in der Sowjetunion – jedoch ist darüber so gut wie nichts bekannt – in fast genau denselben vier Richtungen entwickelt wie die allgemeine → *Betriebspsychologie:* 1. Die Prüfung von Begabungs- und Charaktereigenschaften unter den beiden Gesichtspunkten der *Auswahl* und der *Placierung*, wobei der letztere immer mehr an Bedeutung gewinnt; seine Verkennung war der Realgrund für das vorzeitige Ende der deutschen Wehrmachtspsychologie im Jahre 1943. 2. Die Rationalisierung der Ausbildung an Waffen und Geräten. 3. Die konstruktive Anpassung von Waffen und Geräten an die Aktionsmöglichkeiten der sie bedienenden Menschen (*›Human engineering‹*). 4. Die sozialpsychologische Strukturierung der zwischenmenschlichen Beziehungen im Rahmen des formalen Organisationsplanes der Wehrverbände. Dazu kommen noch 5. die unter dem Namen der *›psychologischen Kriegführung‹* zusammengefaßten Probleme der Innen- und Außenpropaganda (→ Werbepsychologie).
Im Zentrum einer jeden psychologischen Analyse des Begriffs *›Soldatentum‹* stehen vier miteinander sehr eng verknüpfte Sachverhalte: die *Motivation* des Kämpfers, die *Angst*, die *Kameradschaft* und die Relation zwischen *Autorität* und *Gehorsam*. Genau besehen haben wir es dabei viermal mit dem Problem des *Vertrauens* zu tun, bzw. mit dem der

zur Selbstverständlichkeit werdenden Einfügung in übergreifende soziale Strukturen (Nation, die Gruppe der Gleichrangigen und das hierarchische System). Das Erlebnis des reziproken Bezuges auf diese Strukturen scheint auch die Voraussetzung für die Bewältigung der Angst darzustellen. Der Gegenstand der psychologischen Kriegführung ist daher das dreifache Vertrauen des Soldaten, das sie — nach innen gewandt — als Selbstverständlichkeit zu festigen und — nach außen gewandt — nach Möglichkeit zu untergraben versucht.

Werbepsychologie. Mit Problemen der Werbung hat es die angewandte Psychologie auf zwei Gebieten ihres Einsatzes zu tun, bei der *Reklame* für Waren und bei der *Propaganda* für politische Anschauungen. Beide Fälle lassen sich an Hand desselben Modells durchdenken: Personen stehen vor der Wahl einer aus mehreren Alternativen, von denen eine durch den Werber so attraktiv gestaltet werden soll, daß ein Großteil der Entscheidungen zu ihren Gunsten fällt. In der Regel ist dies eine Alternative, die entweder von sich aus nur geringen *Aufforderungscharakter* besitzt oder die sich nur schwer von anderen unterscheiden läßt. Die Werbung zielt daher einerseits auf eine ganz bestimmte Lösung eines → *Konflikts* ab, wenn mehrere Alternativen näherungsweise gleich gut bekannt und im gleichen Maße beliebt sind, andererseits bemüht sie sich um die Schaffung eines Konfliktes, wenn die von ihr vertretene Alternative bisher entweder unbekannt oder unbeliebt oder überhaupt von anderen Alternativen kaum unterscheidbar ist. Erfahrungsgemäß sind z. B. *Raucher* mit verbundenen Augen und beim Rauchen durch eine Spitze nicht in der Lage, ihre Leibsorte wiederzuerkennen. Käme es also beim Genuß von Zigaretten wirklich nur auf die Reize des Geschmacks- und Geruchssinnes an, dann verlohnte es sich fast gar nicht, auf die Marke zu achten, die man wählt. Diesem ernüchternden Ergebnis steht jedoch die Tatsache gegenüber, daß die meisten Raucher eine deutliche Vorliebe für ›ihre‹ Sorte besitzen. Wir haben es hier bereits mit dem Resultat von Werbemaßnahmen zu tun, die sowohl in den USA als auch neuerdings in Deutschland die Psychologie in ihren Dienst stellen. Mutatis mutandis können sich auch *Wähler* gegenüber zwei oder mehreren politischen Parteien in einer Konfliktsituation befinden, da jede von ihnen sowohl Licht- wie Schattenseiten aufweist. Es bedarf somit des Einsatzes propagandistischer Werbemethoden, da sonst unter Umständen gar keine Entscheidung gefällt würde (Wahlenthaltung). Grundsätzlich geht es jeder Art der Werbung darum, das *Vorstellungsbild (›image* oder *›Stereotyp‹)* der von ihr vertretenen Gegenstände möglichst positiv zu gestalten und evtl. gleichzeitig das konkurrierender Gegenstände in einem ungünstigen Licht erscheinen zu lassen. Dabei taucht aber sofort die Frage an den Psychologen auf, wie denn im besonderen Falle die bereits vorhandenen Vorstellungsbilder beschaffen sind und welche Bedürfnisse der Personen in der Entscheidungssituation (Käufer oder Wähler) sie ansprechen. Probleme dieser Art fallen teils in den Bereich der → *Meinungsforschung* (›*Marktforschung*‹) und teils in den der *Motivationsforschung* (→ Bedarf und Bedürfnis); ihre Lösung enthält meist auch Einsichten, die für die Psychologie als Wissenschaft und nicht nur für die auftragerteilenden Institutionen von Interesse sind.

Zur Ermittlung der bereits vorhandenen Vorstellungsbilder und Motivationen bedient man sich des *Umfrageverfahrens*, wobei entweder direkte Fragen zur Anwendung kommen (z. B.: »Was schätzen Sie an der Marke X?«; »Wie müßte der Gegenstand Y beschaffen sein, damit er Ihnen wirklich gefällt?« usw.), oder auch indirekte (projektive) Fragen, bei denen sich der Fragesteller gar nicht für den Wahrheitsgehalt der auf sie erteilten Antworten, sondern nur für deren Stimmungsgehalt interessiert (z. B.: »Welche Zahnpasta, glauben Sie, wird von Zahnärzten am meisten verwendet?«; oder »Bei welcher Partei liegt der Prozentsatz der Abgeordneten, die ein glückliches Familienleben führen, am höchsten?«). Recht häufig werden auch *projektive* → *Tests* zum Einsatz gebracht, mit deren Hilfe man die Persönlichkeitsstrukturen der ›Anhänger‹ und der ›Gegner‹ einer Ware oder Idee zu erfassen trachtet. Das indirekte Verfahren zeigt in sehr vielen Fällen, daß Käufer und Wähler die Beweggründe ihres Handelns nur recht wenig kennen, d. h. daß dieses vielfach Bedürfnissen und → *Interessen* entspringt, die entweder wirklich unbewußt sind oder die man sich selbst und anderen nur ungern eingesteht. Das gilt naturgemäß auch von den *Hemmungen*, die sich der Wahl einer angebotenen Alternative entgegenstellen und deren Beseitigung sich die Werbung angelegen sein läßt.

An die Ermittlung der Vorstellungsbilder von Gegenständen, für die eine Werbung beabsichtigt ist, schließt sich die Frage nach den Merkmalen, durch die ein gewisser Eindruck ausgelöst wird und deren Abänderung unter Umständen dazu führen könnte, daß ein bestimmter Gegenstand auch für Personen attraktiver würde, die ihn im Augenblick nicht sonderlich schätzen. Bei Zigaretten mag es sich etwa um die Art und um die Farbe der Verpackung sowie um die in den Reklameplakaten anklingenden Motive handeln, z. B. also darum, ob die Packungen rot oder grün sein sollen, und ob auf den Plakaten ein hübsches junges Mädchen oder ein energischer Sportsmann erscheinen soll. Bei politischen Wahlkämpfen wird man sich vielleicht fragen, ob im Parteiprogramm außen- oder innenpolitische Fragen in den Vordergrund gerückt werden sollen oder ob man den Parteichef eher als gütigen Vater oder als tiefen Denker schildern soll. Besondere Aufgaben erwachsen der Werbepsychologie im Zusammenhang mit dem Anliegen der *psychologischen Kriegführung* (→ *Wehrpsychologie*).

Wille. Das menschliche Verhalten läßt sich unter zwei einander genau zuwiderlaufenden Voraussetzungen begrifflich rekonstruieren. Im ersten Fall gilt der Mensch als der Herr seiner Entscheidungen (*Indeterminismus* bzw. *Voluntarismus*), im andern erscheint er als von Kräften und Bedingungen gelenkt, über die er selbst nicht verfügt (*Determinismus*). Zu prüfen, ob und wiefern sich die Überlegenheit eines der beiden Modelle nachweisen läßt (›*Problem der Willensfreiheit*‹), ist eine der Aufgaben der Philosophie; die empirische Psychologie besitzt keine Möglichkeit, dieses Problem einer Lösung näherzubringen. Sie kann nur feststellen, daß gewisse Erlebnisse, die in Situationen des → *Konflikts* auftreten, von den Angehörigen mancher Kulturen häufig so formuliert werden, als handle es sich dabei um die Betätigung einer besonderen Seelenkraft, die man als den Willen bezeichnet. Die beobachtbaren Verhaltensweisen des Hinstrebens zu einem Gegenstand (*Appetenz*) oder des Wegstrebens von diesem (*Aversion*) werden auf diese Weise unter dem Gesichtspunkt einer zu ihren Gunsten erfolgenden inneren Entscheidung (›*Entschluß*‹) gedeutet. Wie ernst die Psychologie diese Tatsache nimmt und wieviel Mühe sie auf ihre Untersuchung verwendet, hängt aber bereits sehr wesentlich von den kulturellen Voraussetzungen ab, unter denen sie sich als Wissenschaft entwickelte. So finden wir z. B. im Geltungsbereich der calvinistischen *Prädestinationslehre*, und damit namentlich in der amerikanischen Psychologie, nur sehr wenig über den Willen, während die Ergründung seines Wesens auf deutscher Seite, in der Tradition des lutherischen *Idealismus* der Freiheit, eine sehr große Rolle spielt. Hinter dem, was sich auf der Bühne der Forschung zuträgt, stehen ganz prinzipielle Entscheidungen über die kulturspezifische Weise der Selbstdeutung von Menschen.

Was es heißt, etwas zu wollen, lernt das Kleinkind aus den Kommentaren, die Erwachsene seinem Verhalten widmen; es erhält damit einen Namen für einen Komplex des *zuständlichen Erlebens* (→ *Gefühle*), durch den dieses sich einerseits anderen Personen mitteilen und andererseits im stillen Selbstgespräch vergegenständlichen läßt (→ *Bewußtsein*).

Die Zustände, auf die sich diese Wortmarke bezieht, hängen vom Sprachgebrauch einer Kultur ab; sollte in ihr z. B. die Anschauung vorherrschen, daß nur als positiv bewertete Aktionen ›gewollt‹ werden können, so werden mißbilligte Strebungen auch nicht mit diesem Wort, sondern etwa mit dem des ›Dranges‹ oder gar der ›Schwäche‹ belegt. Unsere eigene Kultur ist in diesem Punkt zwar nicht ganz konsequent, jedoch neigt sie zu der geschilderten Praxis und folglich auch dazu, den ›Willen‹ — meist neben oder sogar noch vor dem *›Intellekt‹* — als eine besonders edle, ja ›göttliche‹ Kraft des Menschen anzusprechen und ihm die ›dunklen‹ Triebe oder auch die ›wilden‹ Leidenschaften gegenüberzustellen (→ *Schichtenlehre*).
Mit kulturellen Selbstverständlichkeiten zu rechten, ist nicht das Amt der Psychologie, wohl aber obliegt es ihr, deren Funktionen im → *Sozialisierungsprozeß* der jeweils nächsten Generation zu unterscheiden. Hinsichtlich der Kennzeichnung gewisser Arten des zuständlichen Erlebens durch den Begriff ›Wollen‹ ergibt sich daher sofort die Frage nach dem Grade ihrer Ausschließlichkeit, d. h. danach, ob die gleichen oder weitgehend ähnliche Zustandserlebnisse nicht auch in Situationen auftreten, wo für sie andere Namen gebraucht werden. Die Antworten auf diese Frage präsentieren sich seit etwa 75 Jahren als *›Willenstheorien‹*; sofern sie den Namen ›Wollen‹ als ganz spezifisch ansehen, bezeichnet man sie als ›autogenetische Willenstheorien‹, da sie die Reduktion des Wollens-Erlebnisses auf andere Erlebnisarten ablehnen *(N. Ach, Th. Erismann, H. Rohracher)*. Die ›heterogenetischen‹ Theorien bemühen sich dagegen um die Subsumtion dieses Erlebnisses unter andere Kategorien, z. B. die der Gefühle im allgemeinen *(K. Fortlage, H. Ebbinghaus, E. Bleuler)*, der *Organempfindungen (H. Münsterberg, O. Külpe)*, des *Vorstellens (Th. Ziehen)*, der *Denkempfindungen (E. Meumann)* oder auch mehrerer von ihnen gleichzeitig *(E. Störring, E. Wentscher)*.
Es scheint, daß wir das Wort ›Wollen‹ vorwiegend dann gebrauchen, wenn die zur Auswahl gestellten Alternativen verschiedene Werte verkörpern: jemand will z. B. eine Arbeit erledigen (und sich nicht jetzt schon ausruhen), oder er will bei dieser Arbeit möglichst sorgfältig verfahren (und nicht bloß schnell damit fertig werden), oder er will sich amüsieren (und nicht seinen gewohnten Alltagsbeschäftigungen nachgehen) usw. Dieses Merkmal der Wertgetöntheit der Alternativen haftet nicht allen Entscheidungskonflikten an (z. B. nicht der Wahl zwischen zwei einfachen Reizgegebenheiten, etwa der des schwereren von zwei Gewichten); es gestattet daher — wie dies schon J. Lindworsky (1923) sah — die spezifische Kennzeichnung von Willensakten.

Im Laboratorium kann man echte *Wertbezüge* naturgemäß nur in einem relativ bescheidenen Ausmaß auf die Probe stellen; immerhin ist auch das in einer Weise geschehen, die nicht immer dem Anstandsgefühl entspricht. *J. Lindworsky* (1875–1939) ließ z. B. seine Vpn sich ehrenwörtlich verpflichten, daß sie einen ihnen später zu erteilenden Auftrag auch tatsächlich ausführen würden. Verlangt wurde von ihnen sodann das Austrinken eines Glases mit Seifenwasser oder das Verschlucken einer lebendigen Fliege. Die Handlungen mußten zwar nicht wirklich durchgeführt werden, doch durften die Vpn diese seltsame Anwandlung des Zartgefühls nicht voraussehen können, da sonst ja der Entscheidungskonflikt gar nicht belangvoll gewesen wäre. Statt in so sinniger Weise mit Ehrenworten zu spielen, haben sich andere Autoren mit Aufgaben begnügt, die bloß unangenehm sind, wie z. B. das wiederholte Aufziehen eines Gewichts durch Krümmung eines Fingers (*›Ergograph‹* von *A. Mosso*) oder das Ausgestreckt-Halten des Armes über einem elektrisch geladenen Stab. Die dabei aufgenommenen *Selbstbeobachtungen* der Vpn sind im Grunde weniger interessant als die Arrangements selbst. Diese illustrieren nämlich die Tatsache, daß auch Psychologen vom Fach den Begriff Wollen vorwiegend mit Entscheidungen assoziieren, die schwer fallen, d. h. in denen einander *Pflicht und Neigung* gegenüberstehen. In sehr verkleinertem Maßstab gilt das auch von der Versuchsanordnung, die *N. Ach* zur Analyse des Willens verwendete. Seine Vpn lernten zunächst Paare von sinnlosen Silben, z. B. TUK – RIN; nachdem die Reaktion RIN auf den Reiz TUK nahezu automatisch geworden war, wurde die Instruktion dahingehend geändert, daß auf die Reizsilbe mit einem Reim (z. B. TUK – MUK) geantwortet werden sollte. Die geforderte *Umstellung* gelang um so schwerer, je gründlicher das anfängliche Lernen gewesen war. Auf diese Weise läßt sich daher die Determinationswirkung eines *Vorsatzes* (›Pflicht‹) mit der Festigkeit einer *Gewohnheit* (›Neigung‹) quantitativ vergleichen. Der Fall ist jedoch, wie *K. Lewin* zeigen konnte, nicht ganz so einfach, da ja auch das Lernen der Silbenpaare auf Grund eines Vorsatzes erfolgte.

Faßt man die zu seiner Erforschung bestimmten Experimente als Definitionen des Begriffs ›Wille‹ auf, so wird deutlich, daß diesem Begriff ursprünglich eine sittliche Konzeption zugrunde liegt, die das Wollen in die Nachbarschaft des ethischen *Sollens* rückt. *Goethe* hat diesen Sachverhalt in den ›Urworten orphisch‹ mit unübertrefflicher Prägnanz formuliert:

». . . und aller Wille
Ist nur ein Wollen, weil wir eben sollten,
Und vor dem Willen schweigt die Willkür stille.«

BIBLIOGRAPHIE

A. Fortlaufende Orientierung

In Anbetracht des gewaltigen Umfanges des psychologischen Schrifttums kann man sich über den Stand der Forschung im jeweiligen Augenblick nur mehr an Hand der von der Amerikanischen Psychologischen Gesellschaft herausgegebenen ›Psychological Abstracts‹ (seit 1927) und der von C. P. Stone begründeten ›Annual Review of Psychology‹ (seit 1950, Stanford, USA) auf dem laufenden halten. In den letzten drei Jahrgängen der ›Abstracts‹ wurden im Durchschnitt je 9000 Einzelpublikationen besprochen. Die umfassendste Orientierungsmöglichkeit im deutschen Sprachbereich stellt das seit 1959 erscheinende, auf 12 Bände angelegte ›Handbuch der Psychologie‹ (Hrsg. von P. Lersch, F. Sander und H. Thomae) dar.

B. Zeitschriften
(deutschsprachige)

Archiv für die gesamte Psychologie. Früher Leipzig, jetzt Frankfurt seit 1903
Diagnostica. Göttingen seit 1954
Jahrbuch für Psychologie und Psychotheraphie. Würzburg seit 1952
Psyche, Zeitschrift für Tiefenpsychologie und Menschenkenntnis in Forschung und Praxis. Stuttgart seit 1947
Psychologie und Praxis. München seit 1956
Psychologische Beiträge. Meisenheim seit 1953
Psychologische Forschung. Heidelberg seit 1949
Psychologische Rundschau. Göttingen seit 1949
Schweizerische Zeitschrift für Psychologie und ihre Anwendungen. Bern seit 1942
Zeitschrift für diagnostische Psychologie und Persönlichkeitsforschung. Freiburg i. B. seit 1953
Zeitschrift für experimentelle und angewandte Psychologie. Göttingen seit 1953

(fremdsprachige)

Acta Psychologica. Amsterdam seit 1935
American Journal of Psychology. New York seit 1887
Archivio Italiano di Psicologia. Turin seit 1920
British Journal of Psychology. London seit 1904
Journal de Psychologie normale et pathologique. Paris seit 1904
Journal of abnormal and social Psychology. Boston seit 1906
Journal of applied Psychology. Baltimore seit 1917
Journal of experimental Psychology. Princeton seit 1916
Psychological Bulletin. Princeton seit 1904
Psychological Review. Lancaster seit 1894

C. Handbücher

Handbook of applied psychology. Hrsg. von D. H. Fryer u. E. R. Henry. 1950
Handbook of abnormal psychology. Hrsg. von H. J. Eysenck. 1961

Handbook of experimental psychology. Hrsg. von S. S. Stevens. 1951
Handbook of mathematical psychology. Hrsg. von R. D. Luce, R. R. Bush und E. Galanter. 2 Bde. 1963, 1964
Handbook of research methods in child development. Hrsg. von P. H. Mussen. 1960
Handbook of social psychology. Hrsg. von G. Lindzey. 1954
Handbuch der Psychologie. Hrsg. von D. Katz. 2. Aufl. 1957
Manual of child psychology. Hrsg. von L. Carmichael. 2. Aufl. 1954

D. Wörterbücher

DORSCH, F. Psychologisches Wörterbuch. 6. Aufl. 1959
DREVER, J. A dictionary of psychology. 1952
HEHLMANN, W. Wörterbuch der Psychologie. 2. Aufl. 1962

E. Lehrbücher

(deutschsprachige)

ANSCHÜTZ, G. Psychologie. 1953 (ausgezeichnete Literaturhinweise)
ELSENHANS, Th. Lehrbuch der Psychologie. 1939
METZGER, W. Psychologie. 2. Aufl. 1954
ROHRACHER, H. Einführung in die Psychologie. 8. Aufl. 1963
TOMAN, W. Einführung in die moderne Psychologie. 1951

(fremdsprachige)

HILGARD, E. R. Introduction to psychology. 2. Aufl. 1956
KRECH, D. und R. S. CRUTCHFIELD. Elements of psychology. 1958
MORGAN, C. T. Introduction to psychology. 1956
MUNN, N. L. Psychology. 2. Aufl. 1951
ROBACK, A. A. (Hgb.), Present-day psychology. 1955
STANGER, R. und T. F. KARWOSKI. Psychology. 1952
Theoretical foundations of psychology. Hrsg. von H. Helson. 1951

F. Historische Darstellungen

BORING, E. G. A history of experimental psychology. 2. Aufl. 1950
FLUGEL, J. C. Probleme und Ergebnisse der Psychologie. 1950
HEHLMANN, W. Geschichte der Psychologie. 1963
KANTOR, J. R. The scientific evolution of psychology. Bd. I. 1963
PETERS, R. S. Brett's history of psychology. 1953
ROBACK, A. A. History of American psychology. 1952
WATSON, R. I. The great psychologists. 1963
ZILBOORG, G. u. G. W. HENRY. A History of medical Psychology. 1941

Anlage und Umwelt

ANASTASI, A. u. J. P. FOLEY, jr. Differential Psychology. 2. Aufl. 1949
BOYD, W. C. Genetics and the races of Man. 1950
BROCK, F. Biologische Eigenweltforschung. Stud. Gen. 3. 1950
GOTTSCHALDT, K. Die Methodik der Persönlichkeitsforschung in der Erbpsychologie. 2. Aufl. 1949
HALL, C. S. The genetics of behavior, in: Handbook of experimental psychology. Hrsg. von S. S. Stevens. 1951

Handbuch der Erbbiologie des Menschen. Hrsg. von G. Just. 1939
JUDA, A. Höchstbegabung. 1953
PETERSEN, H. Die Eigenwelt des Menschen. 1937
REINÖHL, F. Die Vererbung der geistigen Begabung. 2. Aufl. 1939
STERN, C. Principles of human genetics. 1949
UEXKÜLL, J. v. u. G. KRISZAT. Streifzüge durch die Umwelten von Tieren und Menschen. 2. Aufl. 1956

Assoziation

ARGELANDER, A. Das Farbenhören. 1927
EBBINGHAUS, H. Das Gedächtnis. 1885
FREUD, S. Zur Psychopathologie des Alltagslebens. 1904
JUNG, C. G. Diagnostische Assoziationsstudien. 1906–1911
LURIA, A. R. The nature of human conflicts. 1932
MÜLLER, G. E. Zur Analyse der Gedächtnistätigkeit und des Vorstellungsverlaufs. 1911–1917
OSGOOD, C. E., SUCI, G. J. und P. H. TANNENBAUM. The measurement of meaning. 1957
TERMAN, L. u. C. C. MILES. Sex and personality. 1936

Aufmerksamkeit

BERLYNE, D. E. Conflict, arousal and curiosity. 1960
HENNING, H. Die Aufmerksamkeit, in: Abderhaldens Handbuch d. biolog. Arbeitsmethoden. 1925
McCULLOCH, W. S. Cortico-cortical connections, in: The precentral motor cortex. Hrsg. von P. C. Bucy. 1944
RUCH, T. C. Motor systems, in: Handbook of experimental psychology. Hrsg. von S. S. Stevens. 1951

Ausdruckskunde

BÜHLER, K. Ausdruckstheorie. 1933
BUTTKUS, R. Physiognomik. 1956
KLAGES, L. Handschrift und Charakter. 23. Aufl. 1949
– Grundlegung d. Wissenschaft v. Ausdruck. 7. Aufl. 1950
KIRCHHOFF, R. Allgemeine Ausdruckslehre. 1957
LERSCH, Ph. Gesicht und Seele. 4. Aufl. 1954
LORENZ, K. Die angeborenen Formen möglicher Erfahrung, in: Z. Tierps. 5. 1943
PLESSNER, H. Lachen und Weinen. 2. Aufl. 1950
POPHAL, R. Die Handschrift als Gehirnschrift. 1949
PULVER, M. Symbolik der Handschrift. 6. Aufl. 1955
ROHRACHER, H. Kleine Charakterkunde. 9. Aufl. 1961
STREHLE, H. Mienen, Gesten und Gebärden. 4. Aufl. 1954

Außersinnliche Wahrnehmung

BENDER, H. Parapsychologie. 1953
MOSER, F. Okkultismus, Täuschung und Tatsachen. 1935
NEUHÄUSLER, A. Telepathie, Hellsehen, Präkognition. 1957
RHINE, J. B. u. a. Extrasensory perception after sixty years. 1940
– Die Reichweite des menschlichen Geistes. 1950

Ringger, P. Parapsychologie. 1957
Schmeing, K. Das ›zweite Gesicht‹ in Niedersachsen. 1937
Winterstein, A. v. Der gegenwärtige Stand der Parapsychologie. 1949

Bedarf und Bedürfnis

Beach, F. A. Hormones and behaviour. 1948
Bierens de Haan, J. A. Die tierischen Instinkte und ihr Umbau durch die Erfahrung. 1940
Cannon, W. B. The wisdom of the body. 1932
Cofer, C. N. und Appley, M. H. Motivation, theories and research. 1964
Eysenck, H. J. Experiments in motivation. 1964
Gehlen, A. Der Mensch; seine Natur u. s. Stellung i. d. Welt. 4. Aufl. 1950
Hall, J. F. Psychology of motivation. 1961
Katz, D. Mensch und Tier. 1948
Lewin, K. Vorsatz, Wille und Bedürfnis. 1926
– A dynamic theory of personality. 1935
Lorenz, K. Über d. Begriff d. Instinkthandlg. Fol. Biotheoretica 2. 1937
McDougall, W. Aufbaukräfte der Seele. 2. Aufl. 1947
Miller, N. E. Learnable drives and rewards, in: Handbook of experimental psychology. Hrsg. von S. S. Stevens. 1951
Morgan, C. T. u. E. Stellar. Physiological psychology. 1950
Motivationslehre (Hdb. d. Psychologie II, 1964). Hrsg. von H. Thomae
Szondi, L. Triebpathologie. 1952
Tinbergen, N. Instinktlehre. 1956
Young, P. T. Motivation and emotion. 1961

Bedingter Reflex

Bugelski, B. R. The psychology of learning. 1956
Deese, J. The psychology of learning. 1952
Dollard, J. u. N. E. Miller. Personality and Psychotherapy. 1950
Hilgard, E. R. und D. G. Marquis. Conditioning and learning. 2. Aufl. 1960
Hull, C. L. Principles of behavior. 1943
– A behavior system. 1952
Masserman, H. J. Principles of dynamic psychiatry. 1946
Miller, N. E. u. J. Dollard. Social learning and imitation. 1941
Mowrer, O. H. Learning theory and personality dynamics. 1950
Pawlow, I. P. Die höchste Nerventätigkeit (das Verhalten) von Tieren. 1926
Pickenhain, L. Grundriß der Physiologie der höheren Nerventätigkeit. 1959
Shoben, E. J. Psychotherapy as a problem in learning theory. Psych. Bull. 46. 1949
Skinner, B. F. The behavior of organisms. 1938
Spence, K. W. Behavior theory and conditioning. 1956

Behaviorismus

Bridgman, P. W. The logic of modern physics. 1928
Kraft, V. Der Wiener Kreis, der Ursprung des Neopositivismus. 1950

MUNN, N. L. Handbook of psychological research on the rat. 1950
SKINNER, B. F. Science and human behavior. 1953
STEVENS, S. S. Psychology and the science of science. Psychol. Bull. 36. 1939
TOLMAN, E. C. Purposive behavior in animals and men. 1932
WATSON, J. B. Psychology from the standpoint of a behaviorist. 1919
— Behaviorism. 1924

Beobachtung

Beobachtung u. Experiment i. d. Sozialforsch. Hrsg. v. R. König. 1956
FESTINGER, L. u. D. KATZ. Research methods in the behavioral sciences. 1953
GÜNTHER, H. R. G. Das Problem des Sich-selbst-Verstehens. 1934
LITT, Th. Die Selbsterkenntnis des Menschen. 2. Aufl. 1948

Betriebspsychologie

Betriebspsychologie (Hdb. d. Psychologie IX, 1961). Hrsg. von A. Mayer und B. Herwig
BROWN, J. A. C. Psychologie der industriellen Leistung. 1956
CHAPANIS, A., W. R. GARNER u. C. T. MORGAN. Applied experimental psychology; human factors in engineering design. 1949
DAHRENDORF, R. Industrie- und Betriebssoziologie. 1956
GHISELLI, E. E. u. C. W. BROWN. Personnel and industrial psychology. 2. Aufl. 1955
HEITBAUM, H. Psychologie im Betrieb. 2. Aufl. 1952
RANKE, O. F. Arbeits- und Wehrphysiologie. 1940
STAGNER, R. Psychology of industrial conflict. 1956

Bewußtsein

Brain mechanisms and consciousness. Hrsg. von J. F. Delafresnaye. 1954
ERICKSEN, C. W. Behavior and awareness. 1962
HOFSTÄTTER, P. R. Die Psychologie und das Leben. 1951
KLAGES, L. Vom Wesen des Bewußtseins. 4. Aufl. 1955
MEAD, G. H. Mind, self and society. 1934
MILLER, J. G. Unconsciousness. 1942
NEUMANN, E. Ursprungsgeschichte des Bewußtseins. 1949
RUBINSTEIN, S. L. Sein und Bewußtsein. 1962

Chemische Sinne

HENNING, H. Der Geruch. 2. Aufl. 1928
— Psychologie der chemischen Sinne. 1926
MONCRIEFF, R. W. The chemical senses. 1944
Olfaction and taste. Hrsg. von Y. Zotterman. 1963

Denken

BRUNER, J. S., J. J. GOODNOW und G. A. AUSTIN. A study of thinking. 1956
FREUD, S. Formulierungen über zwei Prinzipe des psychischen Geschehens, in: Jb. psychopathol. Forsch. 3. 1911

Humphrey, G. Thinking. 1951
Johnson, D. M. The psychology of thought and judgment. 1955
Lorenz, K. Er redete mit dem Vieh, den Vögeln und den Fischen. 12. Aufl. 1955
Organization and pathology of thought. Hrsg. von D. Rapaport. 1951
Vinacke, W. E. The psychology of thinking. 1952
Wertheimer, M. Produktives Denken. 1957

Entwicklung

Bühler, Ch. Der menschl. Lebenslauf als psychol. Problem. 2. Aufl. 1959
Bühler, K. und L. Schenk-Danzinger. Abriß der geistigen Entwicklung des Kindes. 8. Aufl. 1957
Entwicklungspsychologie (Hdb. d. Psychologie III, 1960). Hrsg. von H. Thomae
Lehman, H. C. Age and achievement. 1953
Moers, M. Die Entwicklungsphasen des menschl. Lebens. 1953
Olson, W. C. Die Entwicklung des Kindes. 1953
Remplein, H. Die seelische Entwicklung in Kindheit und Reifezeit. 11. Aufl. 1963
Stern, E. Der Mensch in der zweiten Lebenshälfte. 1955
Werner, H. Einführung in die Entwicklungspsychologie. 3. Aufl. 1953
Zeller, W. Konstitution und Entwicklung. 1952

Erster Eindruck

Allport, G. W. Persönlichkeit. 1949
Bruner, J. S. u. R. Tagiuri. The perception of people, in: Handbook of social psychology. Hrsg. von G. Lindzey. 1954
Person perception and interpersonal behavior. Hrsg. von R. Tagiuri und und L. Petrullo. 1958
Sarbin, T. R., R. Taft und D. C. Bailey. Clinical inference and cognitive theory. 1960
Taft, R. The ability to judge people. Psychol. Bull. 52. 1955

Experiment

Brown, C. W. u. E. E. Ghiselli. Scientific method in psychology. 1955
Edwards, A. L. Experimental design in psychological research. 2. Aufl. 1960
Grings, W. W. Laboratory instrumentation in psychology. 1954
Mittenecker, E. Planung u. statist. Auswertg. v. Experimenten. 4. Aufl. 1963
Osgood, C. E. Method and theory in experimental psychology. 1953
Pauli, R. u. W. Arnold. Psychologisches Praktikum. 6. Aufl. 1957
Woodworth, R. S. u. H. Schlosberg. Experimental psychology. 1954
Lehrbuch der experimentellen Psychologie. Hrsg. von R. Meili und H. Rohracher. 1963

Exploration

Eysenck, H. J. Wege und Abwege der Psychologie. 1956
Oldfield, R. C. The psychology of the interview. 4. Aufl. 1951
Praktische Sozialforschung, in: Das Interview. Hrsg. von R. König. 2. Aufl. 1957

Bibliographie

Forensische Psychologie

Forensische Psychologie. Hrsg. von E. Altavilla. 1958/59
Gerichtliche Psychologie. Hrsg. von G. Blau und E. Müller-Luckmann. 1962
GRASSBERGER, R. Psychologie des Strafverfahrens. 1950
HELLWIG, A. Psychologie und Vernehmungstechnik bei Tatbestandsermittlungen. 4. Aufl. 1951
HENTIG, H. v. Zur Psychologie der Einzeldelikte. 1954, 1956
LOWAGE, F. E. Psychologie der Kriminalität. 1956
Psychologie im Dienste der Polizei. Hrsg. von H. May. 1956

Gedächtnis

BARTLETT, F. C. Remembering. 2. Aufl. 1950
Brain mechanisms and learning. Hrsg. von J. F. Delafresnaye. 1961
EBBINGHAUS, H. Das Gedächtnis. 1885
FÖRSTER, H. v. Das Gedächtnis. 1948
LASHLEY, K. S. In search of the engram, in: Symp. Soc. Exp. Biol. 4. 1950
MCGEOCH, J. A. u. A. L. IRION. The psychology of human learning. 1952
RAPAPORT, D. Emotions and memory. 1942

Gefühle

BOLLNOW, O. F. Das Wesen der Stimmungen. 3. Aufl. 1956
Expression of the emotions in man. Hrsg. von P. H. Knapp. 1963
Feelings and emotions. Hrsg. von M. L. Reymert. 1950
GARDINER, H. M., R. C. METCALF u. J. G. BEEBE-CENTER. Feeling and emotion; a history of theories. 1937
KRUEGER, F. Das Wesen der Gefühle. 5. Aufl. 1937
YOUNG, P. T. Emotion in man and animal. 1943

Gehirn

Cerebral mechanisms of behavior. Hrsg. von L. A. Jeffress. 1951
FISCHEL, W. Grundzüge des Zentralnervensystems des Menschen. 1960
FULTON, J. F. Physiologie des Nervensystems. 1952
PENFIELD, W. u. Th. RASMUSSEN. The cerebral cortex of man. 1950
ROHRACHER, H. Die Arbeitsweise d. Gehirns u. d. psych. Vorgänge. 1953

Gehörsinn

Neural mechanisms of the auditory and vestibular systems. Hrsg. von G. L. Rasmussen und W. F. Windle 1960
PUMPHREY, R. J. Hearing, in: Symp. Soc. Exp. Biol. 4. 1950
REVESZ, G. Einführung in die Musikpsychologie. 1946
STEVENS, S. S. u. H. DAVIS. Hearing. 1938
WELLEK, A. Musikpsychologie und Musikästhetik. 1963
WEVER, E. G. u. M. LAWRENCE. Physiological Acoustics. 1954

Geschlechtsunterschiede

BEAUVOIR, S. de. Das andere Geschlecht. 1951
BODAMER, J. Der Mann von heute. 1956
BREITNER, B. Das Problem der Bisexualität. 1951

BUYTENDIJK, F. J. Die Frau; Natur, Erscheinung, Dasein. 1953
CLARA, M. Die Bestimmung des Geschlechts beim Menschen. 1943
DEUTSCH, H. Psychologie der Frau. 1948, 1954
FORD, C. S. u. F. A. BEACH. Das Sexualverhalten von Mensch und Tier. 1954
KINSEY, A. C. u. a. Das sexuelle Verhalten der Frau. 1954
– Das sexuelle Verhalten des Mannes. 1955
LERSCH, Ph. Vom Wesen der Geschlechter. 1947
MEAD, M. Mann und Weib. 1954
MONTAGU, A. Die natürliche Überlegenheit der Frau. 1955

Gesichtsinn

BOLLER, E., D. BRINKMANN u. E. J. WALTER. Einführung in die Farbenlehre. 1947
EBBECKE, U. Wirklichkeit und Täuschung. 1956
GIBSON, J. J. The perception of the visual world. 1950
GRANIT, R. Sensory mechanisms of the retina. 1947
METZGER, W. Gesetze des Sehens. 2. Aufl. 1953
The eye (4 Bde.). Hrsg. von H. Davson. 1962
TRENDELENBURG, W. Der Gesichtssinn. 1943

Gestalt- und Ganzheitspsychologie

COHEN, J. u. D. A. GORDON. The Prevost-Fechner-Benham subjective colors. Psychol. Bull. 46. 1949
EHRENSTEIN, W. Beiträge z. gestaltpsychol. Wahrnehmungslehre. 1942
ERISMANN, Th. Wesen und Entstehung der Scheinbewegungen. Arch. ges. Psychol. 102. 1939
GOLDSTEIN, K. Der Aufbau des Organismus. 1934
KOFFKA, K. Principles of gestalt-psychology. 1935
KÖHLER, W. Die physisch. Gestalten in Ruhe u. im station. Zustand. 1920
– Gestalt psychology. 2. Aufl. 1947
KÖHLER, W. u. H. WALLACH. Figural after-effects. Proc. Am. Phil. Soc. 88. 1944
KRUEGER, F. Das Wesen der Gefühle. 4. Aufl. 1937
– Lehre vom Ganzen. 1948
LEWIN, K. Dynamic theory of personality. 1935
– Principles of topological psychology. 1936
– Field theory in social science. 1951
METZGER, W. Psychologie. 2. Aufl. 1954
PETERMANN. Die Wertheimer-Koffka-Köhlersche Gestalttheorie und das Gestaltproblem. 1929
WELLEK, A. Ganzheitsspychologie und Strukturtheorie. 1955
WERTHEIMER, M. Drei Abhandlungen zur Gestalttheorie. 1925

Gleichgewichtsinn

BROCK, F. Bau und Leistung unserer Sinnesorgane. 1956
GERATHEWOHL, S. J. Die Psychologie des Menschen im Flugzeug. 1954
WENDT, R. G. Vestibular functions, in: Handbook of experimental psychology. Hrsg. von S. S. Stevens. 1951

Gruppendynamik

BALES, R. F. Interaction process analysis. 1951
HARE, A. P. Handbook of small group research. 1962
HOFSTÄTTER, P. R. Gruppendynamik. 1957
MORENO, J. L. Die Grundlagen der Soziometrie. 1954
SHERIF, M. u. C. W. SHERIF. Groups in harmony and tension. 1953
Small groups. Hrsg. von A. P. Hare, E. F. Borgatta u. R. F. Bales. 1955

Hautsinne

Advances in biology of skin. Hrsg. von W. Montagna. 1960
BROCK, F. Bau und Leistungen unserer Sinnesorgane. 1956
SKRAMLIK, E. v. Psychophysiologie des Tastsinns. 1937
WOLFF, H. G. u. S. WOLF Pain. 1948

Hypnose und Suggestion

BRENMAN, M. u. M. GILL. Hypnotherapy. 1947
HULL, C. L. Hypnosis and suggestibility. 1933
MAYER, L. Die Technik der Hypnose. 5. Aufl. 1952
SCHMITZ, K. Heilung durch Hypnose. 1957
WEITZENHOFFER, A. M. Hypnotism. 1953
WOLBERG, L. R. Hypnonanalysis. 1945

Informationstheorie

ATTNEAVE, F. Informationstheorie in der Psychologie. 1964
CHERRY, C. On human communication. 1957
LANGER, D. Informationstheorie und Psychologie. 1962
MEYER-EPPLER, W. Grundlagen und Anwendungen der Informationstheorie. 1959
SHANNON, C. E. u. W. WEAVER. The mathematical theory of communication. 1949
WIENER, N. Menschen und Menschmaschine. 1952

Intelligenz

GUILFORD, J. P. The structure of intelligence. Psychol. Bull. 53. 1956
HUNT, McV. Intelligence and experience. 1961
PIAGET, J. Psychologie der Intelligenz. 1948
TERMAN, L. M. u. M. ODEN. The gifted child grows up. 1947
THURSTONE, L. L. The vectors of mind. 1935
TREDGOLD, A. F. A textbook of mental deficiency. 7. Aufl. 1947
VERNON, P. E. The structure of human abilities. 1950
WECHSLER, D. Die Messung der Intelligenz Erwachsener. 1955
WENZL, A. Theorie der Begabung. 1934

Interessen

CATTELL, R. B., A. B. HEIST u. R. G. STEWART. The objective measurement of dynamic traits. Ed. Psychol. Meas. 10. 1950
FRYER, D. The measurement of interests in relation to human adjustment. 1931

IRLE, M. B-I-T, Berufs-Interessen-Test. 1955
KUDER, G. F. Preference record. 1948
STRONG, E. K. Vocational interests of men and women. 1945

Konflikt

Comparative conditioned neuroses. Hrsg. von E. J. Kempf. Ann. N. Y. Acad. Sci. 56. 1953
DOLLARD, J. u. N. E. MILLER. Personality and psychotherapy. 1950
FESTINGER, L. A theory of cognitive dissonance. 1957
LÜCKERT, H. R. Konfliktpsychologie. 1957
MILLER, N. E. Liberalization of basic S-R concepts, in: Psychology, a study of a science, Bd. II. Hrsg. von S. Koch. 1959

Leib-Seele-Problem

REININGER, R. Das psychophysische Problem. 1930
ROHRACHER, H. Die Arbeitsweise des Gehirns und die psychischen Vorgänge. 1953
Theories of the mind. Hrsg. von J. M. Scher. 1962

Lernen am Erfolg

ASHBY, W. R. An introduction to cybernetics. 1956
BIERENS DE HAAN, J. A. Labyrinth und Umweg. 1937
CUBE, F. v. Kybernetische Grundlagen des Lernens und Lehrens. 1964
HARLOW, H. F. The formation of learning sets. Psychol. Bull. 56. 1949
HEBB, D. O. The organization of behavior. 1949
Regelungsvorgänge i. d. Biologie. Hrsg. von H. Mittelstädt. 1956
SKINNER, B. F. Science and human behavior. 1953
THORPE, W. H. Learning and instincts in animals. 1956
WIENER, N. Cybernetics. 1948

Lerntheorie

ESTES, W. K. u. a. Modern learning theory. 1954
HILGARD, E. R. Theories of learning. 2. Aufl. 1956
HULL, C. L. Principles of behavior. 1943
– A behavior system. 1952
Lernen und Denken (Hdb. d. Psychologie I,2; 1964). Hrsg. von R. Bergius
Psychology, a study of a science, Bd. II. Hrsg. von S. Koch. 1959
SKINNER, B. F. The behavior of organisms. 1938
SPENCE, K. W. Behavior theory and conditioning. 1956
TOLMAN, E. C. Purposive behavior in animals and men. 1932
– There is more than one kind of learning. Psychol. Rev. 56. 1949

Massenpsychologie

FREUD, S. Massenpsychologie und Ich-Analyse. 1921
LE BON, G. Psychologie der Massen (zahlr. Auflagen)
LERSCH, Ph. Der Mensch in der Gegenwart. 2. Aufl. 1955
ORTEGA Y GASSET, J. Der Aufstand der Massen. 1956
REIWALD, P. Vom Geist der Massen. 1948
RIESMAN, D. Die einsame Masse. 1956

Meinungsforschung

EDWARDS, A.-L. Techniques of attitude scale construction. 1956
HOFSTÄTTER, P. R. Die Psychologie der öffentl. Meinung. 1949
HOFSTÄTTER, P. R. Sozialpsychologie. 2. Aufl. 1964
HYMAN, H. Survey design and analysis. 1955
LENZ, F. Werden und Wesen der öffentlichen Meinung. 1956
NOELLE, E. Umfragen in der Massengesellschaft. 1963
NOELLE, E. u. E. P. NEUMANN. Jahrb. d. öffentl. Meinung 1947–1955. 1956
SODHI, K. S. u. R. BERGIUS. Nationale Vorurteile. 1953

Minoritätsprobleme

ADORNO, T. W. u. a. The authoritarian personality. 1950
ALLPORT, G. W. The nature of prejudice. 1954
HEINTZ, P. Soziale Vorurteile. 1957
HOFSTÄTTER, P. R. Einführung in die Sozialpsychologie. 3. Aufl. 1963
SIMPSON, G. E. u. J. M. YINGER. Racial and cultural minorities. 1953

Neurose

BRUN, R. Allgemeine Neurosenlehre. 3. Aufl. 1954
FREUD, S. Abriß der Psychoanalyse. 1953
Handbuch der Neurosenlehre und Psychotherapie, 5 Bde. Hrsg. von V. E. Frankl, V. E. Gebsattel und J. H. Schultz. 1959–1961
KRETSCHMER, E. Medizinische Psychologie. 11. Aufl. 1956

Normalitätsbegriff

ALLPORT, F. H. The J-curve hypothesis of conforming behavior. J. soc. Psychol. 5. 1934
JASPERS, K. Allgemeine Psychopathologie. 7. Aufl. 1959
KRETSCHMER, E. Geniale Menschen. 4. Aufl. 1948
LANGE-EICHBAUM, W. u. W. KURTH. Genie, Irrsinn und Ruhm. 1956
REVESZ, G. Talent und Genie. 1952

Pädagogische Psychologie

FRANK, H. Kybernetische Grundlagen der Pädagogik. 1962
HÖHN, E. Kind und Gesellschaft. 1955
KEILHACKER, M. Pädagogische Psychologie. 4. Aufl. 1954
Pädagogische Psychologie (Hdb. d. Psychologie X, 1961). Hrsg. von H. Hetzer.
ROTH, H. Pädagogische Psychologie des Lehrens und Lernens. 1957
RUPPERT, J. P. Seelische Grundlagen d. sozialen Erziehung. 1952, 1954

Persönlichkeit

ALLPORT, G. W. Persönlichkeit. 1949
CATTELL, R. B. Description and measurement of personality. 1946
– Personality. 1950
EYSENCK, H. J. The structure of human personality. 1953
GUILFORD, J. P. Persönlichkeit. 1964
HEISS, R. Die Lehre vom Charakter. 2. Aufl. 1949

LERSCH, Ph. Aufbau der Person. 7. Aufl. 1956
Persönlichkeitsforschung und Persönlichkeitstheorie (Hdb. d. Psychologie IV, 1960). Hrsg. von H. Thomae
Perspectives in personality theory. Hrsg. von H. P. David und H. v. Bracken. 1957
REMPLEIN, H. Psychologie der Persönlichkeit. 2. Aufl. 1956
ROBACK, A. A. The psychology of character. 3. Aufl. 1952
THOMAE, H. Persönlichkeit. 2. Aufl. 1955
VERNON, P. E. Personality assessment. 1964
WELLEK, A. Die Polarität im Aufbau des Charakters. 1950

Phantasie

BÜHLER, Ch. Das Märchen und die Phantasie des Kindes. 3. Aufl. 1929
GEHLEN, A. Der Mensch, seine Natur und seine Stellung in der Welt. 4. Aufl. 1950
HUIZINGA, J. Homo ludens. 1956
KUNZ, H. Die anthropologische Bedeutung der Phantasie. 1946
VETTER, A. Die Erlebnisbedeutung der Phantasie. 1949

Prägung

BEACH, F. A. u. J. JAYNES. Effects of early experience upon the behavior of animals. Psychol. Bull. 51. 1954
LORENZ, K. Der Kumpan in der Umwelt des Vogels. J. Ornithol. 83. 1935
THORPE, W. H. Learning and instincts in animals. 1956
TINBERGEN, N. Social behaviour in animals. 1953

Psychische Hygiene

BOVET, T. Lebendige Seelsorge. 2. Aufl. 1954
Geistige Hygiene. Hrsg. von M. Pfister-Ammende. 1955
Psychische Hygiene. Hrsg. von E. Brezina u. E. Stransky. 1955
Psychohygienische Vorlesungen. Hrsg. von H. Meng. 1958

Psychopathie

AICHHORN, A. Verwahrloste Jugend. 1925
EWALD, G. Temperament und Charakter. 1924
GOTTSCHALDT, K. Probleme der Jugendverwahrlosung. 1950
SCHNEIDER, K. Die psychopathischen Persönlichkeiten. 9. Aufl. 1950

Psychophysik

COOMBS, C. H. A theory of psychological scaling. 1952
FECHNER, G. Th. Elemente der Psychophysik. 1860
GUILFORD, J. P. Psychometric methods. 2. Aufl. 1954
STEVENS, S. S. On the psychophysical law. Psychol. Rev. 64. 1957
TORGERSON, W. S. Theory and methods of scaling. 1958

Psychose

BASH, W. K. Lehrbuch der allgemeinen Psychopathologie. 1955
BLEULER, E. Lehrbuch der Psychiatrie. 9. Aufl. 1955

BLEULER, M. Endokrinologische Psychiatrie. 1954
BOOR, W. de. Psychiatrische Systematik. 1954
– Pharmakologische Psychopathologie. 1956
FRAUCHIGER, E. Seelische Erkrankungen b. Mensch u. Tier. 2. Aufl. 1953
HOFF, H. Lehrbuch der Psychiatrie. 1956
JAKAB, I. Zeichnungen und Gemälde der Geisteskranken. 1956
LANGNER, S. T. und S. T. MICHAEL, Life stress and mental health. 1963
LEIBBRAND, W. und A. WETTLEY, Der Wahnsinn, Geschichte der abendländischen Psychopathologie. 1961
Milbank Mem. Fund. The biology of mental health and disease. 1952
– u. WETTLEY, A. Der Wahnsinn, Geschichte der abendländischen Psychopathologie. 1961
SROLE, L., LANGNER, S. T., S. T. MICHAEL u. a. Mental health in the metropolis. 1962
Studies in schizophrenia. Hrsg. von R. G. Heath. 1954
WYRSCH, J. Zur Gesch. u. Deutung der endogenen Psychosen. 1956

Psychosomatische Störungen

ALEXANDER, F. Psychosomatische Medizin. 1951
BOSS, M. Einführung in die psychosomatische Medizin. 1954
HOLLMANN, W. Lungentuberkulose und psychische Situation. 1954
HUEBSCHMANN, H. Psyche und Tuberkulose. 1952
JORES, A. Der Mensch und seine Krankheit. 1956
SELYE, H. Einführung in die Lehre vom Adaptationssyndrom. 1953
SIEBENTHAL, W. v. Krankheit als Folge der Sünde. 1950
UEXKÜLL, T. v. Grundfragen der psychosomatischen Medizin. 1963
WEISS, E. u. O. S. ENGLISH. Psychosomatic medicine. 2. Aufl. 1949
WEIZSÄCKER, V. v. Der kranke Mensch. 1951

Psychotherapie

DAY, H. Studium und Praxis der Yoga-Übungen. 1954
DOLLARD, J. u. N. E. MILLER. Personality and psychotherapy. 1950
EYSENCK, H. J. The scientific study of personality. 1952
FRANKL, V. E. Die Psychotherapie in der Praxis. 2. Aufl. 1961
Handbuch der Neurosenlehre und Psychotherapie, 5. Bde. Hrsg. von V. E. Frankl, V. E. Gebsattel und J. H. Schultz. 1959–1961
HEYER, R. G. Praktische Seelenheilkunde. 3. Aufl. 1950
HINCKLEY, R. G. u. L. M. HERRMANN. Gruppenbehandlung in der Psychotherapie. 1954
KUBIE, L. S. Psychoanalyse ohne Geheimnis. 1956
MORENO, J. L. Psychodrama. 1946
PONTVIK, A. Heilen durch Musik. 1955
Psychotheraphie in der Gegenwart. Hrsg. von E. Stern. 1958
Psychotherapy. Hrsg. von O. H. Mowrer. 1953
ROGERS, C. R. Counseling and psychotherapy. 1942
– Client-centered therapy. 1951
SCHULTZ, J. H. Das autogene Training. 9. Aufl. 1956
SCHULTZ-HENCKE, H. Lehrbuch der analytischen Psychotherapie 1951
SLAVSON, S. R. Einführung in die Gruppentherapie. 1956

Reiz und Reaktion

BUDDENBROCK, W. v. Vergleichende Physiologie. Band I: Sinnesphysiologie. Band II: Nervenphysiologie. 3. Aufl. 1953
GELDARD, F. A. The human senses. 1953
GRANIT, R. Receptors and sensory perception. 1955
MORGAN, C. T. u. E. STELLAR. Physiological psychology. 1950
ROSENBLITH, W. A. Sensory communication. 1961
STEINBUCH, K. Automat und Mensch. 1961

Schichtenlehre

FREUD, S. Das Ich und das Es. 1923
HARTMANN, N. Der Aufbau der realen Welt. 1940
HEYER, G. R. Organismus der Seele. 3. Aufl. 1951
ROTHACKER, E. Die Schichten der Persönlichkeit. 5. Aufl. 1952

Sozialisierungsprozeß

Childhood in contemporary culture. Hrsg. von M. Mead u. M. Wolfenstein. 1955
ERICKSON, E. H. Kindheit und Gesellschaft. 1957
SEARS, R. R., E. E. MACCOBY und H. LEVIN, Patterns of child rearing. 1957
WHITING, J. W. M. u. I. L. CHILD. Child training and personality. 1953

Sprache

BÜHLER, K. Sprachentheorie; die Darstellungsfunktion der Sprache. 1934
FRISCH, K. v. Aus dem Leben der Bienen. 5. Aufl. 1953
KAINZ, F. Psychologie der Sprache. 1941–1954
KLAGES, L. Die Sprache als Quell der Seelenkunde. 1948
LUCHSINGER, R. Lehrbuch der Stimm- und Sprachheilkunde. 1949
MILLER, G. A. Language and communication. 1951
PORZIG, W. Das Wunder der Sprache. 2. Aufl. 1957
Psycholinguistics. Hrsg. von S. Saporta und J. R. Bastian. 1961
REVESZ, G. Ursprung und Vorgeschichte der Sprache. 1946
STREHLE, H. Vom Geheimnis der Sprache. 1956
TROJAN, F. Der Ausdruck der Sprechstimme. 1952

Statistik

BARTLETT, M. S. An introduction to stochastic processes. 1955
FRUCHTER, B. Introduction to factor analysis. 1954
GUILFORD, J. P. Fundamental statistics in psychology and education. 2. Aufl. 1950
– Psychometric methods. 2. Aufl. 1954
HOFSTÄTTER, P. R. und D. WENDT, Einführung in die quantitativen Methoden der Psychologie. 2. Aufl. 1964
LIENERT, G. A. Verteilungsfreie Methoden in der Biostatistik. 1962
LINDER, A. Statistische Methoden für Naturwissenschaftler, Mediziner und Ingenieure. 1951
WALKER, H. M. Statist. Methoden f. Psychologen u. Pädagogen. 1954

Bibliographie

Test

AMTHAUER, R. I-S-T, Intelligenz-Struktur-Test. 1953
An introduction to projective techniques. Hrsg. von H. A. u. G. L. Anderson. 1951
BÜHLER, C. H. u. HETZER. Kleinkindertests. 2. Aufl. 1953
CRONBACH, L. J. Essentials of psychological testing. 2. Aufl. 1960
GULLIKSEN, H. Theory of mental tests. 1950
HAMBURGER-WECHSLER-Intelligenztest für Erwachsene. 1955
HAMBURGER-WECHSLER-Intelligenztest für Kinder (HAWIK). 1956
HETZER, H. Entwicklungstestverfahren. 2. Aufl. 1954
LIENERT, G. A. Testaufbau und Testanalyse. 1961
LÜCKERT, H. R. Stanford-Intelligenz-Test. 1957
MEILI, R. Lehrbuch der psychologischen Diagnostik. 4. Aufl. 1960
Mental measurements yearbook. Hrsg. von O. K. Buros. I, 1938. II, 1941. III, 1949. IV, 1953
Projective psychology. Hrsg. von L. E. Abt u. L. Bellak. 1952
Psychologische Diagnostik (Hdb. d. Psychologie, VI, 1964). Hrsg. von R. Heiss.
SCHENK-DANZINGER, L. Entwicklungstests für das Schulalter. 1953

Tiefenpsychologie

ADLER, A. Menschenkenntnis. 6. Aufl. 1954
DALBIEZ, R. Psychoanalytic method and the doctrine of Freud. 1941
FRANKL, V. E. Ärztliche Seelsorge. 6. Aufl. 1952
FREUD, S. Gesammelte Werke. 18 Bde. 1947–1955
HEISS, R. Allgemeine Tiefenpsychologie. 1956
HOFSTÄTTER, P. R. Einführung in die Tiefenpsychologie. 2. Aufl. 1950
HORNEY, K. Neue Wege der Psychoanalyse. 1951
JACOBI, J. Die Psychologie C. G. Jungs. 3. Aufl. 1949
JONES, E. The life and work of Sigmund Freud. 3 Bde. 1953–1957
Psychologische Betrachtungen; eine Auslese aus den Schriften C. G. Jungs. Hrsg. von J. Jacobi. 2. Aufl. 1949
SEARS, R. R. Survey of objective studies of psychoanalytic concepts. 1943
SZONDI, L. Triebpathologie. 1952, 1956
THOMPSON, C. Die Psychoanalyse; ihre Entstehung und Entwicklung. 1952
WEXBERG, E. Individualpsychologie. 1928
WYSS, D. Die tiefenpsychologischen Schulen von den Anfängen bis zur Gegenwart. 1961
ZILBOORG, G. u. G. W. HENRY. A history of medical psychology. 1941

Traum

AEPPLI, E. Der Traum und seine Deutung. 2. Aufl. 1952
BONIME, W. The clinical use of dreams. 1962
DEMENT, W. C. An essay on dreams; In: New directions in psychology II, 1965
FREUD, S. Die Traumdeutung. 1900
JEZOWER, I. Das Buch der Träume. 1928

JUNG, C. G. Über psychische Energetik und das Wesen des Traumes. 2. Aufl. 1948
KLEITMANN, N. Sleep and wakefulness. 1963
OSWALD, J. Sleeping and waking. 1962
SCHULTZ-HENCKE, H. Lehrbuch der Traumanalyse. 1949
SIEBENTHAL W. v. Die Wissenschaft vom Traum. 1953
WOODS, R. L. The world of dreams. 1947

Typenlehre

CONRAD, K. Der Konstitutionstypus als genetisches Problem. 1941
EHRENSTEIN, W. Probleme d. ganzheitspsycholog. Typenlehre. 3. Aufl. 1954
EYSENCK, H. J. The structure of human personality. 1953
HOFSTÄTTER, P. R. Über Typenanalyse. Arch. ges. Psychol. 105. 1940
JUNG, C. G. Psychologische Typen. 8. Aufl. 1950
KRETSCHMER, E. Körperbau und Charakter. 20. Aufl. 1951
PFAHLER, G. Der Mensch und sein Lebenswerkzeug. 1954
ROHRACHER, H. Kleine Charakterkunde. 9. Aufl. 1961
SPRANGER, E. Lebensformen. 8. Aufl. 1950
STEPHENSON, W. The study of behavior, Q-technique and its methodology. 1953

Verstehende Psychologie

GRUHLE, H. Verstehende Psychologie. 1948
JASPERS, K. Psychologie der Weltanschauungen. 1919
OELRICH, W. Geisteswissenschaftliche Psychologie und Bildung des Menschen. 1950
PFÄNDER, A. Die Seele des Menschen, Versuch einer verstehenden Psychologie. 1933
ROFFENSTEIN, G. Das Problem des psychologischen Verstehens. 1926
ROTHACKER, E. Logik und Systematik der Geisteswissenschaften. 1947

Völkerpsychologie

BENEDICT, R. F. Urformen der Kultur. 1956
CATTELL, R. B. The dimensions of cultural patterns. J. abn. soc. Psychol. 44. 1949
GEHLEN, A. Der Mensch, seine Natur und seine Stellung in der Welt. 4. Aufl. 1950
– Urmensch und Spätkultur. 1956
HOLZNER, B. Völkerpsychologie. 1960
HELLPACH, W. Einführung in die Völkerpsychologie. 3. Aufl. 1954
INKELES, A. u. D. J. LEVINSON. National character, in: Handbook of social psychology. Hrsg. von G. Lindzey. 1954
KLUCKHOHN, C. Culture and behavior, in: Handbook of social psychology. Hrsg. von G. Lindzey. 1954
MEAD, M. National character, in: Anthropology today. Hrsg. von A. L. Kroeber. 1953
MURDOCK, G. P. u. a. Outline of cultural materials. 3. Aufl. 1950
SCHWIDETZKY, I. Grundzüge der Völkerbiologie. 1950

Wahrnehmungstheorie

ALLPORT, F. H. Theories of perception and the concept of structure. 1955
Bewußtsein und Wahrnehmung (Hdb. d. Psychologie, I,1, 1964). Hrsg. von W. Metzger.
BORING, E. G. Sensation and perception in the history of psychology. 1942
BRUNSWIK, E. Perception and the representative design of experiments. 1956
HELSON, H. Adaptation level theory. 1964
Psychology, a study of a science (Bd. IV). Hrsg. von S. Koch. 1962
THURSTONE, L. L. A factorial study of perception. 1944
Vision and action. Hrsg. von S. Ratner. 1953

Wehrpsychologie

ANSBACHER, H. L. Bleibendes und Vergängliches aus der deutschen Wehrmachtspsychologie. Mittlg. Berufsverband d. Ps. 1949
BIGLER, R. R. Der einsame Soldat. 1963
GERATHEWOHL, S. J. Die Psychologie des Menschen im Flugzeug. 1954
HILL, C. W. Military psychology, in: Present-day psychology. Hrsg. von A. A. Roback. 1955
SIMONEIT, M. Wehrpsychologie. 1933
The American soldier. Hrsg. von S. A. Stouffer. 1949, 1950

Werbepsychologie

DICHTER, E. Handbuch der Kaufmotive. 1964
KROPFF, H. F. J. Motivforschung. 1960
NEWMAN, J. W. Motivforschung und Absatzlenkung. 1960
SPIEGEL, B. Werbepsychologische Untersuchungsmethoden. 1958
STEPHAN, E. Methoden der Motivforschung. 1961

Wille

ACH, N. Analyse des Willens. 1935
GRASSL, E. Über die Willensschwäche. 1937
LEWIN, K. Vorsatz, Wille und Bedürfnis. 1926
LINDWORSKY, J. Der Wille. 3. Aufl. 1923
MIERKE, K. Wille und Leistung. 1955

REGISTER

Die Stichwörter sind im Text auf den angegebenen Seiten jeweils durch *Kursivschrift* hervorgehoben. Die im **Fettdruck** erscheinenden Wörter und Seitenzahlen verweisen auf die Sachwortartikel und deren Anfänge. Die zahlreichen Forscher, die bei der vorliegenden Darstellung Erwähnung fanden, werden in einem eigenen Namenregister aufgeführt, das auf Seite 359 beginnt.

Register

Register

NAMENREGISTER

Namenregister

Namenregister

Die Zeichnungen gestaltete Harald Bukor, Wiesbaden. Die Vorlage zu Abb. 37 ist dem Werk ›The cerebral cortex of man‹ von W. Penfield u. T. Rasmussen, Macmillan, New York, 1950, die Vorlage von Abb. 92 wurde dem Aufsatz von W. Dement und E. Wolpert im Journal of experimental Psychology 55, 1958, und die Vorlage zu Abb. 93 dem Werk ›Körperbau und Charakter‹ von E. Kretschmer, Springer-Verlag, 1955, entnommen.